TRICK 17

STRICKEN

MANUELA SEITTER
MARTINA HEES

INHALT

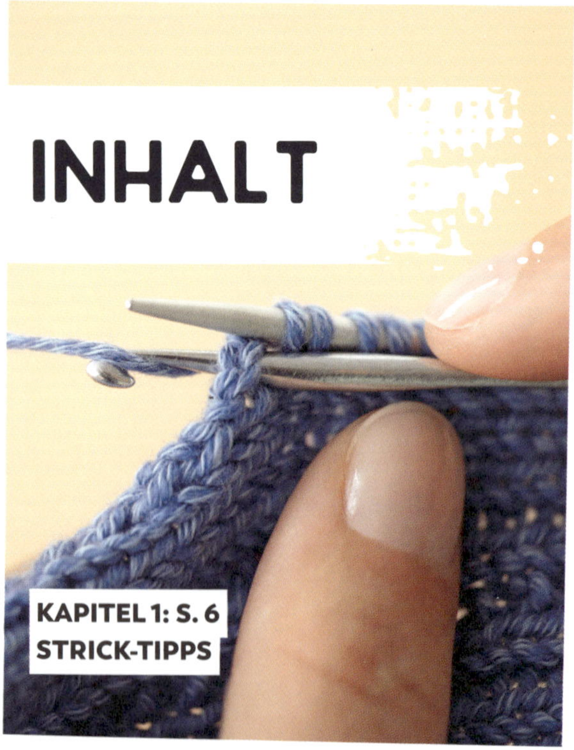

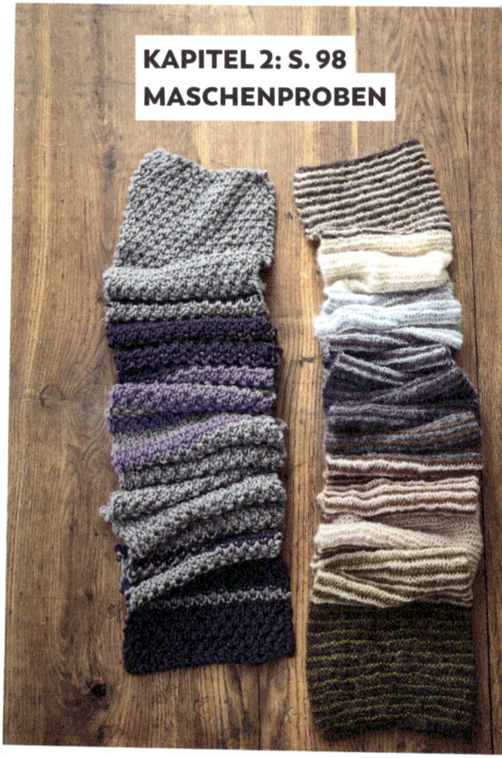

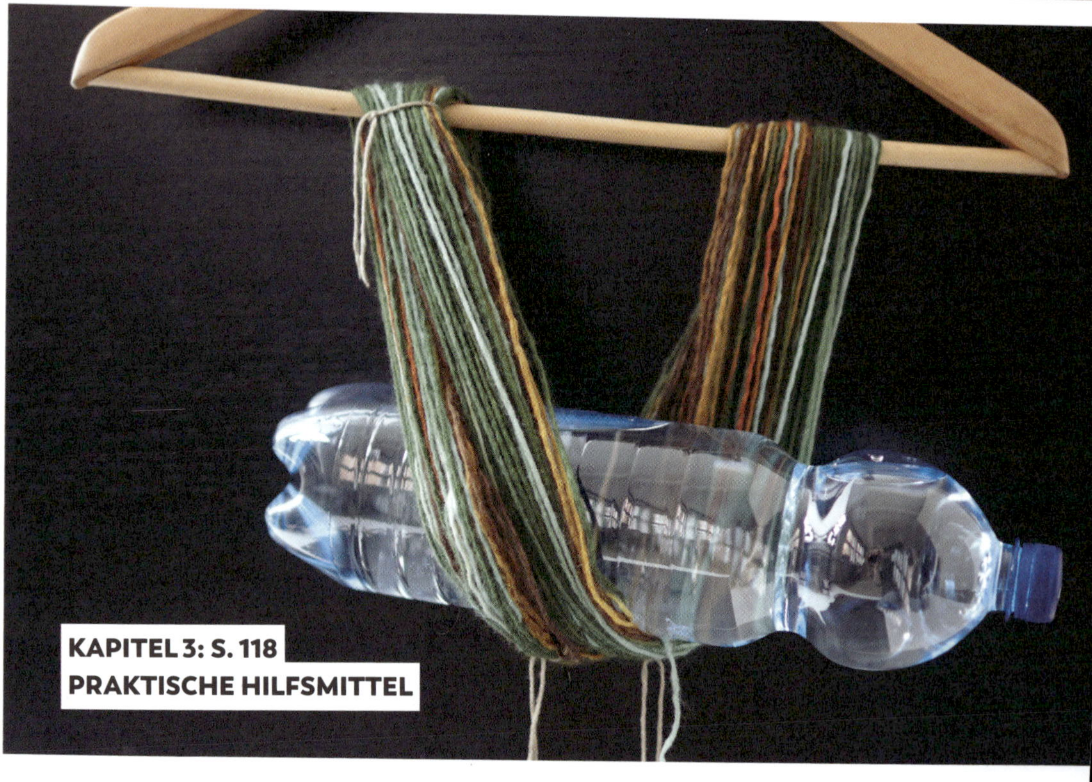

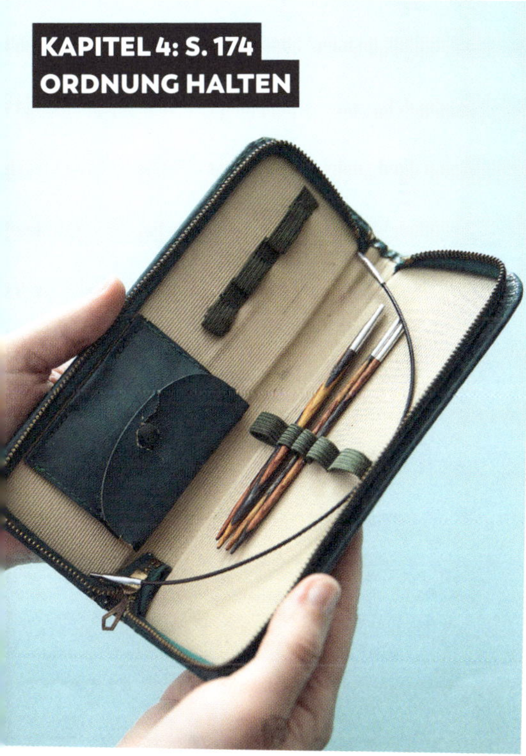

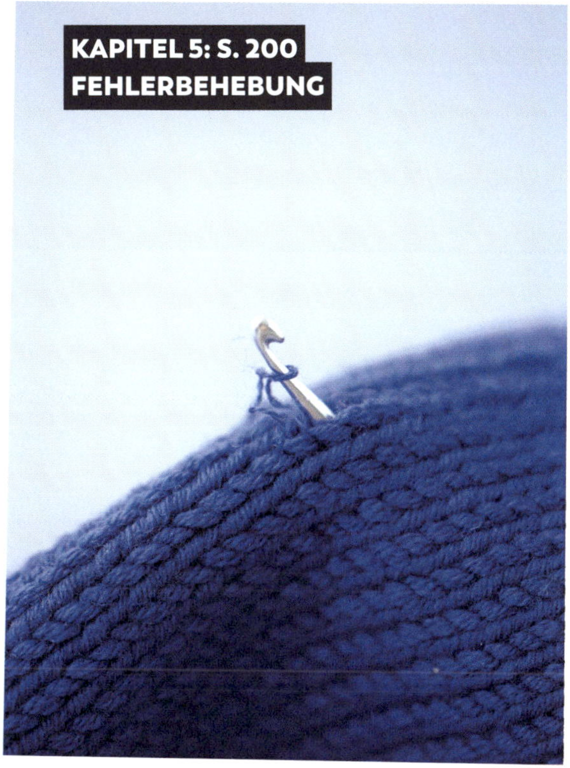

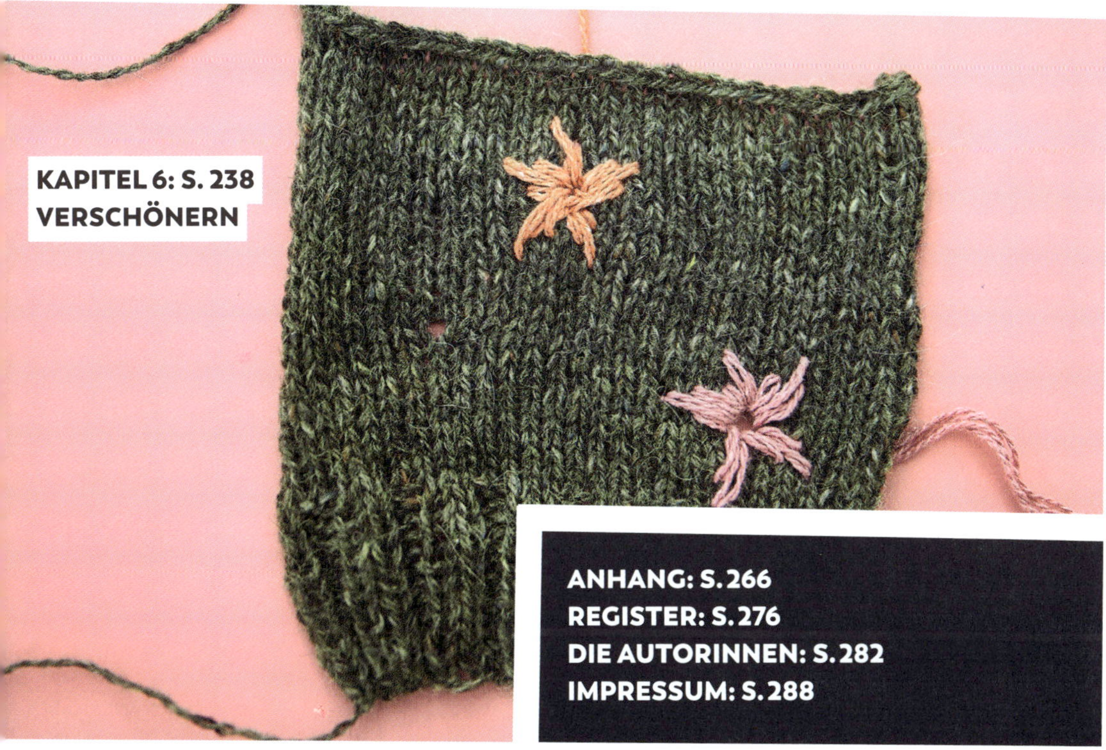

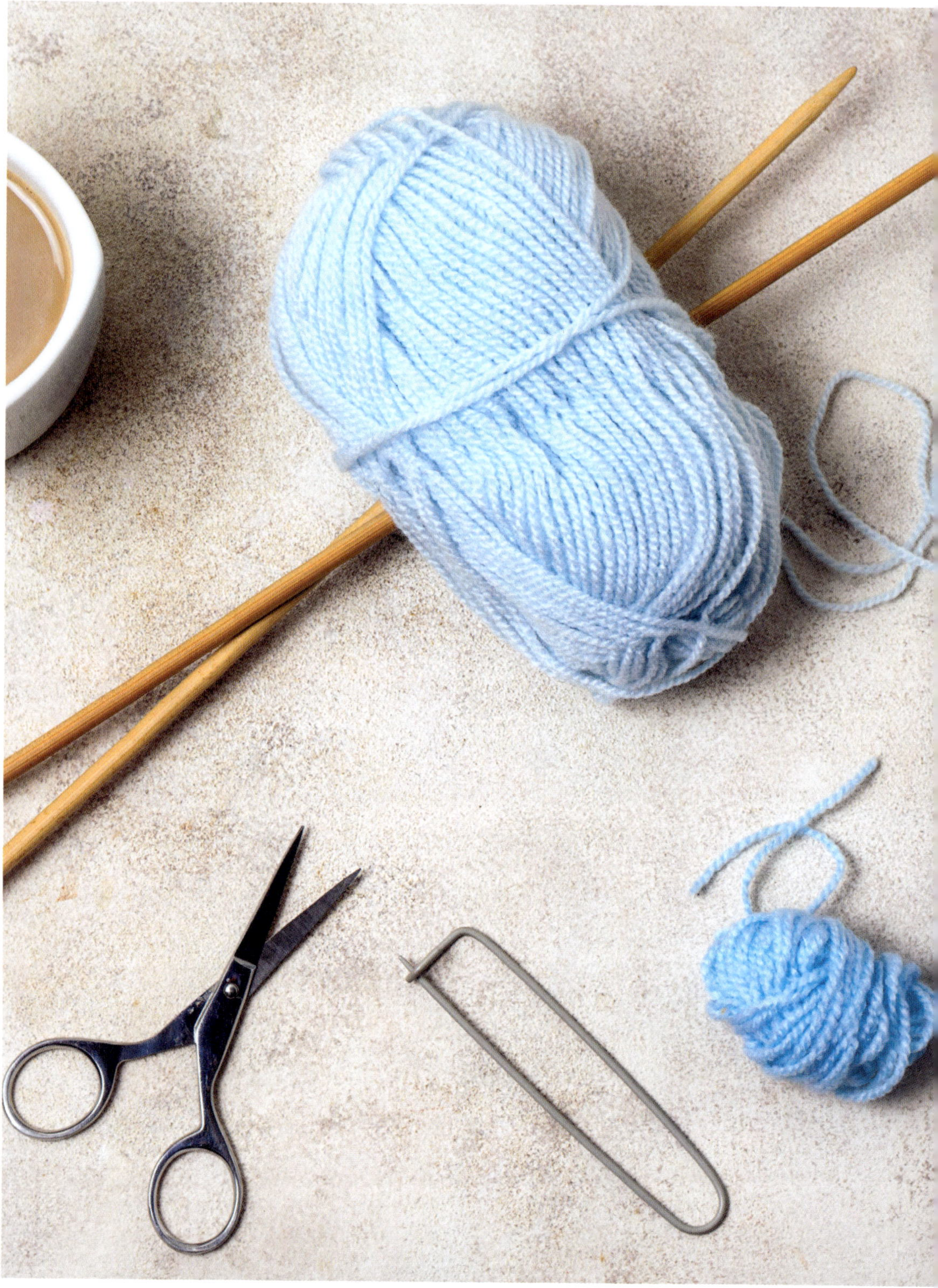

VORWORT

Stricken ist eine Handwerkskunst, die uns seit Generationen begleitet und verbindet. Es ist eine Tätigkeit, die nicht nur unsere Kreativität und Geschicklichkeit herausfordert, sondern auch eine wunderbare Möglichkeit bietet, unsere eigene individuelle Note in jedes Strickstück einzuflechten.

Dafür haben wir wochenlang im Internet recherchiert, Freunde und Verwandte gefragt und gegrübelt, um dir unser geballtes Wissen in einem Buch präsentieren zu können. Dieses Buch soll dir dabei nicht nur zahlreiche Tipps und Tricks an die Hand geben, sondern auch dabei helfen, dein nächstes Strickprojekt auf die nächste Stufe zu heben.

Wir wünschen viel Spaß beim Lesen, ausprobieren, Ordnung schlaffen und natürlich beim Stricken!

Martina Hees

Manuela Seitter

Strick-Tipps

1

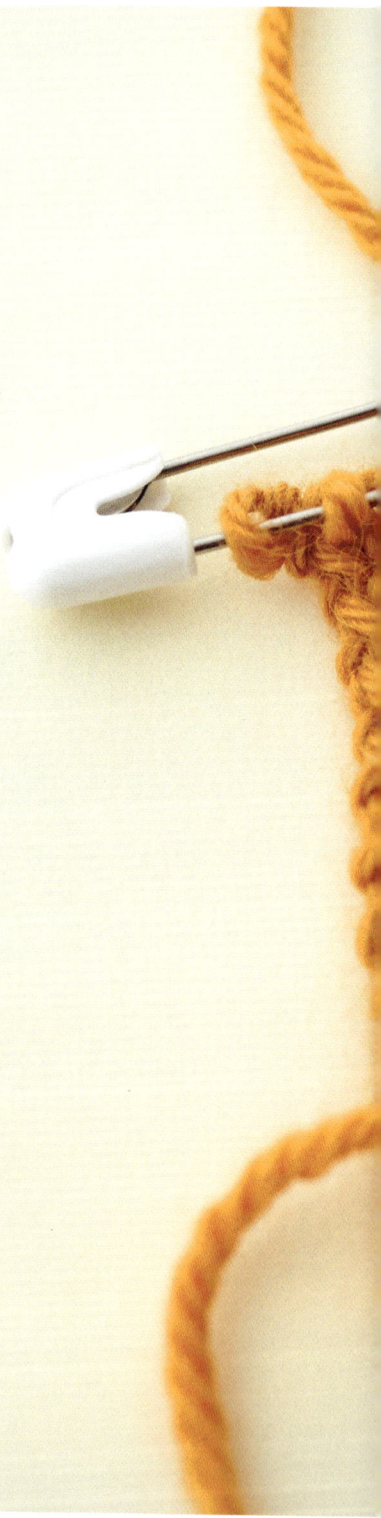

Muss man nur wenige Maschen stilllegen, nimmt man sie einfach auf eine Sicherheitsnadel. Für den Notfall eignet sich auch eine Büroklammer.

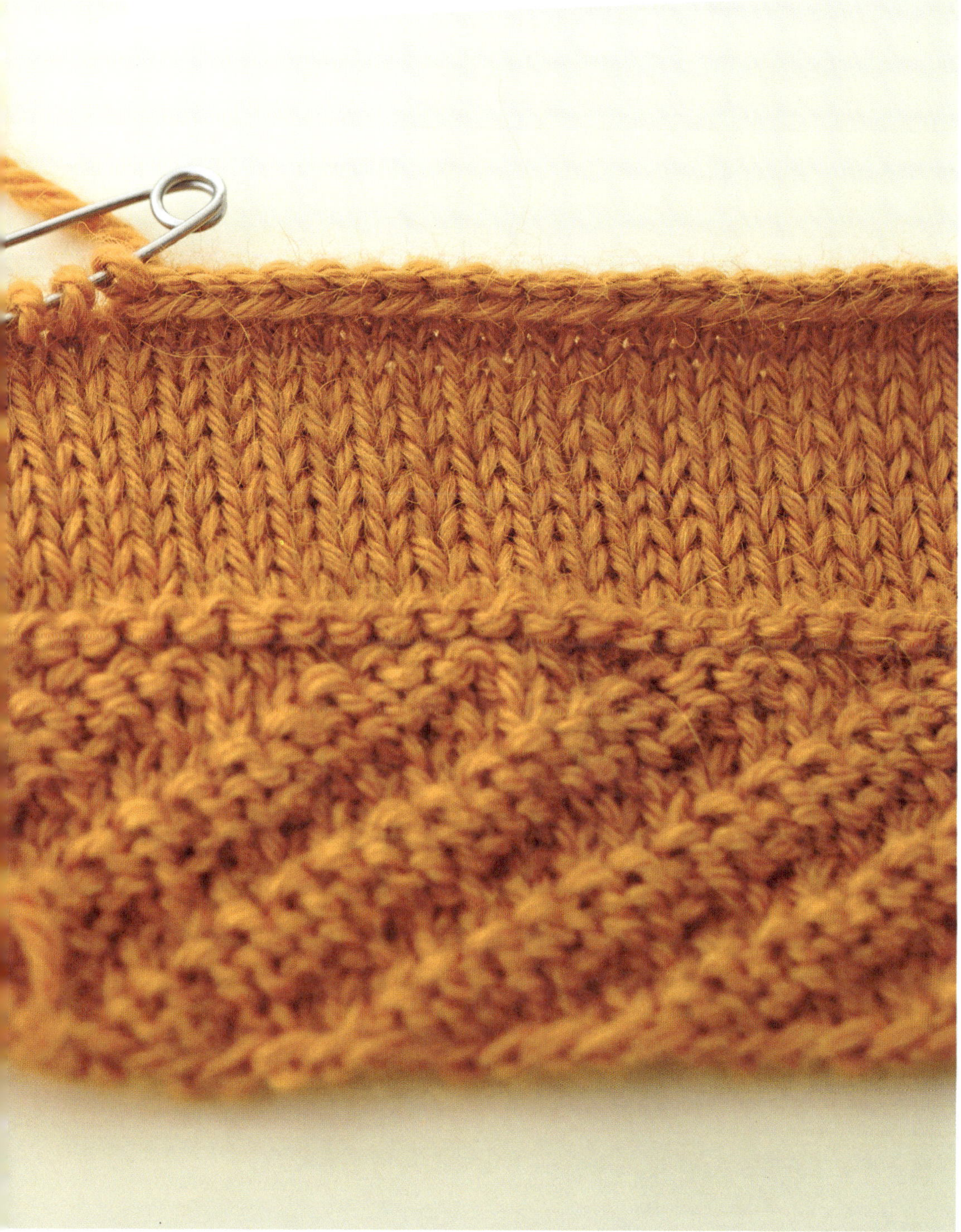

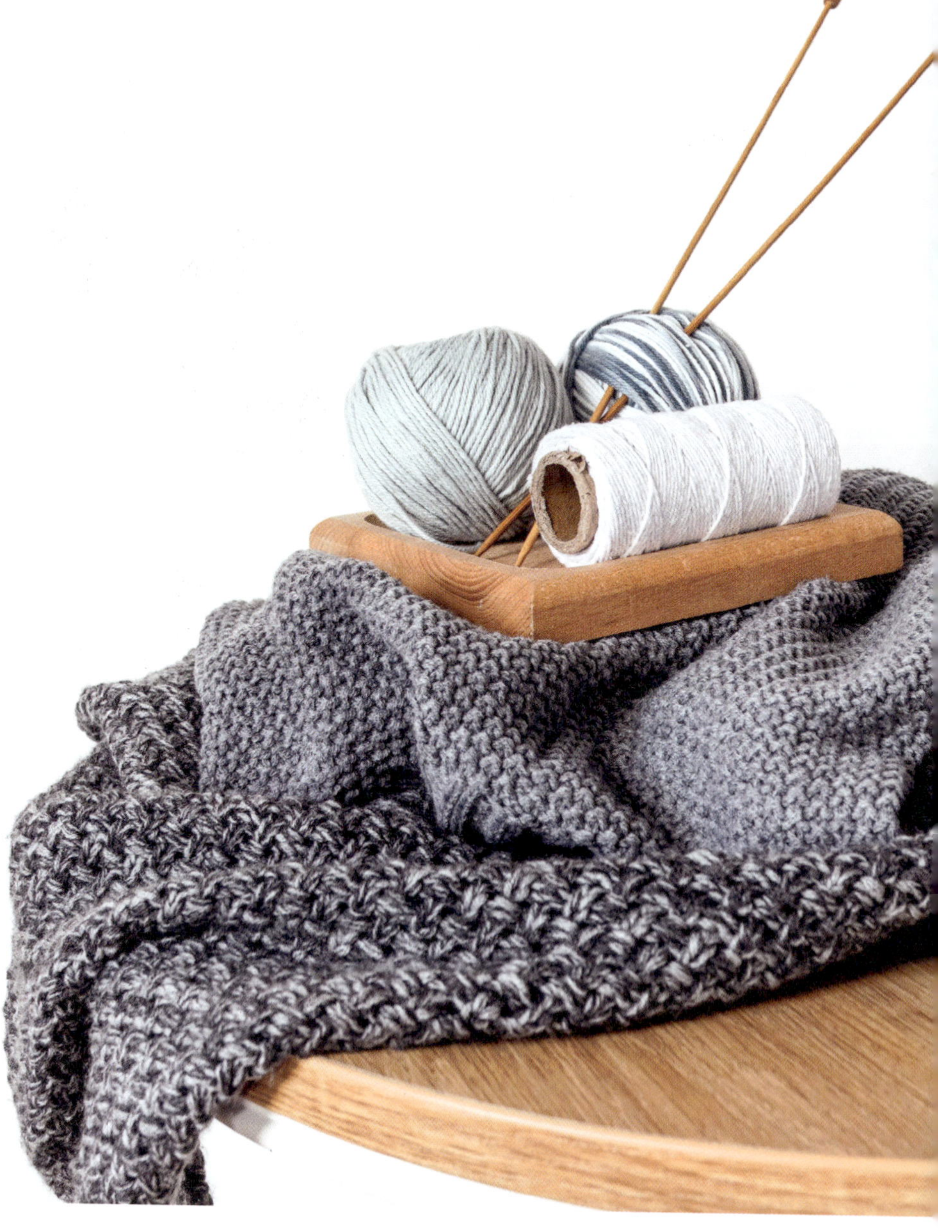

Kein Meister ist je vom Himmel gefallen! Aber mit den richtigen Tipps und Tricks bist du nicht mehr so weit davon entfernt. In diesem Kapitel findest du allgemeine Strick-Tipps, die dir das Leben (oder eher gesagt, das Stricken) leichter machen sollen und die dir dabei helfen werden, dein nächstes Strickprojekt zu einem Meisterwerk werden zu lassen.

2

FADENLÄNGE ABSCHÄTZEN

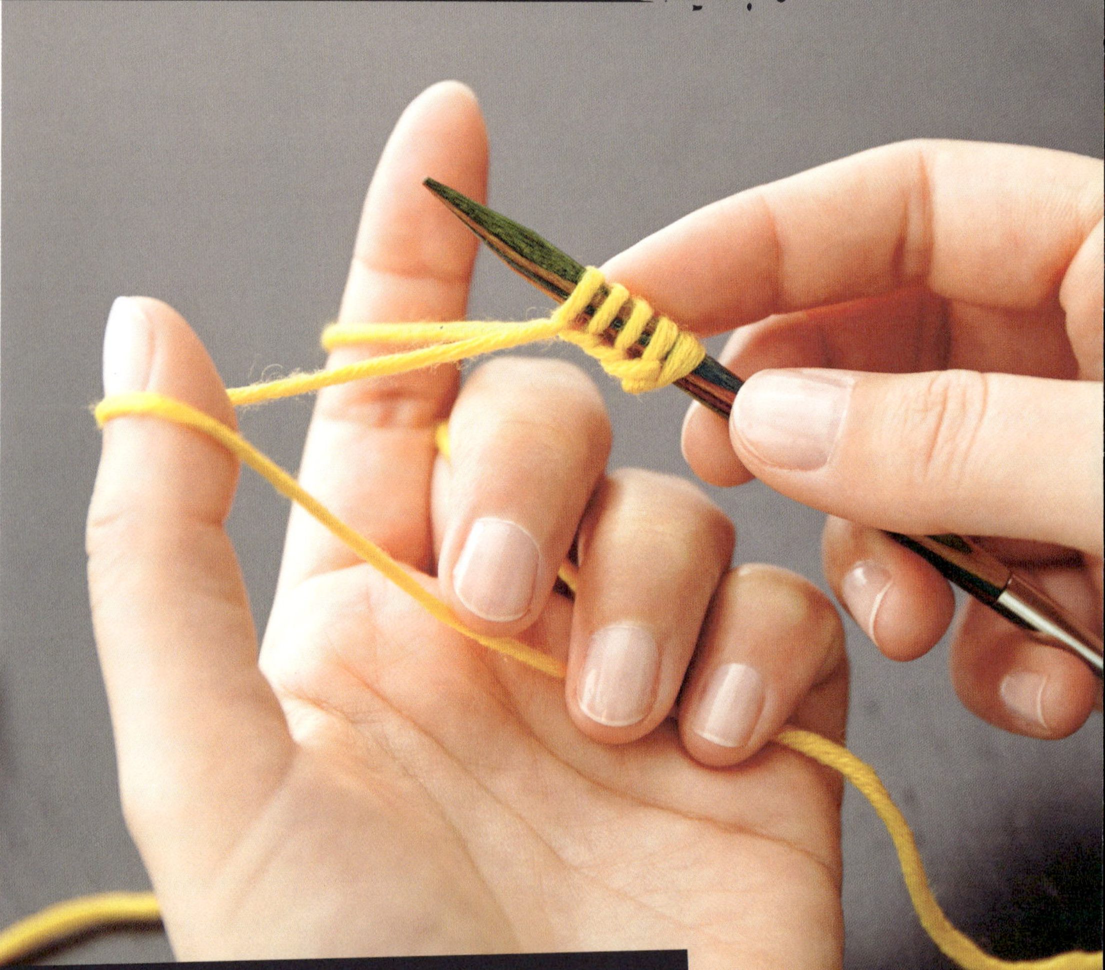

Der Anschlagfaden beim Kreuzanschlag sollte ungefähr dreimal so lang sein, wie das Gestrick breit werden soll. Außerdem sollte der zum Knäuel führende Faden immer über den Zeigefinger laufen, da der Zeigefingerfaden die Maschen bildet und diese mehr Garn verbrauchen.

Du kannst den Kreuzanschlag auch mit zwei Knäueln arbeiten (oder den Faden einmal von innen und einmal von außen nehmen), dann bist du auf der absolut sicheren Seite. Knote die beiden Fäden locker zusammen und schlage so viele Maschen wie benötigt an. Danach den Knoten wieder lösen.

Wenn du einen Hingucker-Effekt erzielen willst, kannst du sogar zwei verschiedenfarbige Fäden verwenden!

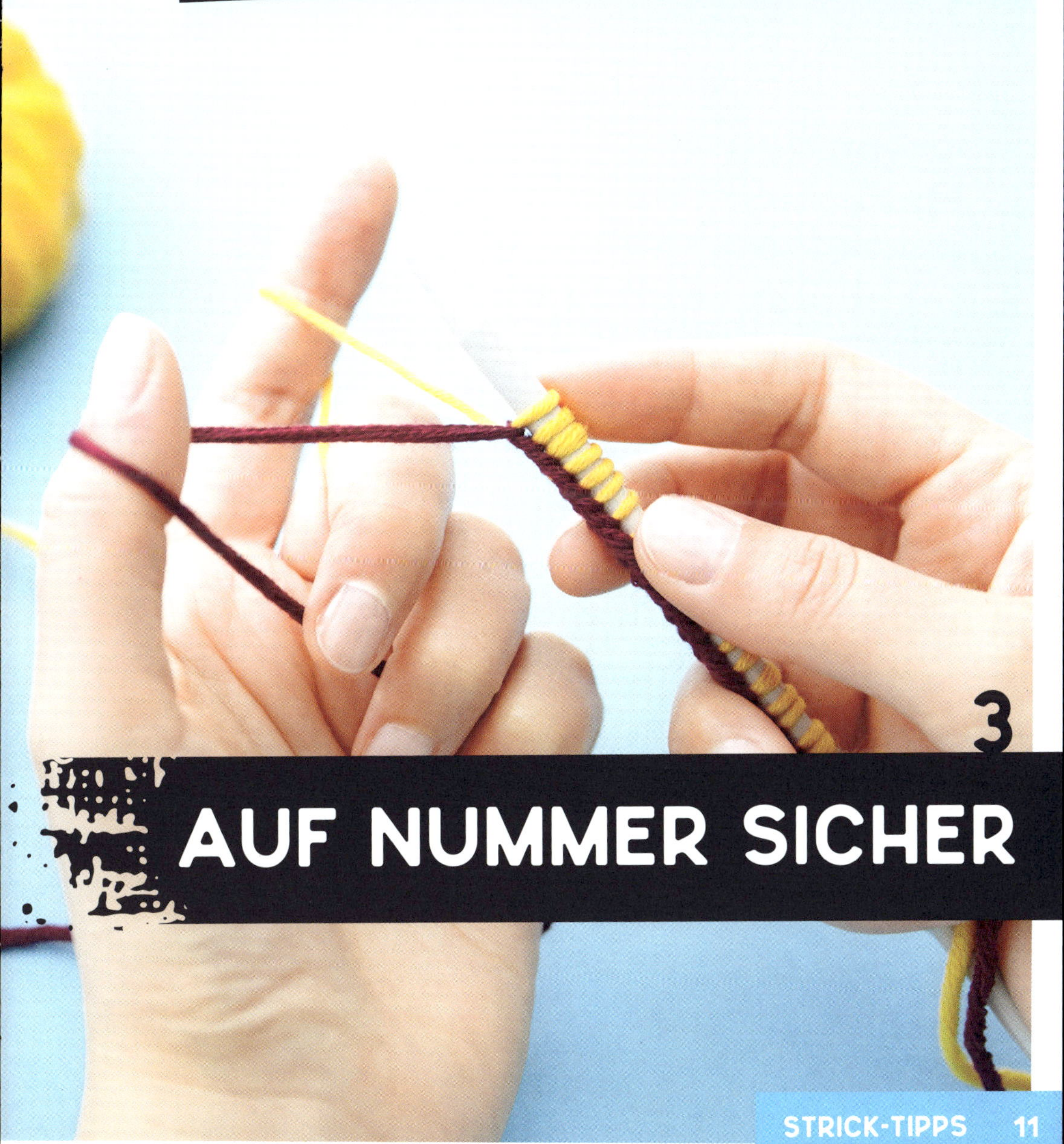

3

AUF NUMMER SICHER

Um sicherzustellen, dass die Anschlagreihe beim Schließen zur Runde nicht verdreht ist, schließt du die Runde erst am Ende der nächsten Hinreihe. Die kleine Lücke schließt du später beim Vernähen des Anschlagfadens.

4

VERDREH-VERHINDERUNG

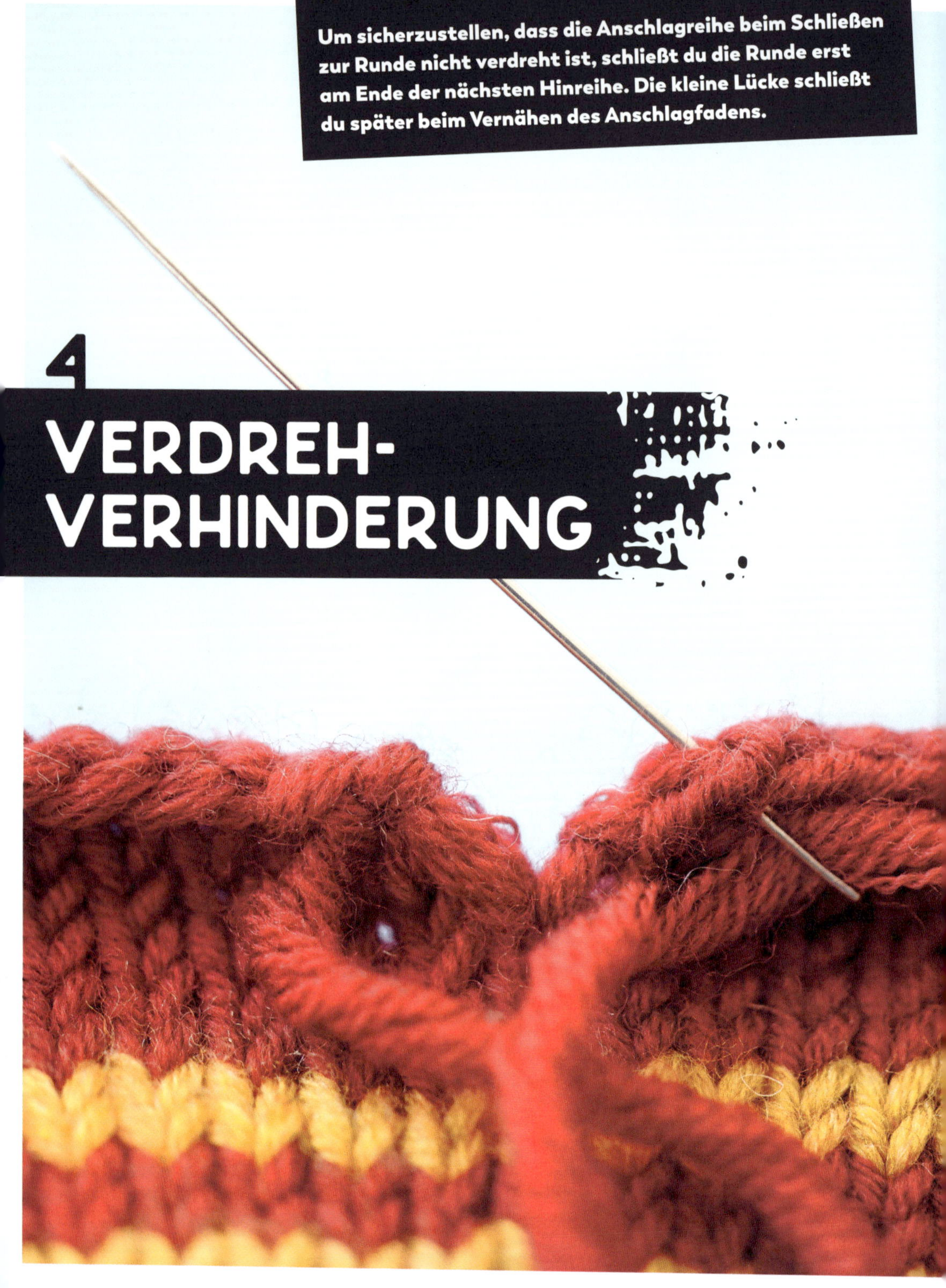

5

ZÖPFE ABKETTEN

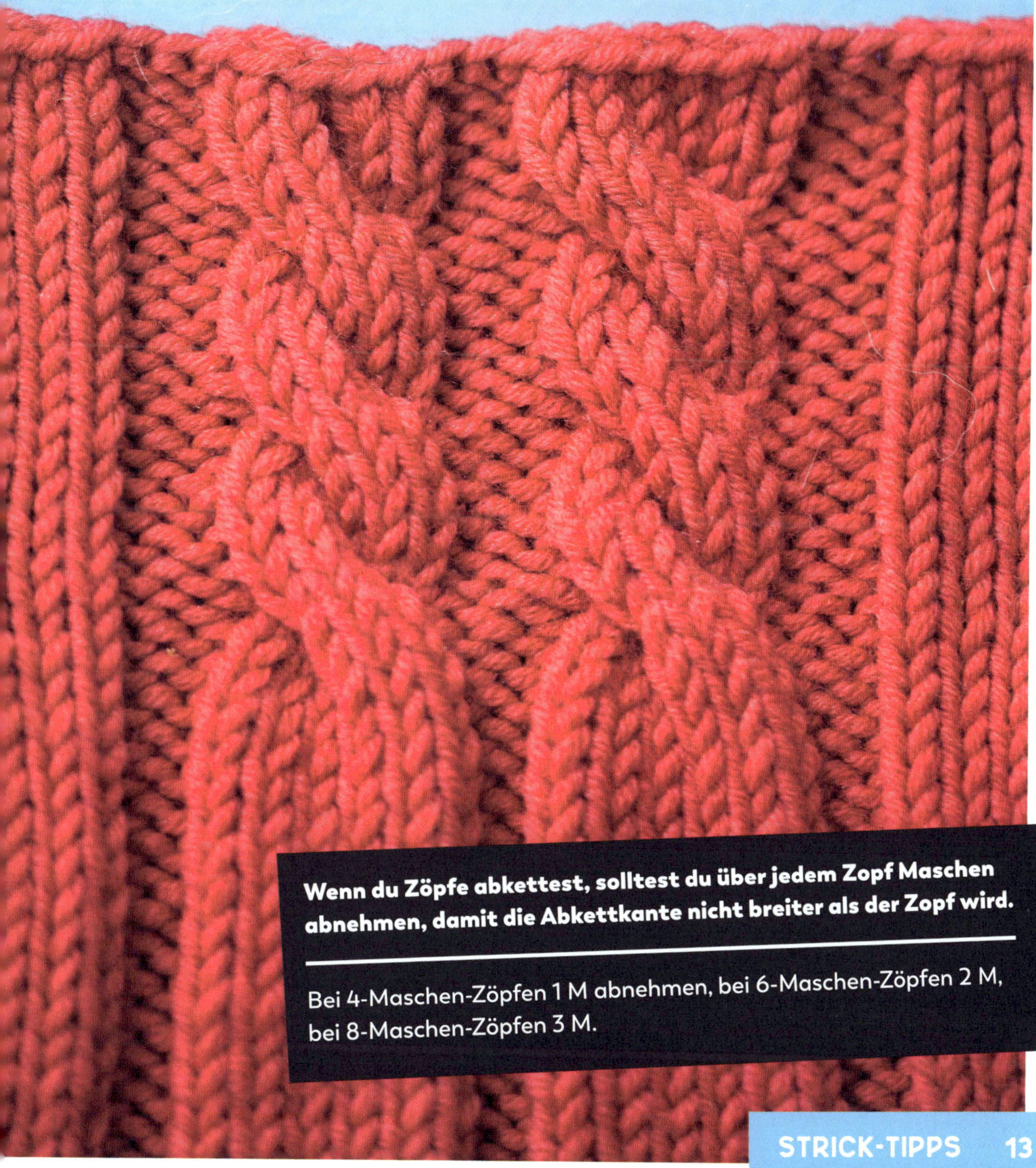

Wenn du Zöpfe abkettest, solltest du über jedem Zopf Maschen abnehmen, damit die Abkettkante nicht breiter als der Zopf wird.

Bei 4-Maschen-Zöpfen 1 M abnehmen, bei 6-Maschen-Zöpfen 2 M, bei 8-Maschen-Zöpfen 3 M.

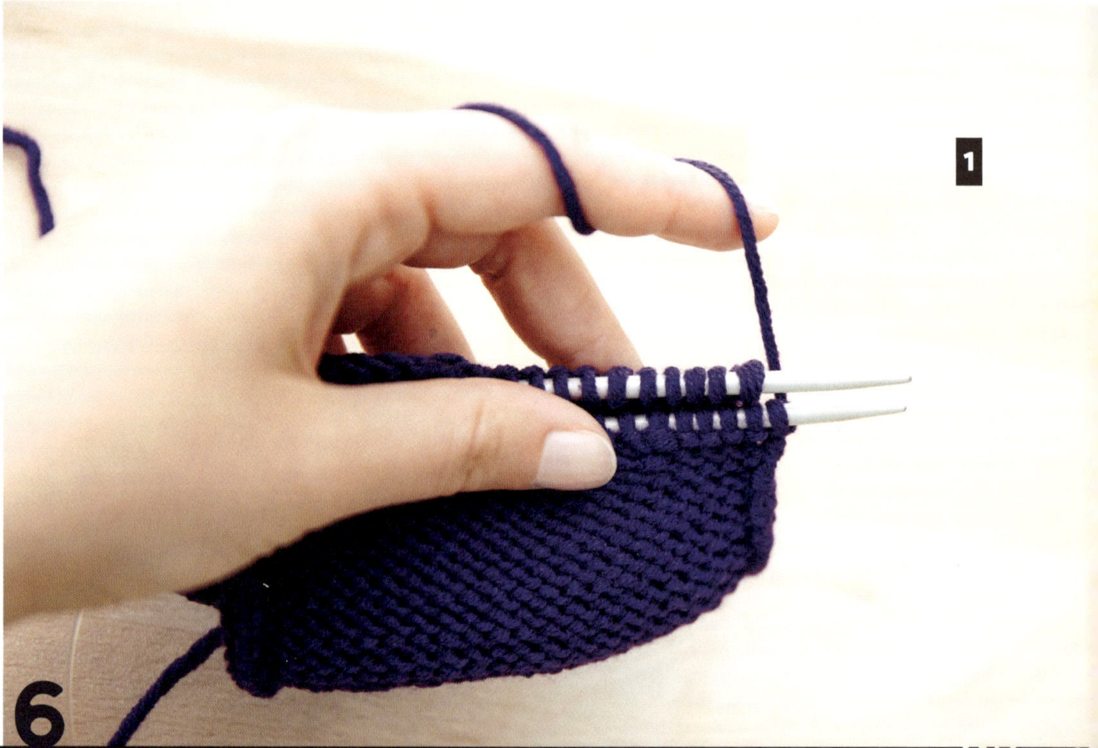

6

ZUSAMMEN ABKETTEN

Wenn du zwei Teile Maschen an Maschen zusammenfügen möchtest, geht das besonders gut, wenn du sie zusammen abkettest. Hierfür brauchst du eine dritte Stricknadel.

---

1 **Lege die beiden Teile so gegeneinander, dass die Außenseiten aufeinander liegen.**

2 **Steche mit der dritten Nadel zuerst in die erste Masche auf der vorderen Nadel, dann in die erste M auf der hinteren Nadel wie zum Rechtsstricken ein.**

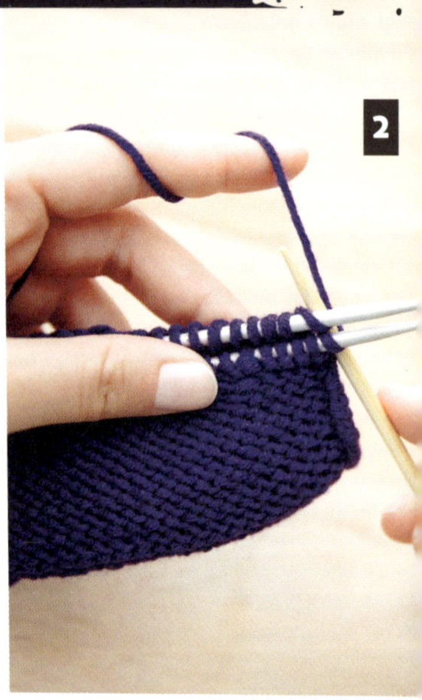

3 **Ziehe den Faden durch beide Maschen und lasse die Maschen anschließend von den Nadeln gleiten.**

4 **Wiederhole Schritt 2 und 3 mit den beiden nächsten M.**

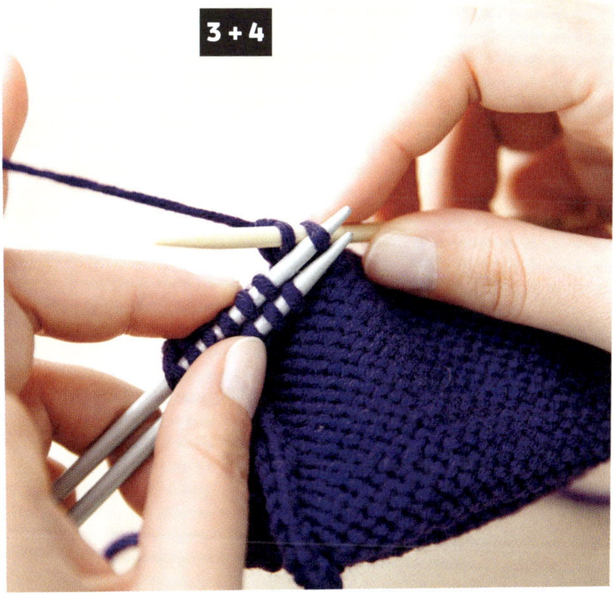

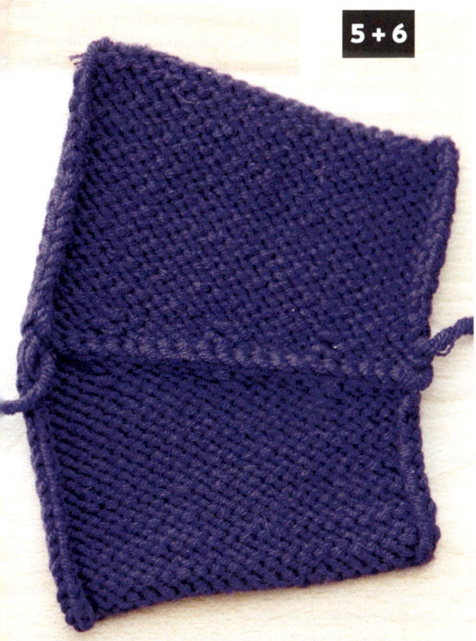

5 **Ziehe die zweite M auf der rechten Nadel über die erste M.**

6 **Die Schritte 4 und 5 wiederholen, bis alle M zusammengestrickt sind.**

Besonders gut für Schulternähte geeignet!

Für ein gleichmäßiges Maschenbild sollten die Maschen immer auf dem verjüngten Teil der linken Nadelspitze abgestrickt und die rechte Nadel nur so weit wie nötig eingestochen werden. Je weniger die Maschen beim Abstricken gedehnt und gezerrt werden, um so gleichmäßiger werden sie.

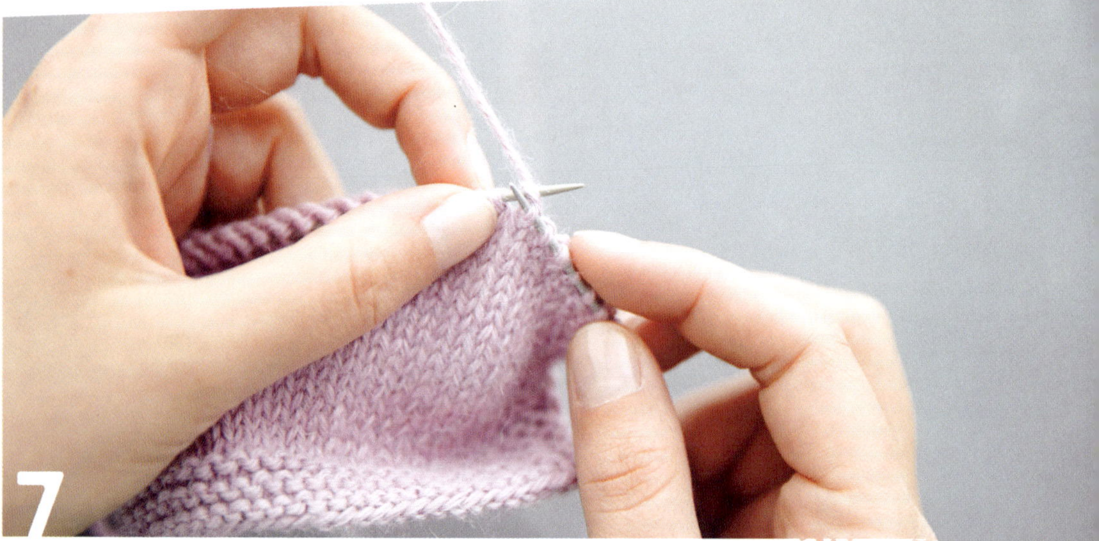

7

IN REIH' UND GLIED

So nicht:

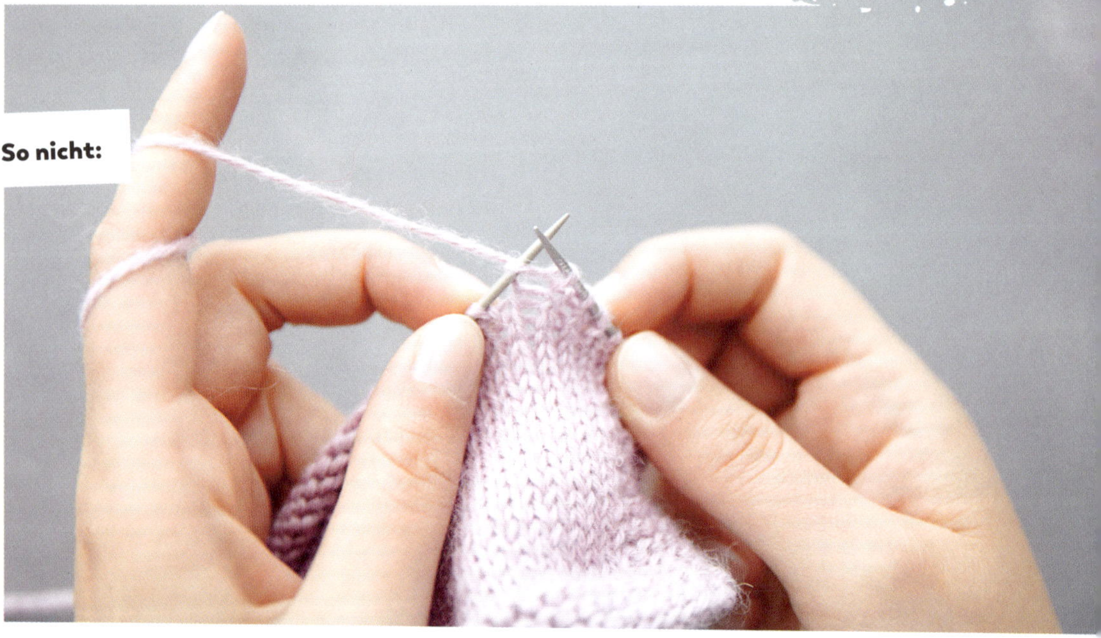

8

SAUBERE RANDMASCHEN

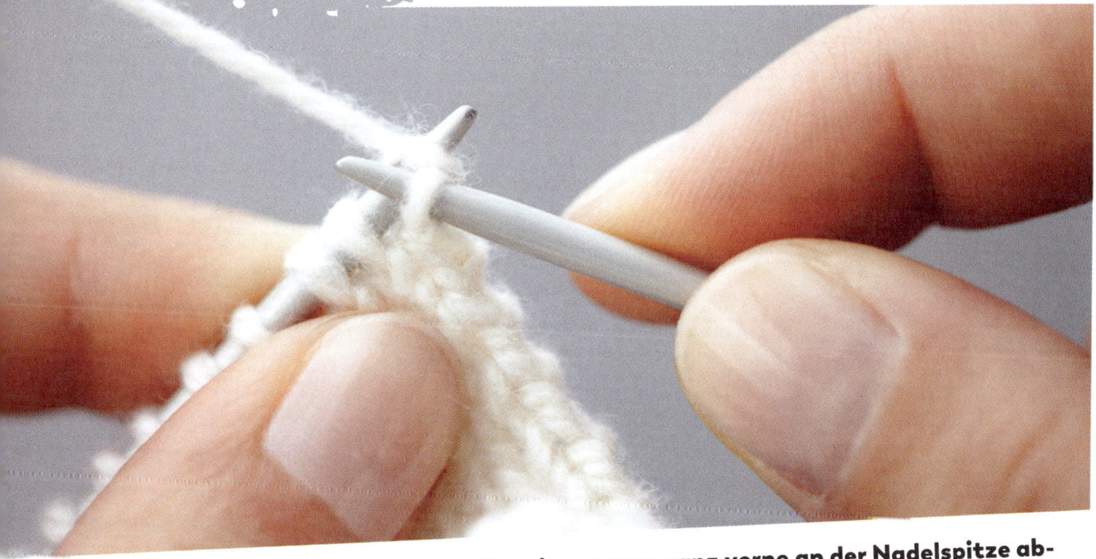

Für ordentliche und feste Randmaschen, diese immer nur ganz vorne an der Nadelspitze abstricken und nur so weit wie gerade eben nötig einstechen. Nach dem Abstricken der ersten M am Reihenanfang den Faden anziehen und evtl. mit der rechten Nadel nochmal ein bisschen „nachruckeln" – dadurch wird die Randmasche selbst und die Randmasche der Vorreihe kleiner.

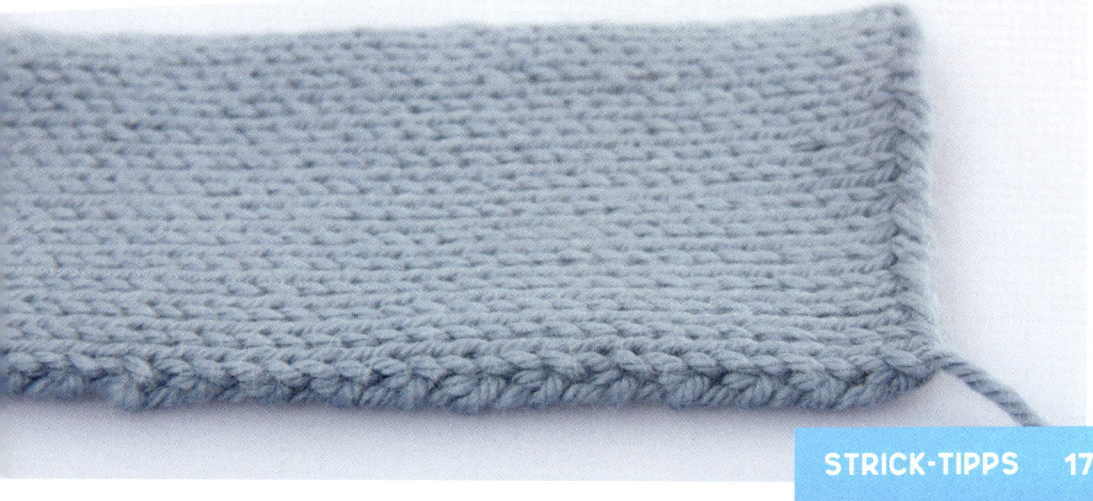

Eine hübschere Alternative zur übergezogenen linksgeneigten Abnahme ist der SSK (aus dem englischen: slip, slip, knit).

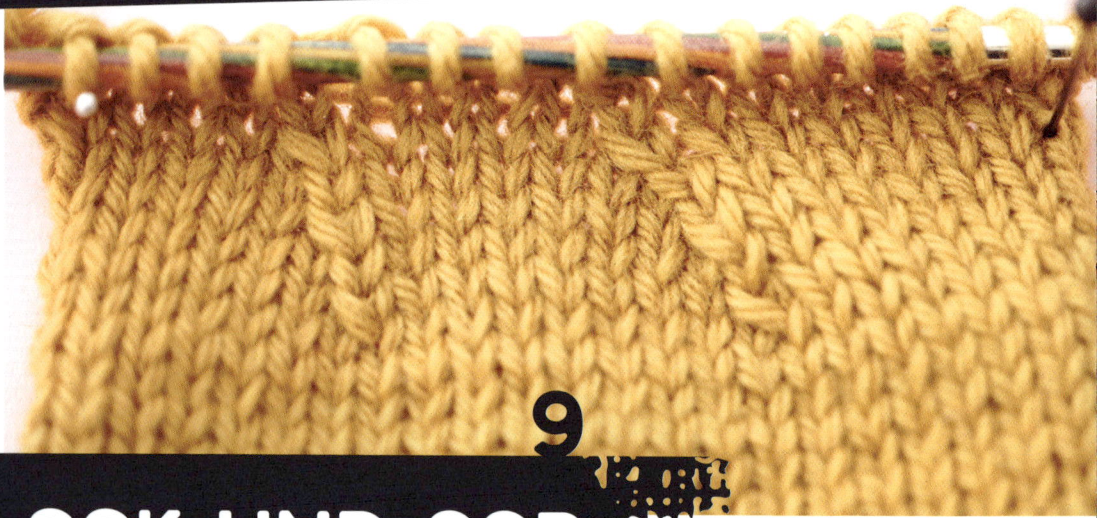

9

SSK UND SSP

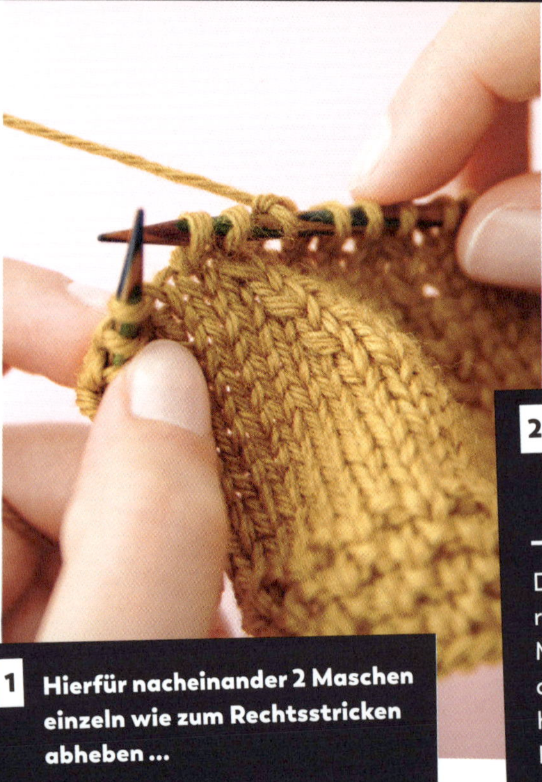

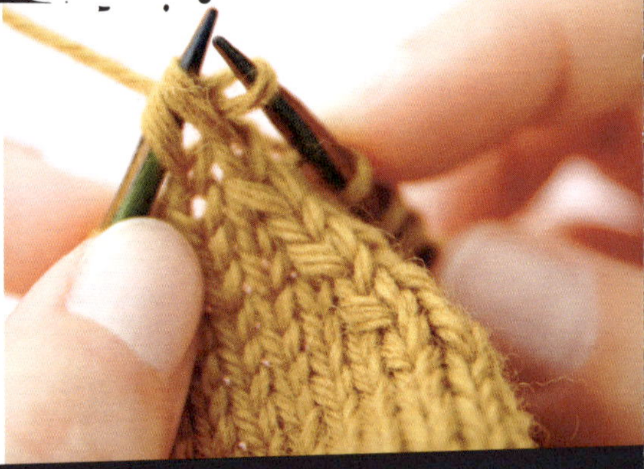

1 **Hierfür nacheinander 2 Maschen einzeln wie zum Rechtsstricken abheben …**

2 **… dann die linke Nadel durch diese beiden Maschen stecken und sie rechts verschränkt zusammenstricken.**

Die spiegelbildliche Entsprechung in der Rückreihe ist der SSP (slip, slip, purl): Nacheinander 2 Maschen einzeln wie zum Rechtsstricken abheben, die Maschen wieder zurück auf die linke Nadel heben und links verschränkt zusammenstricken. Ein SSP sieht auf der Vorderseite wie ein SSK aus.

10 NIMM'S MIT!

Wenn du Farbstreifen strickst, kannst du die jeweils nicht benutzte Farbe am Rand mit hochführen. Dazu überkreuzt du jeweils am Reihenanfang die Strickfarbe mit der unbenutzten Farbe.

Beim Farbwechsel den Faden der neuen Farbe immer über den Faden der alten Farbe legen.

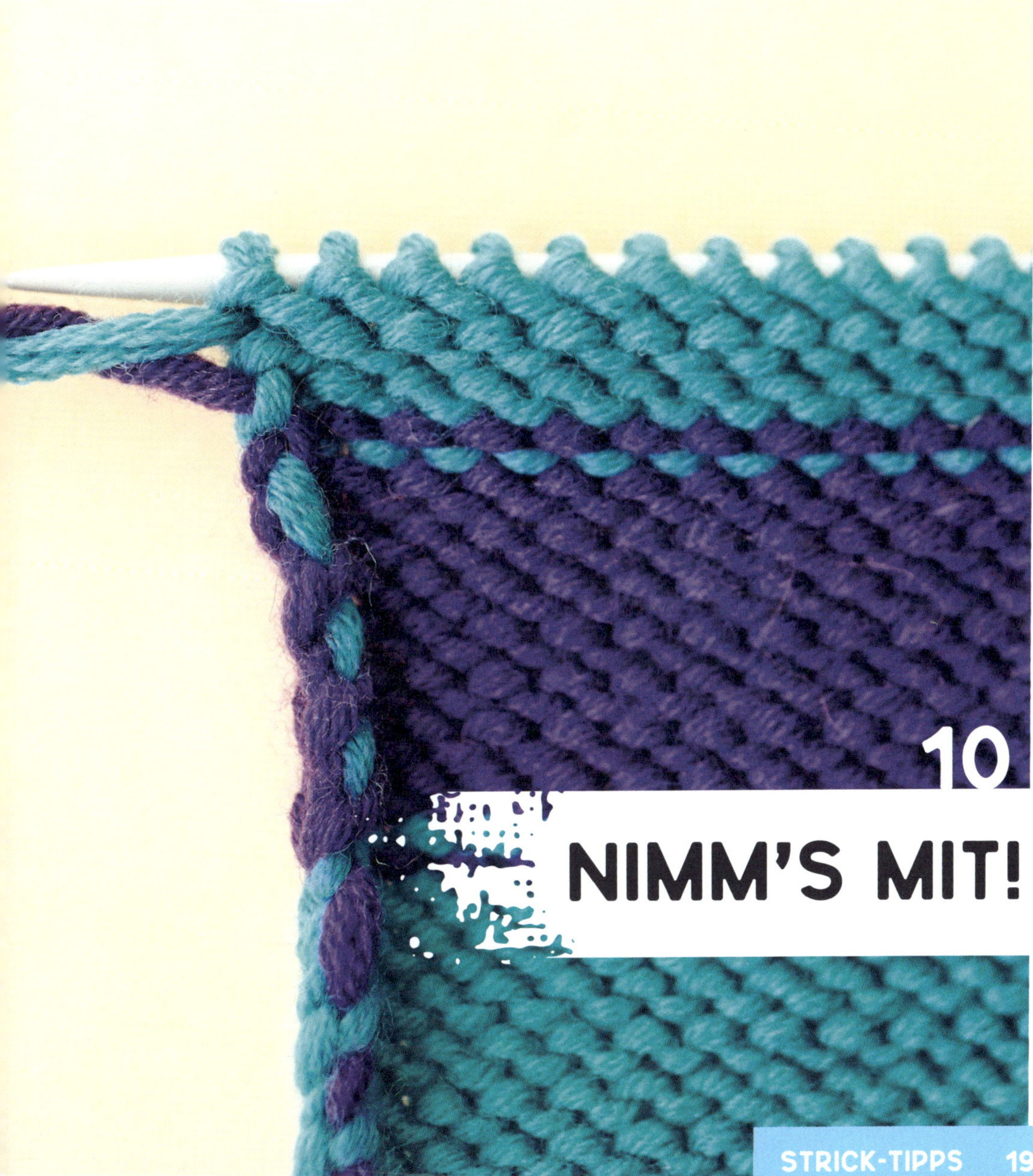

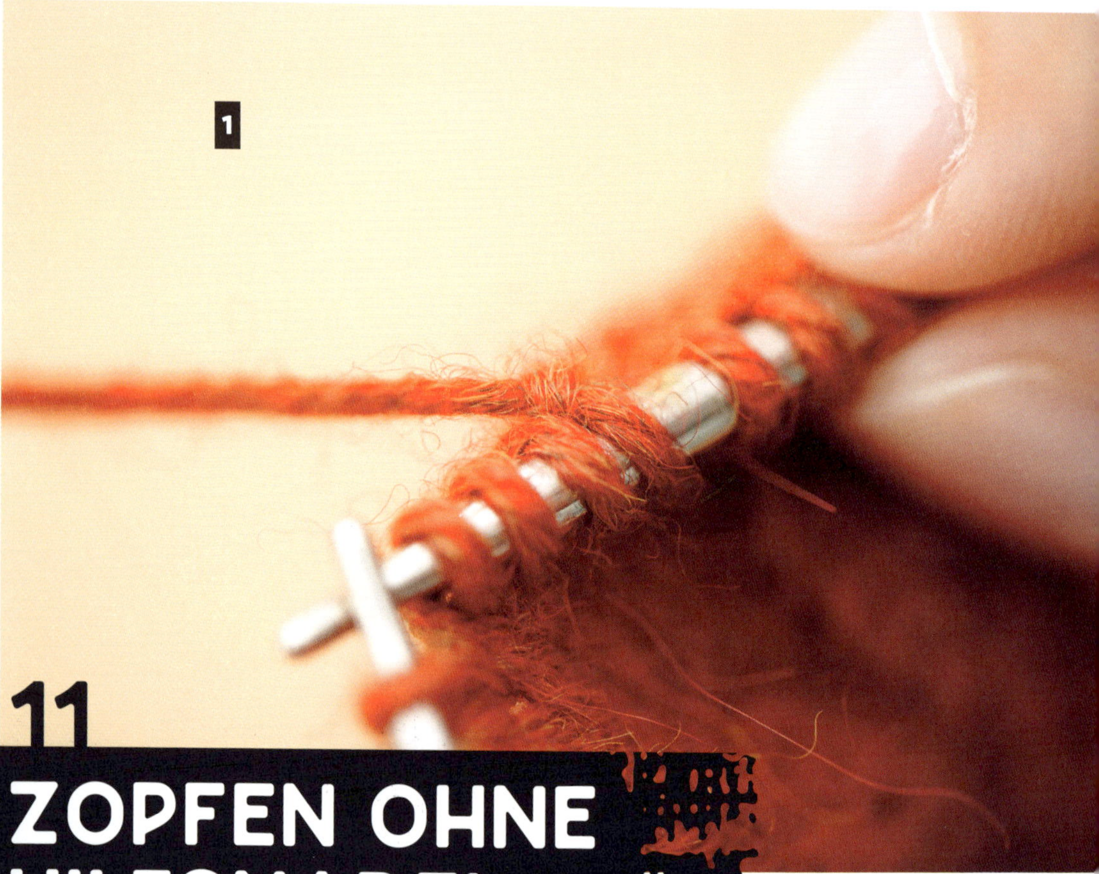

11 ZOPFEN OHNE HILFSNADEL

Zöpfe stricken geht schneller, wenn man die Hilfsnadel weglässt. Ein paar Mal üben, dann klappt es!

---

1 Für eine Verkreuzung nach links hebst du die Maschen der ersten Zopfhälfte ab, der Faden liegt dabei hinter der Arbeit.

2 Die zweite Zopfhälfte stricken.

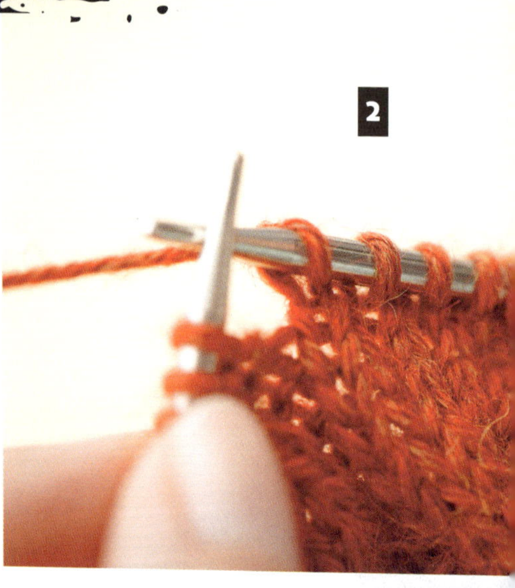

3 **Nun steckst du die linke Nadel vor der Arbeit in die abgehobenen Maschen …**

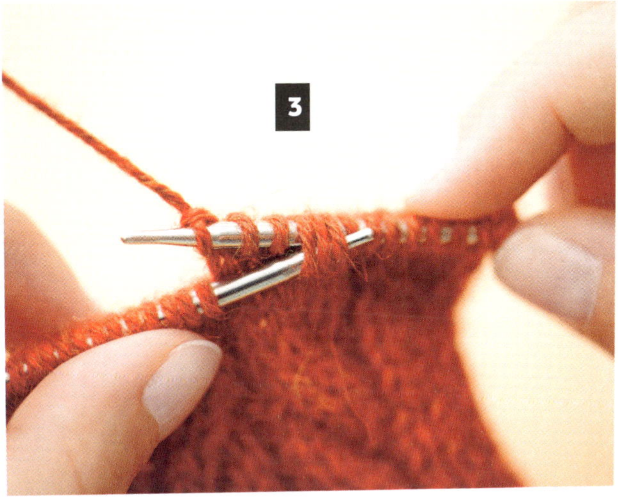

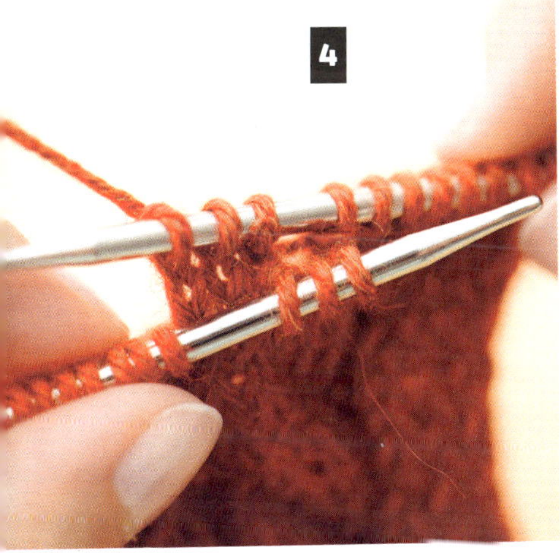

4 **… ziehst die rechte Nadel aus allen Zopfmaschen (gestrickt + abgehoben) heraus und steckst sie sogleich wieder nur in die gestrickten Maschen hinein.**

5 **Jetzt befinden sich die Maschen der zweiten Zopfhälften wieder auf der linken Nadel und können abgestrickt werden.**

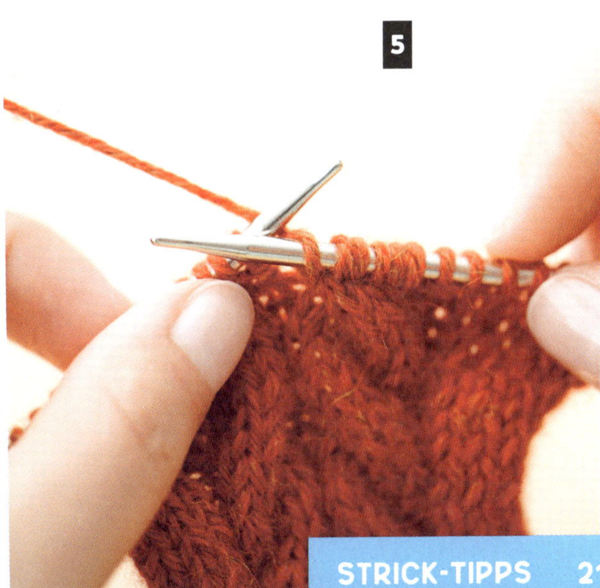

Für eine Verzopfung nach rechts gehst du genauso vor, aber die Maschen der ersten Zopfhälfte werden mit dem Faden vor der Arbeit abgehoben und die linke Nadel wird hinter der Arbeit in die abgehobenen Maschen gesteckt.

12

BETONT!

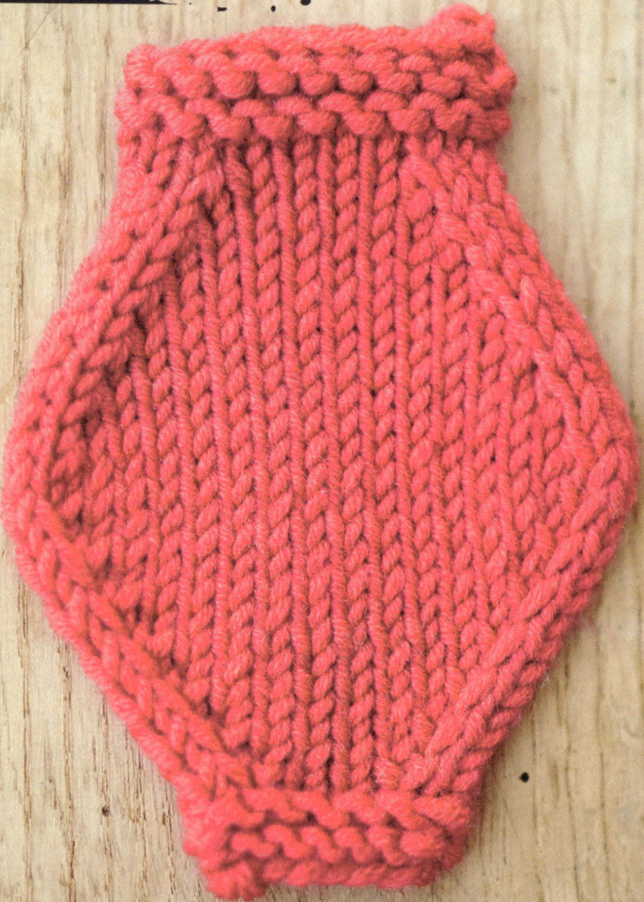

Zu- und Abnahmen zur Formgebung sollten immer ein, besser noch zwei Maschen vom Rand entfernt (= betont) erfolgen. Dadurch bleibt der Rand eine gerade Kante, die sich später einfacher zusammennähen lässt. Außerdem lassen sich daraus auch leichter Maschen für eine Blende aufnehmen.

Die Zu- und Abnahmen immer symmetrisch machen, also auf der einen Seite nach links, auf der anderen nach rechts geneigt.

13

KURZE SPANNFÄDEN

Sind einzelne Farbabschnitte beim Jaquard-Stricken breiter als 5 Maschen, sollten die Fäden alle 3 bis 5 Maschen miteinander verkreuzt werden, um zu lange Spannfäden zu vermeiden. Die Verkreuzung solltest du in aufeinanderfolgenden Reihen und nicht an der gleichen Stelle machen, da dies sonst auf der Vorderseite sichtbar sein könnte.

Übrigens: Bei echten Fair Isle-Mustern sind die Farbabschnitte nie breiter als 5 Maschen.

14

WOLLE SPAREN

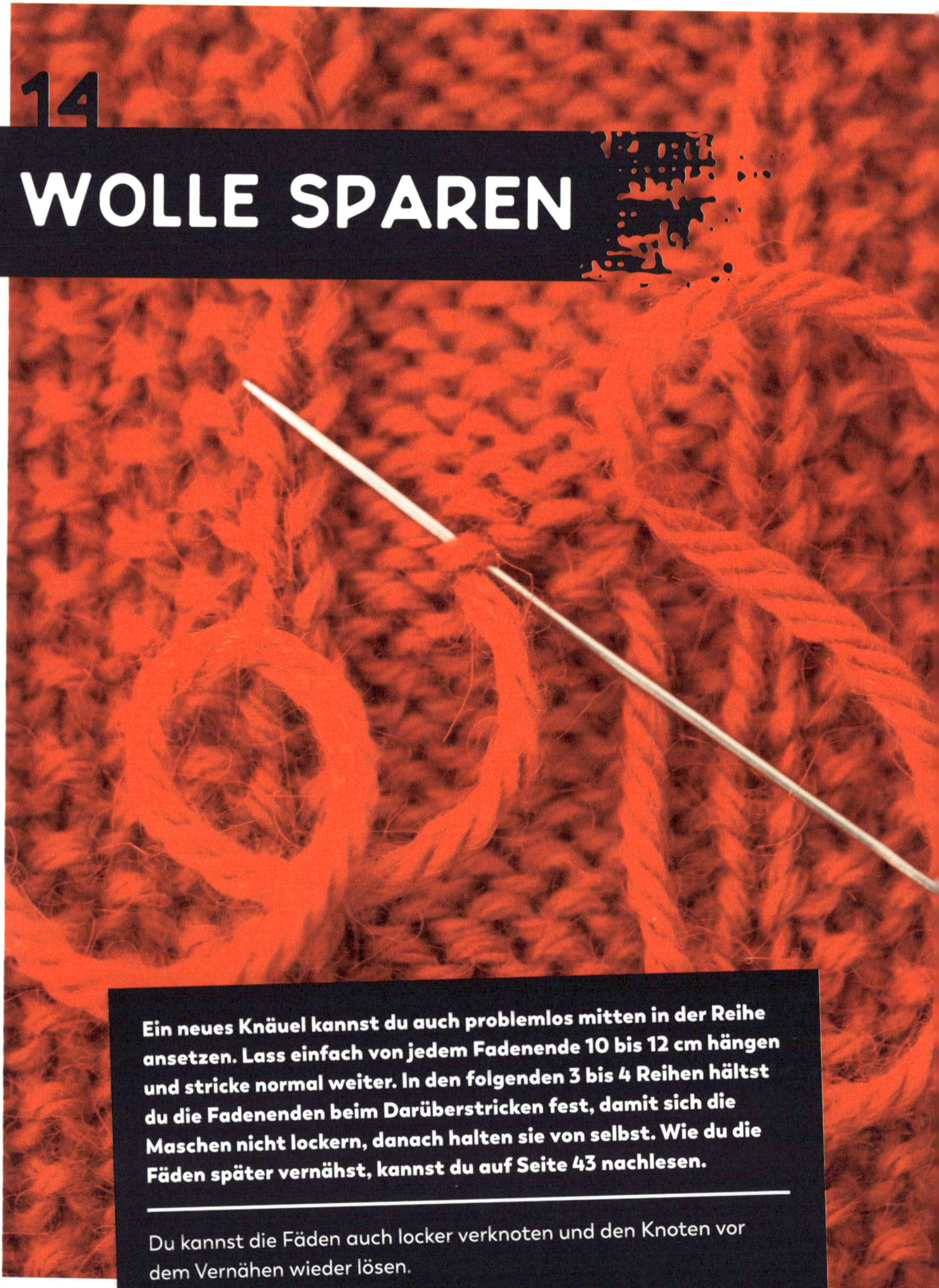

Ein neues Knäuel kannst du auch problemlos mitten in der Reihe ansetzen. Lass einfach von jedem Fadenende 10 bis 12 cm hängen und stricke normal weiter. In den folgenden 3 bis 4 Reihen hältst du die Fadenenden beim Darüberstricken fest, damit sich die Maschen nicht lockern, danach halten sie von selbst. Wie du die Fäden später vernähst, kannst du auf Seite 43 nachlesen.

Du kannst die Fäden auch locker verknoten und den Knoten vor dem Vernähen wieder lösen.

15 STUFENLOSE SCHRÄGUNGEN

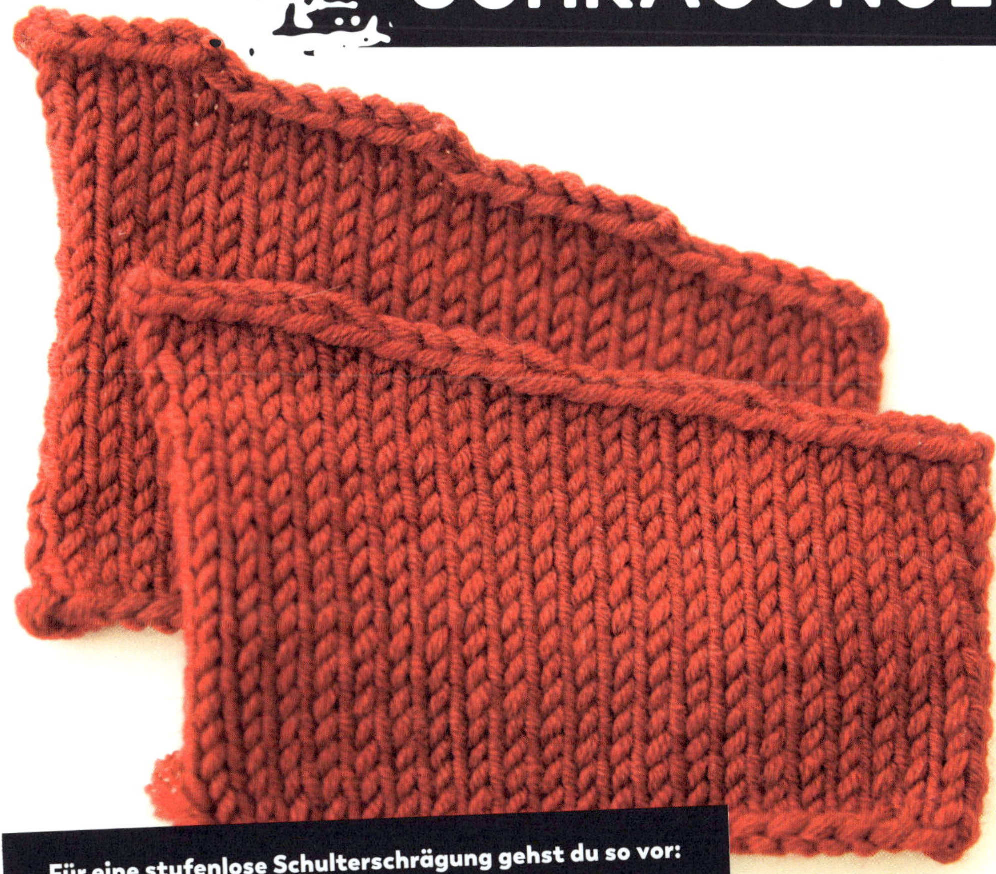

Für eine stufenlose Schulterschrägung gehst du so vor:

1. Den ersten Teil ganz normal abketten.
2. Für alle weiteren Abkettschritte in der Rückreihe vor dem nächsten Abketten die letzte M nur abheben und die Arbeit wenden.
3. Die abgehobene M über die folgende M ziehen (ohne diese zu stricken), dann die restlichen benötigten M abketten.

16

MINI-KNOPFLOCH

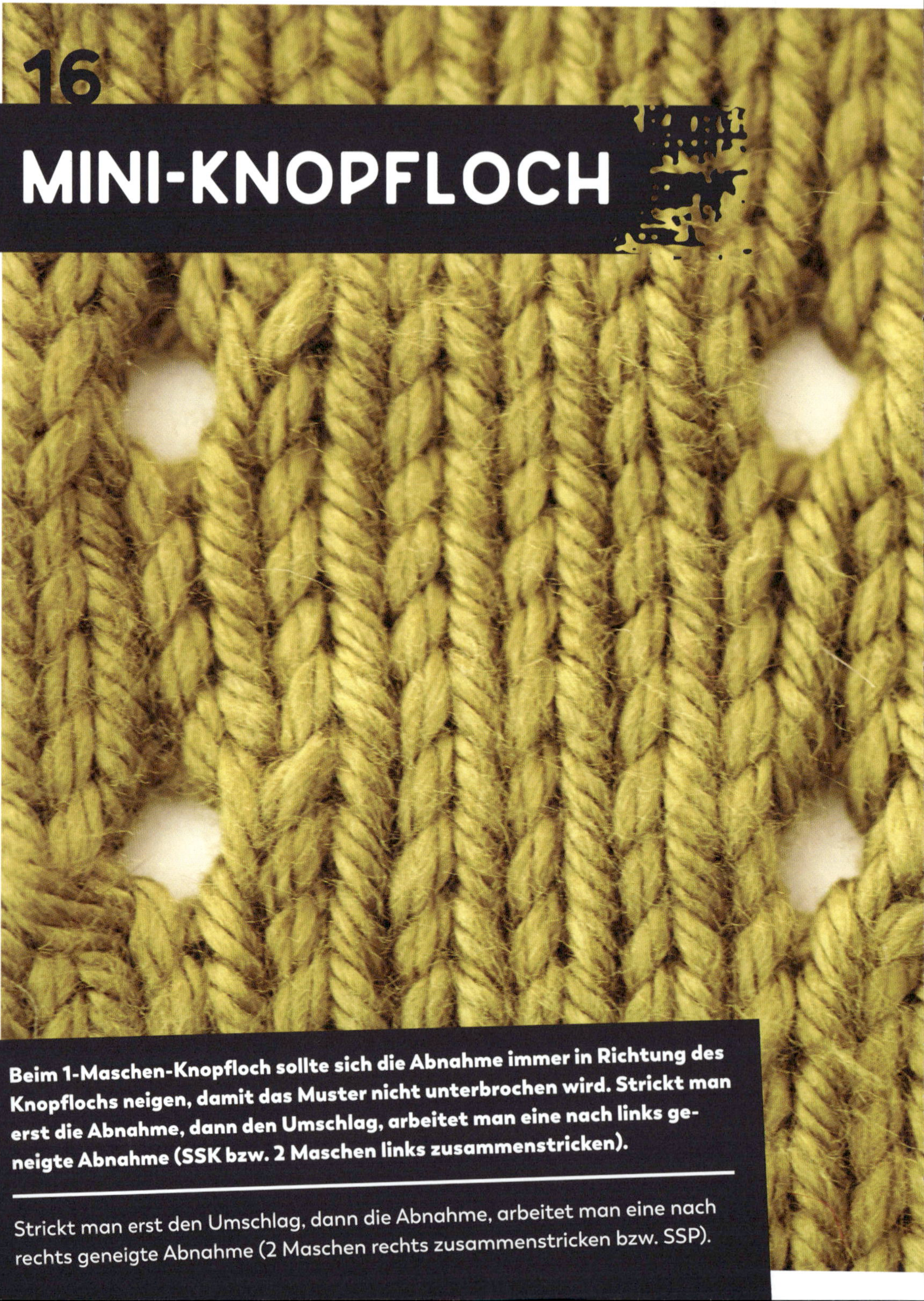

Beim 1-Maschen-Knopfloch sollte sich die Abnahme immer in Richtung des Knopflochs neigen, damit das Muster nicht unterbrochen wird. Strickt man erst die Abnahme, dann den Umschlag, arbeitet man eine nach links geneigte Abnahme (SSK bzw. 2 Maschen links zusammenstricken).

Strickt man erst den Umschlag, dann die Abnahme, arbeitet man eine nach rechts geneigte Abnahme (2 Maschen rechts zusammenstricken bzw. SSP).

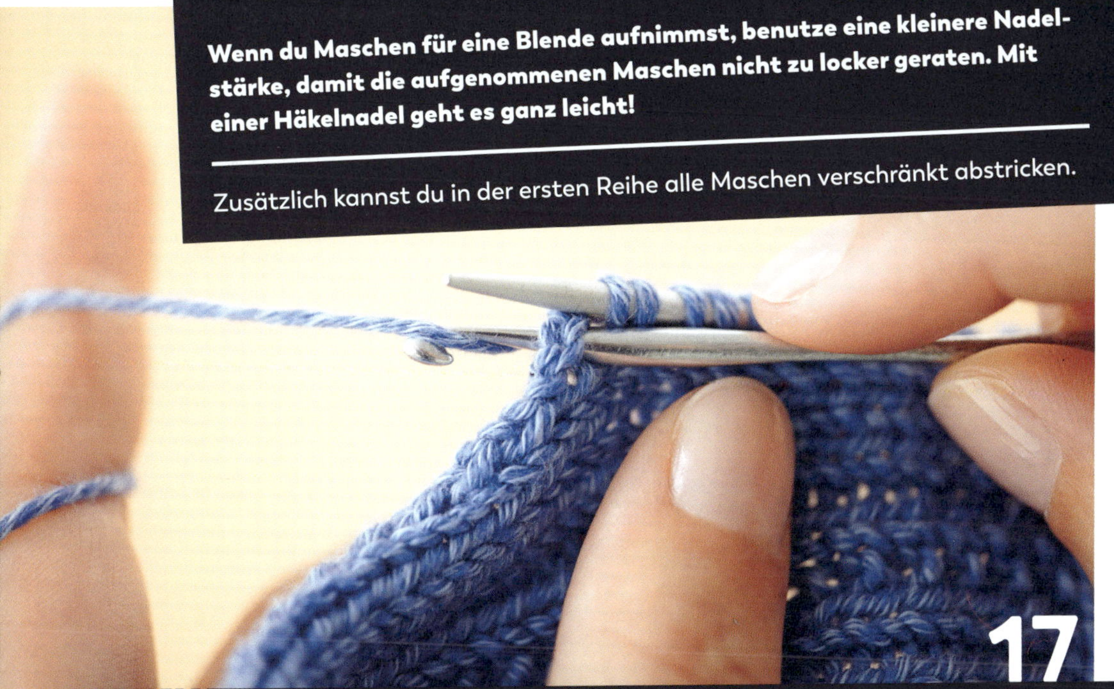

Wenn du Maschen für eine Blende aufnimmst, benutze eine kleinere Nadelstärke, damit die aufgenommenen Maschen nicht zu locker geraten. Mit einer Häkelnadel geht es ganz leicht!

Zusätzlich kannst du in der ersten Reihe alle Maschen verschränkt abstricken.

17 SCHÖN VERBLENDET

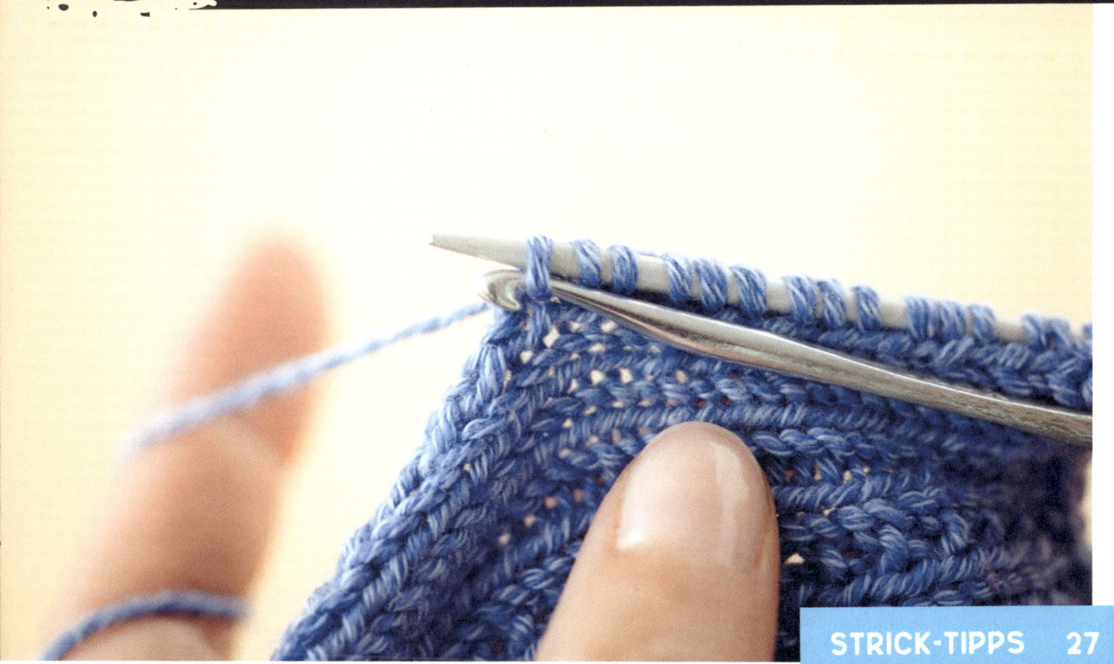

18

TIEFERGESTOCHENES KNOPFLOCH

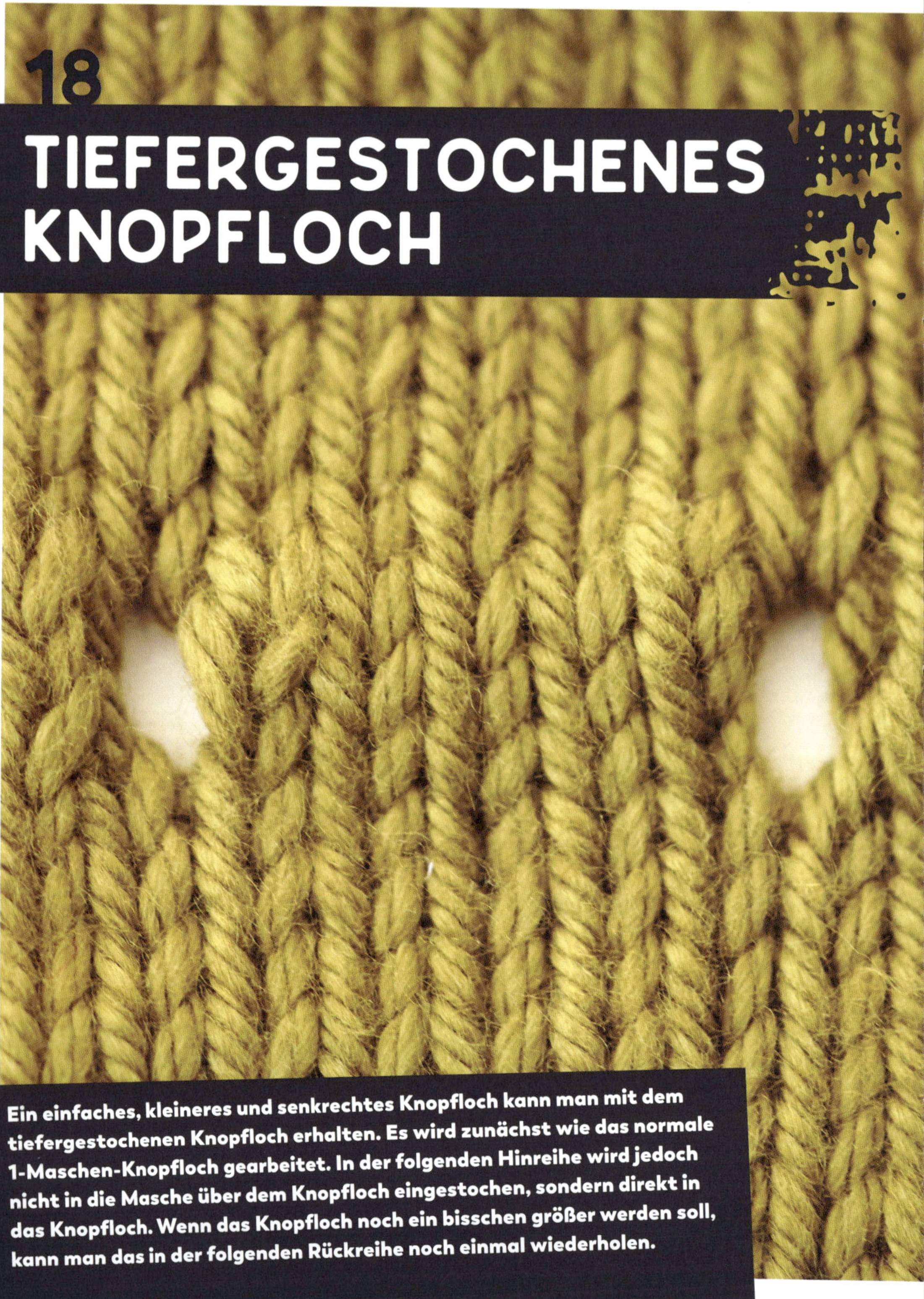

Ein einfaches, kleineres und senkrechtes Knopfloch kann man mit dem tiefergestochenen Knopfloch erhalten. Es wird zunächst wie das normale 1-Maschen-Knopfloch gearbeitet. In der folgenden Hinreihe wird jedoch nicht in die Masche über dem Knopfloch eingestochen, sondern direkt in das Knopfloch. Wenn das Knopfloch noch ein bisschen größer werden soll, kann man das in der folgenden Rückreihe noch einmal wiederholen.

Das Strickstück nach dem Waschen niemals auswringen, sondern nur sanft ausdrücken. Überschüssiges Wasser entfernt man am besten, indem man das Teil in ein großes Handtuch rollt und einige Male darauf herumhüpft.

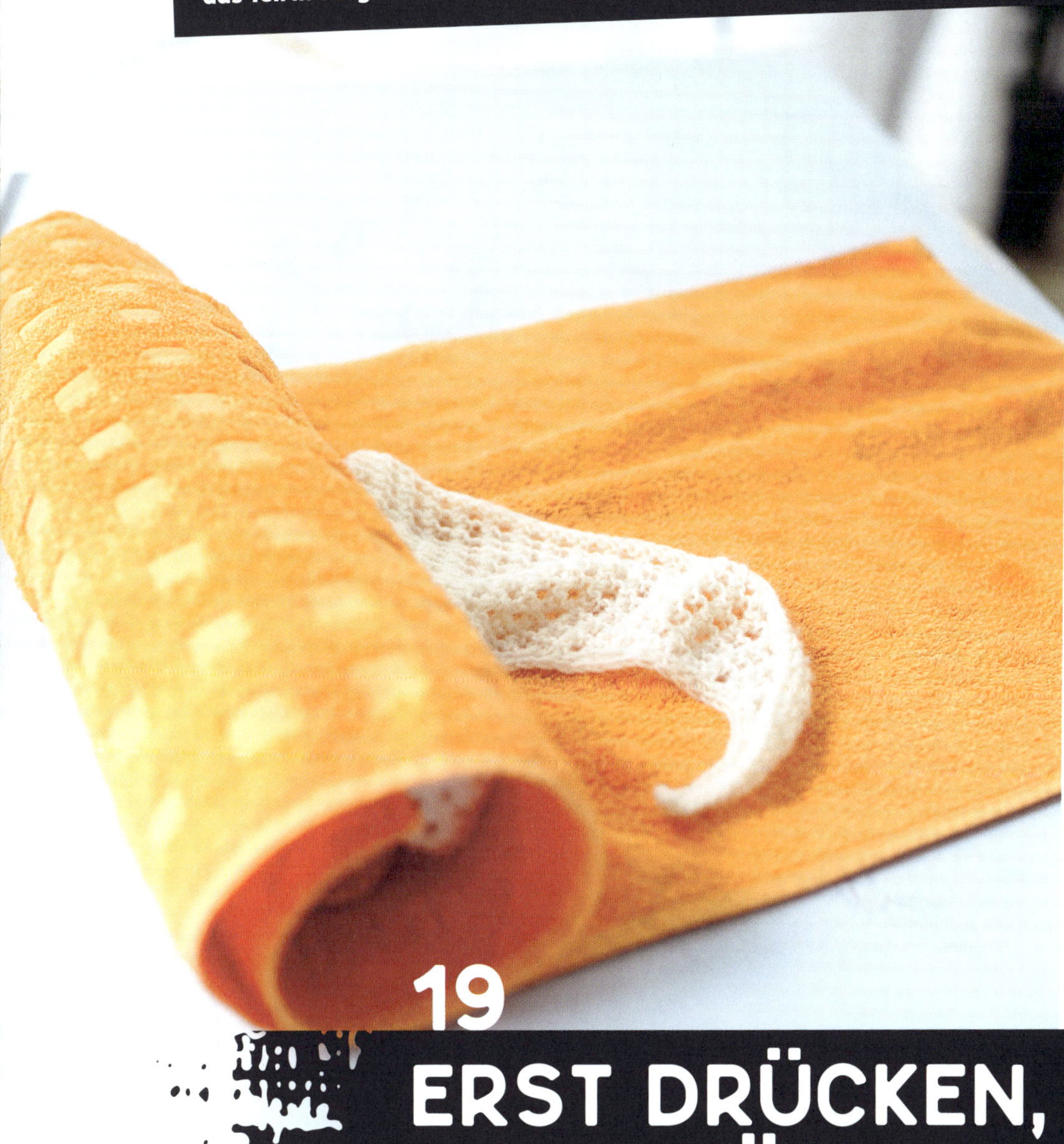

19 ERST DRÜCKEN, DANN HÜPFEN

Du möchtest einen Schal in glatt rechts auf beiden Seiten? Und er soll sich auch nicht rollen? Dafür gibt es zwei Möglichkeiten: 1. Du strickst ihn in Doppelstricktechnik. Nicht ganz leicht und auch ziemlich langwierig. 2. Du strickst einfach ein 1/1-Rippenmuster (abwechselnd eine Masche links und eine Masche rechts), und zwar möglichst fest. Die Rippen ziehen sich so zusammen, dass das Gestrick wie glatt rechts aussieht.

Einfach, aber effektvoll: Nimm zwei Knäuel eines Farbverlaufsgarns und stricke abwechselnd je 2 Reihen mit jedem Knäuel.

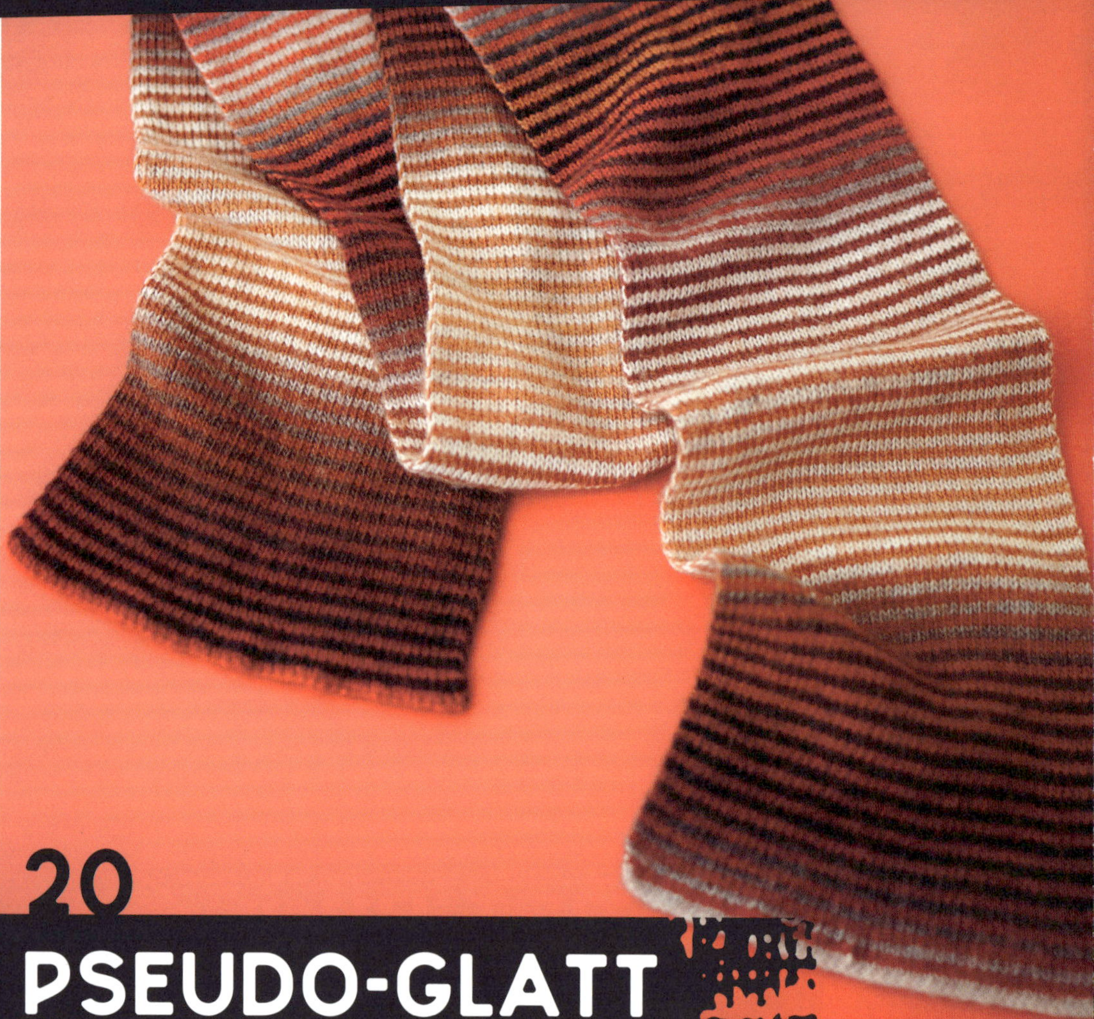

20 PSEUDO-GLATT RECHTS

Stufenlose Rundungen für Hals- und Armausschnitte sowie Armkugeln erhältst du, wenn du nur jeweils eine Masche pro Reihe betont abnimmst. Je flacher die Schrägung sein soll, umso weniger Reihen Abstand müssen die Abnahmen haben – dabei kann auch in den Rückreihen abgenommen werden. Solche Rundungen eignen sich sehr gut zum anschließenden Maschen aufnehmen oder Zusammennähen.

Die abgebildete Rundung wurde durch Abnahmen 5 × in jeder Reihe, 3 × in jeder 2. Reihe und 2 × in jeder 4. Reihe erzielt.

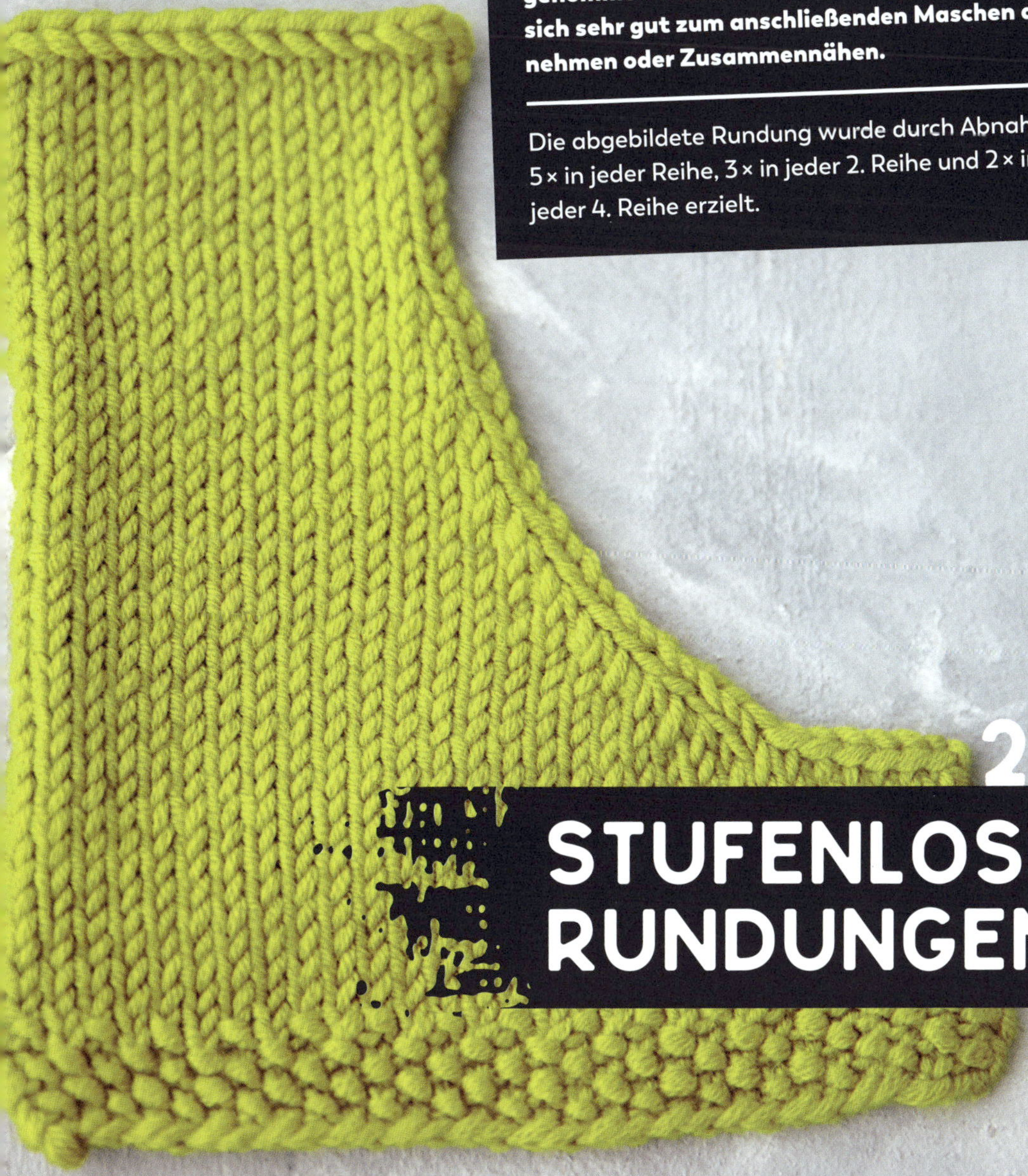

21 STUFENLOSE RUNDUNGEN

22

STABILES KNOPFLOCH

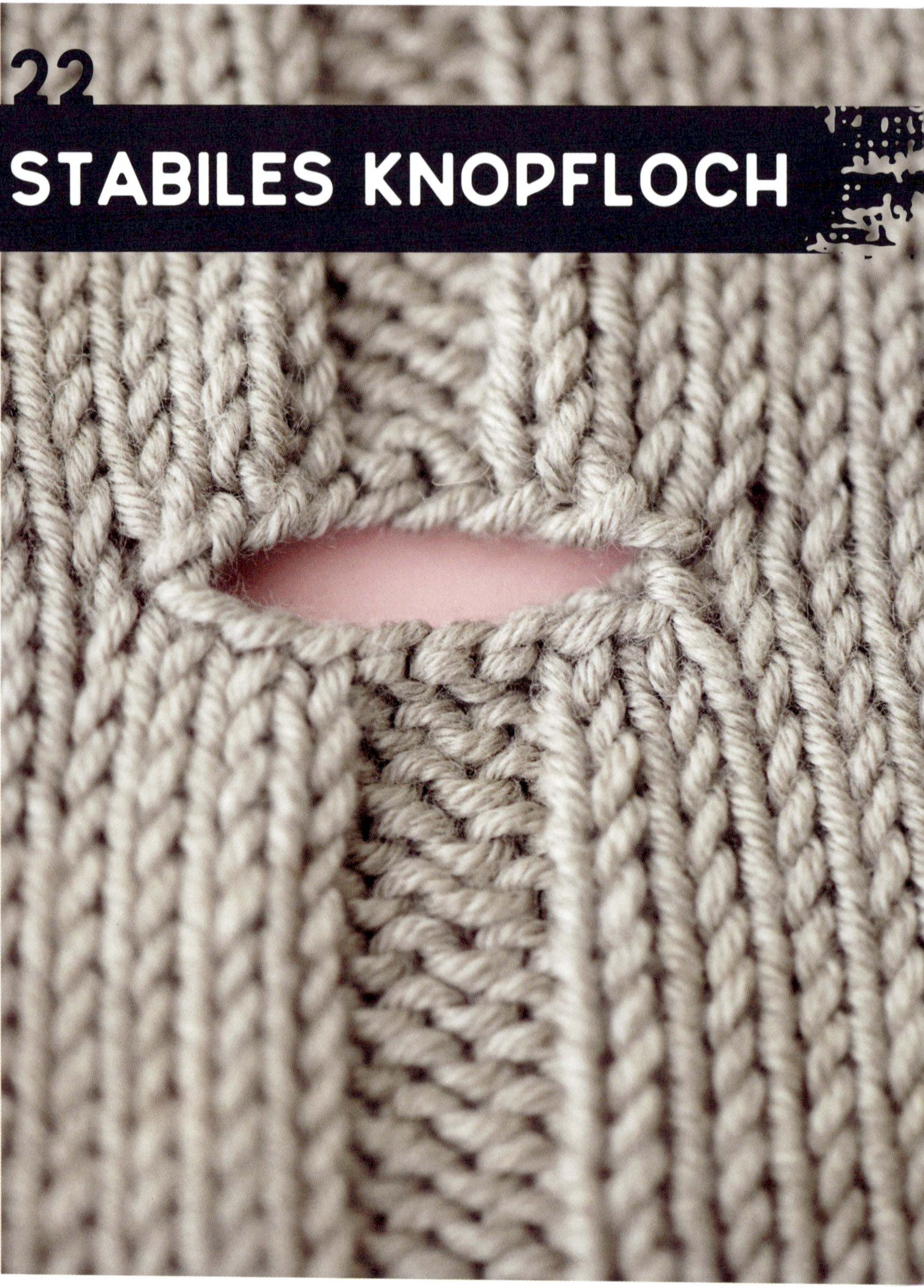

Und so geht's:

---

1 An der gewünschten Knopflochposition den Faden vor die Arbeit legen, die nächste Masche wie zum Linksstricken abheben und den Faden wieder hinter die Arbeit legen.

2 * Die nächste Masche wie zum Linksstricken abheben und die zweite Masche auf der rechten Nadel über die erste heben (wie beim Abketten)*. Wiederholen, bis die gewünschte Knopflochbreite erreicht ist (hier 7 Maschen).

3 Die zuletzt abgekettete Masche wieder auf die linke Nadel nehmen und die Arbeit wenden.

4 Nun die Anzahl der abgeketteten Maschen + 1 (hier also 8) aufstricken.

5 Die Arbeit wieder wenden, die erste Masche auf der linken Nadel abheben und die 2. Masche auf der rechten Nadel über die 1. Masche ziehen.

6 Die Maschen wieder zurück auf die linke Nadel geben und mustergemäß weiterstricken.

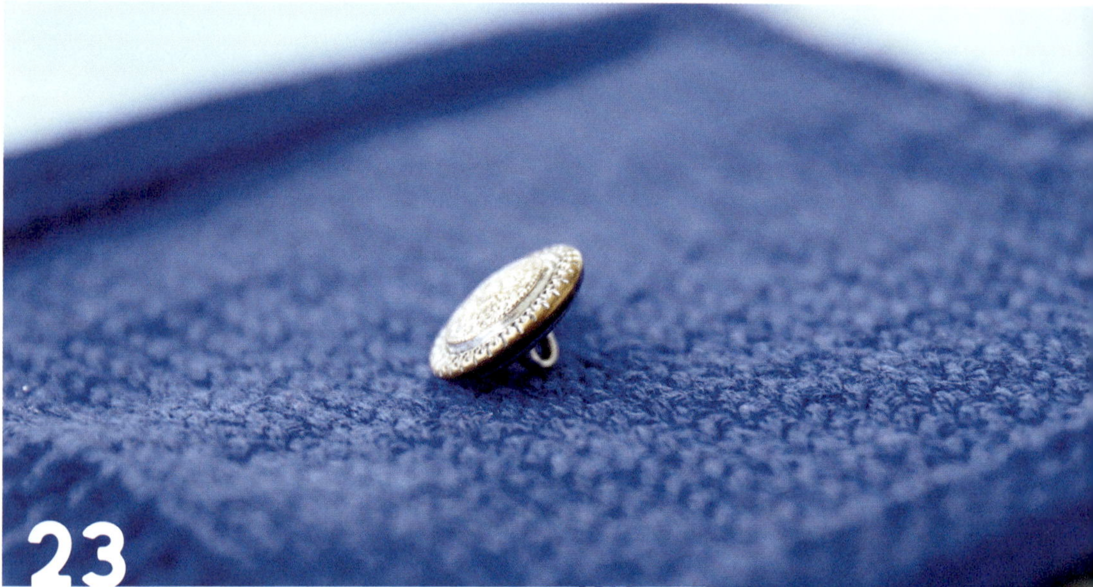

23 ÖSENKNÖPFE ANNÄHEN

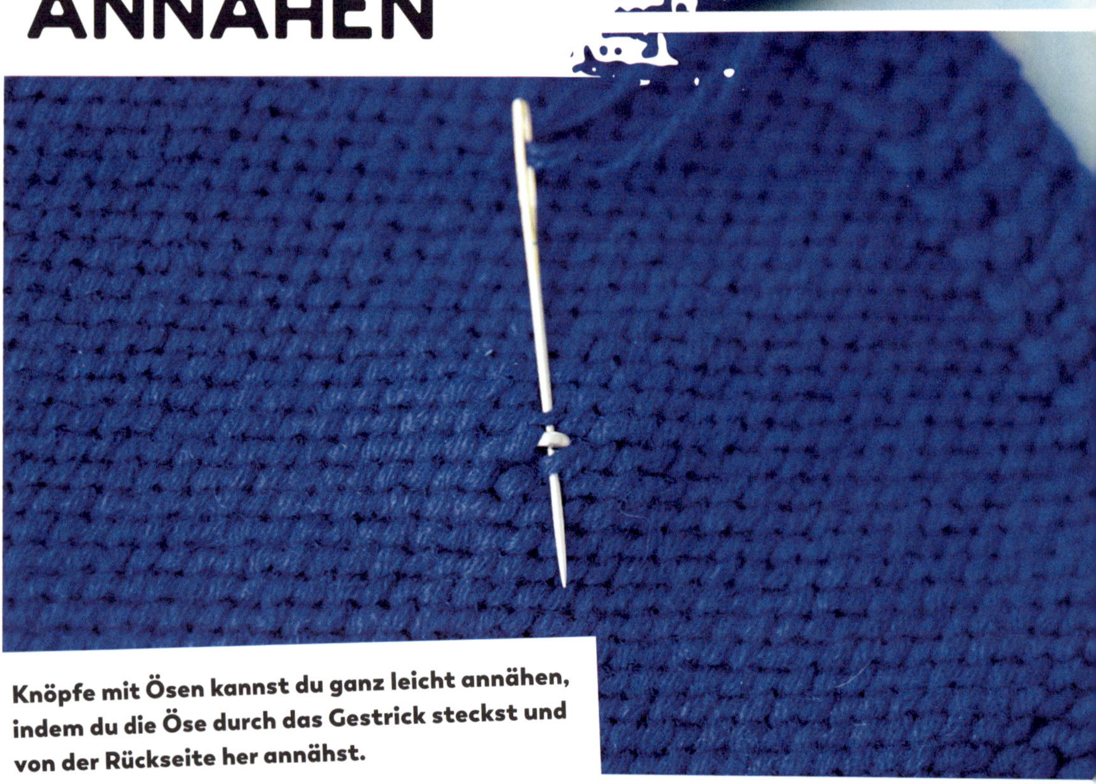

Knöpfe mit Ösen kannst du ganz leicht annähen, indem du die Öse durch das Gestrick steckst und von der Rückseite her annähst.

Du kannst (fast) jedes Strickstück in der Waschmaschine waschen, auch wenn für das Garn Handwäsche empfohlen wird. Gib das Strickstück in ein Wäschenetz, wähle den Wollwaschgang (mit Wollschleudern), Temperatur „kalt“, ein Schlückchen Wollwaschmittel dazu. Bitte immer vor der ersten Wäsche eines neuen Garns mit einem Probeläppchen (Maschenprobe) testen, jede Maschine geht anders mit der Wäsche um.

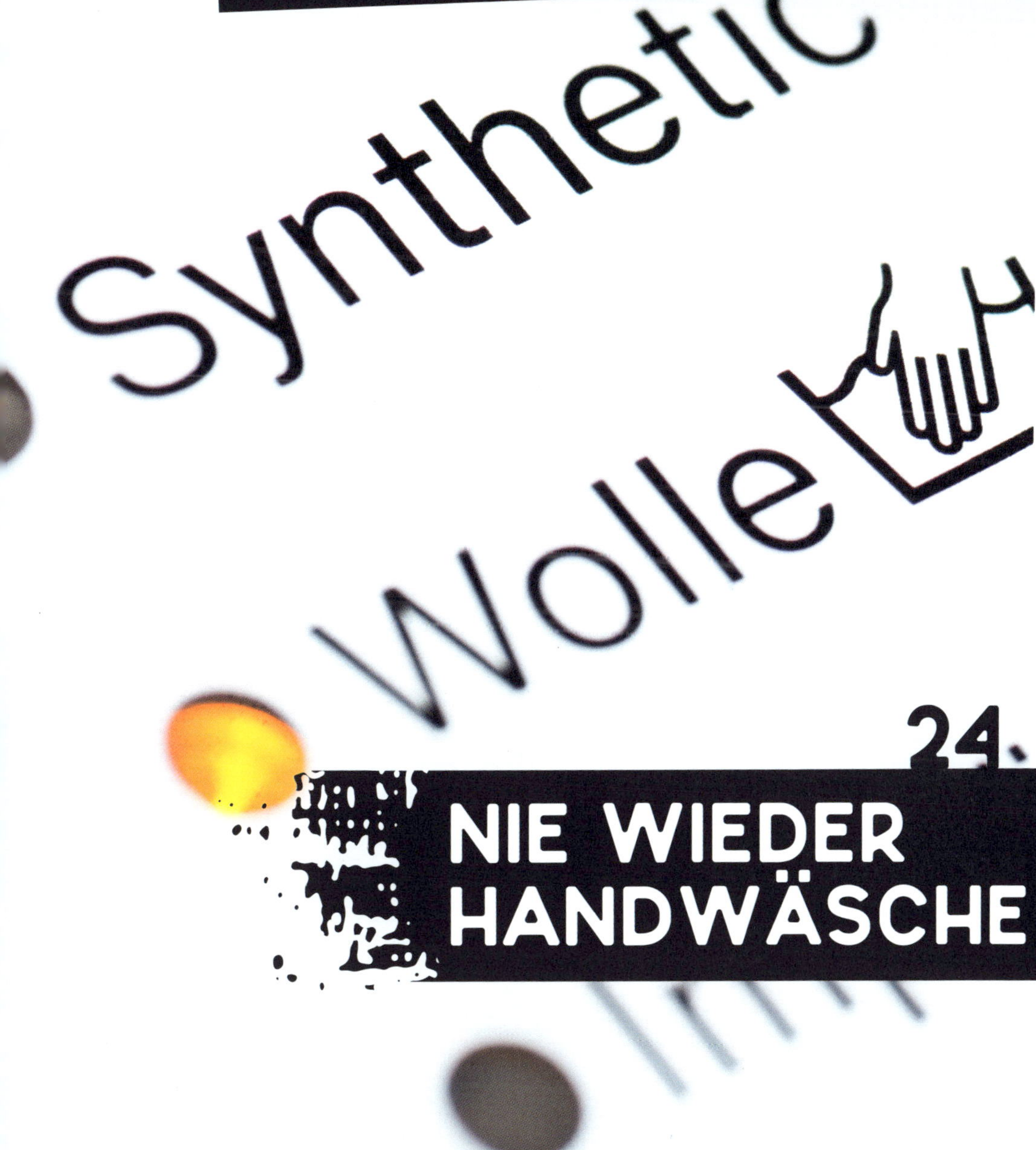

24. NIE WIEDER HANDWÄSCHE

25

ELASTISCH ABKETTEN

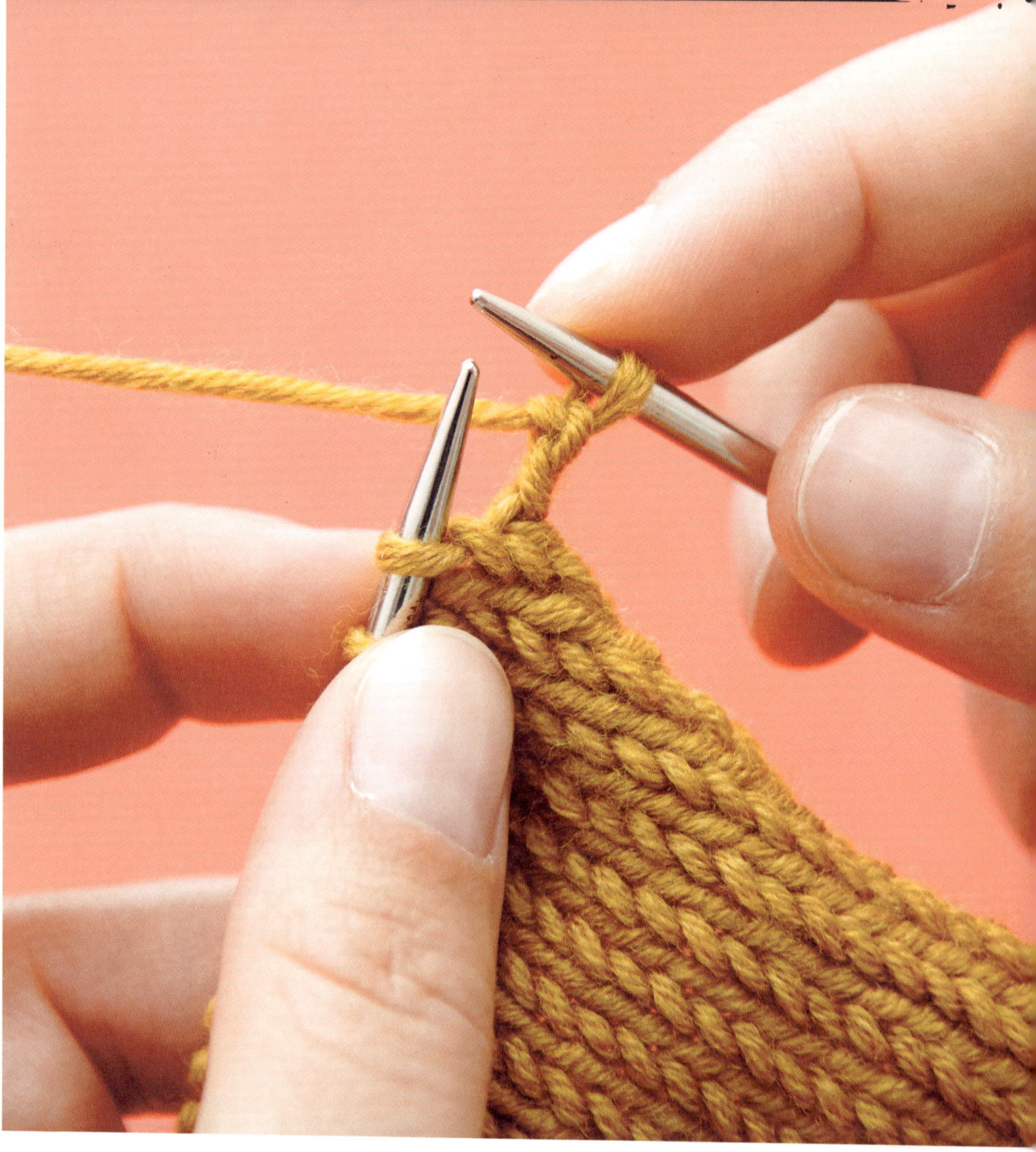

So wird deine Abkettkante elastischer:

1 **1 Masche rechts ...**

2 **...* die soeben gestrickte Masche wieder auf die linke Nadel nehmen...**

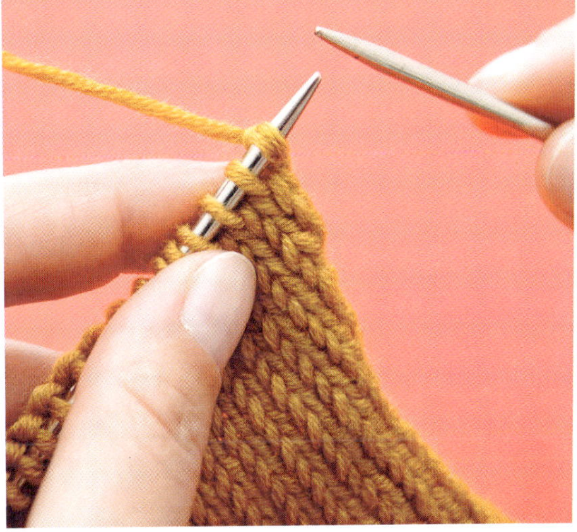

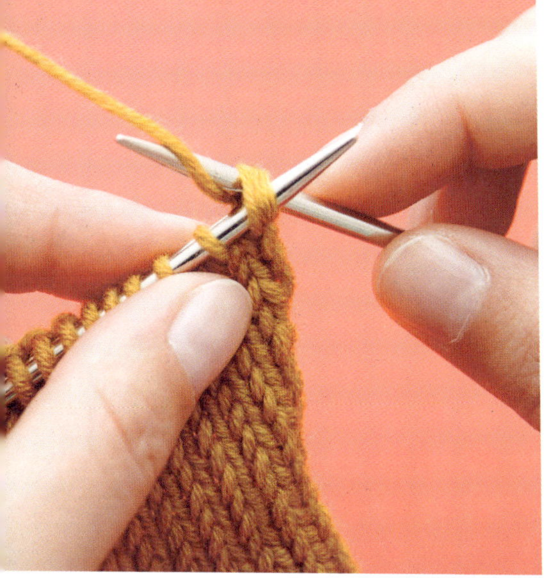

3 **... und mit der nächsten Masche rechts verschränkt zusammenstricken*.**

4 **Ab * wiederholen bis zum Ende.**

26

ABNÄHEN STATT ABKETTEN

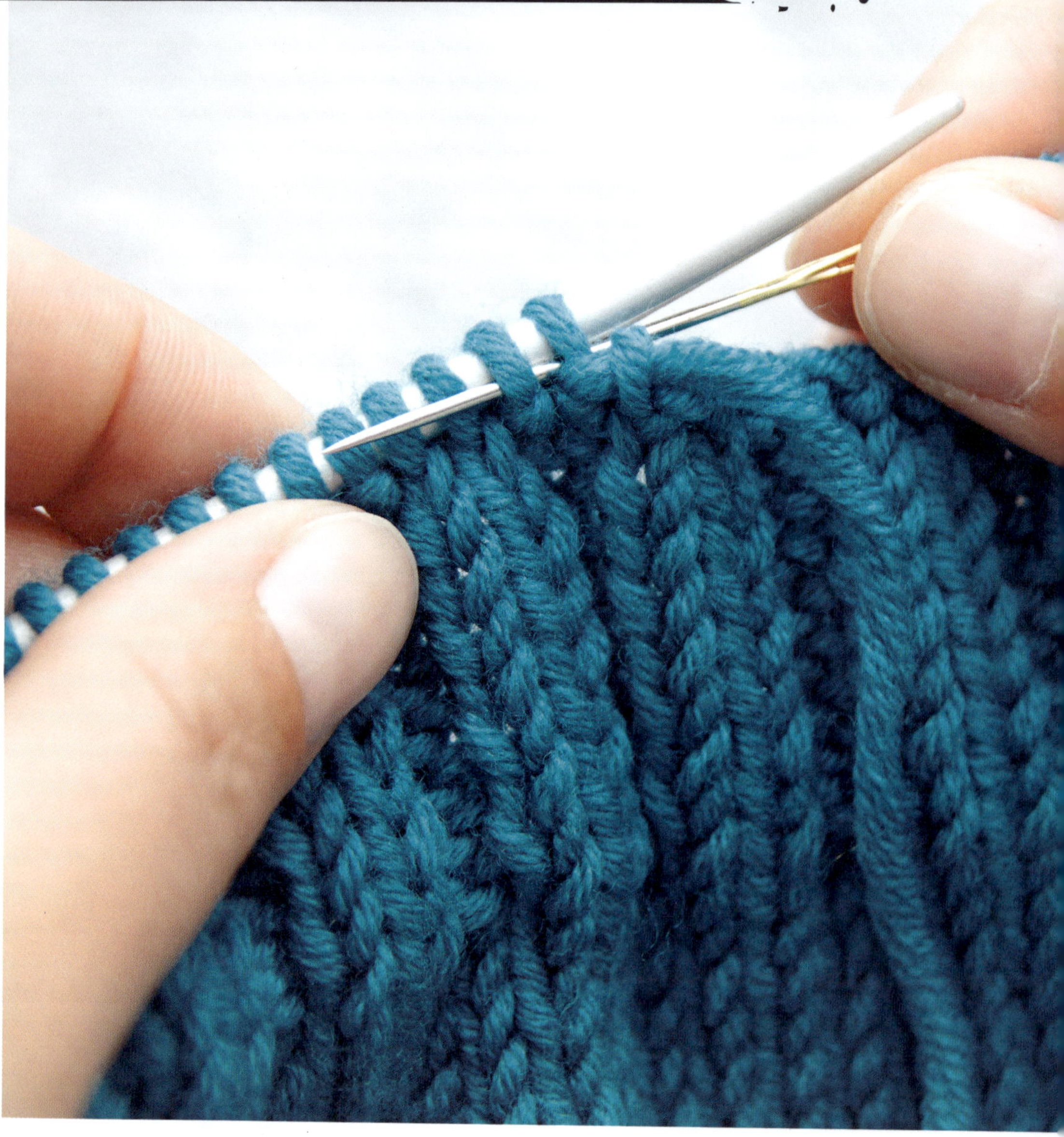

Eine extrem elastische Kante, insbesondere für enganliegende Halsausschnitte, erhält man, wenn man die Maschen nicht abkettet, sondern abnäht. Nach der letzten Runde wird der Faden abgeschnitten. Wichtig: Der Faden muss lang genug sein, mindestens die dreifache Länge der Strecke, die abgenäht werden soll.

---

1 **Die Nähnadel von rechts nach links durch die ersten beiden Maschen auf der linken Nadel ziehen, dabei die Maschen auf der Nadel lassen.**

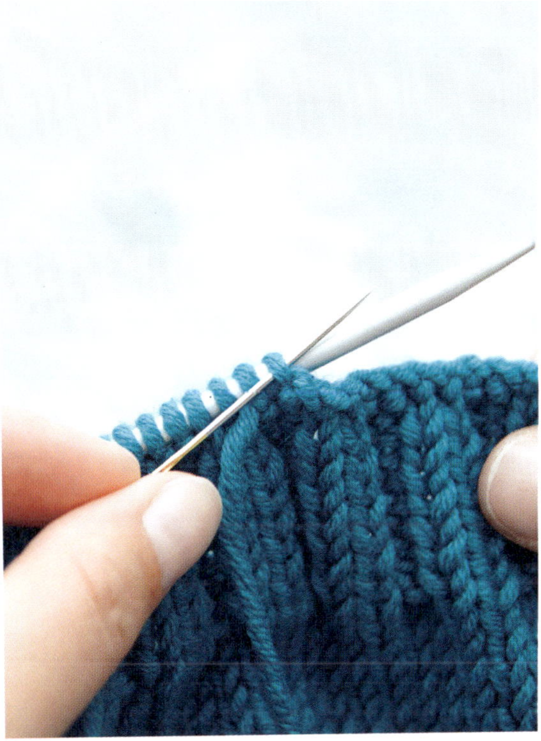

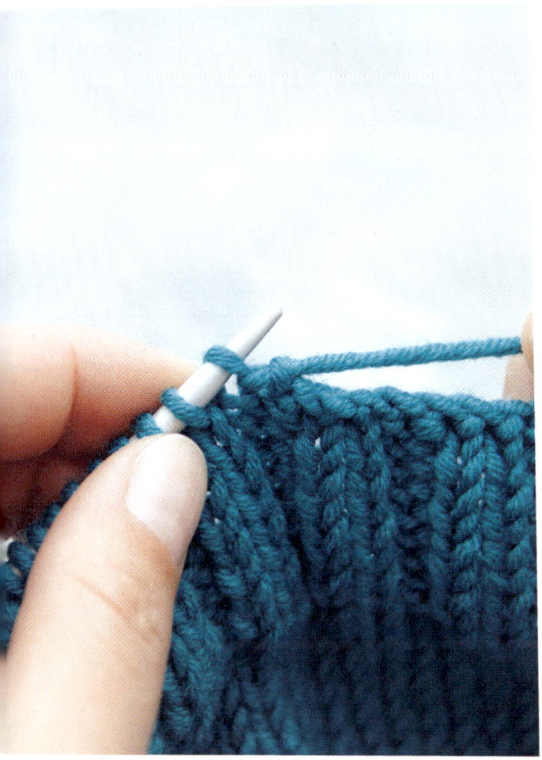

2 **... Die Nähnadel von links nach rechts wieder zurück durch die erste Masche ziehen, diese erste Masche ist jetzt fertig und kann runter von der Stricknadel. Diese Schritte immer wiederholen, bis alle Maschen abgenäht sind.**

Da passt auch der größte Dickschädel durch!

27

DIE VERFLIXTE LETZTE MASCHE

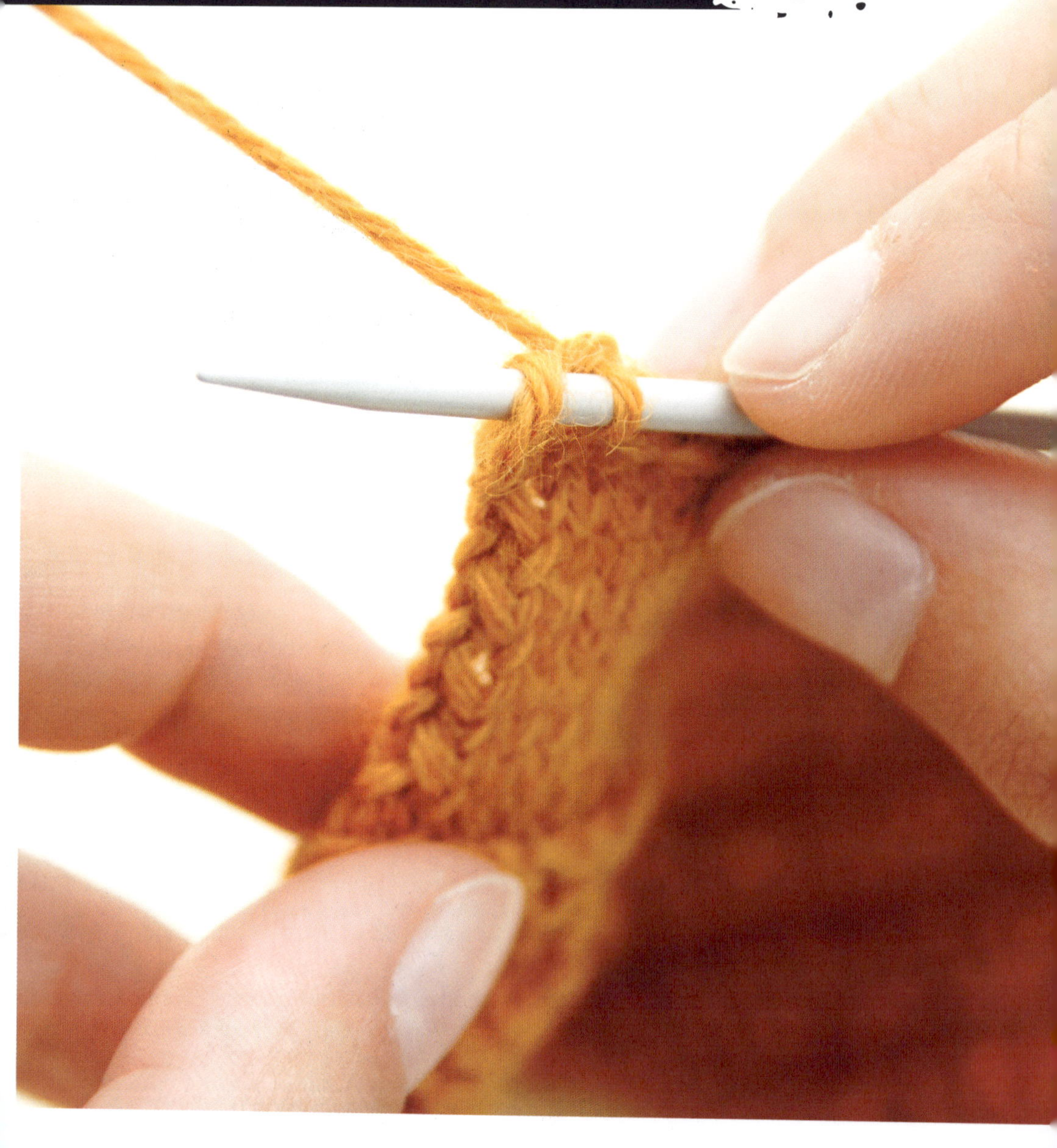

Beim Abketten wirkt die allerletzte Masche meist unschön vergrößert. Um dies zu vermeiden, hast du zwei Möglichkeiten:

---

1 Wenn nur noch 2 Maschen übrig sind, nimmst du diese auf die rechte Nadel.

2 Nun mit der linken Nadel in die Randmasche der Vorreihe von hinten nach vorne einstechen ...

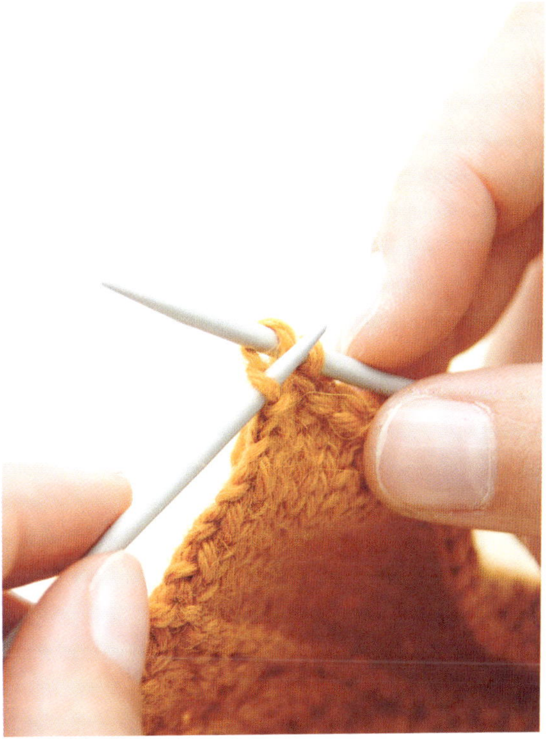

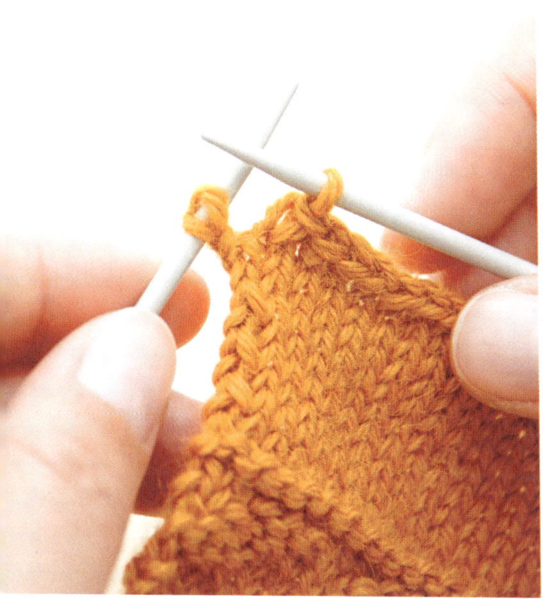

3 ... und diese zusammen mit der letzten Masche auf die linke Nadel nehmen. Diese beiden Maschen zusammen abketten.

Oder: Ganz normal abketten und beim Vernähen des Fadens zuerst durch das Linksmaschenknötchen unter der langgezogenen Masche einstechen. Faden anziehen und dann wie üblich vernähen.

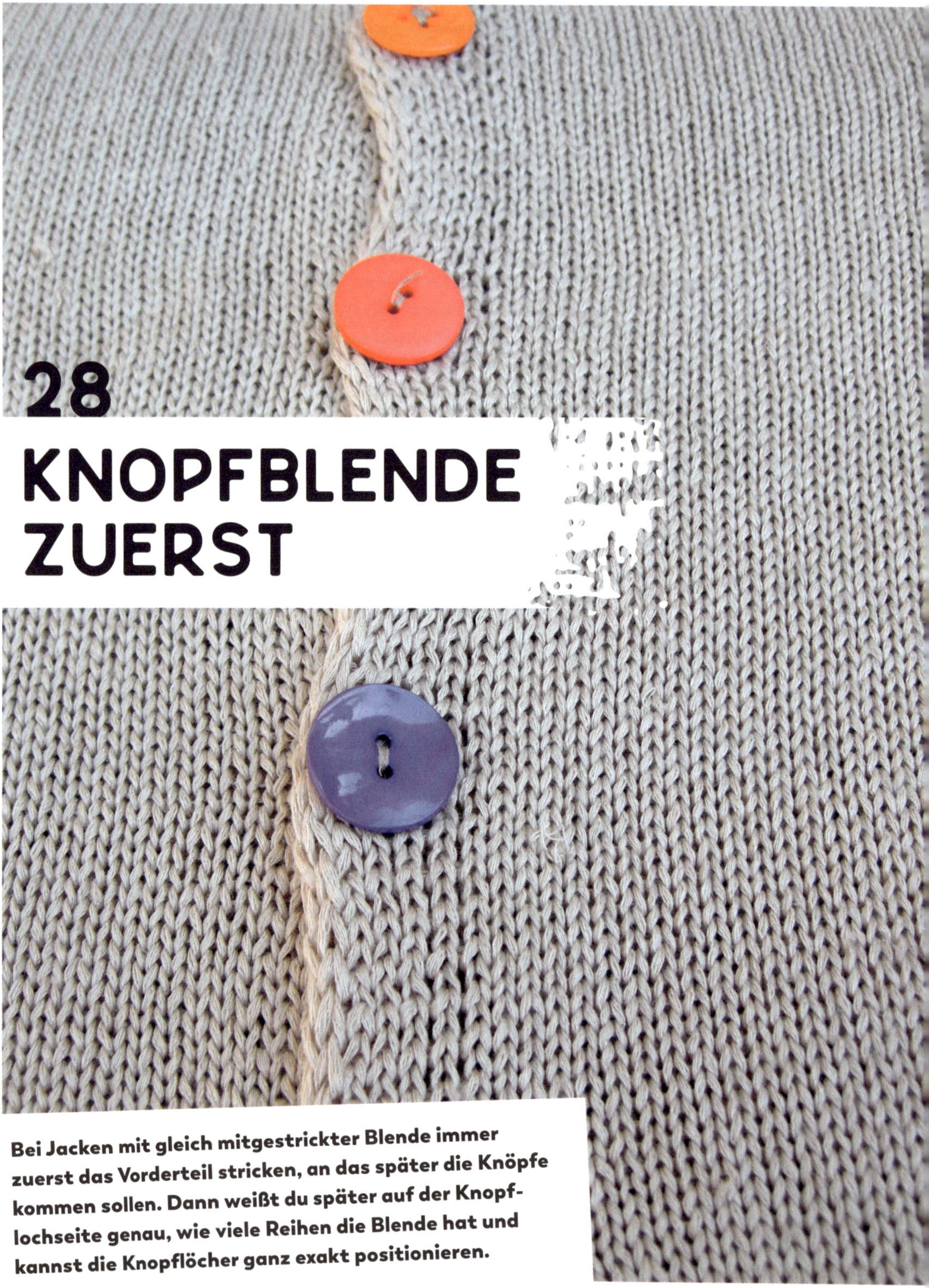

28

KNOPFBLENDE ZUERST

Bei Jacken mit gleich mitgestrickter Blende immer zuerst das Vorderteil stricken, an das später die Knöpfe kommen sollen. Dann weißt du später auf der Knopflochseite genau, wie viele Reihen die Blende hat und kannst die Knopflöcher ganz exakt positionieren.

So vernähst du Fäden unsichtbar mitten im Gestrick:

1. Während des Strickens vom alten und vom neuen Faden je ca. 10 cm hängen lassen (siehe Seite 24).
2. Einen der Fäden auf eine stumpfe Stopfnadel fädeln und zuerst durch die Masche ziehen, aus der der andere Fadenansatz herauskommt. So weit festziehen, dass die Fadenspannung den übrigen Maschen entspricht.
3. Den Faden durch die Linksmaschenbögen der umgebenden Maschen ziehen, dabei immer in die gleiche Richtung arbeiten und nur so weit festziehen, dass die Maschen nicht verzogen werden. So weit vernähen, bis der Faden zu kurz wird.
4. Beim Abschneiden einen halben Zentimeter übriglassen.
5. Den zweiten Faden gleichermaßen vernähen.

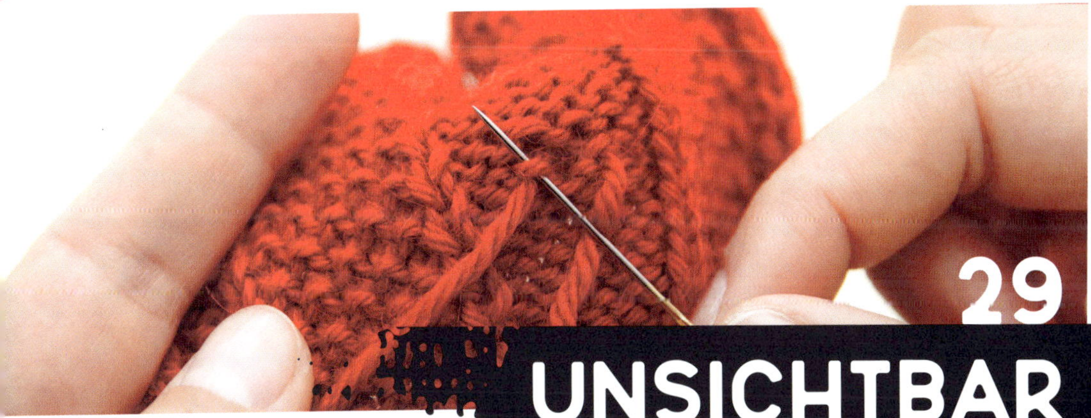

29 UNSICHTBAR VERNÄHT

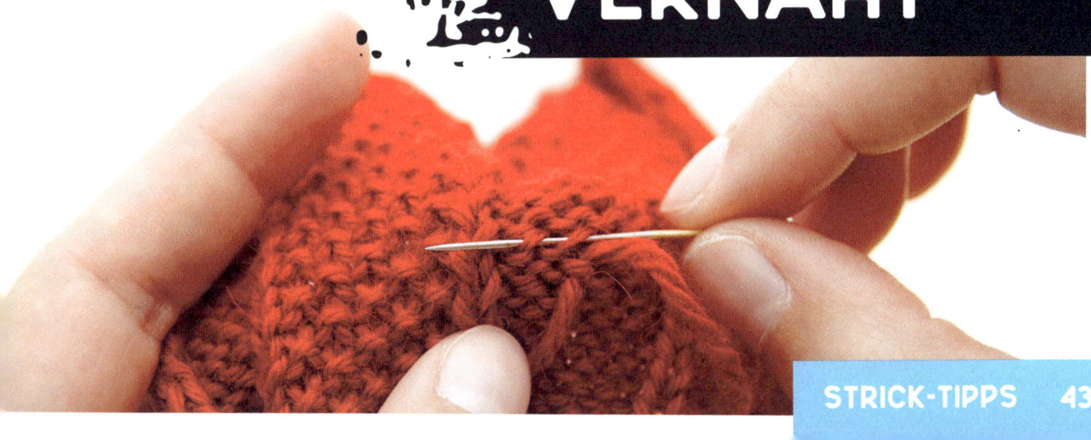

30
PERFEKTE ÜBERGÄNGE

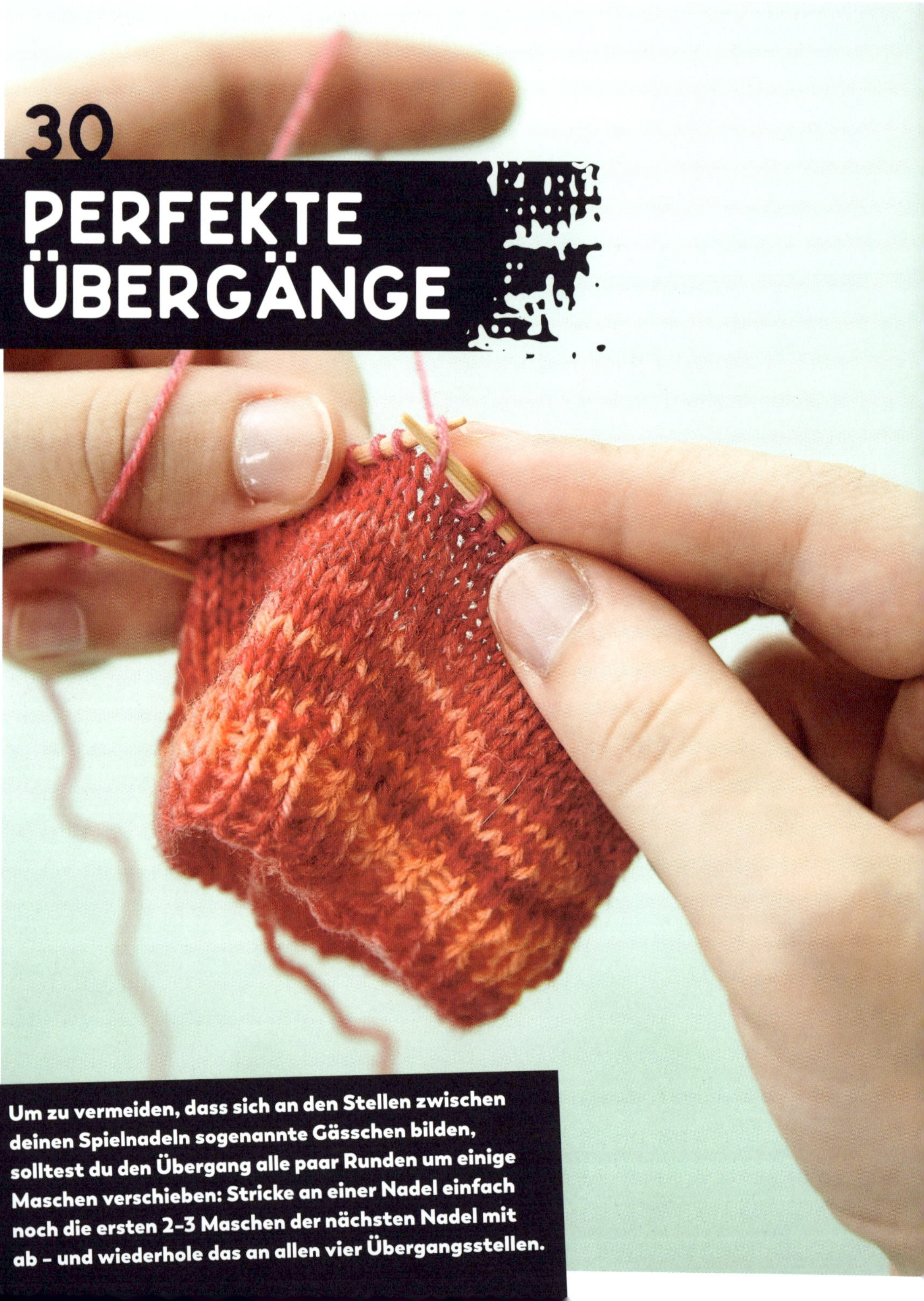

Um zu vermeiden, dass sich an den Stellen zwischen deinen Spielnadeln sogenannte Gässchen bilden, solltest du den Übergang alle paar Runden um einige Maschen verschieben: Stricke an einer Nadel einfach noch die ersten 2–3 Maschen der nächsten Nadel mit ab – und wiederhole das an allen vier Übergangsstellen.

Beim Messen das Gestrick immer auf eine glatte Unterlage legen. Ansonsten besteht die Gefahr, dass man es beim Glattstreichen dehnt und das Messergebnis verfälscht wird.

Für eine gute Passform auch während des Strickens regelmäßig die Maße kontrollieren!

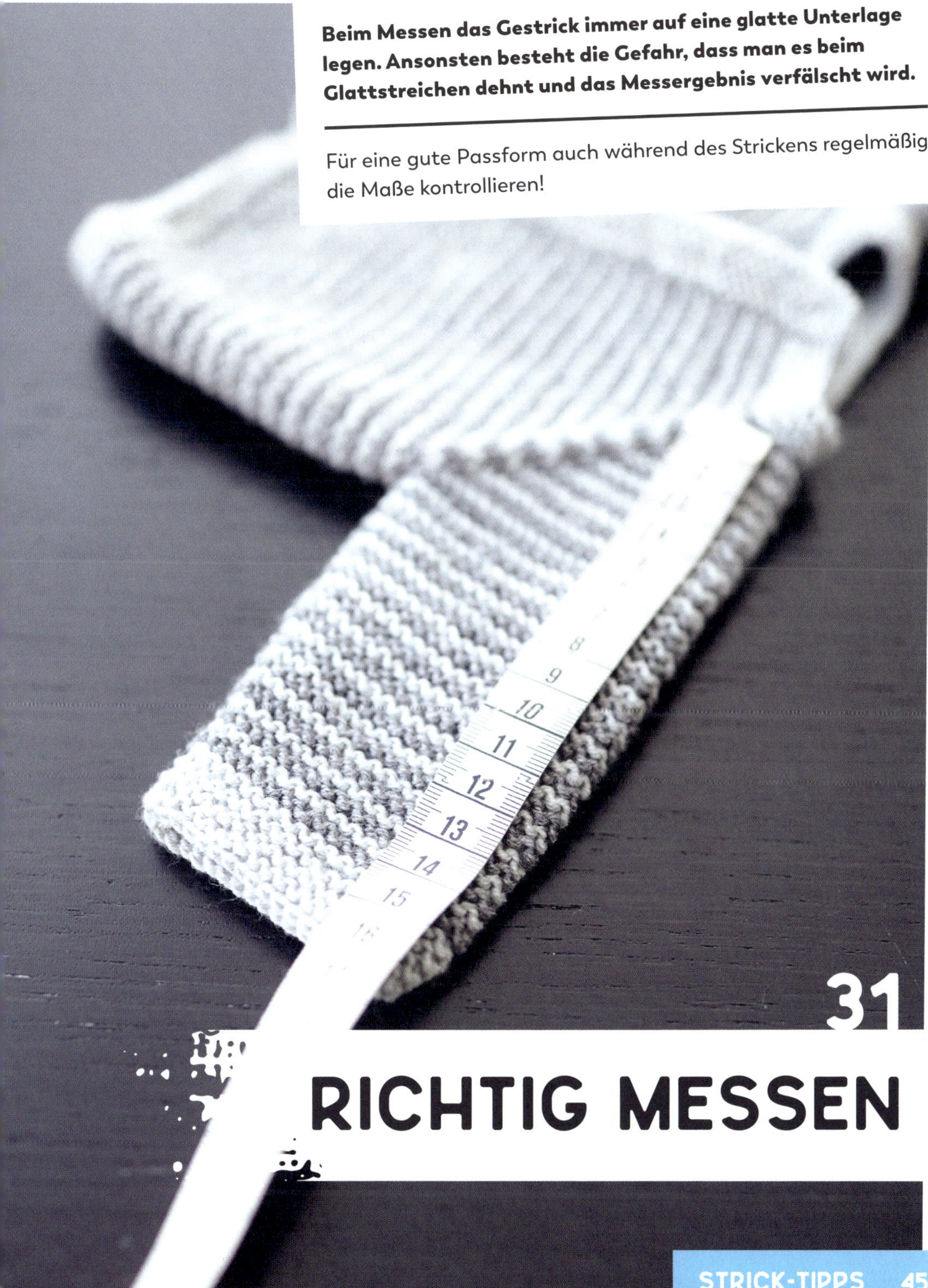

31 RICHTIG MESSEN

32

UNSPANNEND!

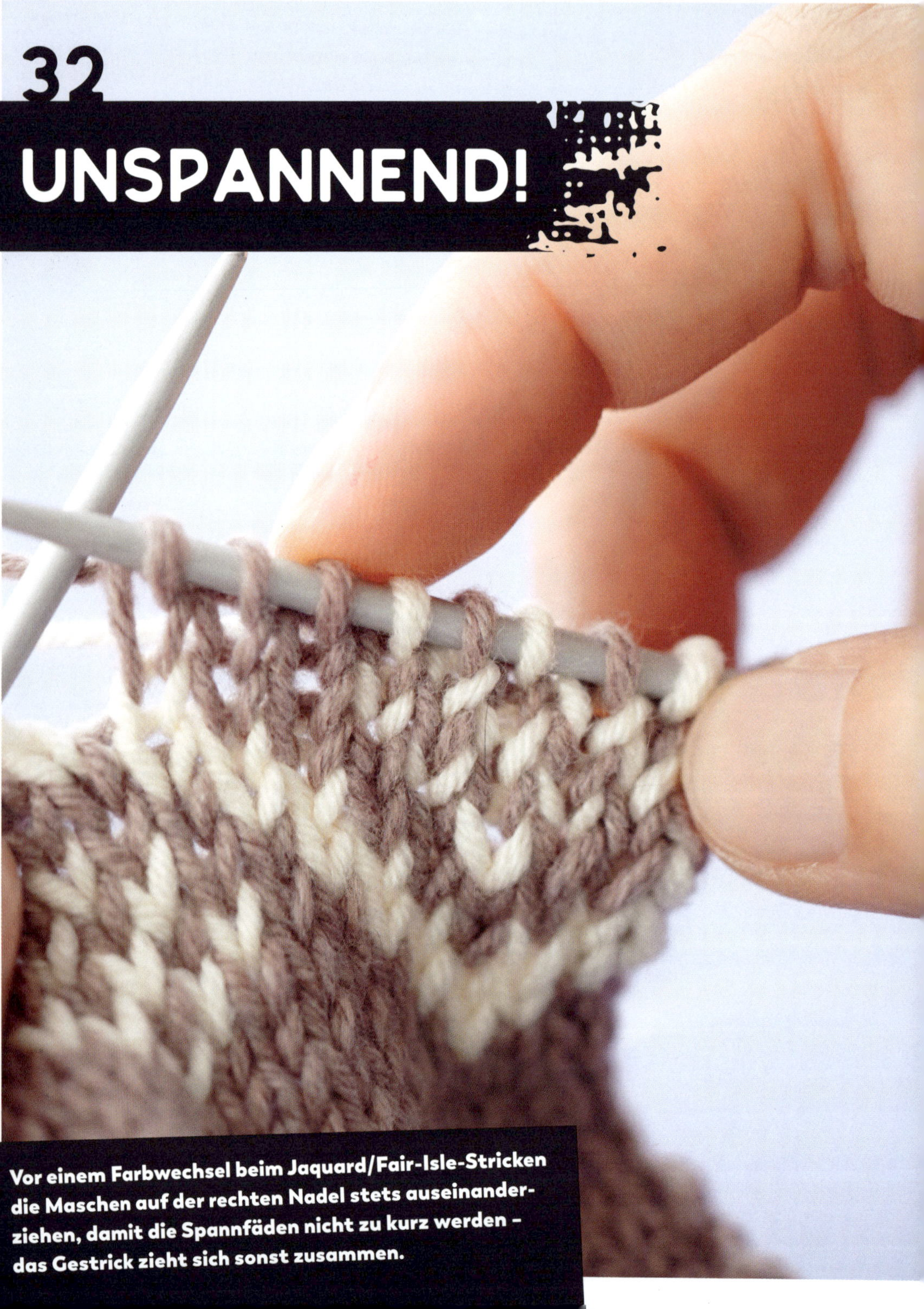

Vor einem Farbwechsel beim Jaquard/Fair-Isle-Stricken die Maschen auf der rechten Nadel stets auseinanderziehen, damit die Spannfäden nicht zu kurz werden – das Gestrick zieht sich sonst zusammen.

Wird mit doppeltem Faden gestrickt, empfiehlt es sich, die einzelnen Fäden zuvor mit einem Knoten zu verbinden, damit die Fäden beim Stricken ordentlich zusammenbleiben.

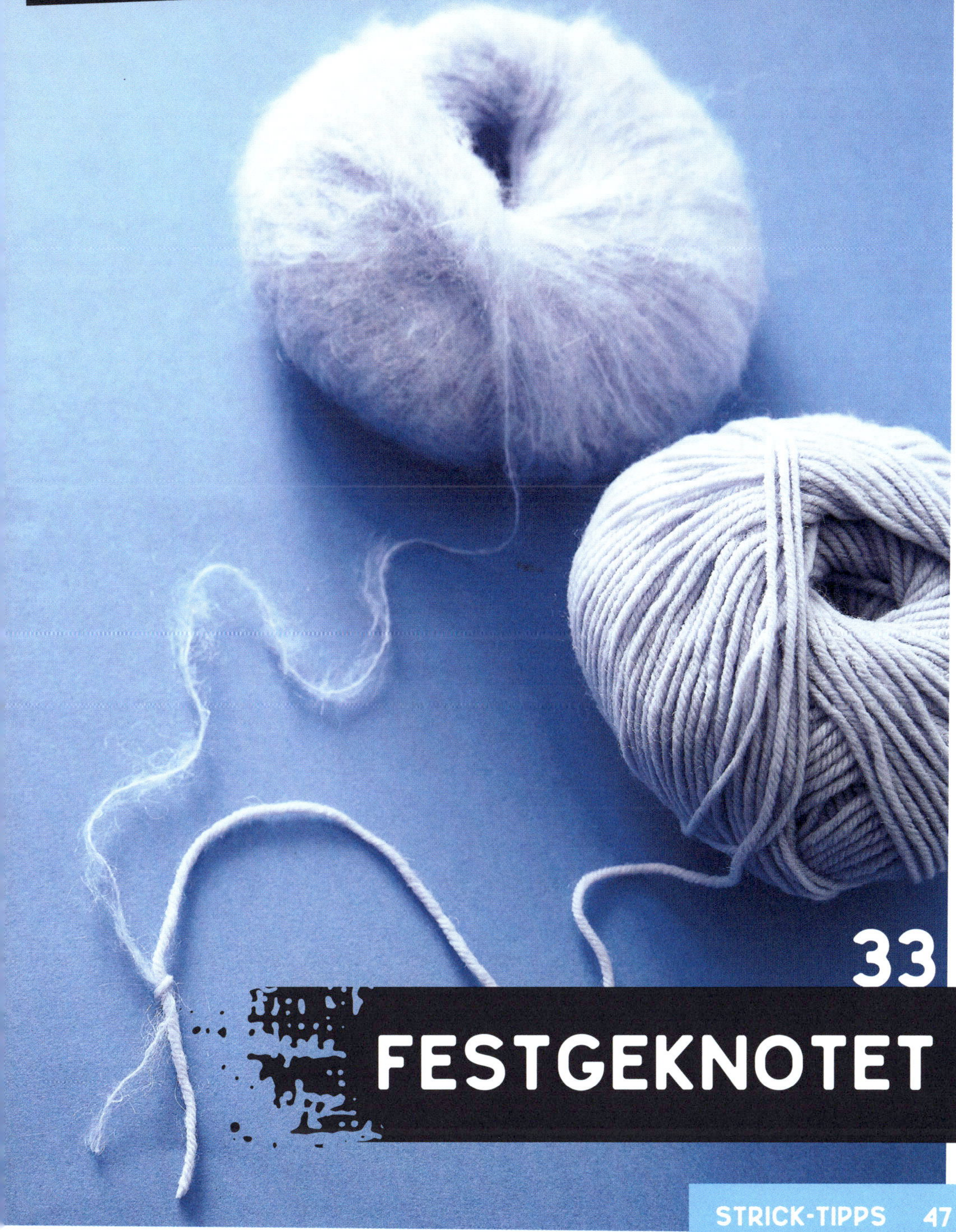

33 FESTGEKNOTET

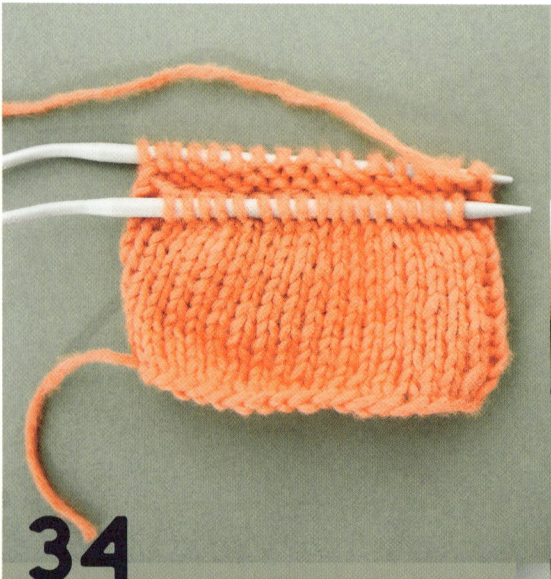

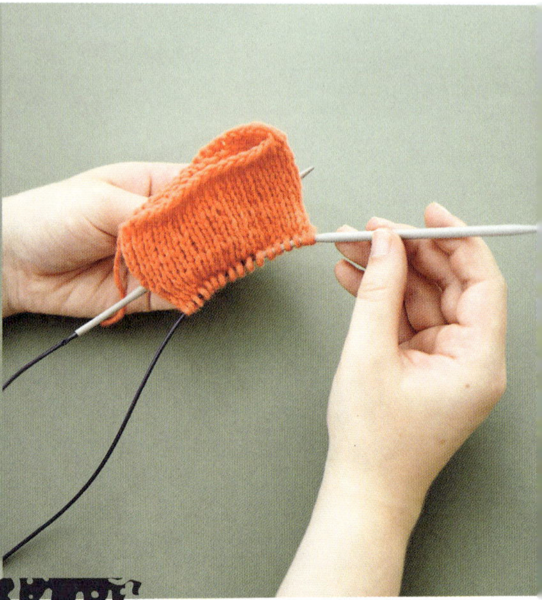

34

MAGIC LOOP

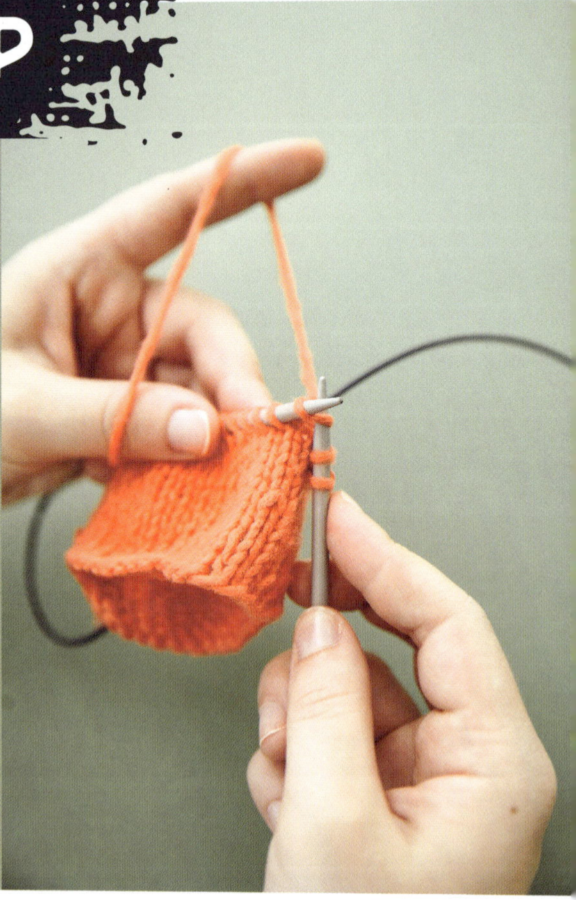

Mit der Magic Loop Technik können kleinere Runden einfach mit einer Rundstricknadel gestrickt werden.

---

1 Teile die Maschen auf der Nadel durch zwei und ziehe das Kabel durch die Hälfte der Maschen, sodass diese ungefähr in der Mitte des Kabels liegen.

2 Stricke nun die Maschen, die noch auf der Nadelspitze liegen.

3 Sobald diese abgestrickt sind, wechsle die Maschen aus und wiederhole die Schritte.

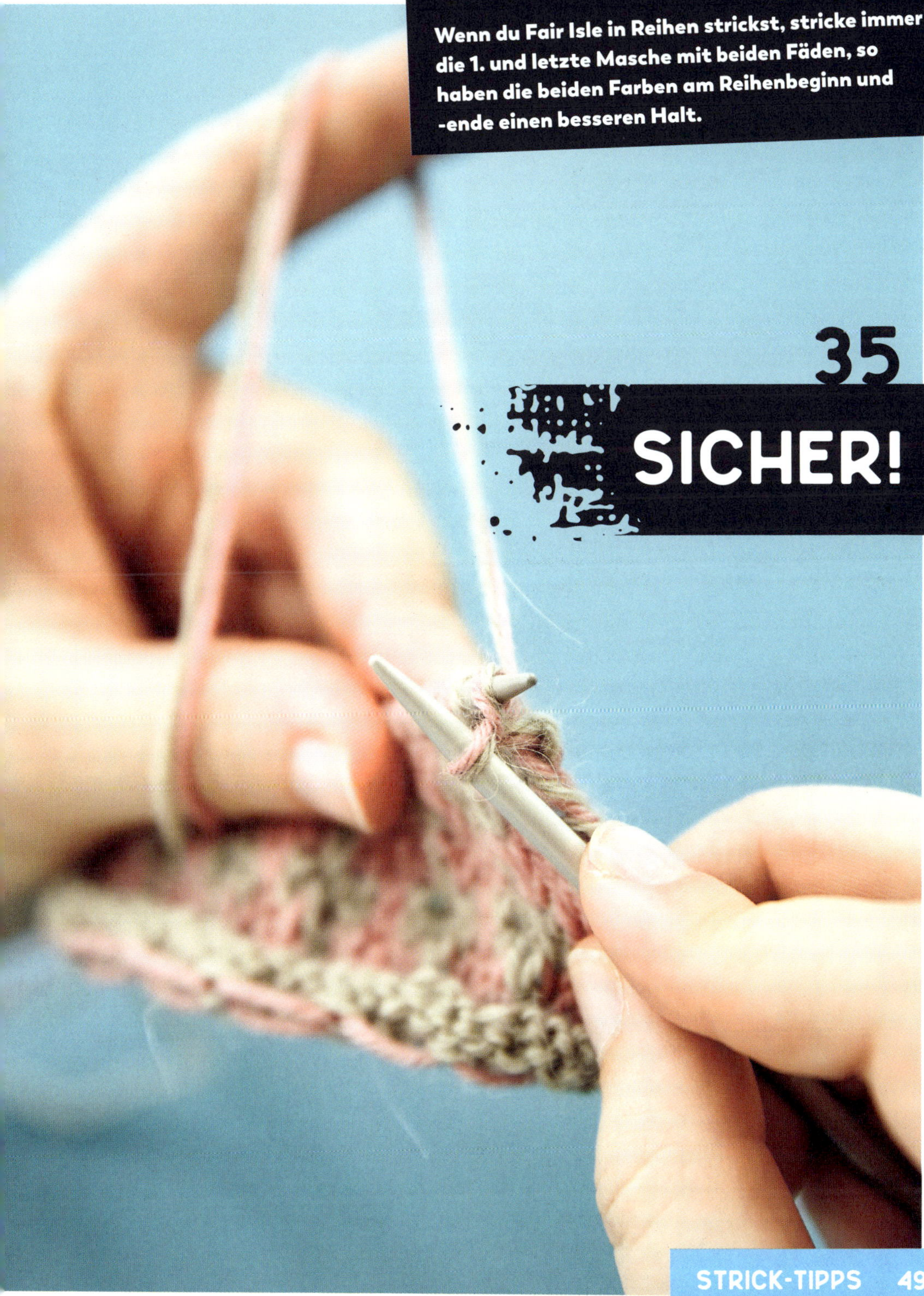

Wenn du Fair Isle in Reihen strickst, stricke immer die 1. und letzte Masche mit beiden Fäden, so haben die beiden Farben am Reihenbeginn und -ende einen besseren Halt.

35 SICHER!

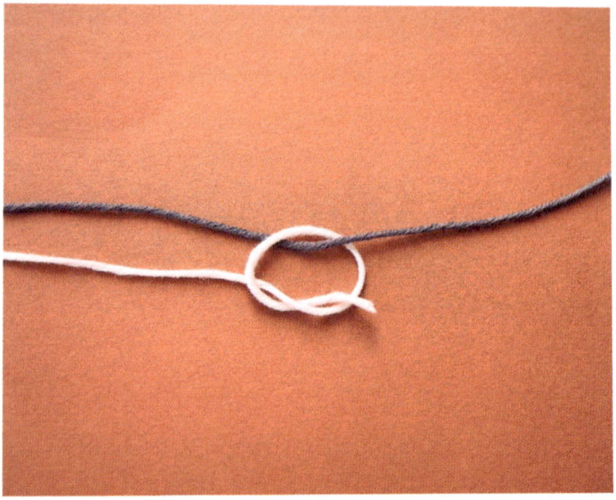

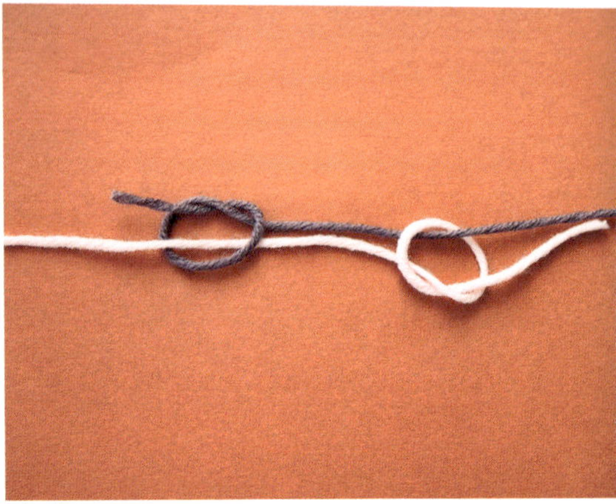

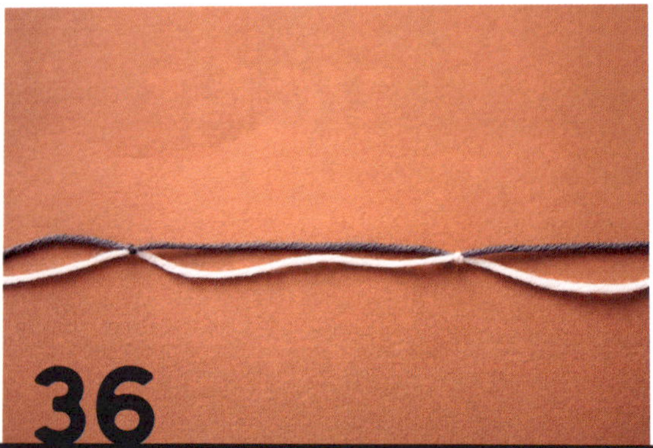

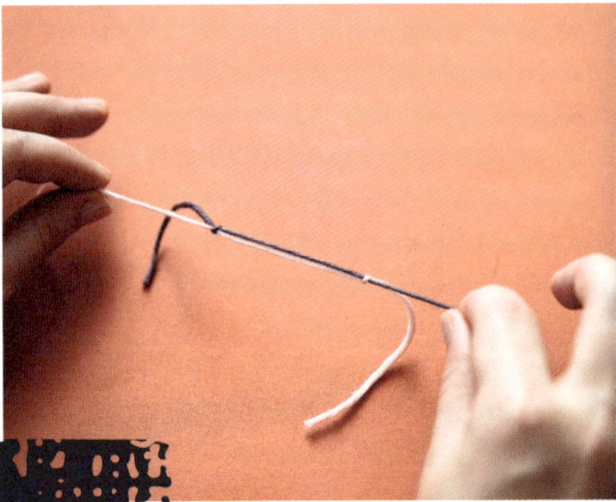

36
MAGIC KNOT

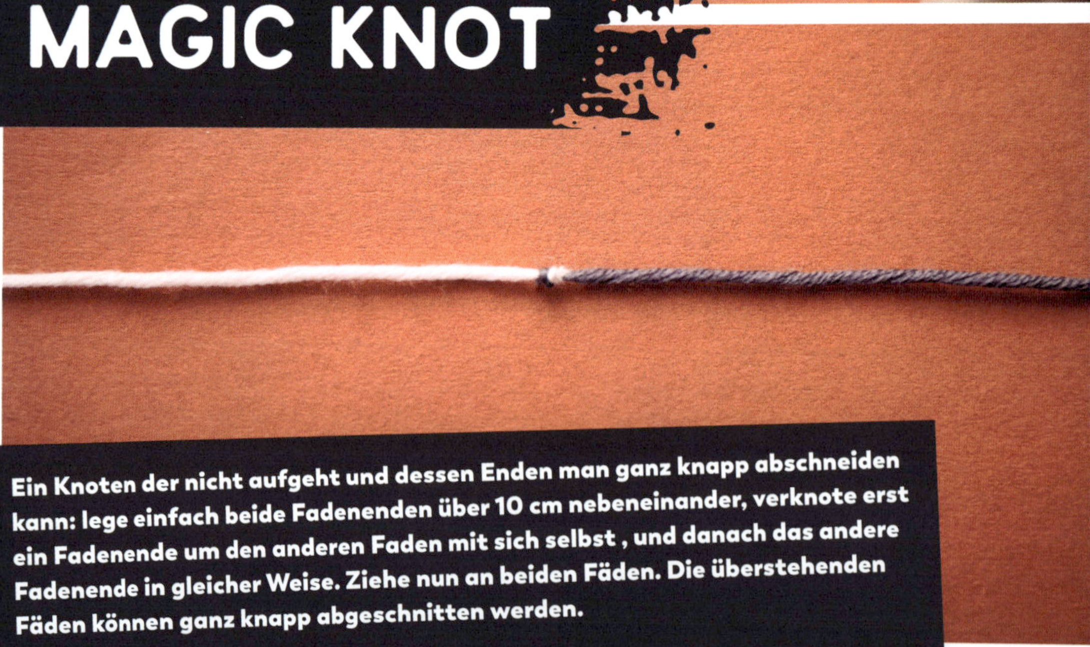

Ein Knoten der nicht aufgeht und dessen Enden man ganz knapp abschneiden kann: lege einfach beide Fadenenden über 10 cm nebeneinander, verknote erst ein Fadenende um den anderen Faden mit sich selbst , und danach das andere Fadenende in gleicher Weise. Ziehe nun an beiden Fäden. Die überstehenden Fäden können ganz knapp abgeschnitten werden.

Oft weiß man nicht, wie viele Maschen man für eine Blende auffassen muss. Es ist aber ganz einfach. In der Regel hat das Rückenteil auch ein Bündchen, welches auch so etwas, wie eine Maschenprobe ist. Halte die untere Kante des Rückenteils einfach an die Blendenkante, dabei aber das Rippenmuster des Bündchens leicht dehnen. Nun kann man die Maschen, die für die Blende gebraucht werden, einfach abzählen.

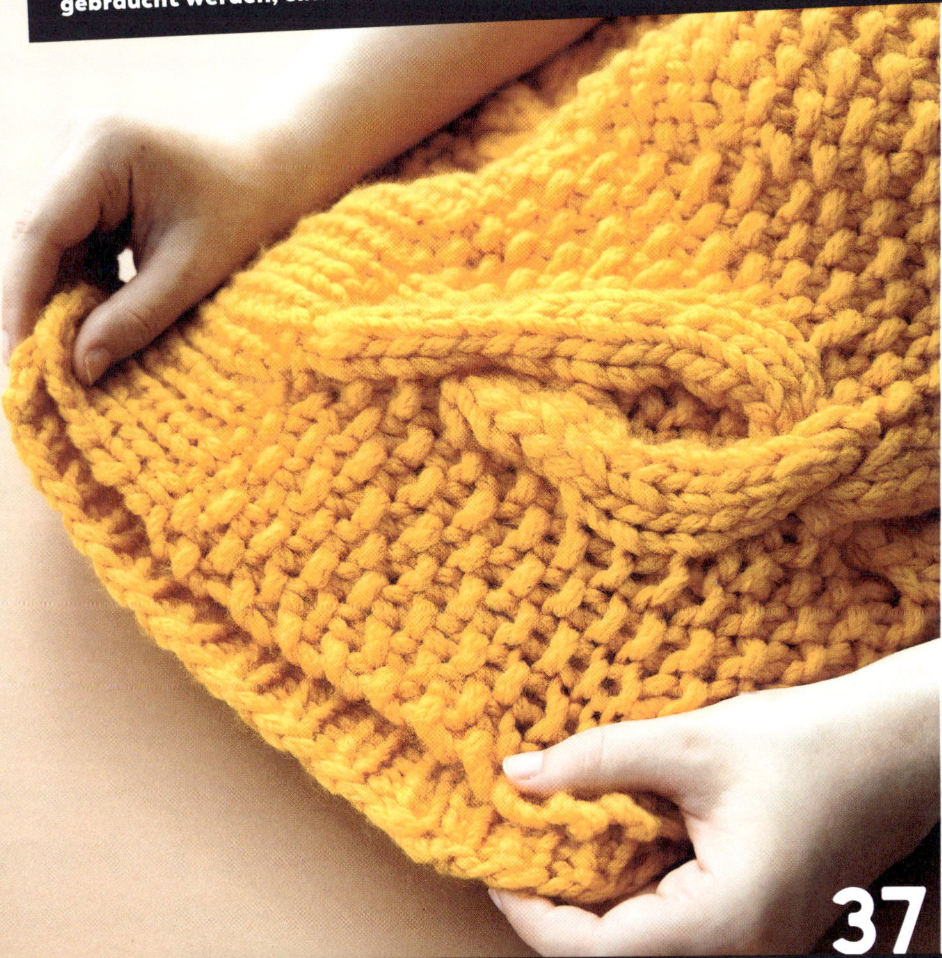

37

ZÄHLEN MUSS GELERNT SEIN

38

GEBLENDET

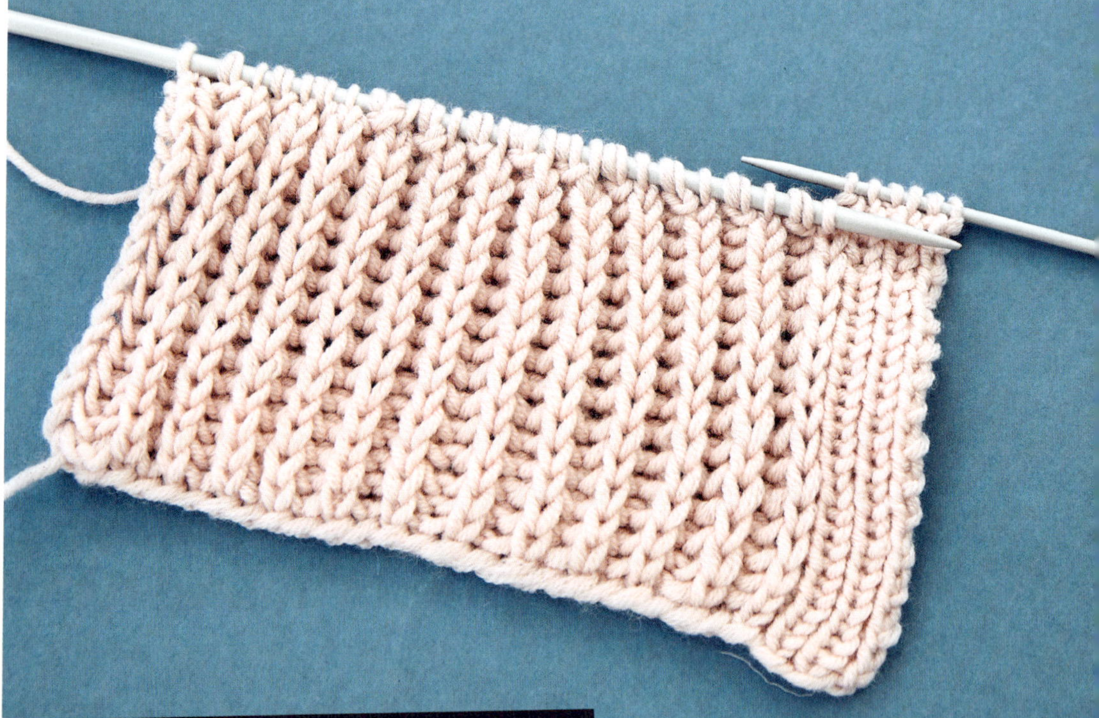

Die Blende beim Patentstricken gleich mitzustricken ist einfach und geht folgendermaßen: nimm für die Blendenmaschen eine Nadel eines Nadelspiels, welche ca. 1–1,5 Stärken kleiner ist.

39 RÜCKWÄRTS

Wenn mehrere Maschen oder gar eine Reihe zurückgestrickt werden muss, empfiehlt es sich, nicht einfach die Nadel herausziehen und aufzuribbeln, sondern die Arbeit zu wenden. Nimm den Faden einfach wie beim Vorwärtsstricken um den linken Finger und steche mit der rechten Nadel von hinten in die Masche der Vorreihe, um die Masche aufzulösen. Somit ist gewährleistet, dass keine Maschen herunterfallen.

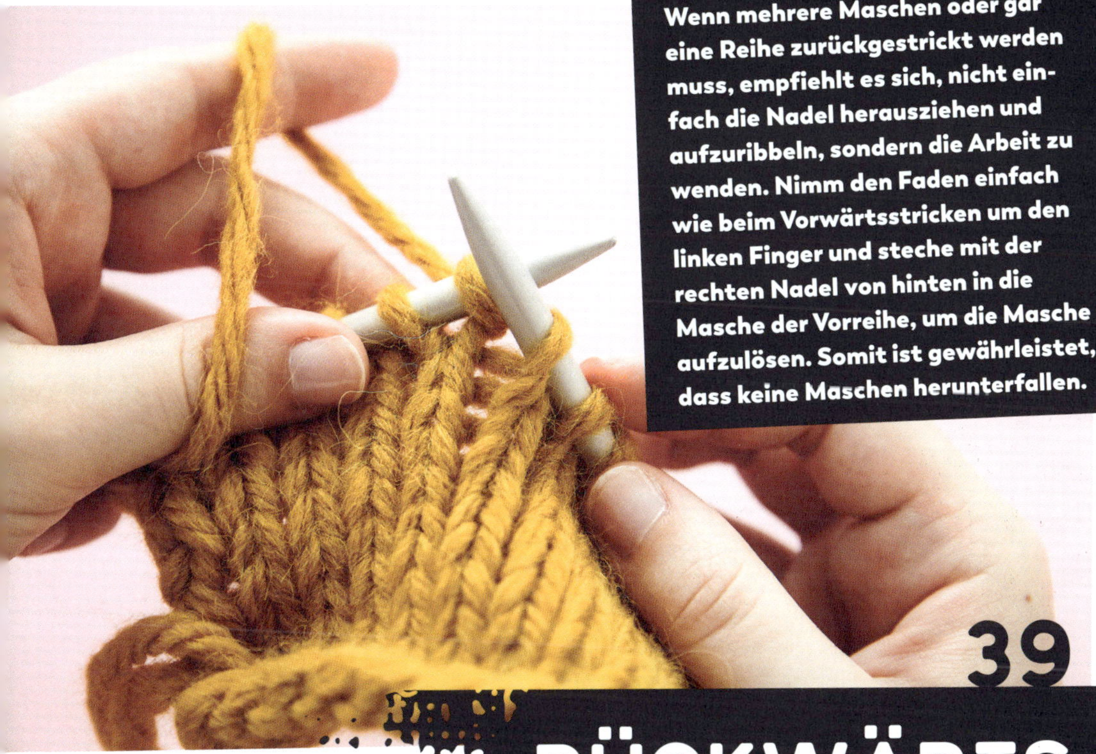

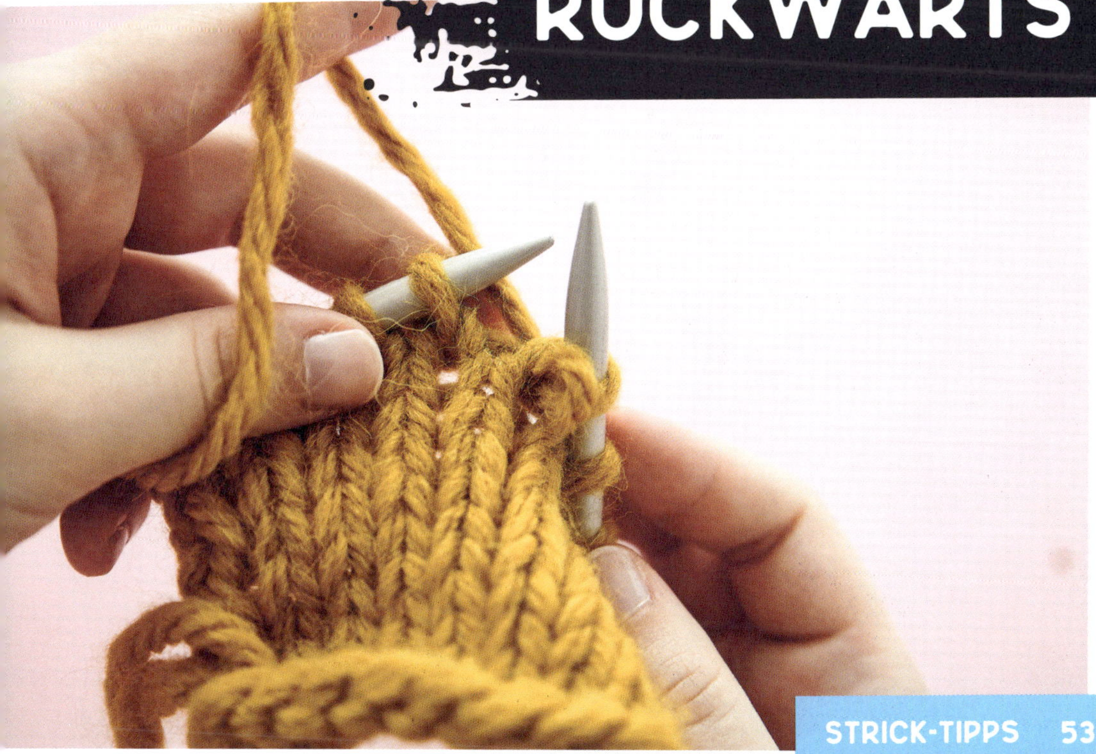

40

MASSGEFERTIGT

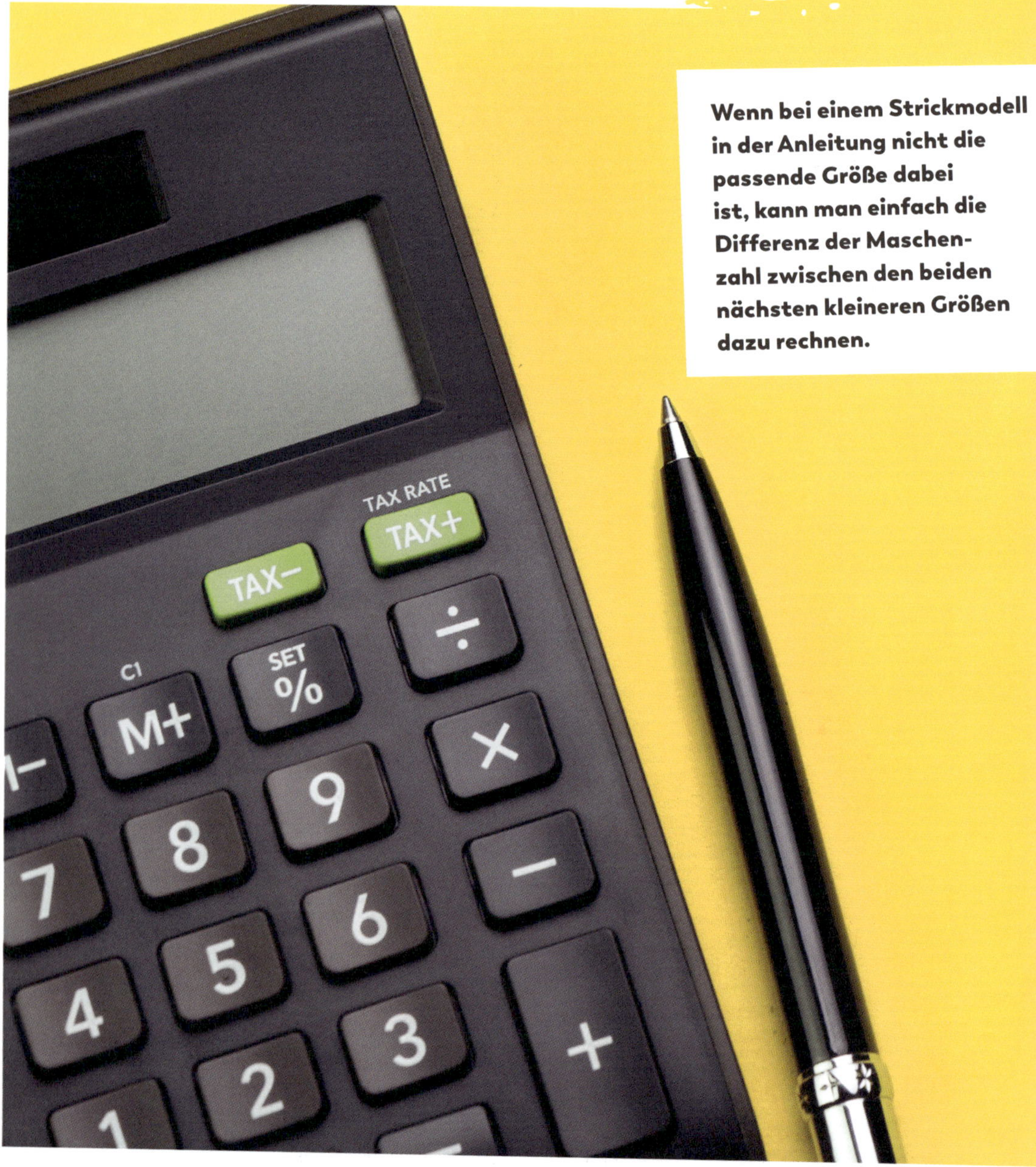

Wenn bei einem Strickmodell in der Anleitung nicht die passende Größe dabei ist, kann man einfach die Differenz der Maschenzahl zwischen den beiden nächsten kleineren Größen dazu rechnen.

Für breite Hüften empfiehlt es sich, das Bündchen mit einer Nadelstärke größer zu stricken, damit der Pulli in der Bewegung nicht über die Hüften rutscht.

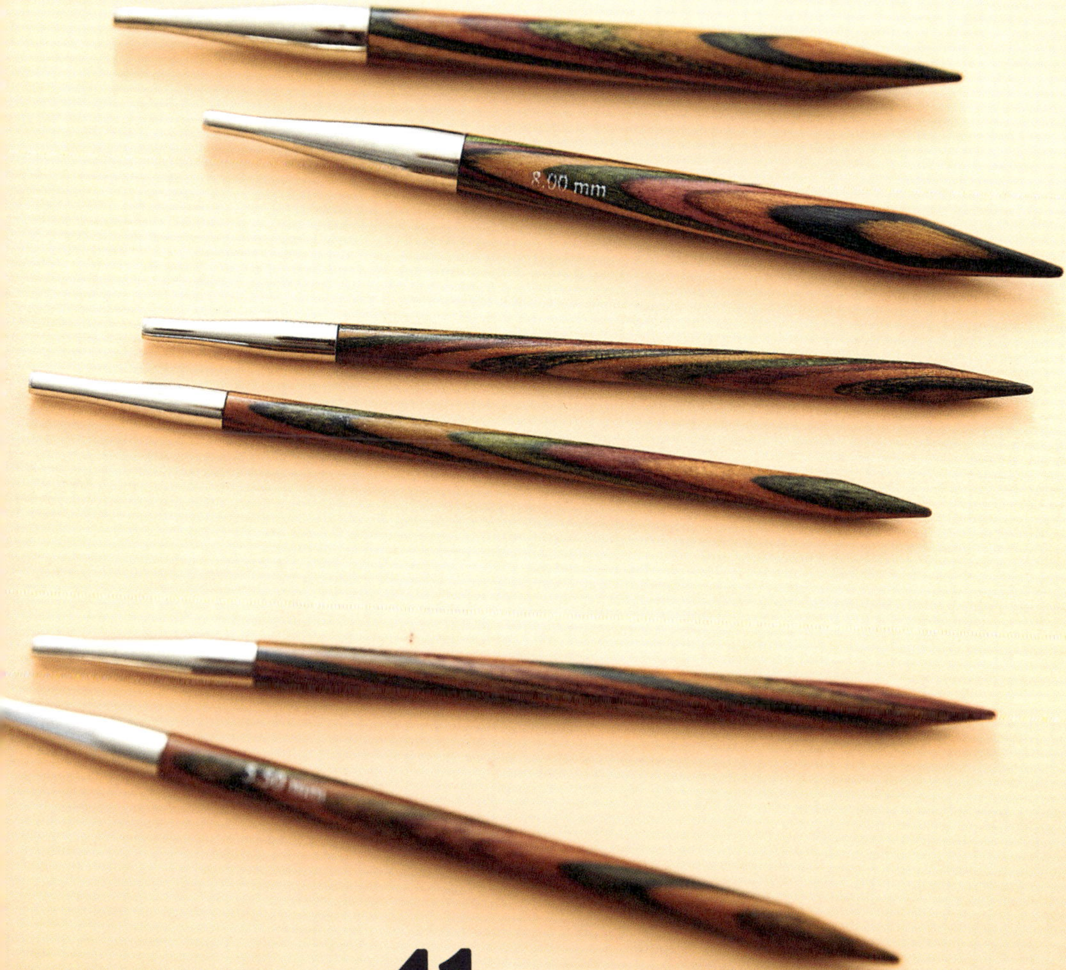

41 BEQUEMLICHKEIT

42

TWIST AND SHOUT

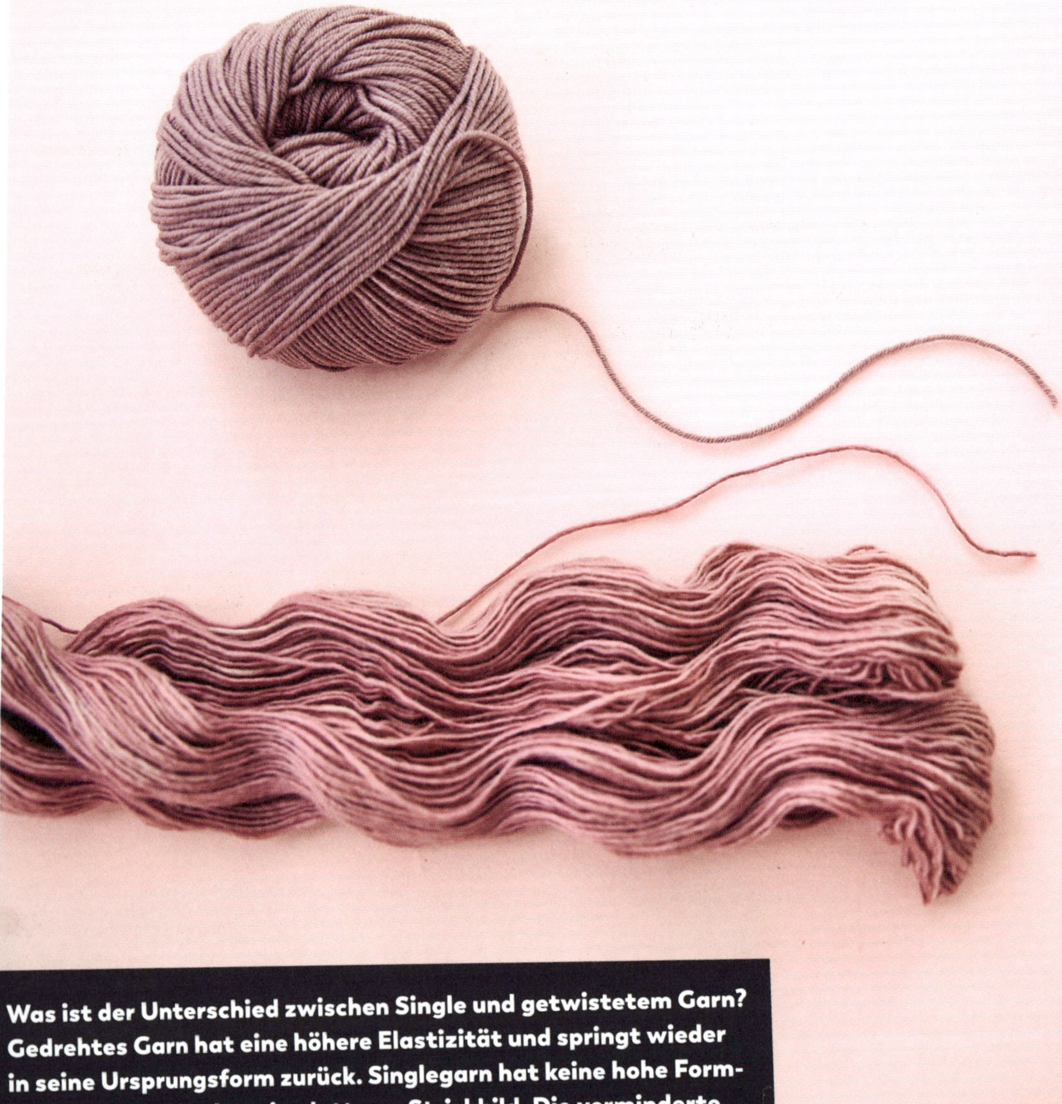

Was ist der Unterschied zwischen Single und getwistetem Garn? Gedrehtes Garn hat eine höhere Elastizität und springt wieder in seine Ursprungsform zurück. Singlegarn hat keine hohe Formstabilität, dafür aber ein glatteres Strickbild. Die verminderte Formstabilität eignet sich daher sehr gut für das Lacestricken.

Möchtest du ein Alternativgarn verwenden, muss die Gesamtlauflänge des Originalgarns beachtet werden. Suche dir einfach ein Garn heraus, welches dieselbe Lauflänge hat.

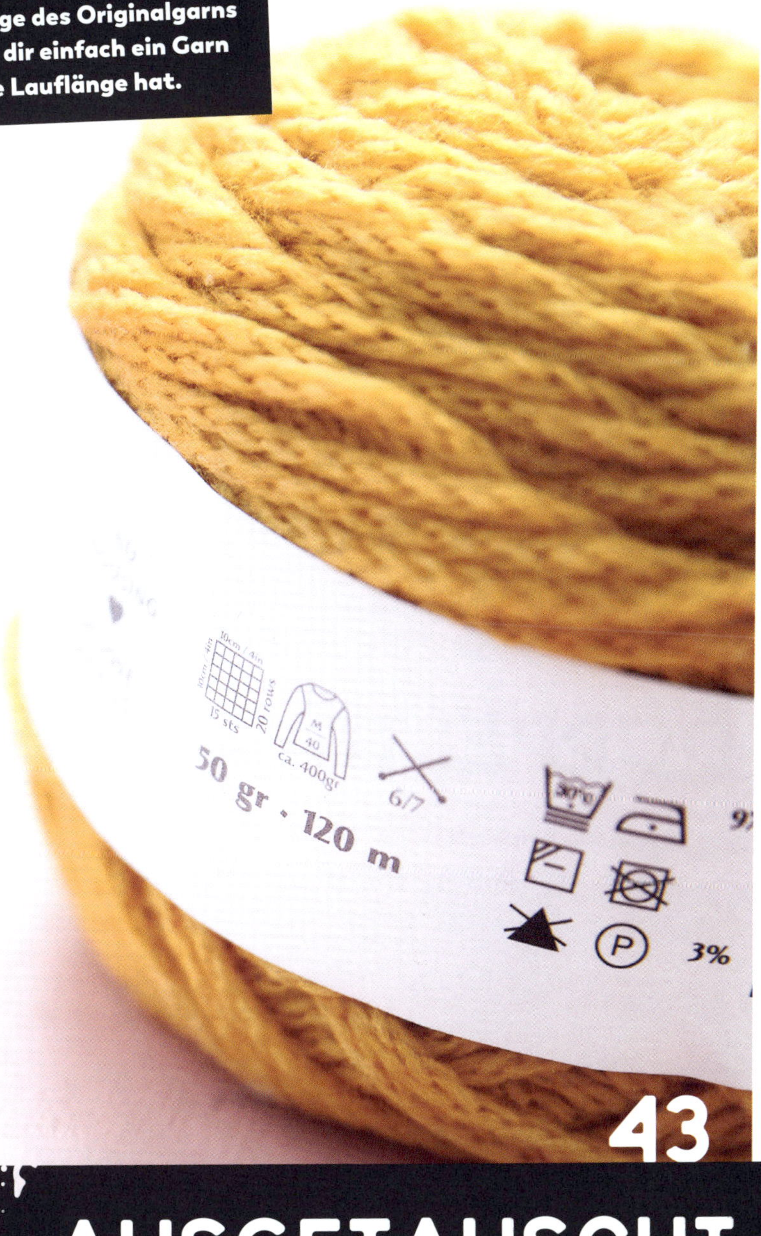

43 AUSGETAUSCHT

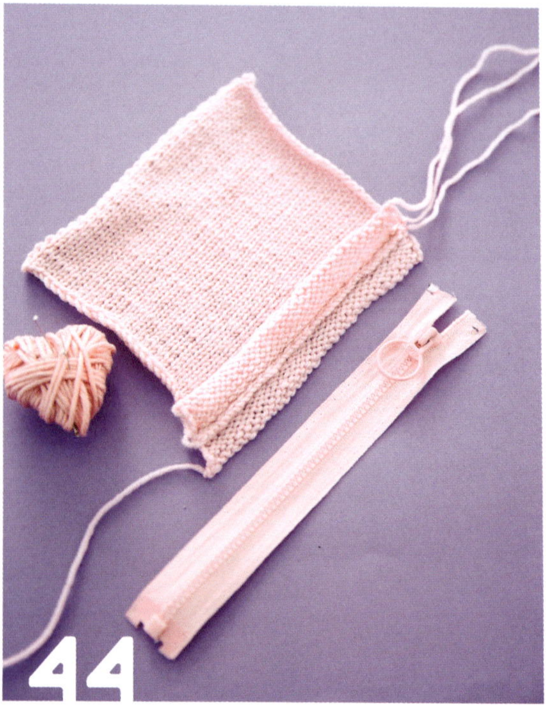

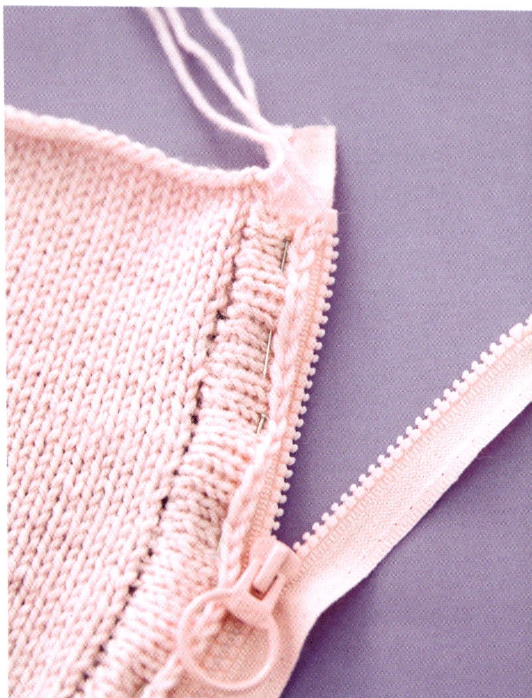

44

DOPPELTGEMOPPELT

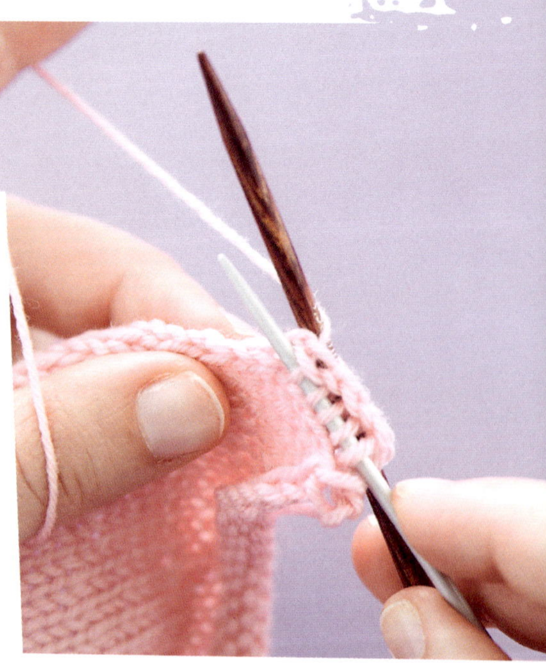

Doppelte Blende für Reißverschlüsse:

Die Blendenmaschen werden gleichzeitig auf 2 Nadeln aufgefasst, dabei immer erst eine Masche normal auffassen und auf die 2. Nadel, welche parallel vor der anderen Nadel liegt, einen Umschlag aufnehmen. Im Wechsel werden so auf beiden Nadeln die gleiche Maschenzahl aufgenommen und es kann separat gestrickt werden. Der Reißverschluss kann dann dazwischen eingenäht werden.

Beim Stricken mit handgefärbten Garnen oder auch ungefärbter Wolle empfiehlt es sich mit 2 Knäulen gleichzeitig zu stricken, das heißt, immer 2 Reihen im Wechsel stricken, damit das Strickstück nicht bildert.

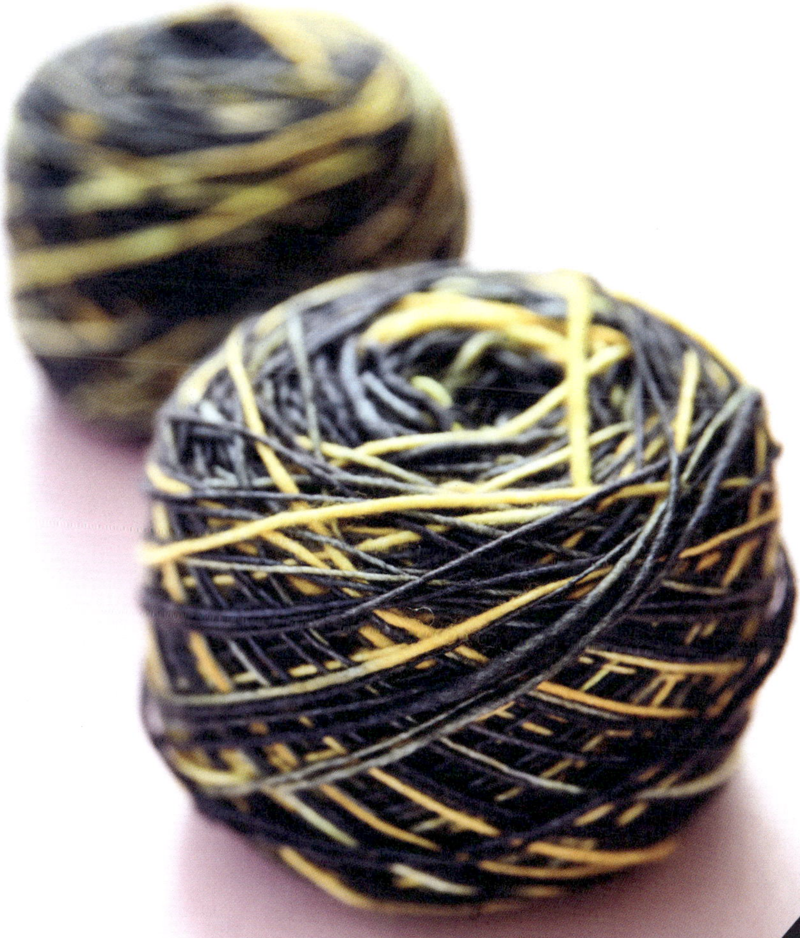

45

HANDMADE

46

ARM DRAN!

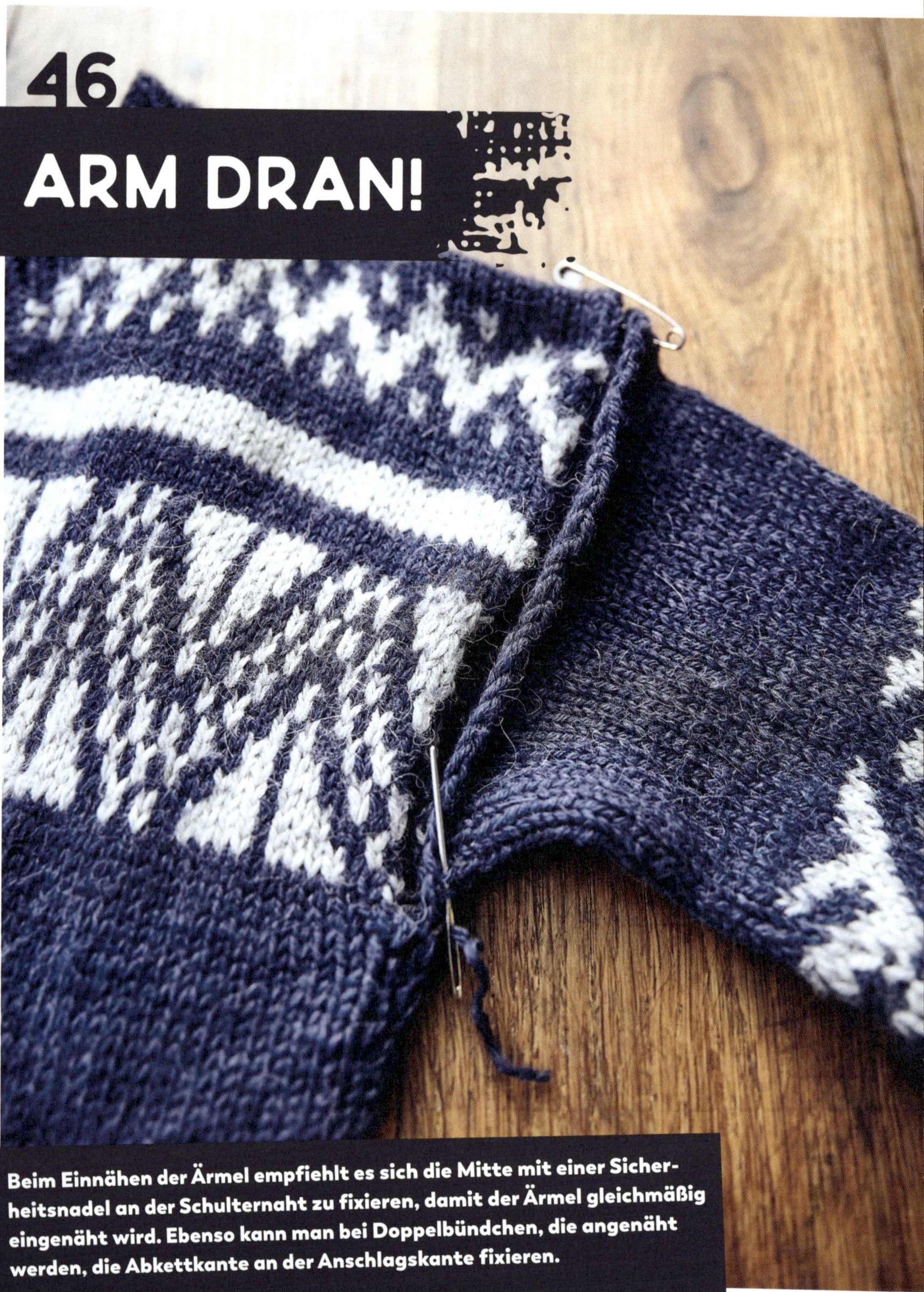

Beim Einnähen der Ärmel empfiehlt es sich die Mitte mit einer Sicherheitsnadel an der Schulternaht zu fixieren, damit der Ärmel gleichmäßig eingenäht wird. Ebenso kann man bei Doppelbündchen, die angenäht werden, die Abkettkante an der Anschlagskante fixieren.

Lasse die Anfangsfäden immer länger, um damit die Teile später direkt zusammennähen zu können.

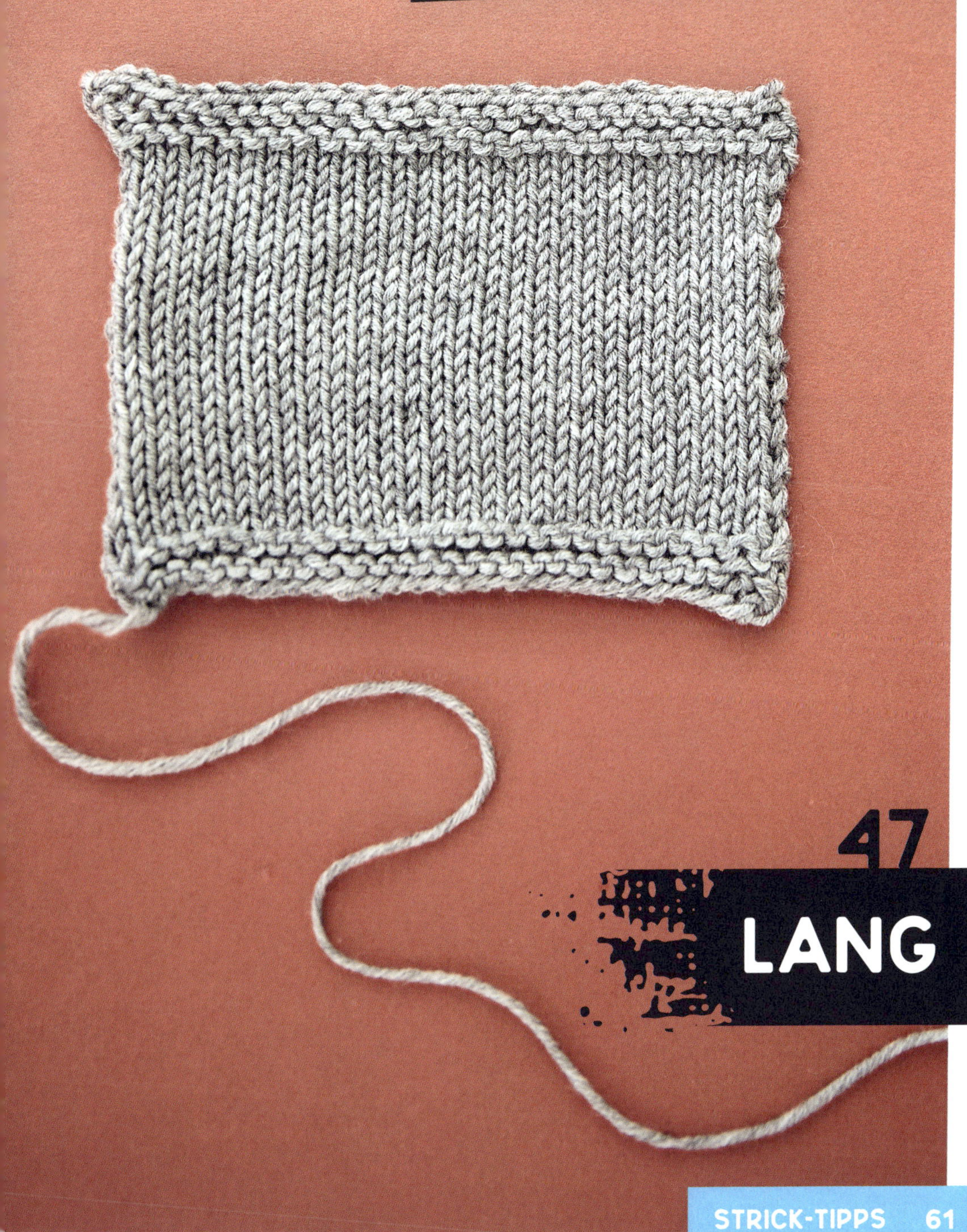

47 LANG

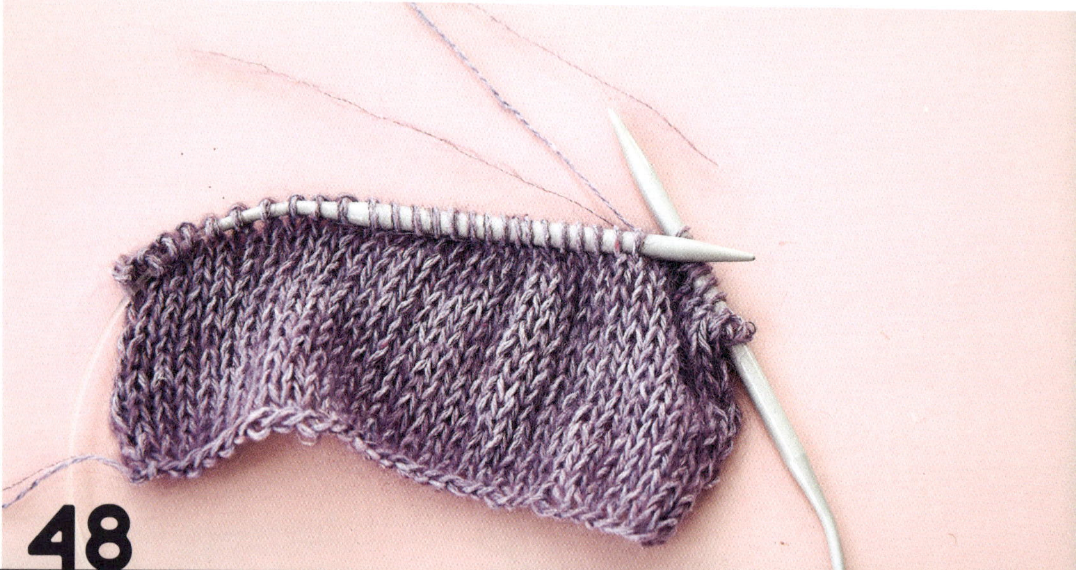

48 PRAKTISCH VERNÄHT

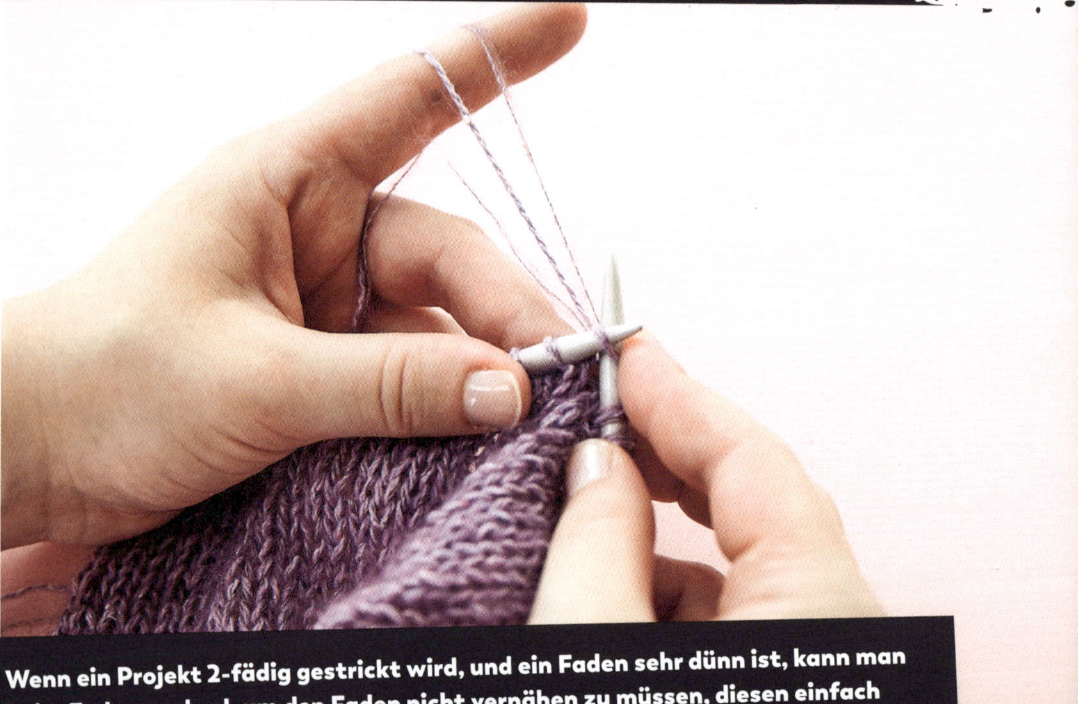

Wenn ein Projekt 2-fädig gestrickt wird, und ein Faden sehr dünn ist, kann man beim Fadenwechsel, um den Faden nicht vernähen zu müssen, diesen einfach einweben oder ihn einfach ein paar Maschen lang in der neuen Reihe mitstricken.

Wenn man doppelfädig strickt, und sich nicht sicher ist, ob die letzten beiden Knäuel noch benötigt werden, kann man bei einem Knäuel einen Faden von außen und einen Faden von innen nehmen.

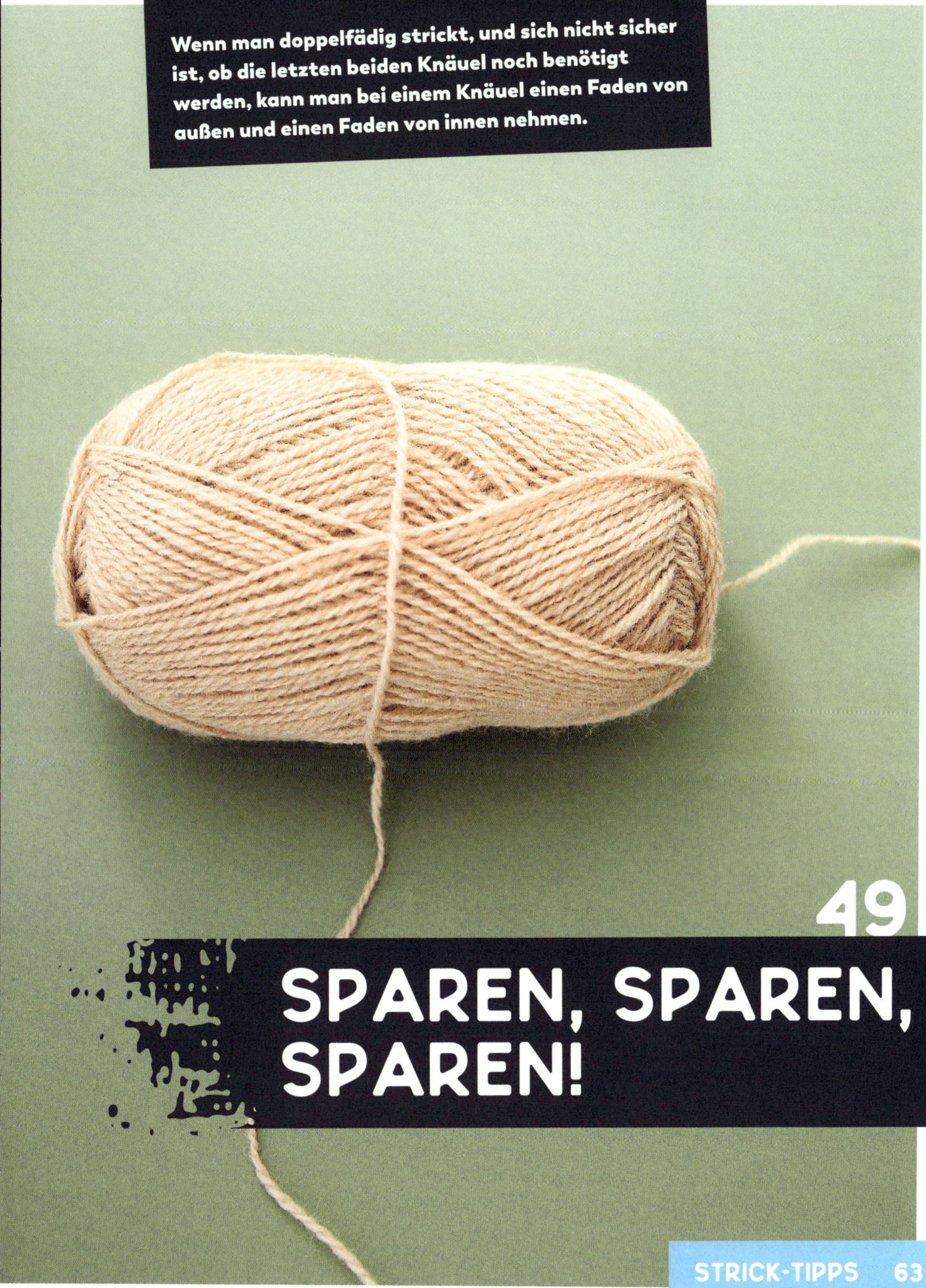

49

SPAREN, SPAREN, SPAREN!

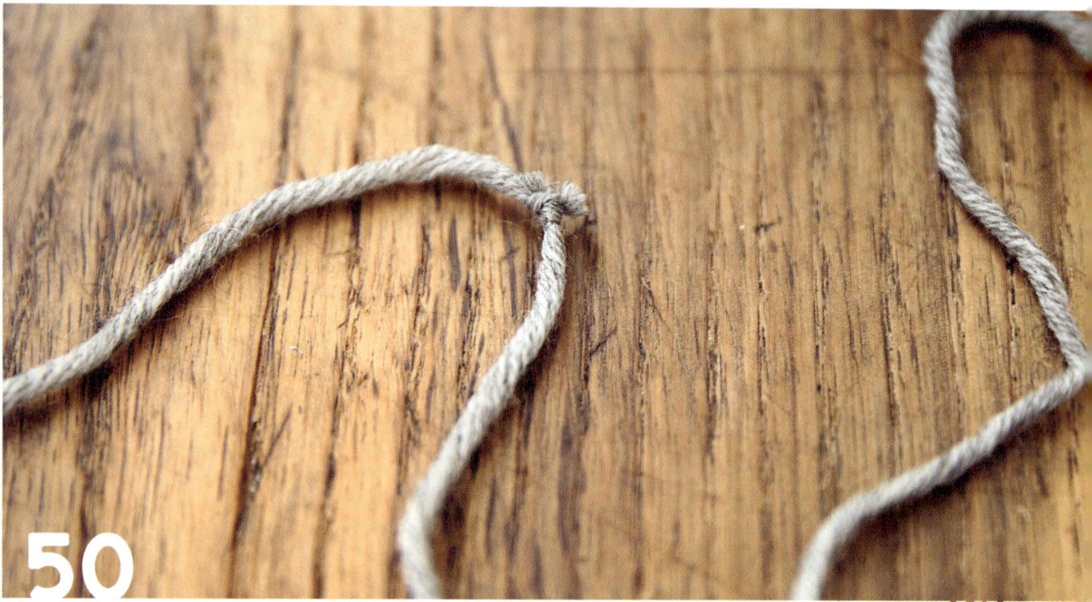

50

AUF NUMMER SICHER!

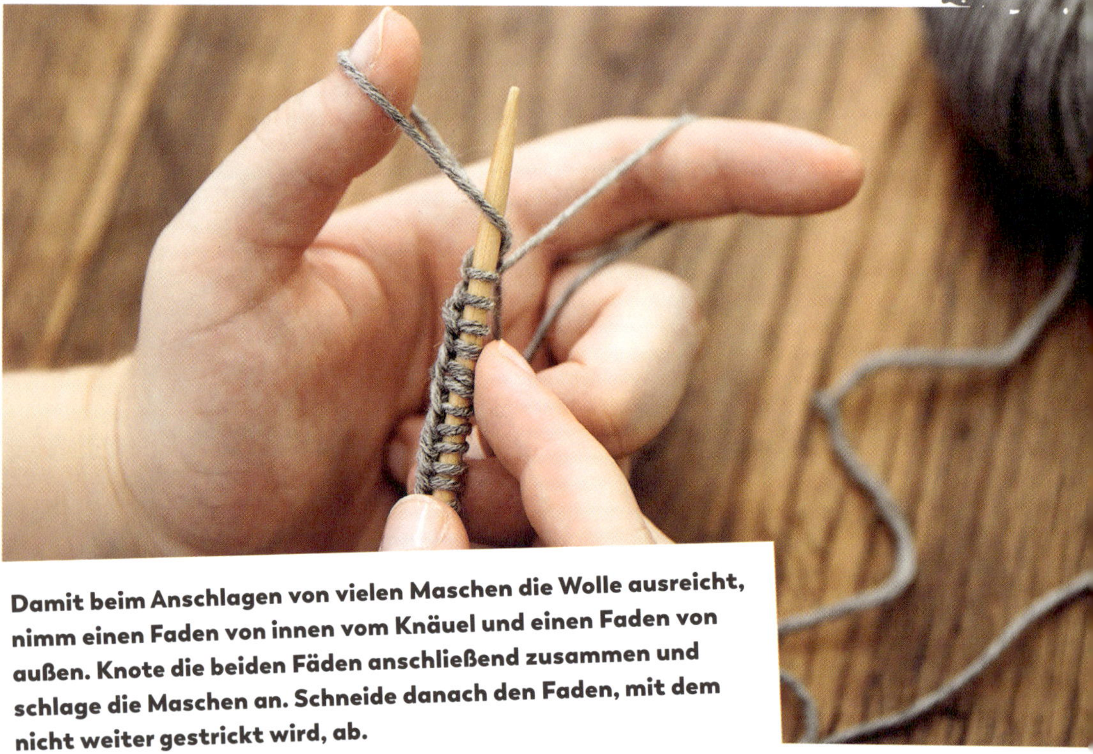

Damit beim Anschlagen von vielen Maschen die Wolle ausreicht, nimm einen Faden von innen vom Knäuel und einen Faden von außen. Knote die beiden Fäden anschließend zusammen und schlage die Maschen an. Schneide danach den Faden, mit dem nicht weiter gestrickt wird, ab.

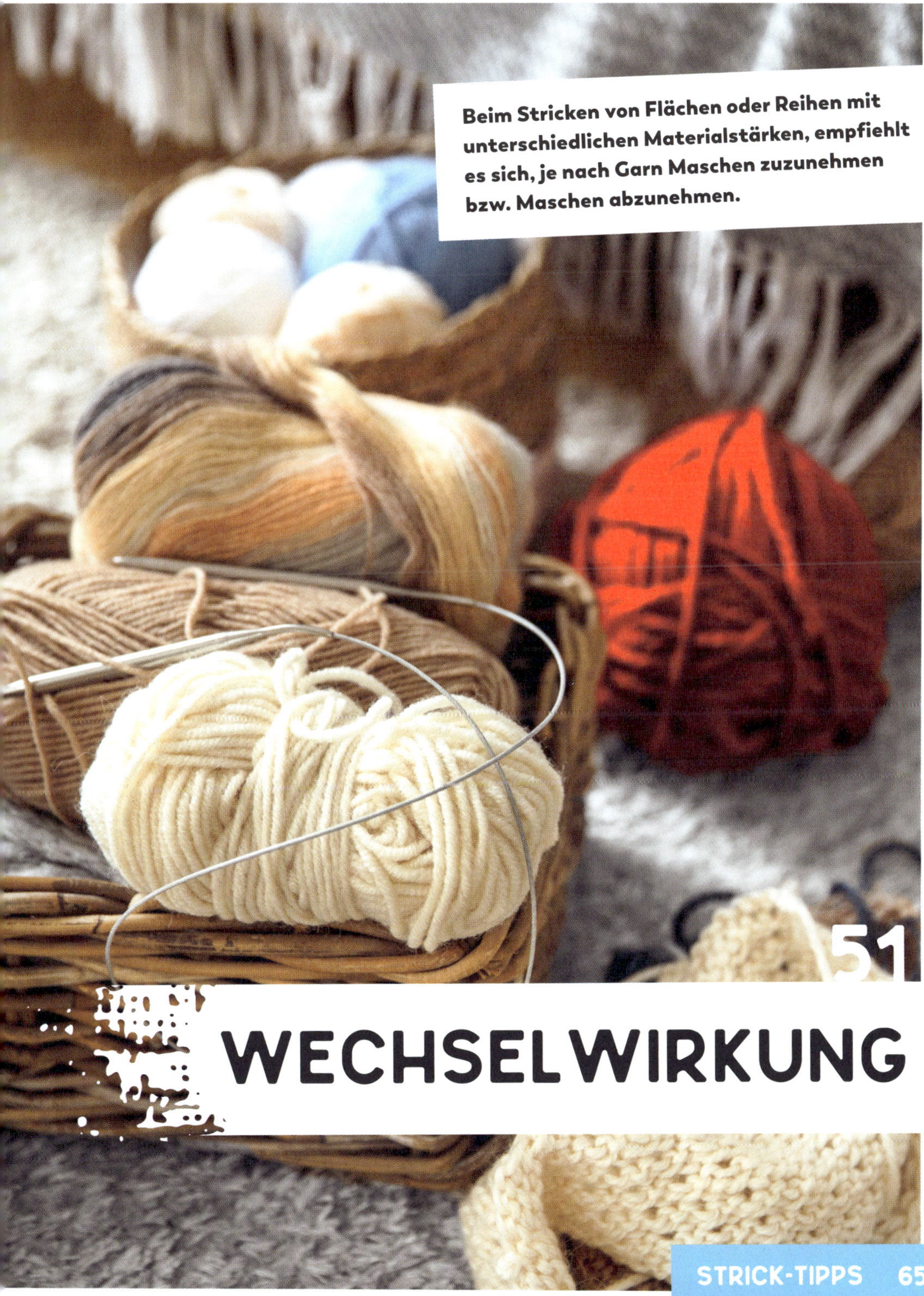

Beim Stricken von Flächen oder Reihen mit unterschiedlichen Materialstärken, empfiehlt es sich, je nach Garn Maschen zuzunehmen bzw. Maschen abzunehmen.

51

WECHSELWIRKUNG

52

VERNÄH-METHODE I

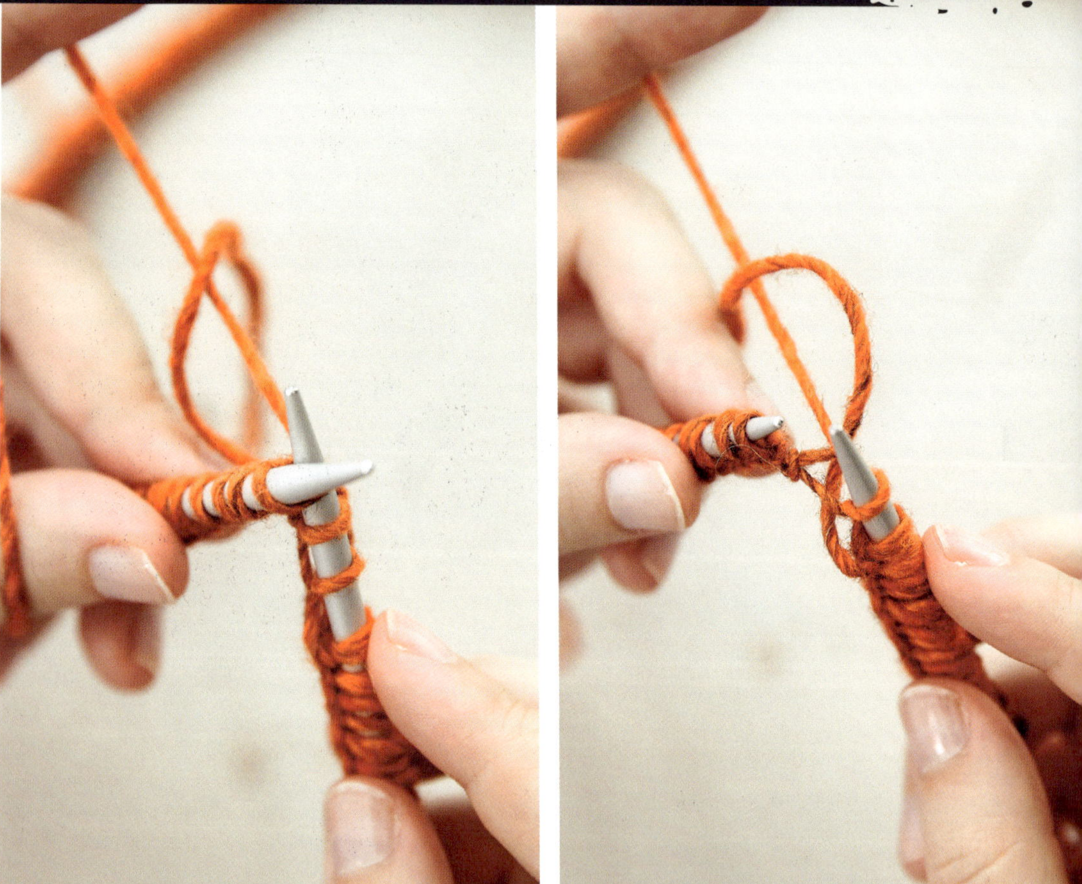

Um den Anfangsfaden nicht vernähen zu müssen, kann man ihn, wenn man in Runden strickt, in der zweiten Runde, wenn man in Reihen strickt, in der dritten Reihe, einweben. Dafür legt man den Anfangsfaden nach der ersten Masche rechts um den Arbeitsfaden und strickt die Masche. Bei der nächsten Masche legt man den Anfangsfaden links um den Arbeitsfaden und strickt die folgende Masche. So wird im Wechsel der Anfangsfaden eingewoben.

Eine andere Möglichkeit den Anfangsfaden unsichtbar verschwinden zu lassen ist, diesen in eine Nadel einzufädeln und in den Arbeitsfaden einzunähen. So kann man auch im Strickstück, wenn der Faden ausgeht, die neuen Fadenenden zusammennähen.

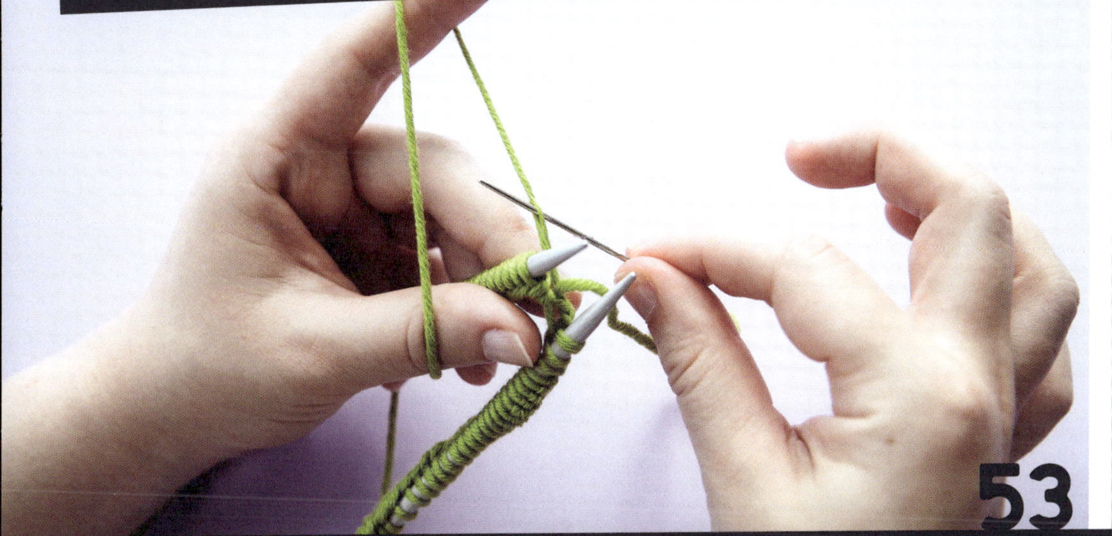

53

VERNÄH-METHODE II

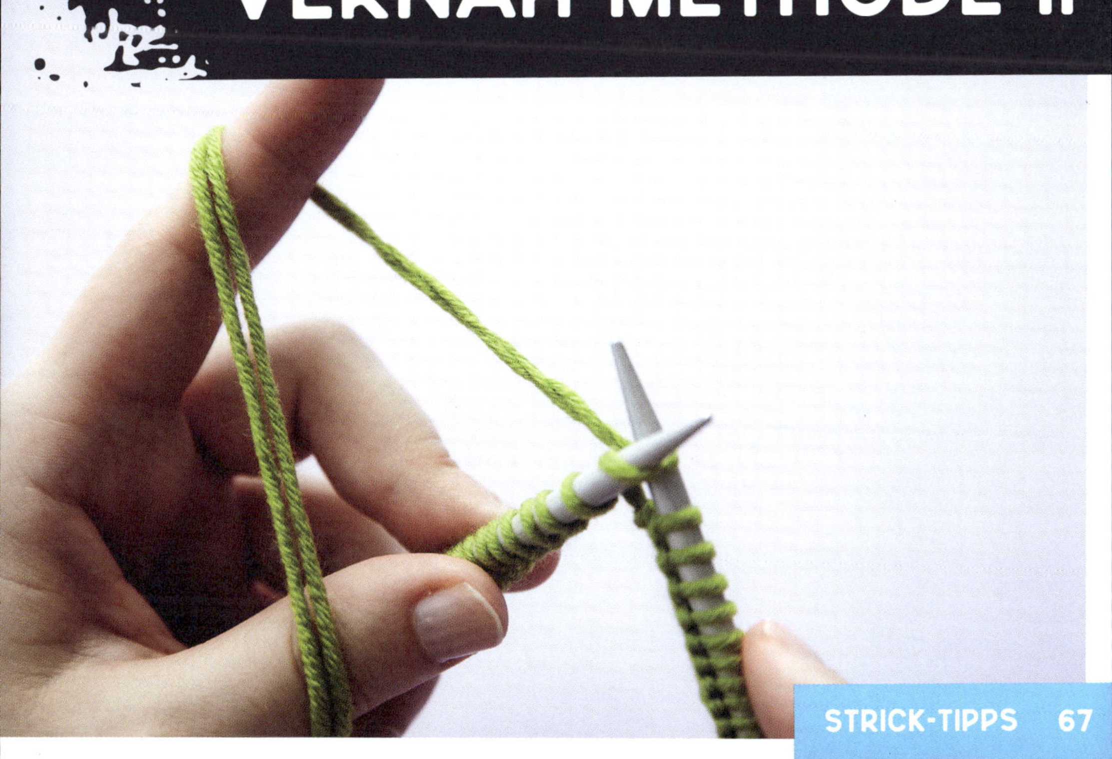

54

VERSCHMOLZEN

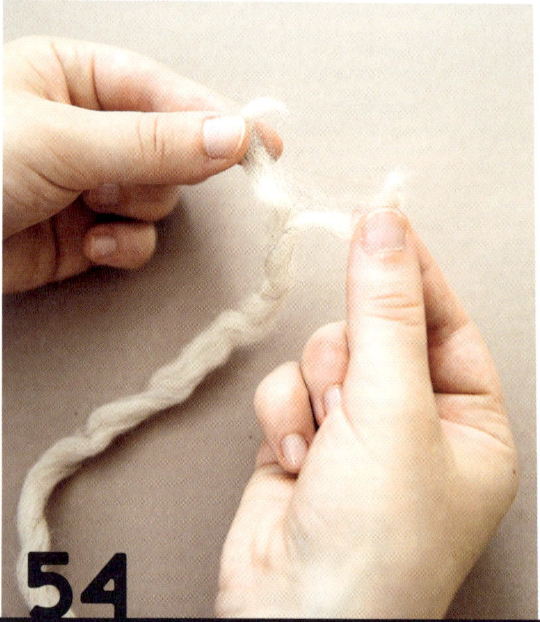

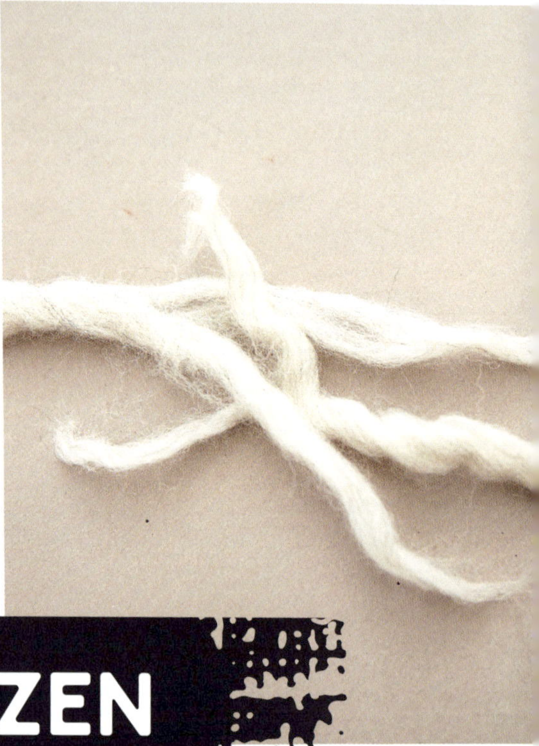

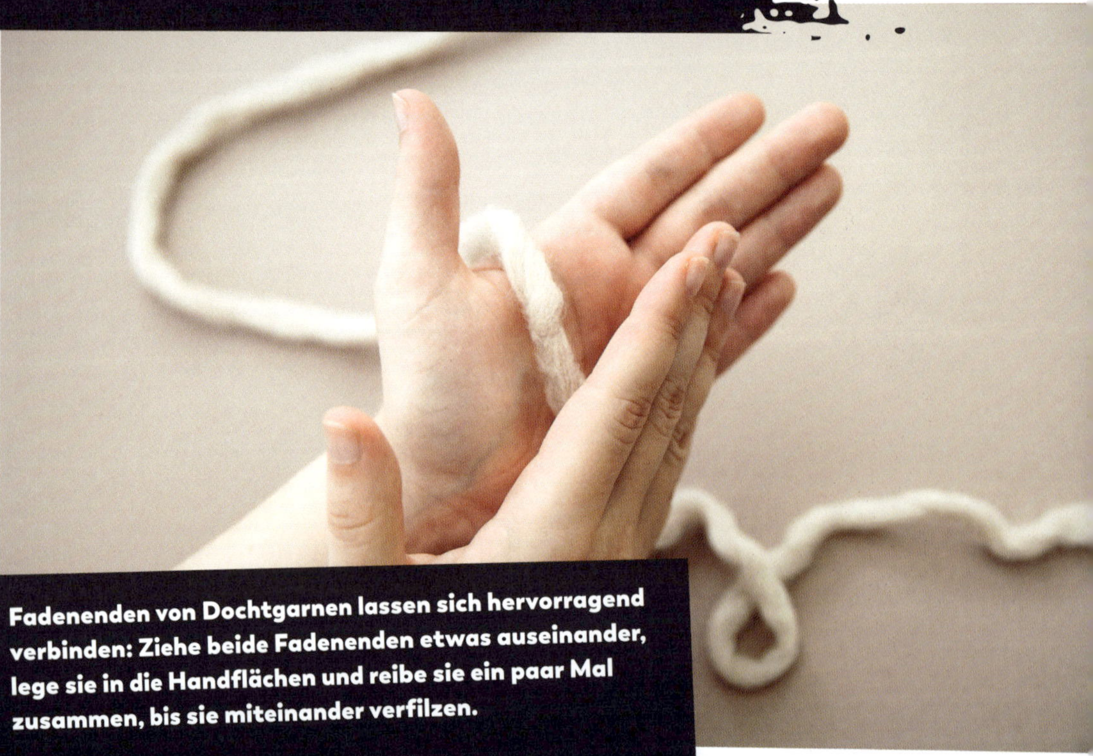

Fadenenden von Dochtgarnen lassen sich hervorragend verbinden: Ziehe beide Fadenenden etwas auseinander, lege sie in die Handflächen und reibe sie ein paar Mal zusammen, bis sie miteinander verfilzen.

Damit ein I-Cord-Rand nicht zu fest wird und an den Rändern und Ecken spannt, kann man für den I-Cord eine Nadelstärke größer nehmen. Unbedingt empfehlenswert für die Feststricker:innen!

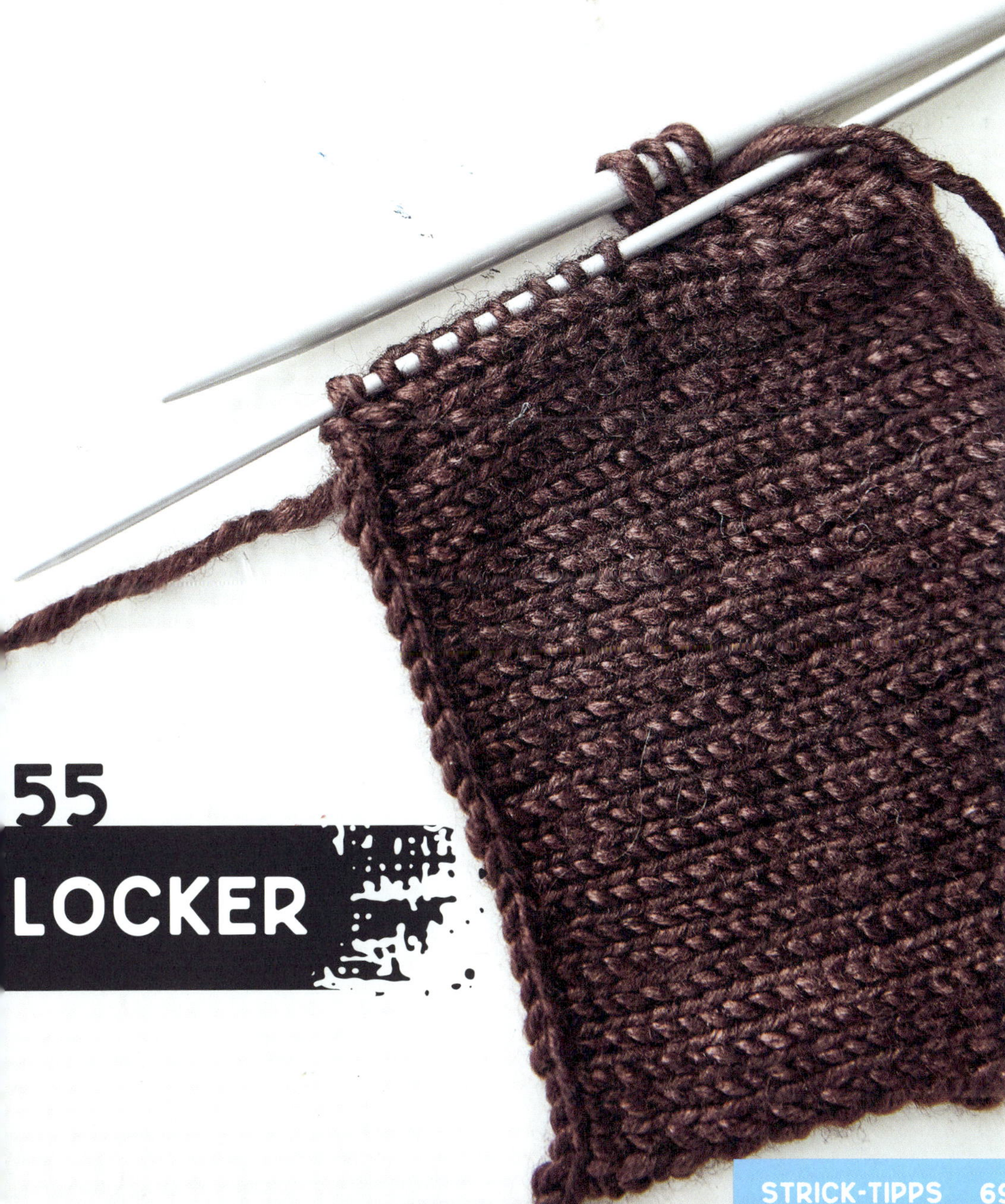

55 LOCKER

56

ES WERDEN MEHR!

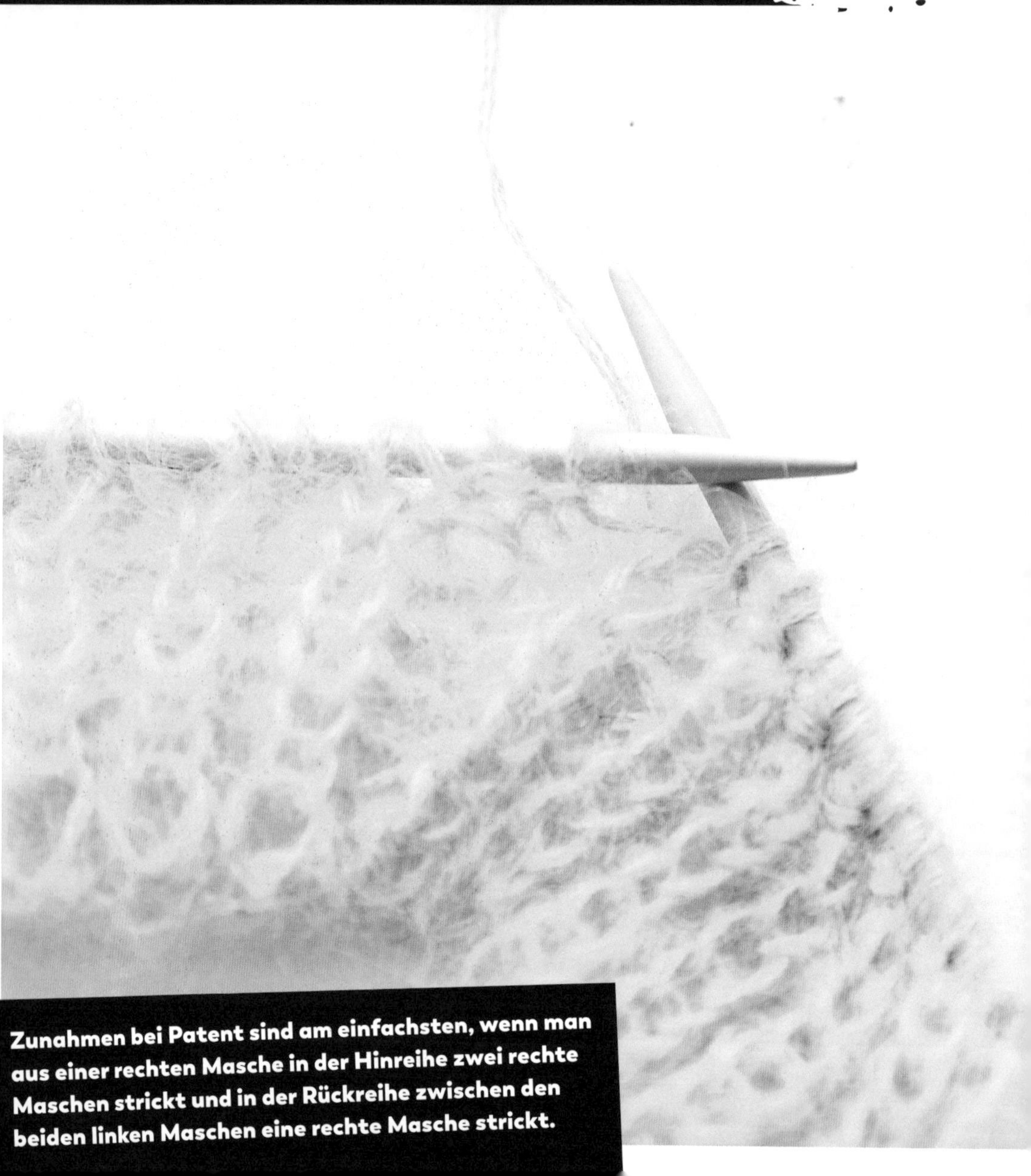

Zunahmen bei Patent sind am einfachsten, wenn man aus einer rechten Masche in der Hinreihe zwei rechte Maschen strickt und in der Rückreihe zwischen den beiden linken Maschen eine rechte Masche strickt.

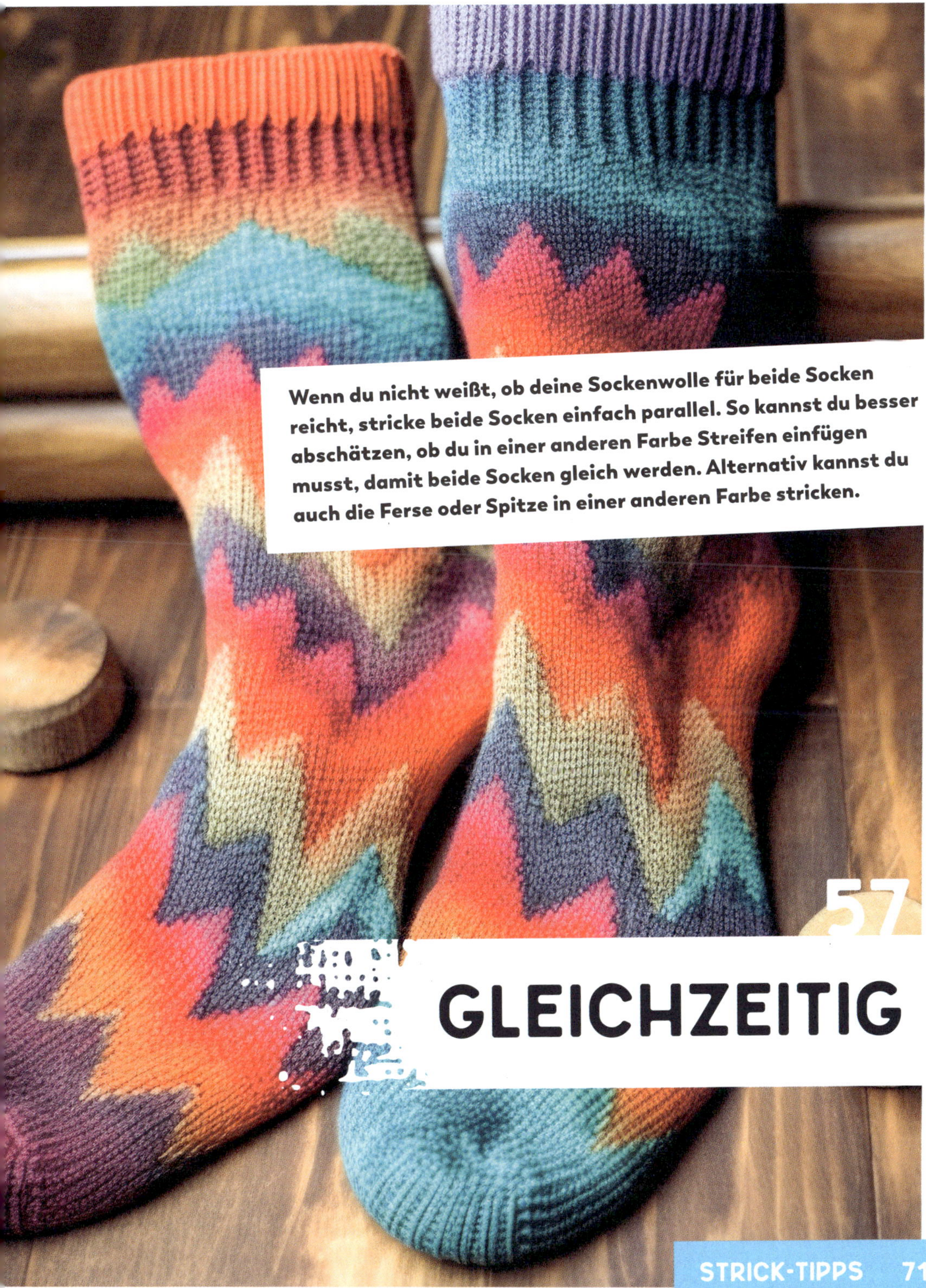

Wenn du nicht weißt, ob deine Sockenwolle für beide Socken reicht, stricke beide Socken einfach parallel. So kannst du besser abschätzen, ob du in einer anderen Farbe Streifen einfügen musst, damit beide Socken gleich werden. Alternativ kannst du auch die Ferse oder Spitze in einer anderen Farbe stricken.

57

GLEICHZEITIG

58 EINHEITLICH

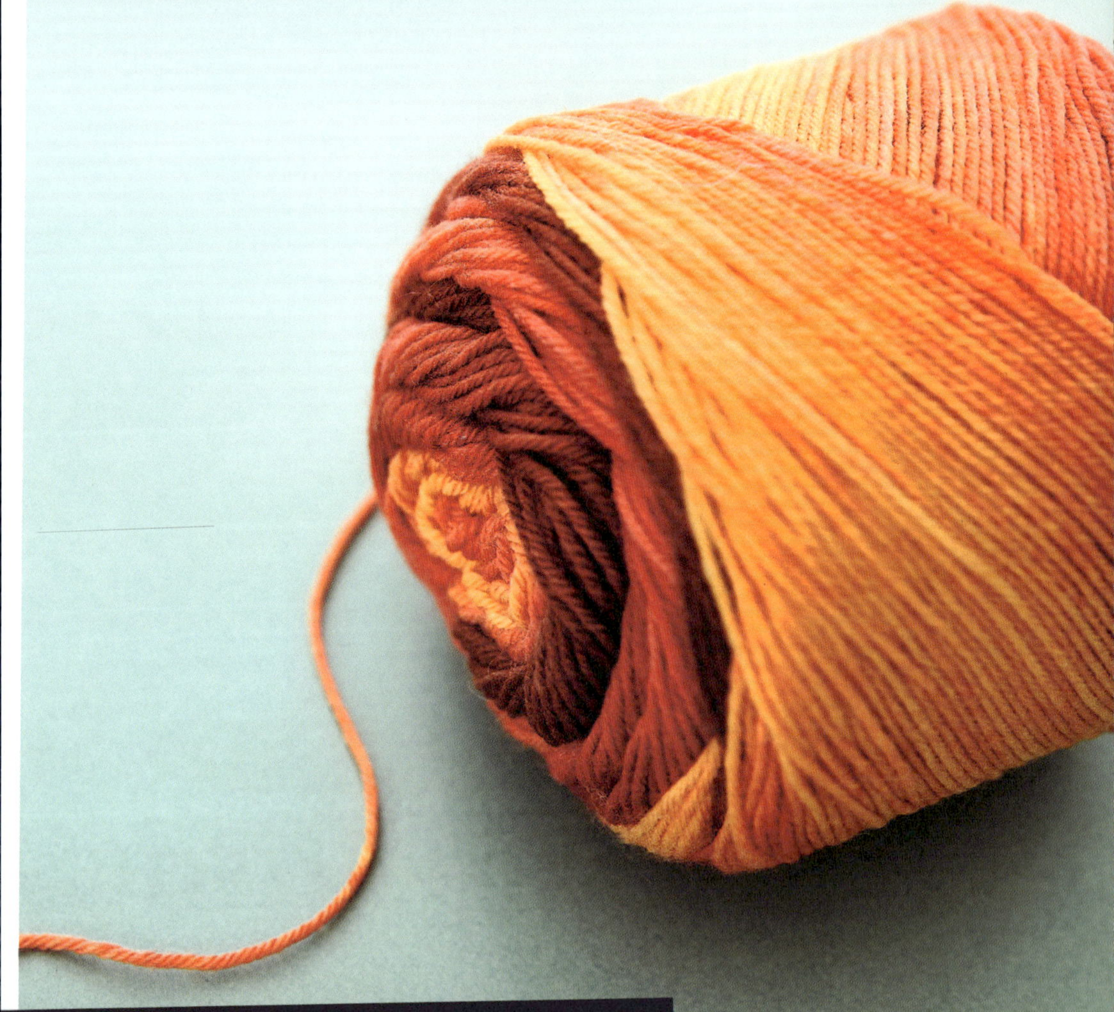

Damit bei bunten, colorierten Sockengarnen beide Socken identisch werden, kann man bei Beginn des zweiten Sockens das Verlaufsgarn so weit abgewickelt werden, bis die entsprechende Farbe beginnt. Das abgewickelte Garn knüpft man am Ende wieder an.

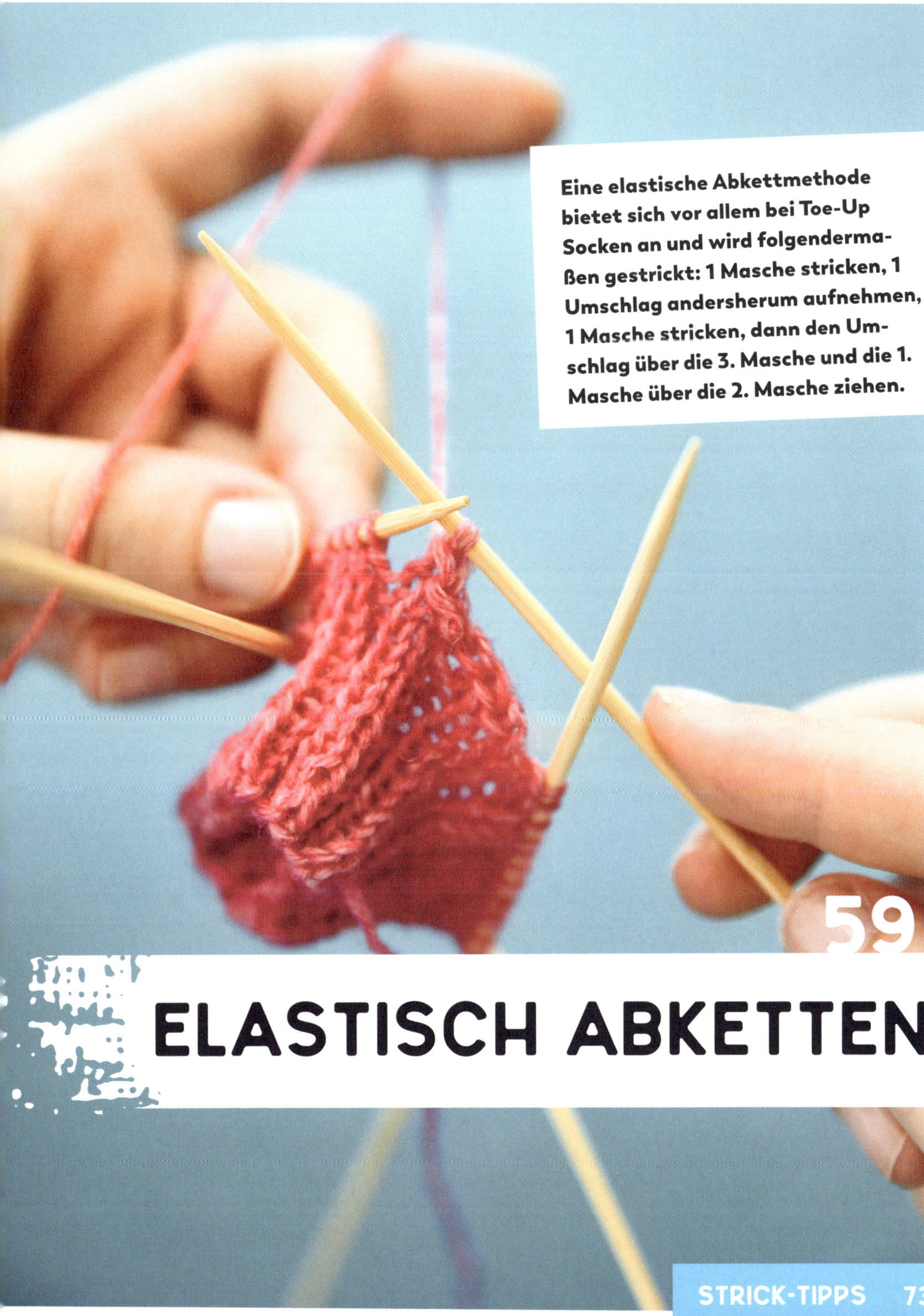

59

ELASTISCH ABKETTEN

Eine elastische Abkettmethode bietet sich vor allem bei Toe-Up Socken an und wird folgendermaßen gestrickt: 1 Masche stricken, 1 Umschlag andersherum aufnehmen, 1 Masche stricken, dann den Umschlag über die 3. Masche und die 1. Masche über die 2. Masche ziehen.

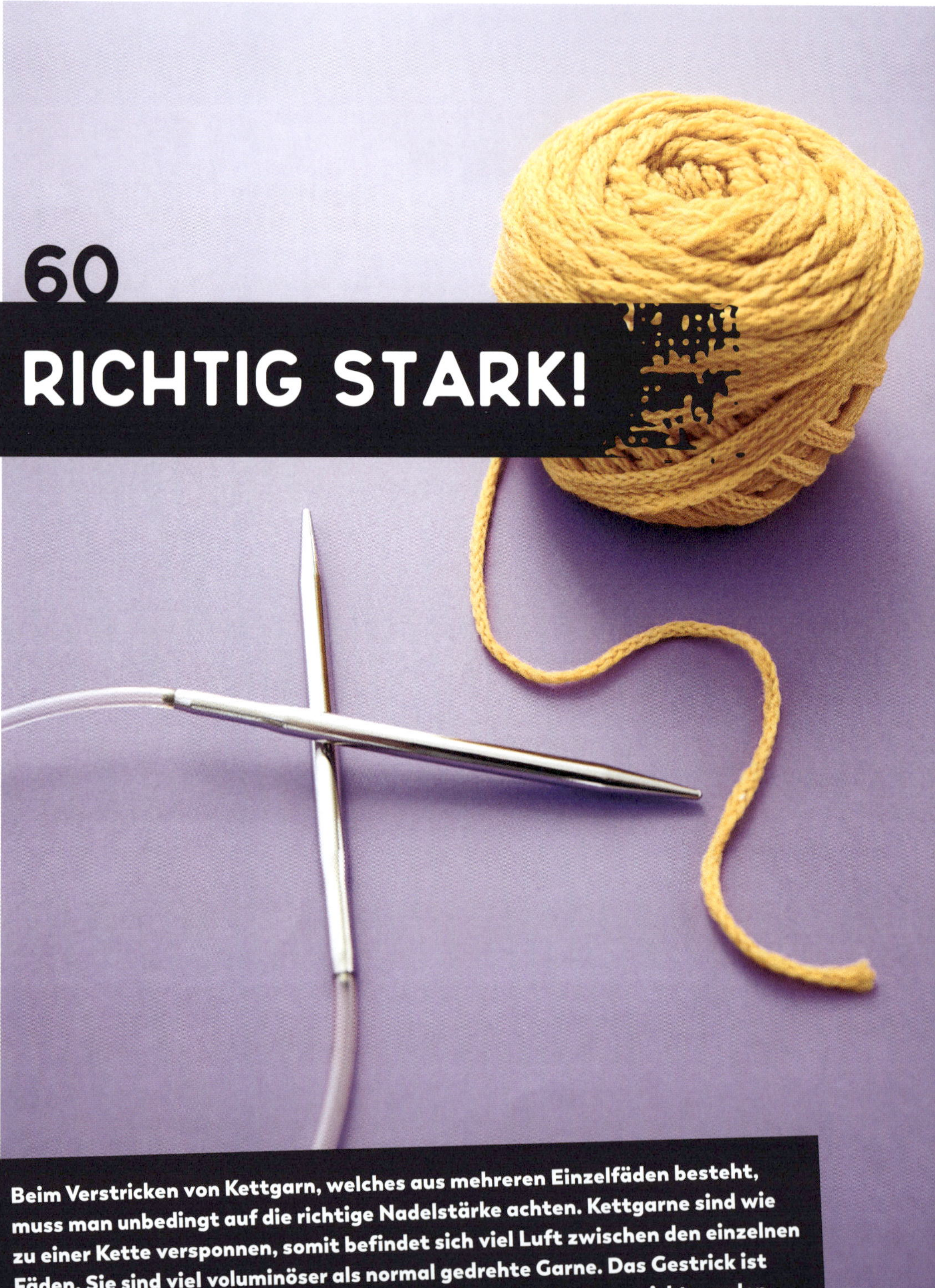

60 RICHTIG STARK!

Beim Verstricken von Kettgarn, welches aus mehreren Einzelfäden besteht, muss man unbedingt auf die richtige Nadelstärke achten. Kettgarne sind wie zu einer Kette versponnen, somit befindet sich viel Luft zwischen den einzelnen Fäden. Sie sind viel voluminöser als normal gedrehte Garne. Das Gestrick ist luftiger und kann deshalb mit einer größeren Nadelstärke verstrickt werden.

61

MAN BRAUCHT NUR MATHE!

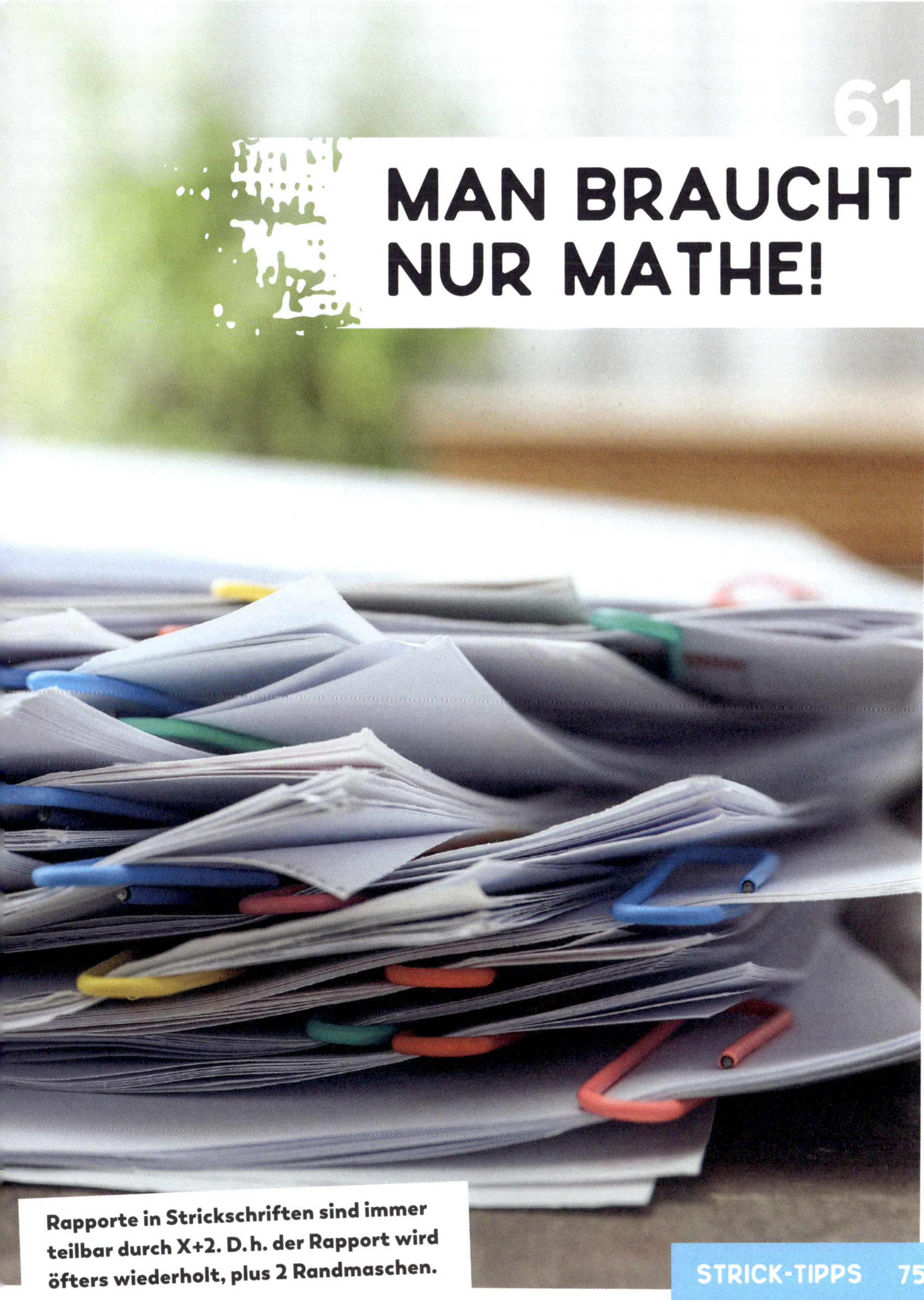

Rapporte in Strickschriften sind immer teilbar durch X+2. D. h. der Rapport wird öfters wiederholt, plus 2 Randmaschen.

62

ZUNAHMEN BEI RVO

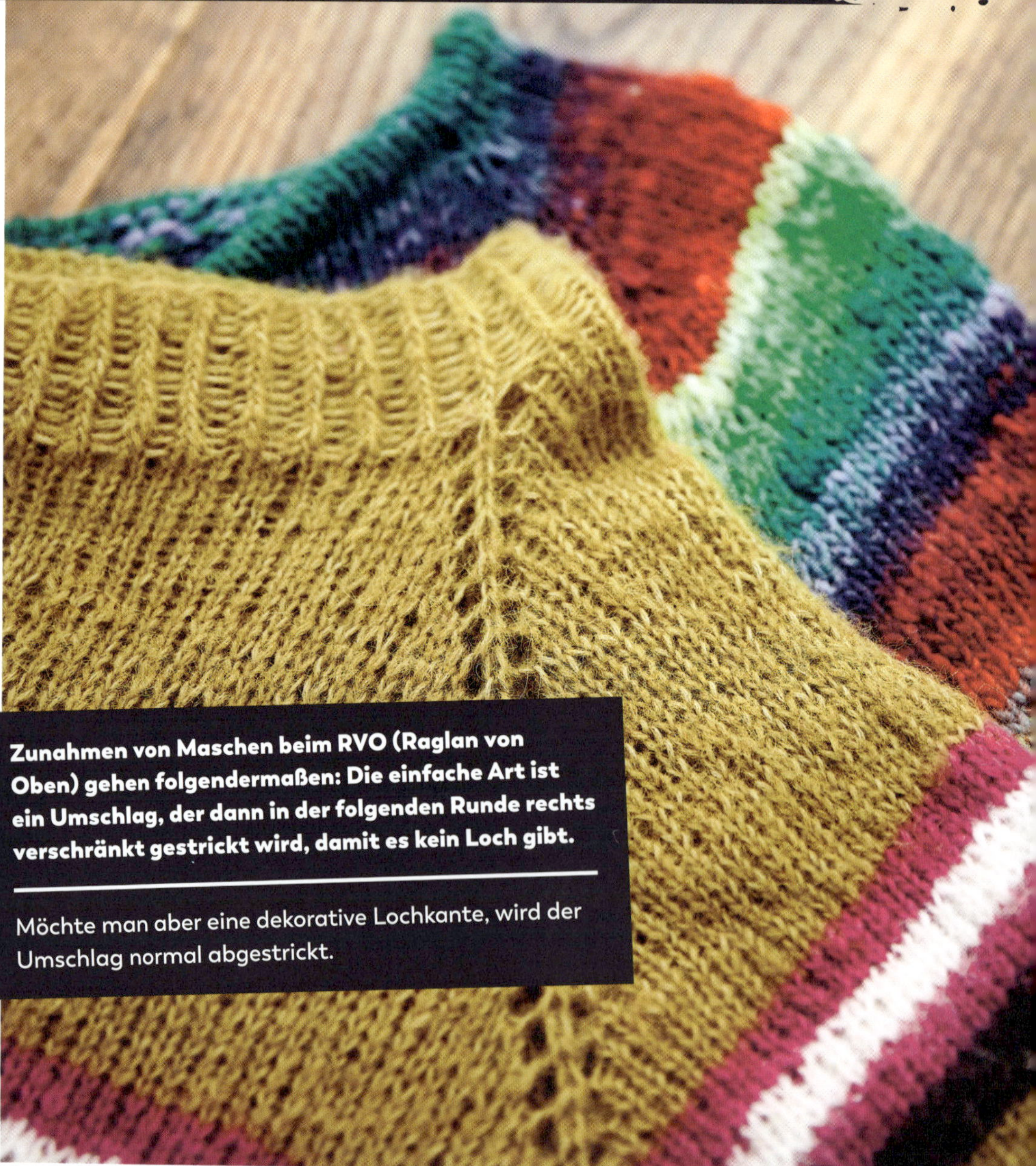

Zunahmen von Maschen beim RVO (Raglan von Oben) gehen folgendermaßen: Die einfache Art ist ein Umschlag, der dann in der folgenden Runde rechts verschränkt gestrickt wird, damit es kein Loch gibt.

Möchte man aber eine dekorative Lochkante, wird der Umschlag normal abgestrickt.

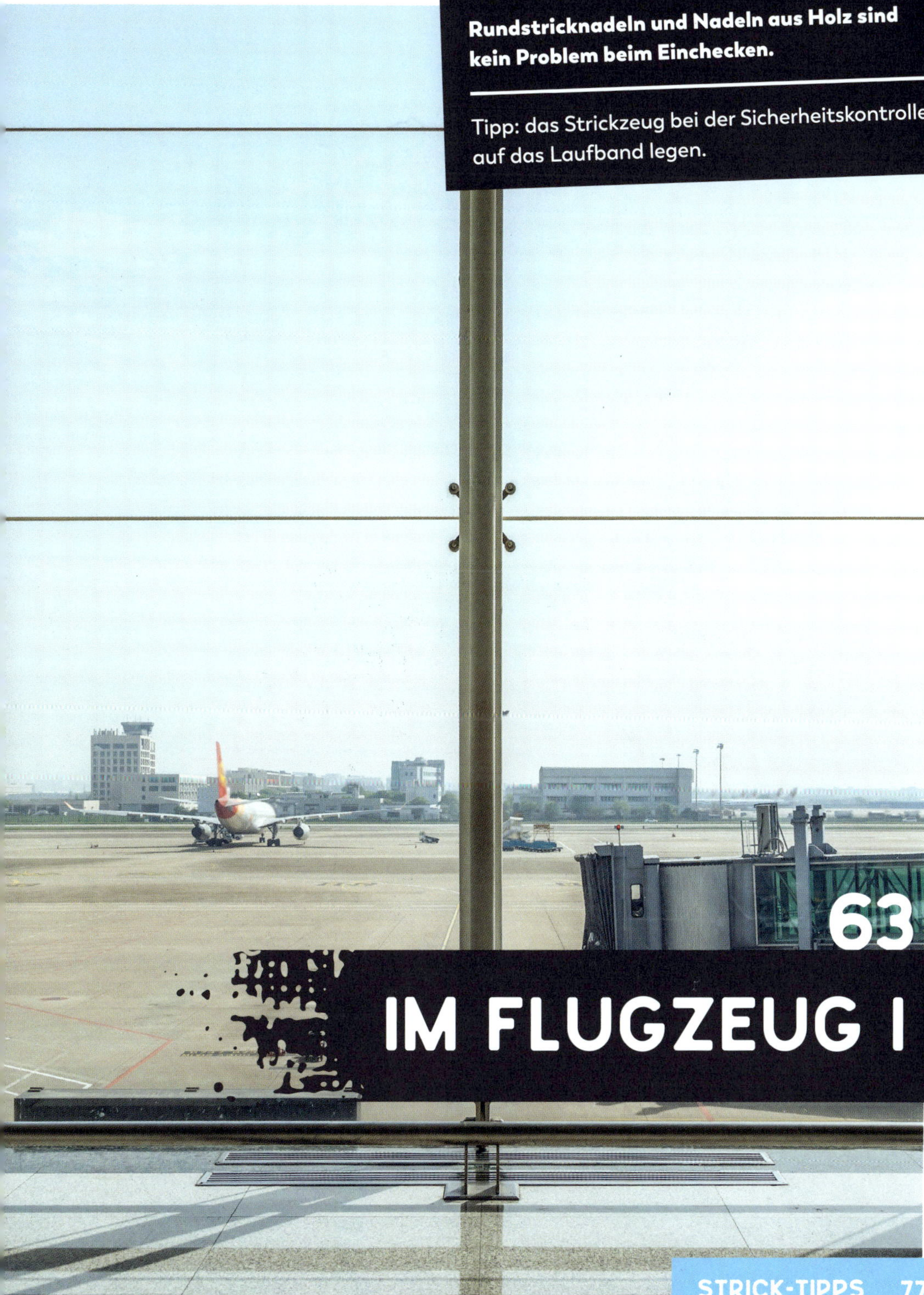

63 IM FLUGZEUG I

Rundstricknadeln und Nadeln aus Holz sind kein Problem beim Einchecken.

Tipp: das Strickzeug bei der Sicherheitskontrolle auf das Laufband legen.

64

IM FLUGZEUG II

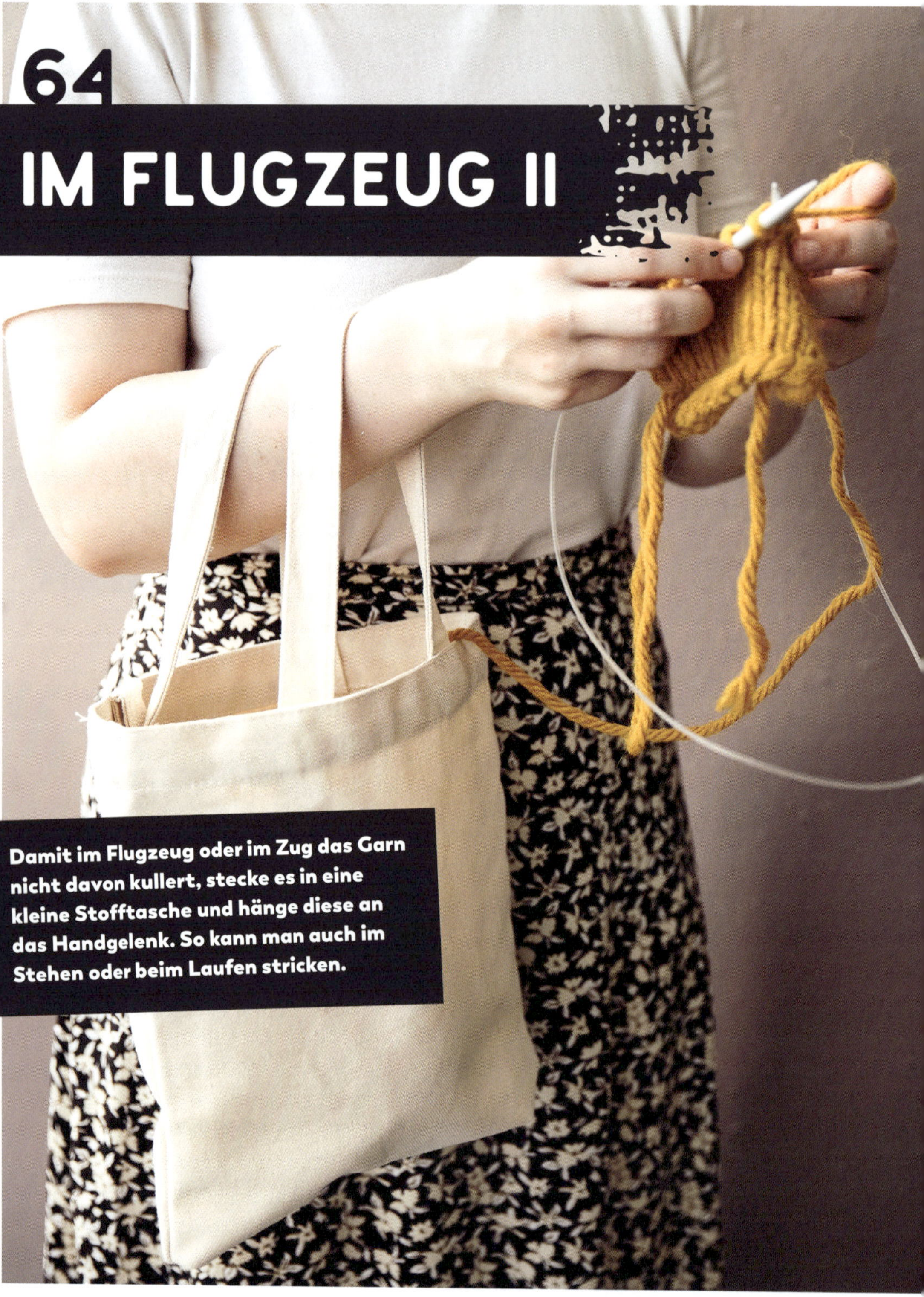

Damit im Flugzeug oder im Zug das Garn nicht davon kullert, stecke es in eine kleine Stofftasche und hänge diese an das Handgelenk. So kann man auch im Stehen oder beim Laufen stricken.

Strickt man verschiedene Garnqualitäten kann auch mehrfädig gestrickt werden, damit die gleiche Garnstärke entsteht.

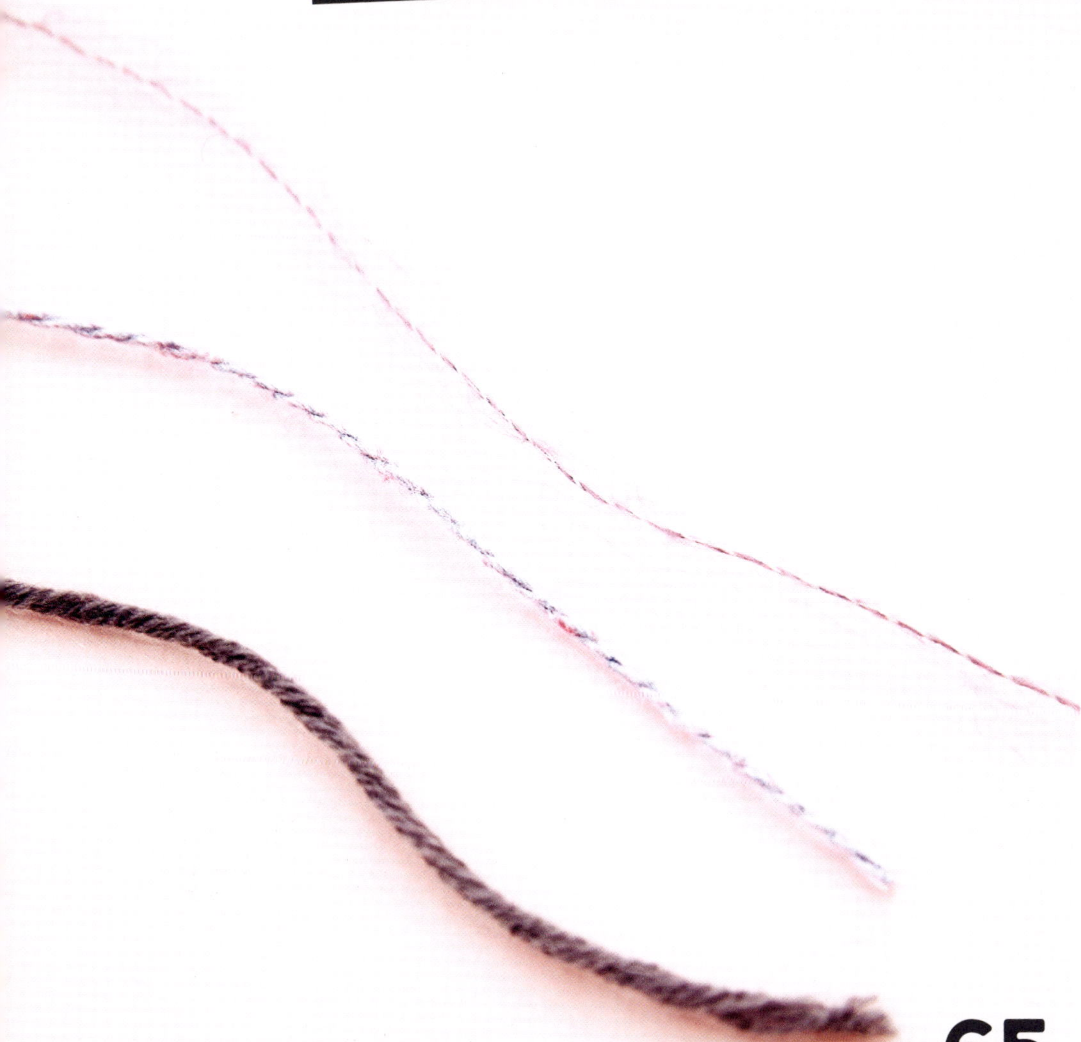

65 AUSGEGLICHEN

Bei kleinen oder sehr kleinen Knöpfen ist es oft nicht notwendig ein Knopfloch zu stricken. Man kann die Maschen einfach groß ziehen, bis der Knopf durch passt.

66 KNOPFLÖCHER I

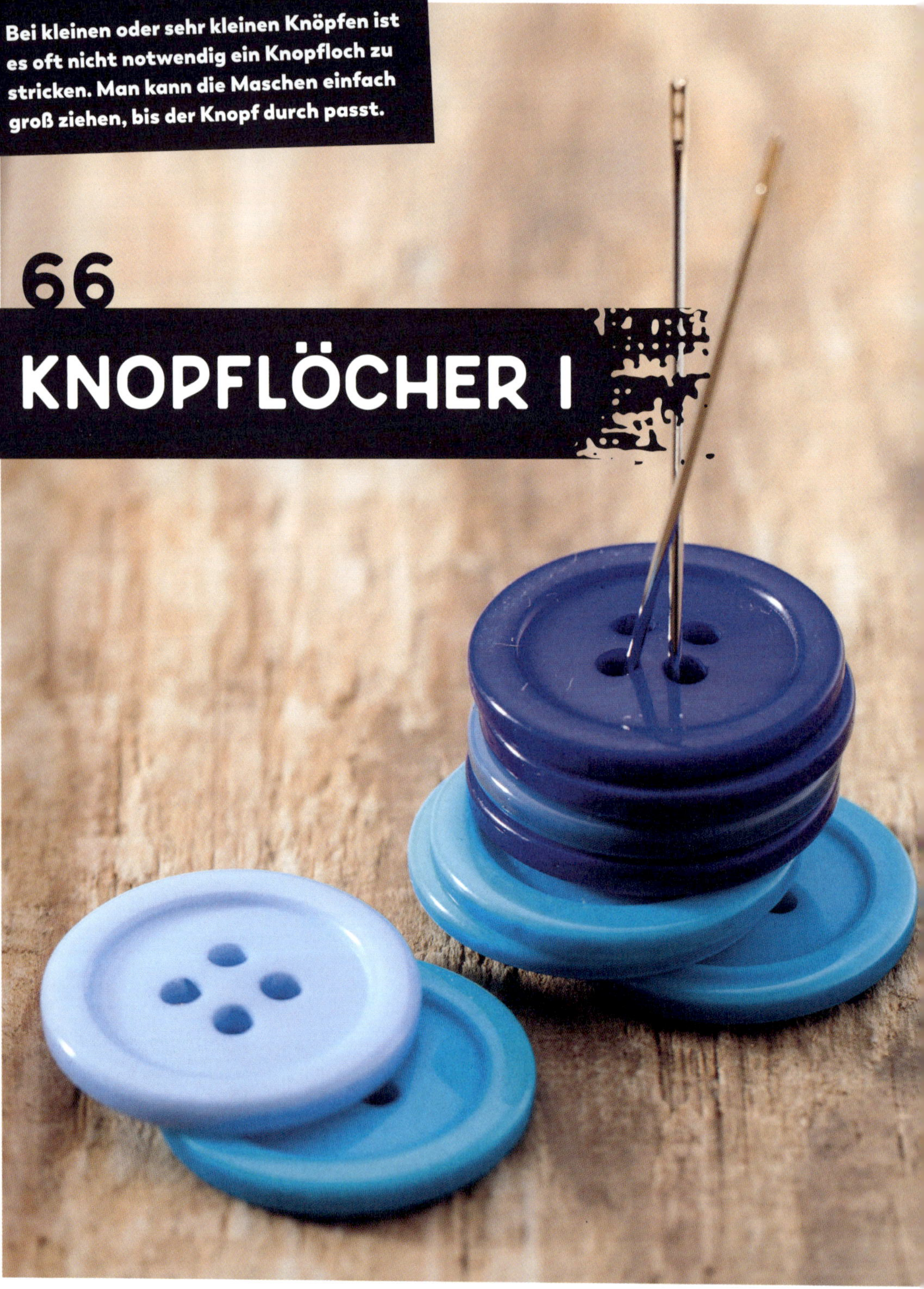

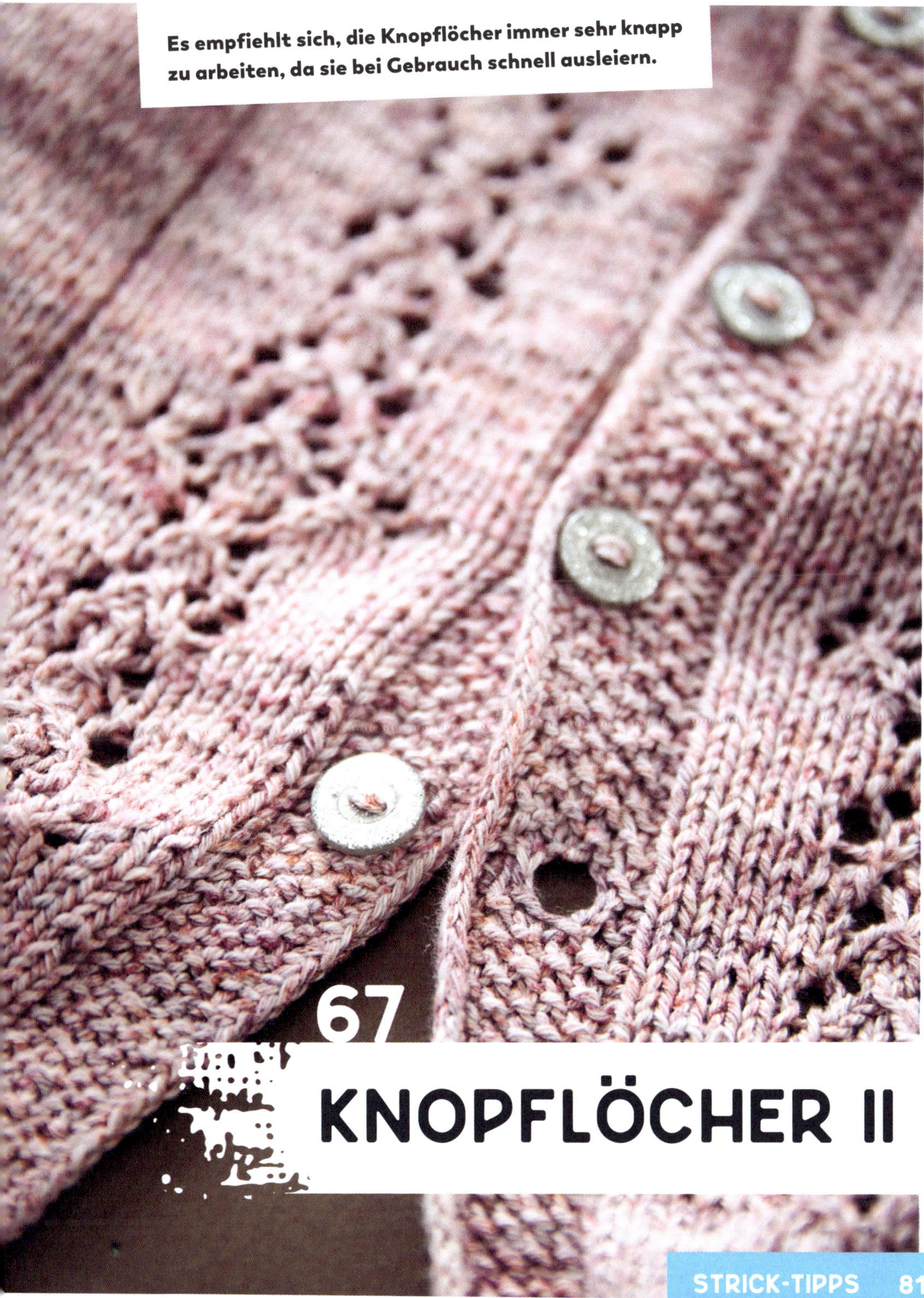

Es empfiehlt sich, die Knopflöcher immer sehr knapp zu arbeiten, da sie bei Gebrauch schnell ausleiern.

67 KNOPFLÖCHER II

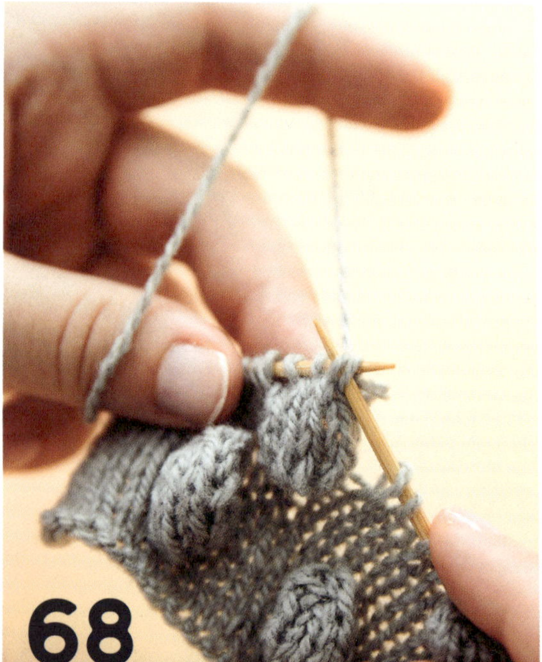

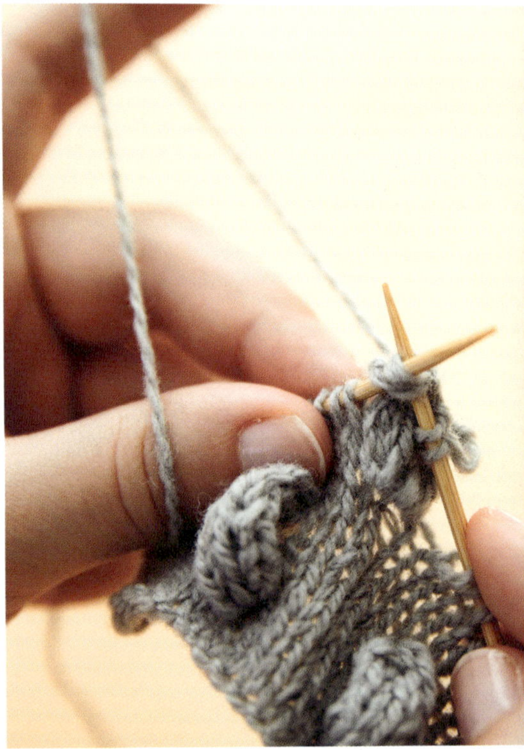

68 PERFEKT

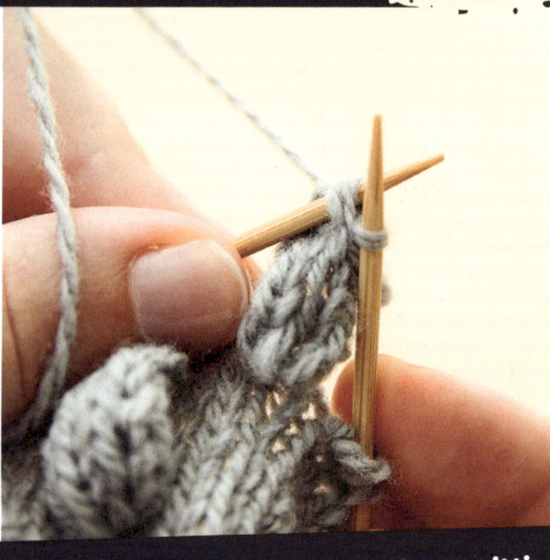

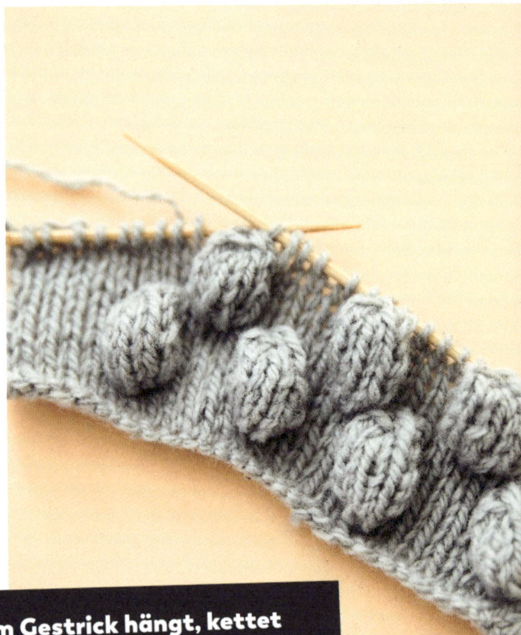

Damit beim Noppen stricken die Noppe mittig im Gestrick hängt, kettet man die 5 Maschen nach vier Reihen nicht einzeln ab, sondern hebt zwei Maschen wie zum links stricken ab, strickt 3 Maschen zusammen und hebt die abgehobenen Maschen darüber. So ist der Noppenstiel in der Mitte.

Will man einen Pulli zu einem Cardigan umgestalten, muss man zuerst in der Mitte des Vorderteils zwei Zickzacknähte nebeneinander (wie beim Fair Isle) nähen. Dann kann man das Vorderteil in der Mitte auseinanderschneiden und eine Blende stricken oder einen Reißverschluss einnähen.

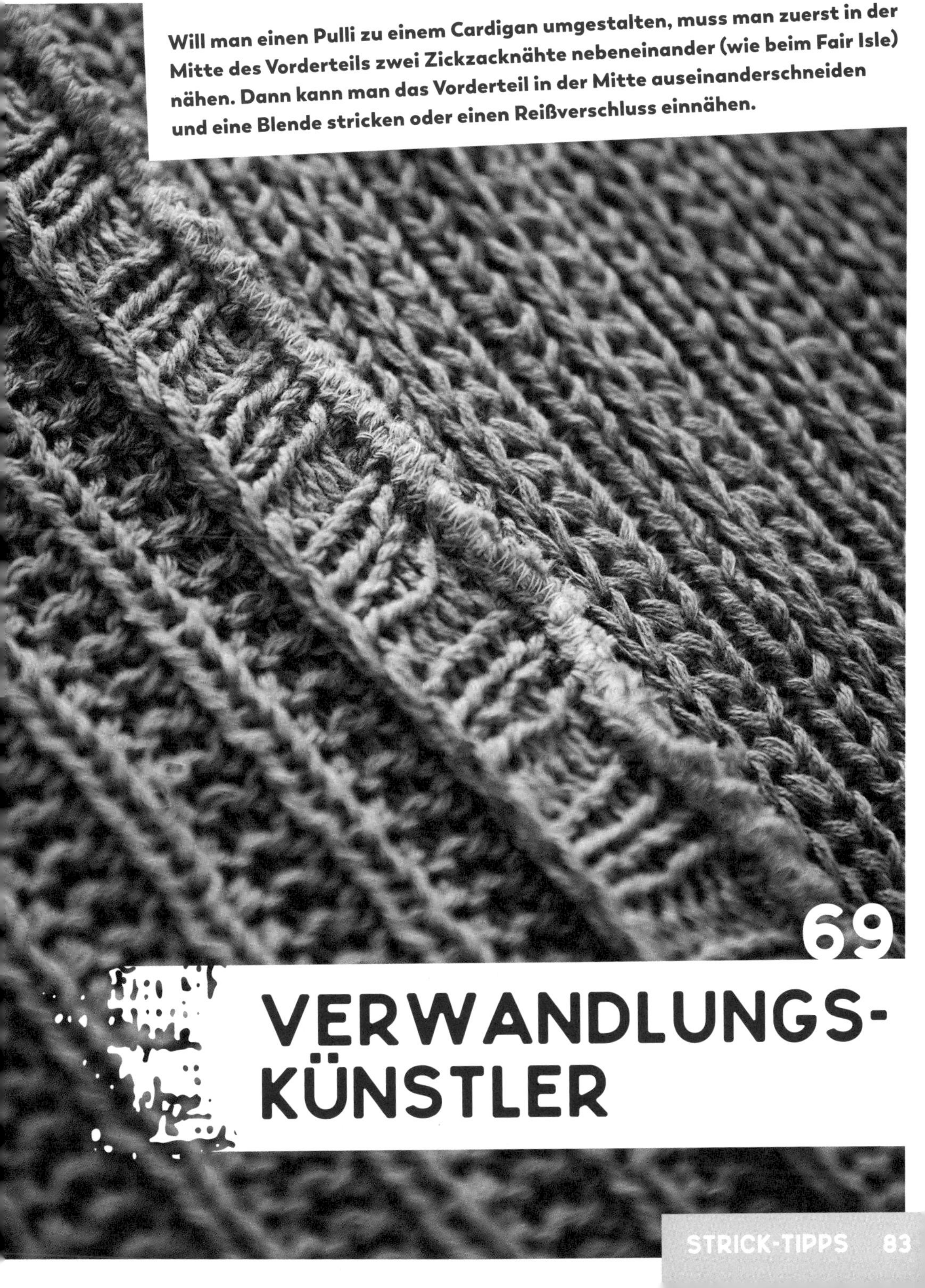

69

VERWANDLUNGS-KÜNSTLER

70

STYLISCH!

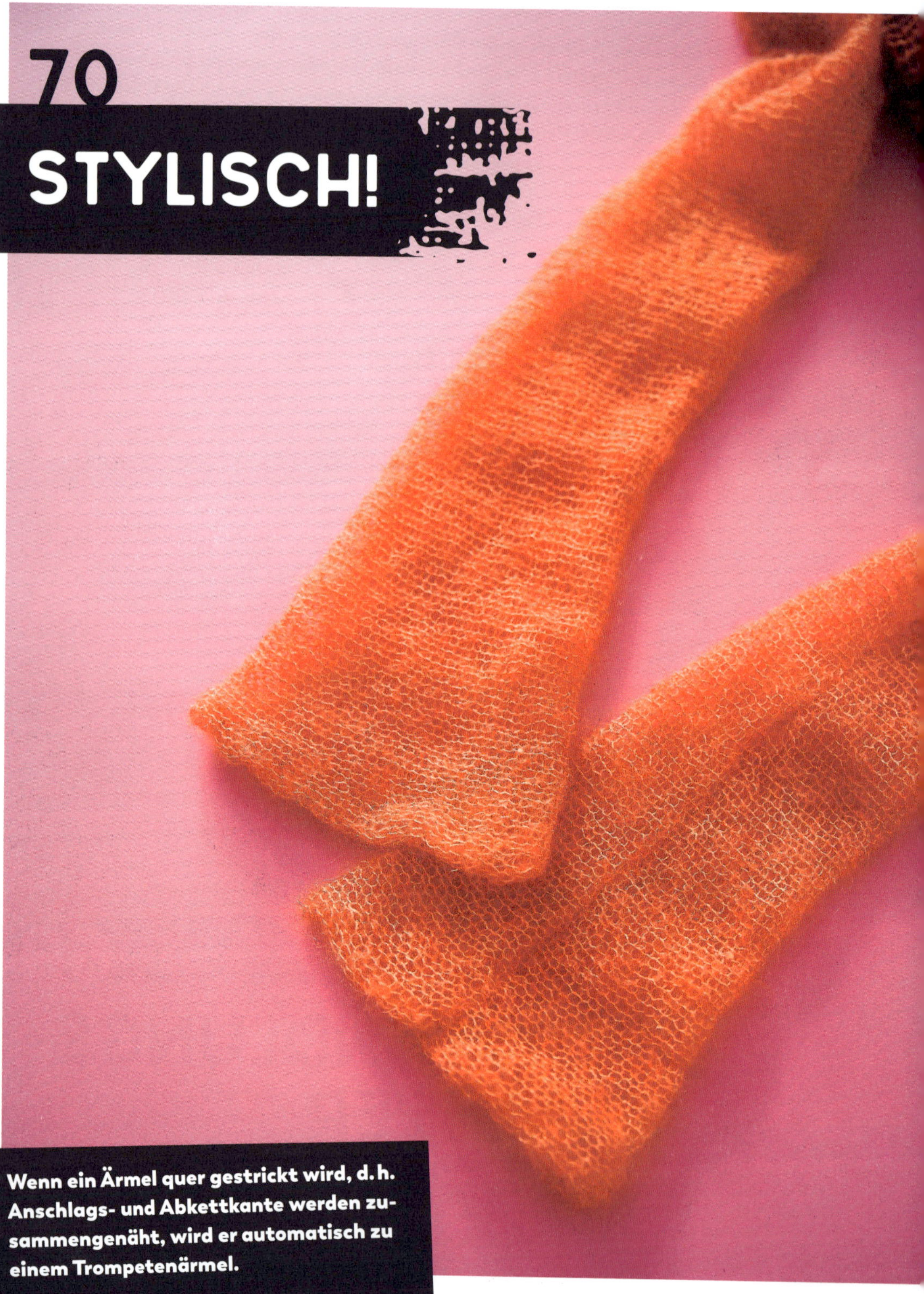

Wenn ein Ärmel quer gestrickt wird, d.h. Anschlags- und Abkettkante werden zusammengenäht, wird er automatisch zu einem Trompetenärmel.

Bei RVO (Raglan von Oben) kann man alle Maschen auf mehrere Rundnadeln verteilen, so kann man den Pullover während des Strickens anprobieren.

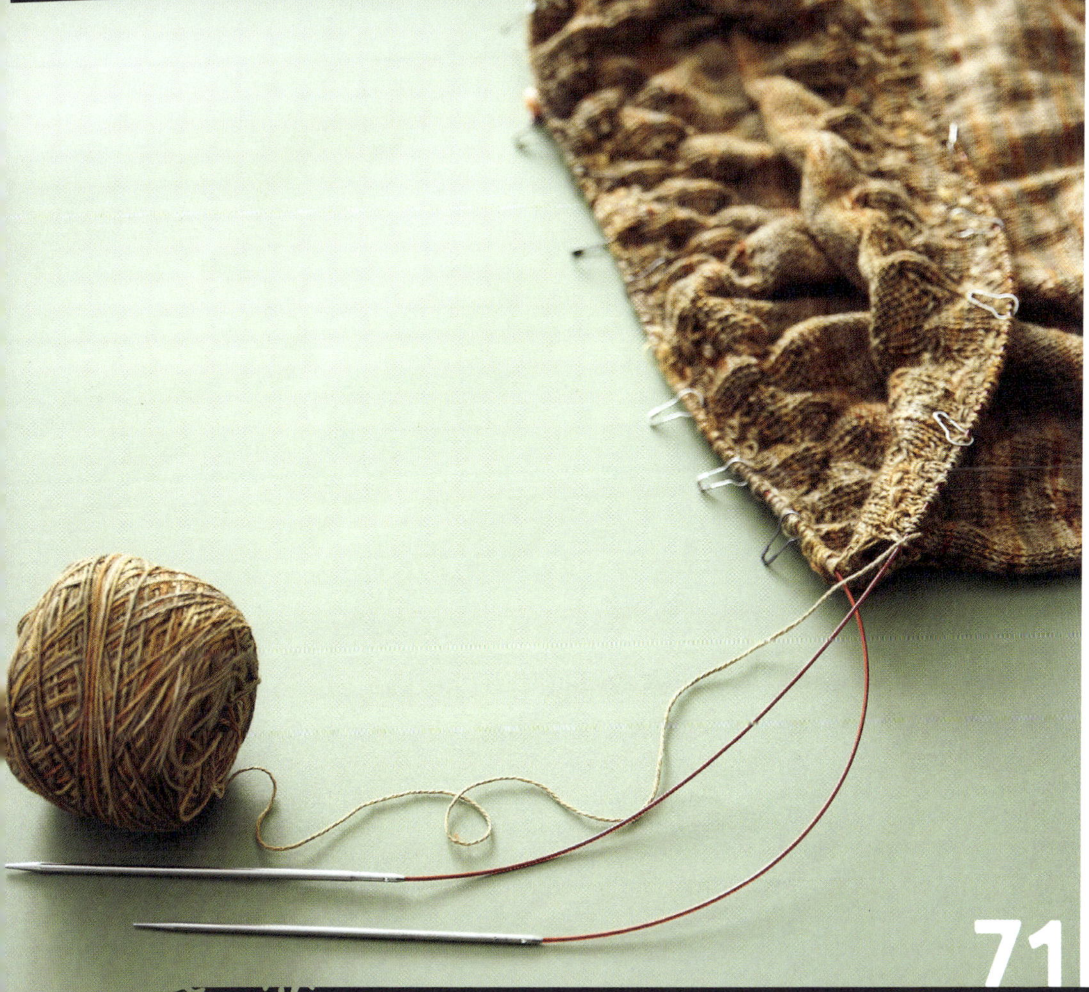

71

PROBIEREN GEHT ÜBER STUDIEREN

72

LET IT DRY

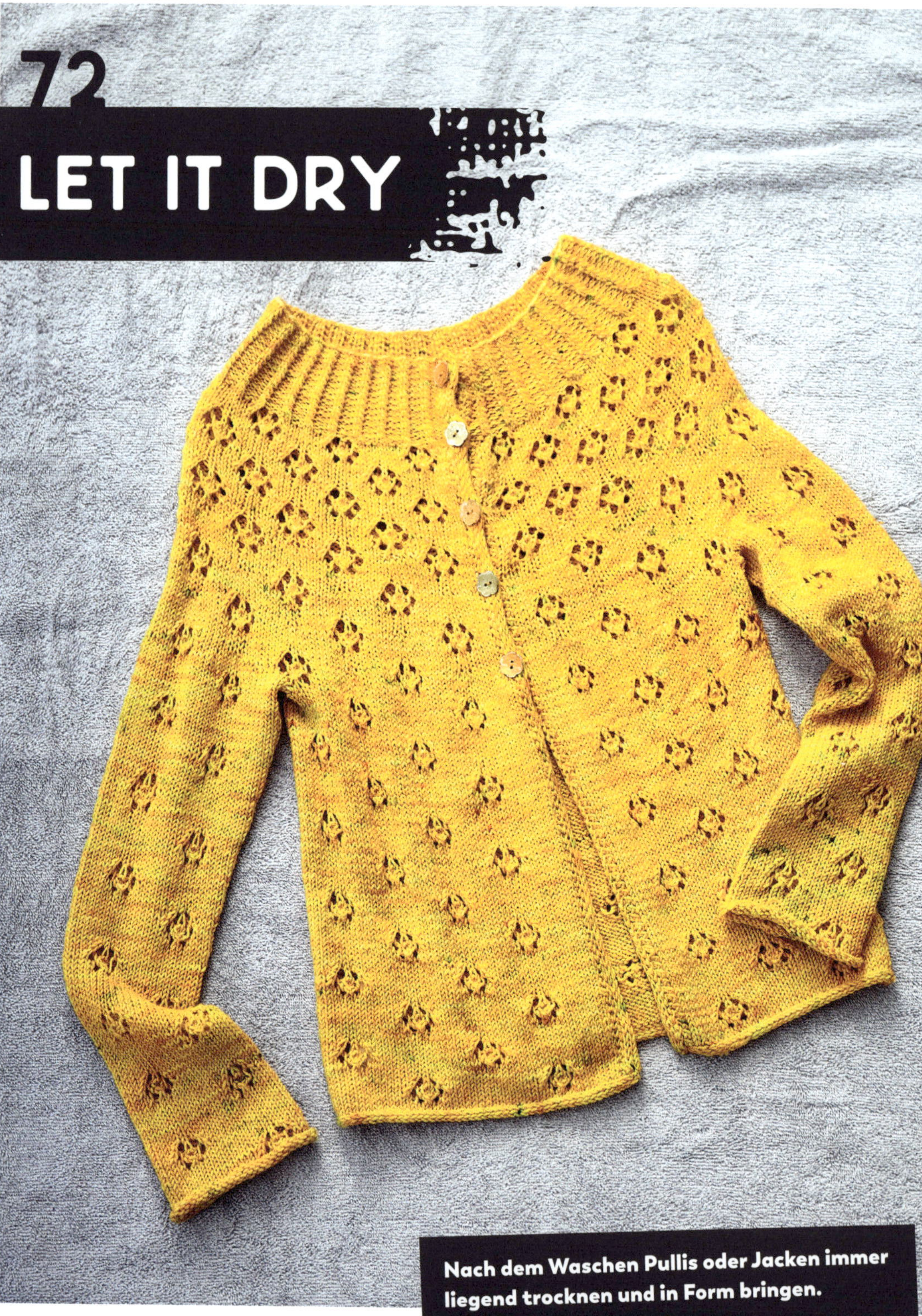

Nach dem Waschen Pullis oder Jacken immer liegend trocknen und in Form bringen.

Bei mehrfarbigem Stricken, wie Norweger oder Fair Isle, kann man beide Fäden über den Zeigefinger verkreuzt legen, wenn kein Norwegerring vorhanden ist.

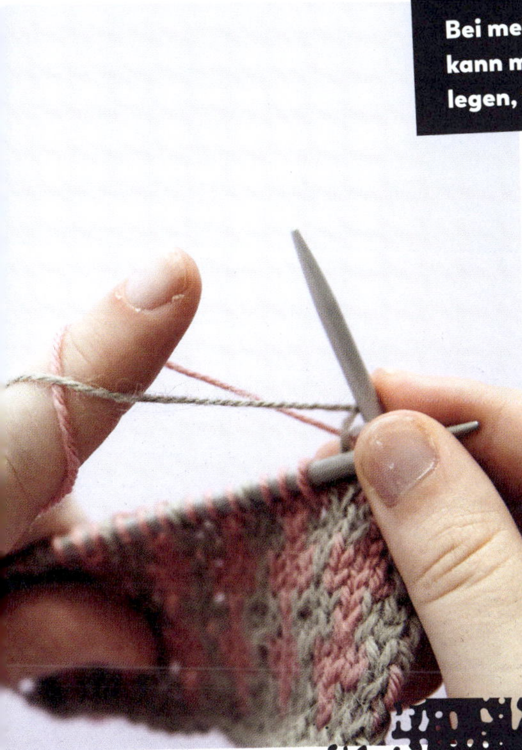

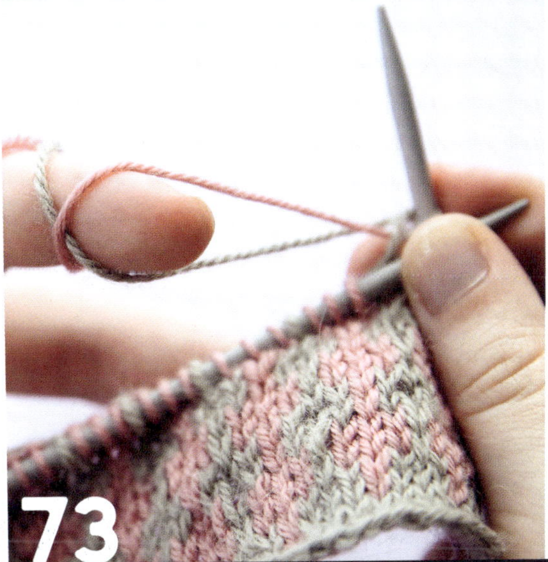

73 MEHRFARBIG

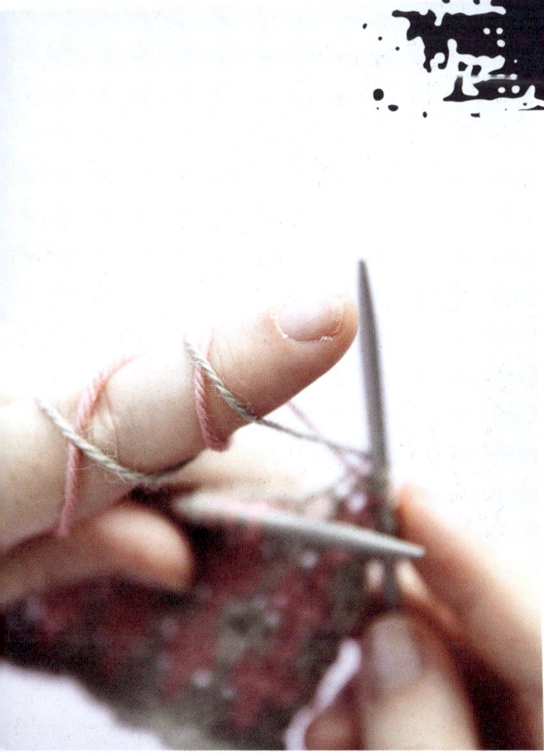

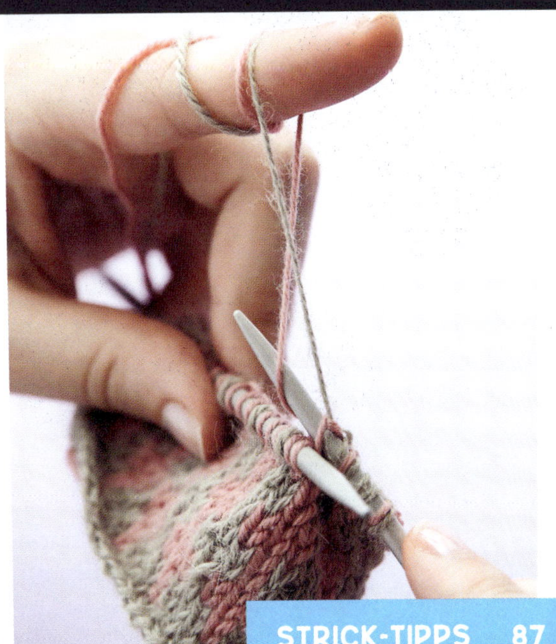

74

PASSEND

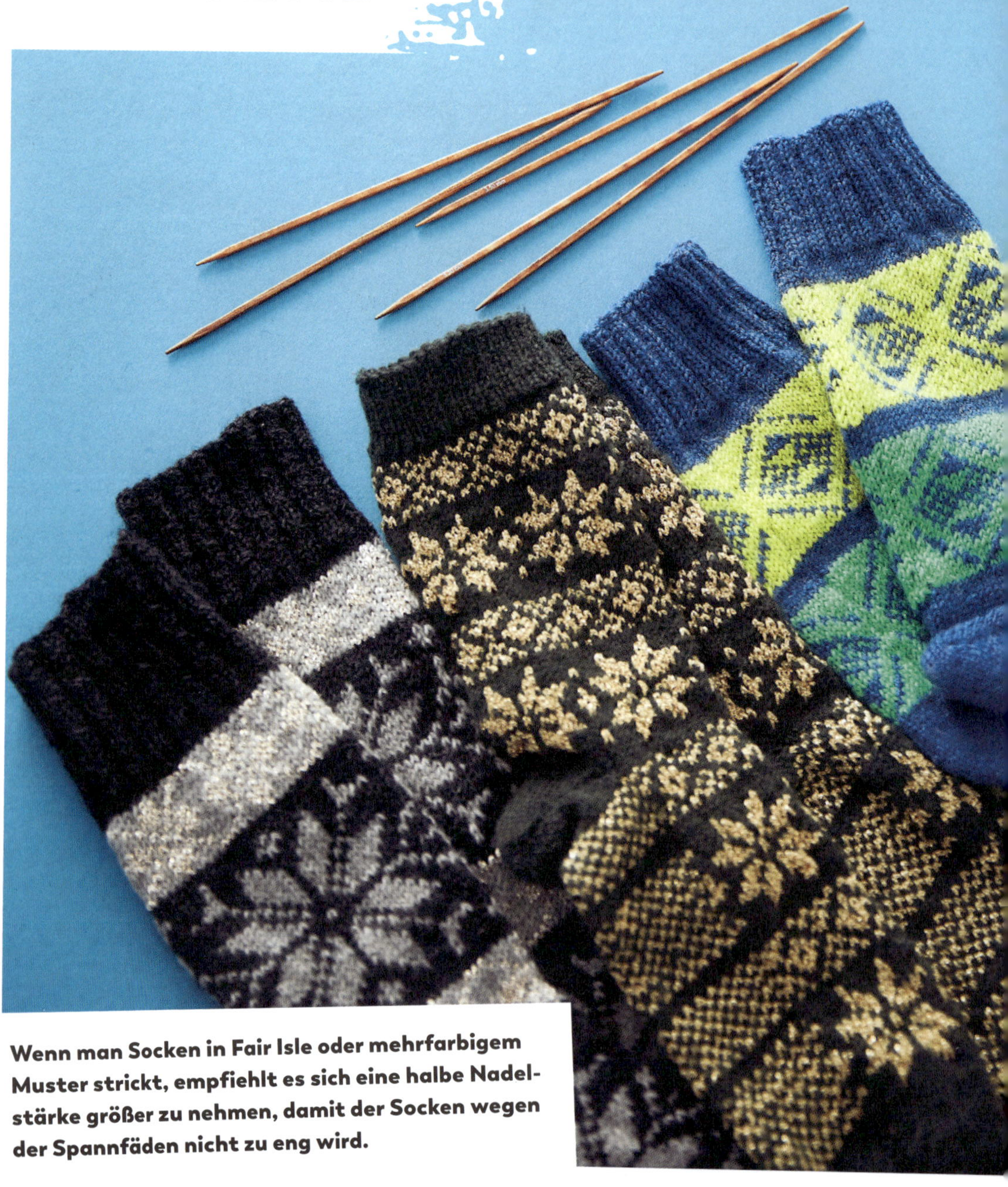

Wenn man Socken in Fair Isle oder mehrfarbigem Muster strickt, empfiehlt es sich eine halbe Nadelstärke größer zu nehmen, damit der Socken wegen der Spannfäden nicht zu eng wird.

Wenn du beim zweifarbigen Patent (Brioche) den Überblick verlierst, mit welcher Farbe du stricken musst, schaue dir die Umschläge an. In dieser Farbe wird gestrickt.

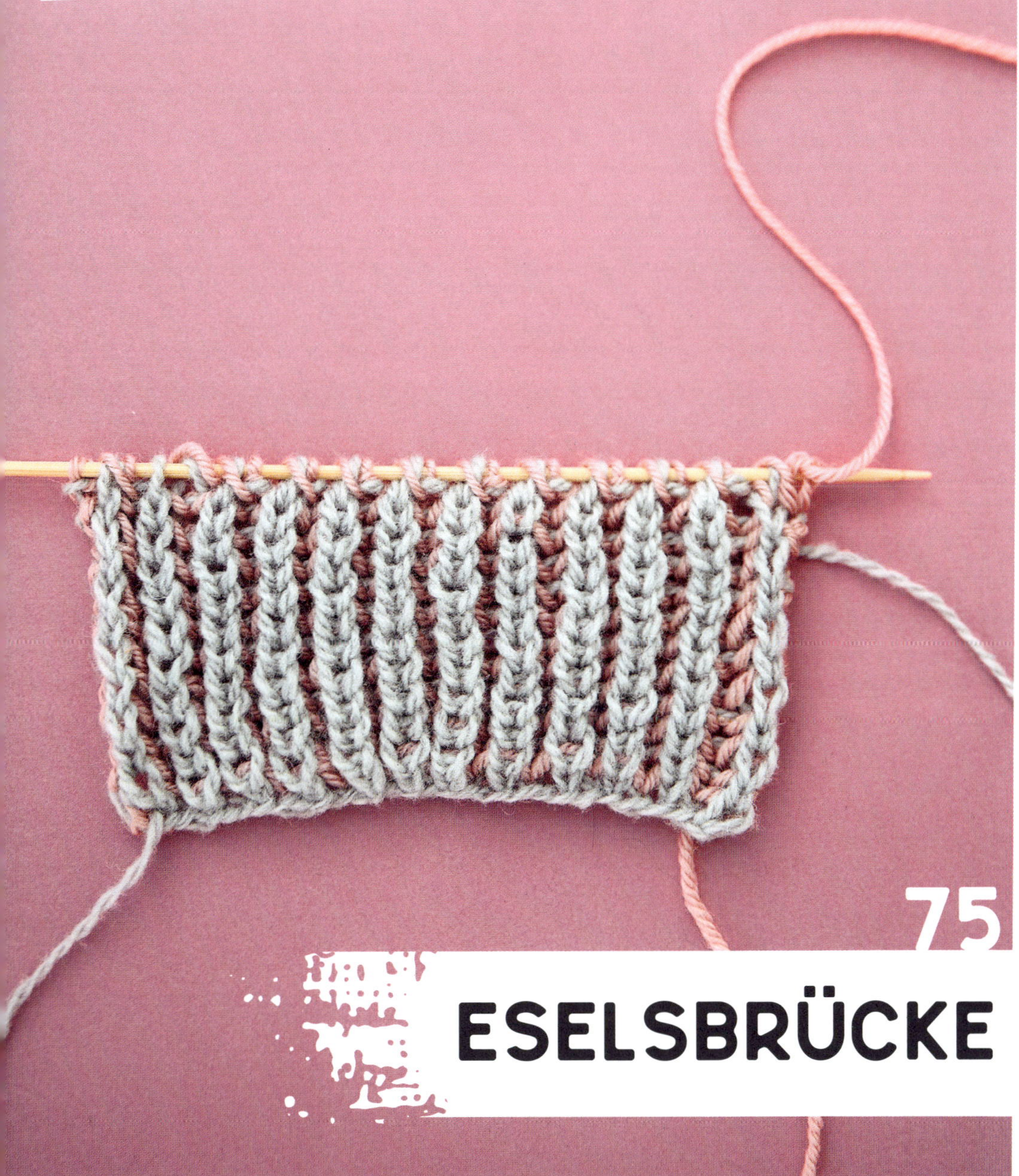

75 ESELSBRÜCKE

76
EINFACH HÄNGEN LASSEN

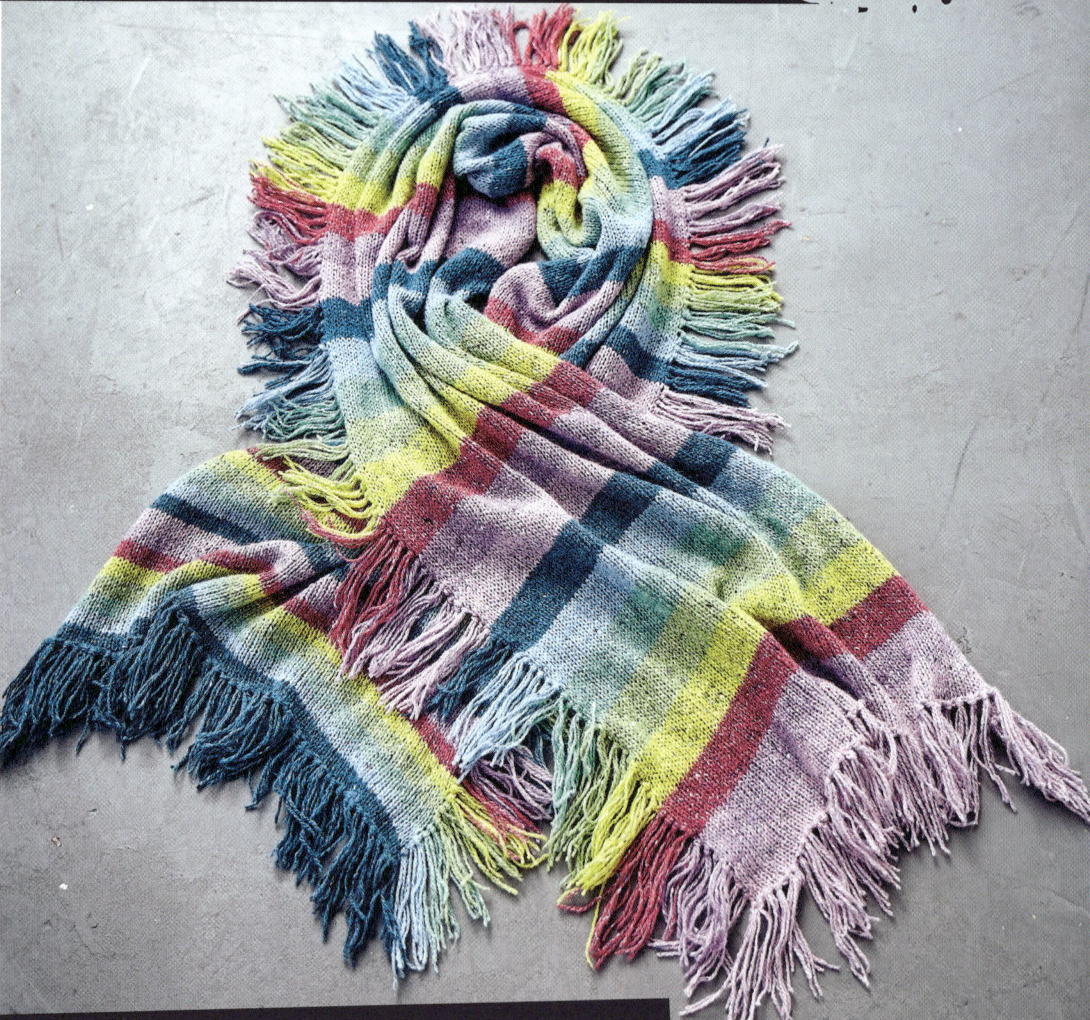

Beim Stricken eines Streifenschals oder eines Streifentuchs kann man die Fäden beim Farbwechsel hängen lassen und an dieser Kante ebenfalls Fransen einknüpfen. So brauchen diese Fäden nicht vernäht werden.

Pulswärmer mit Daumenloch für Strickanfänger sind ganz einfach zu stricken. Man strickt in Reihen und lässt beim Zusammennähen ca. 2 cm der Naht für den Daumen offen.

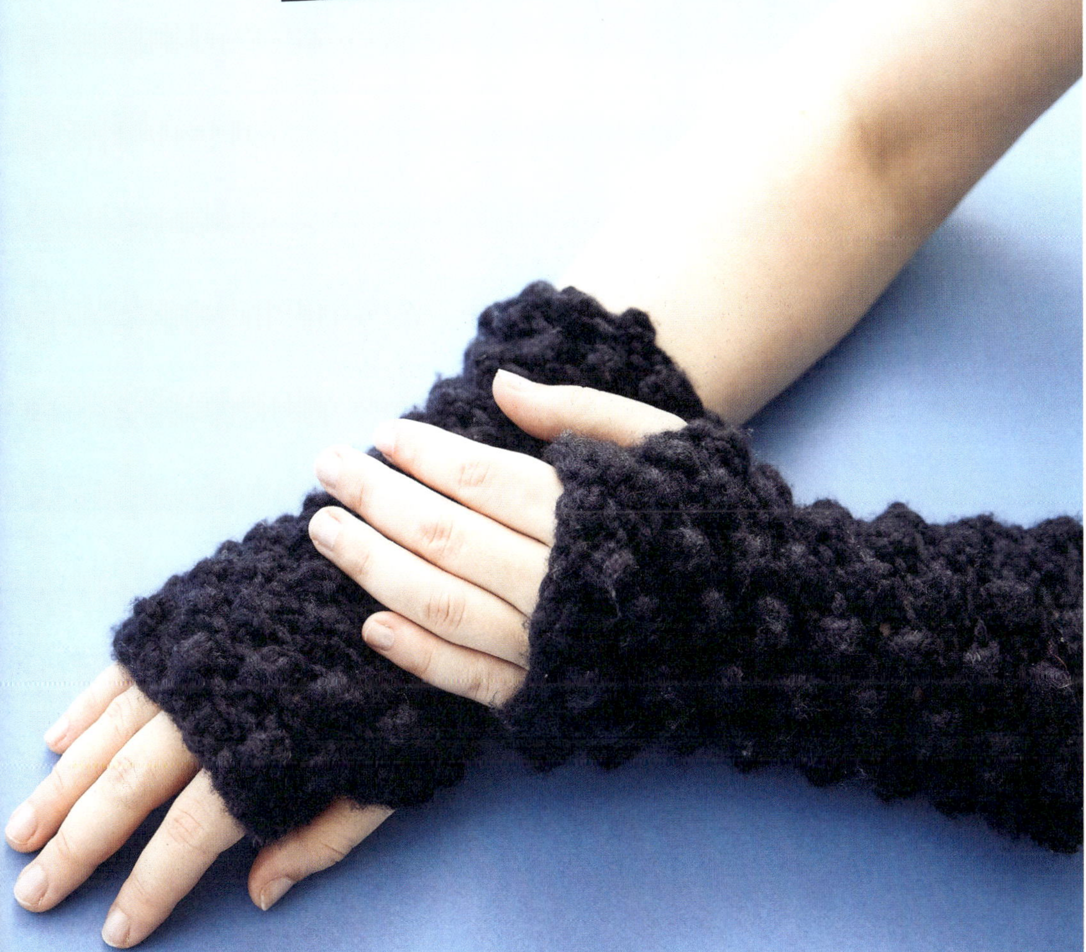

77 FÜR ANFÄNGER

78

DOPPELTES BÜNDCHEN

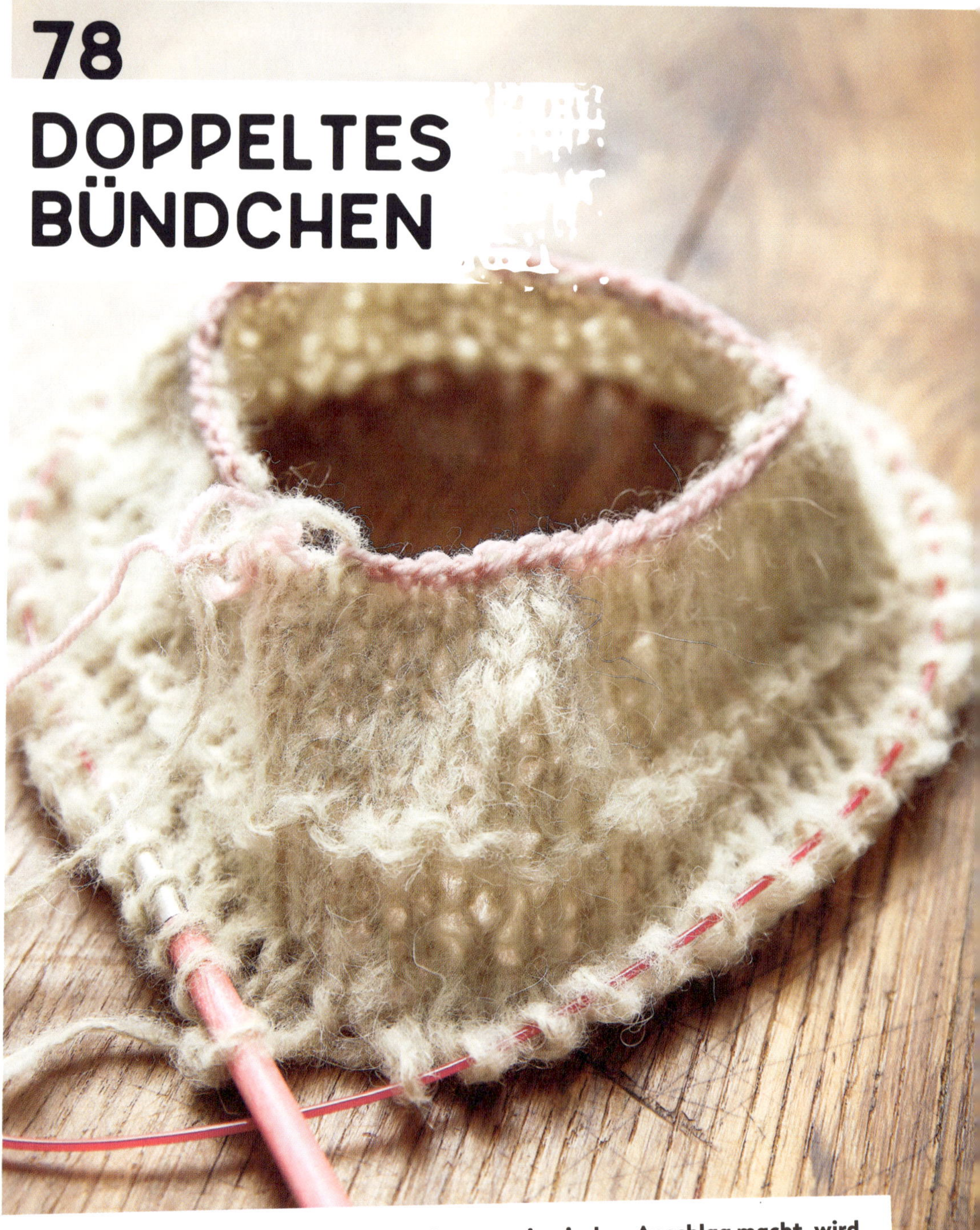

Beim doppelten Bündchen, bei dem man einen provisorischen Anschlag macht, wird eine Bruchkante mit linken Maschen gestrickt und die Maschen des provisorischen Anschlags auf eine dünnere Nadel genommen. Diese werden dann mit den Maschen auf der Nadel zusammengestrickt.

Bei Top Down oder RVO kann man die Unterarmmaschen mit einem andersfarbigen provisorischen Anschlag machen, so sieht man den Übergang beim Auffassen der Ärmelmaschen nicht mehr.

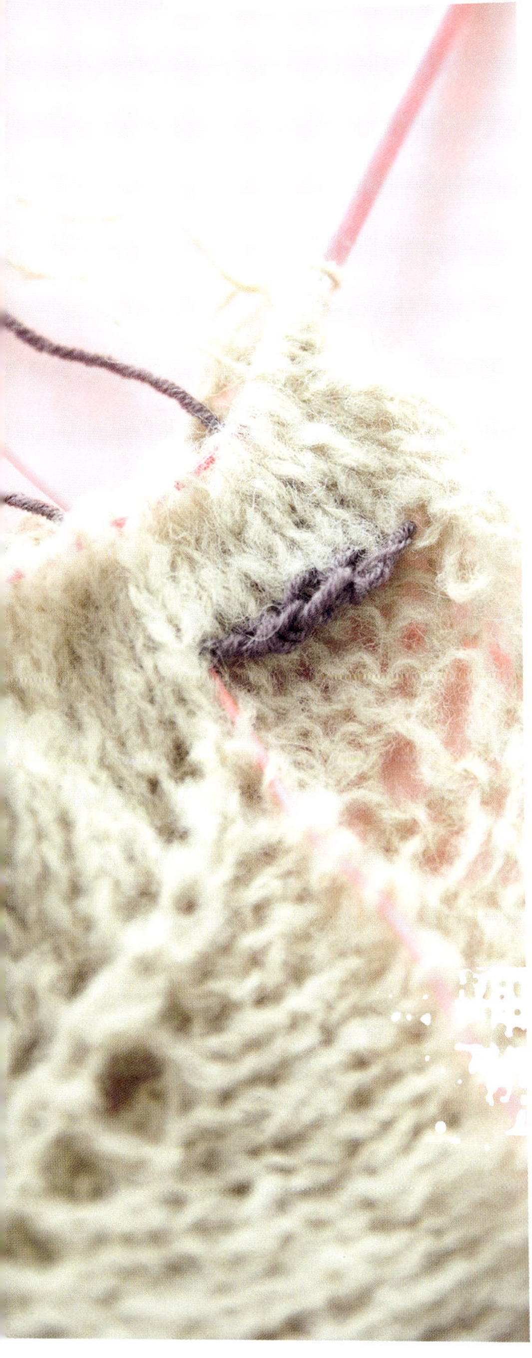

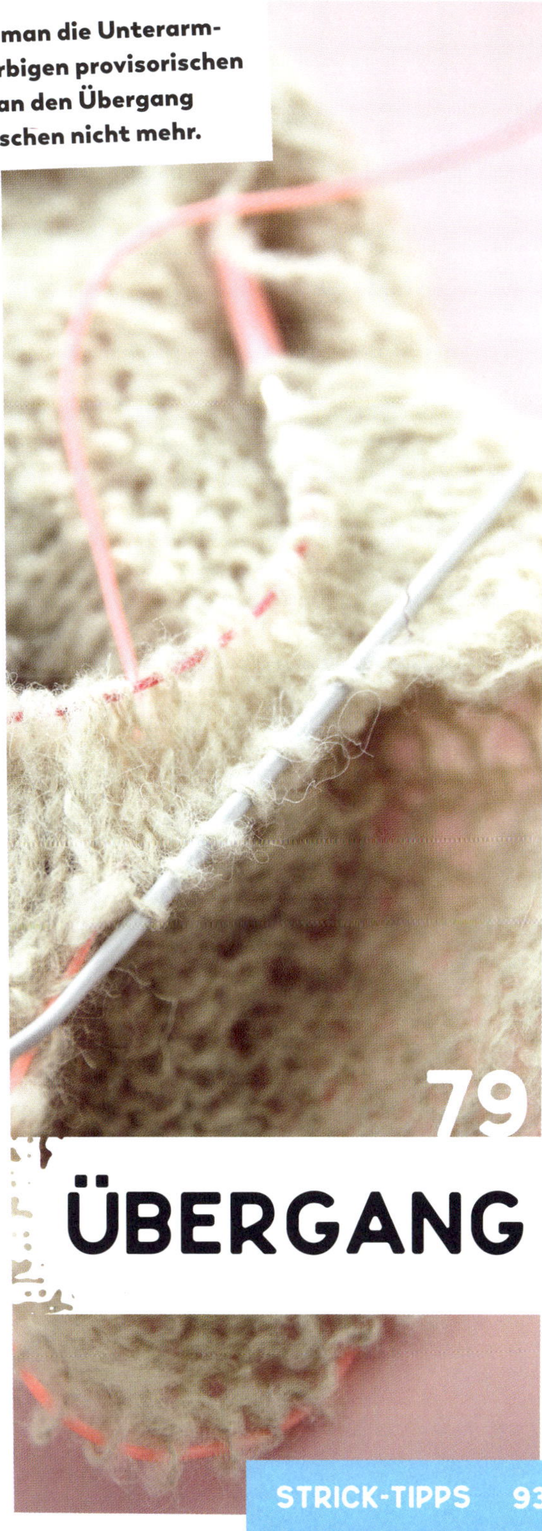

79

ÜBERGANG

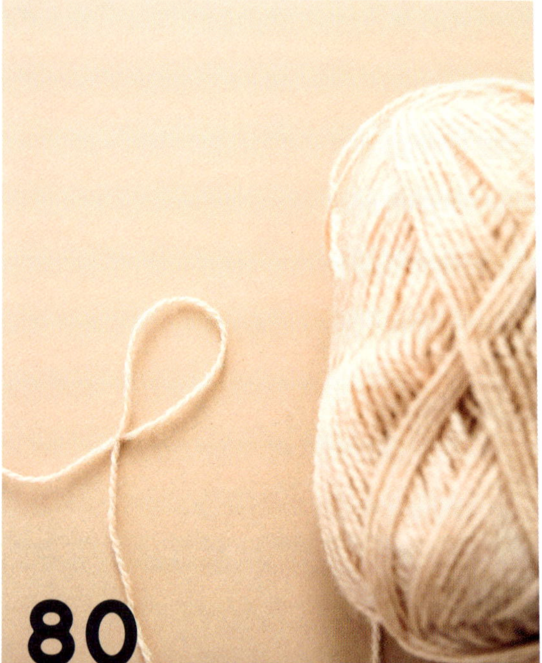

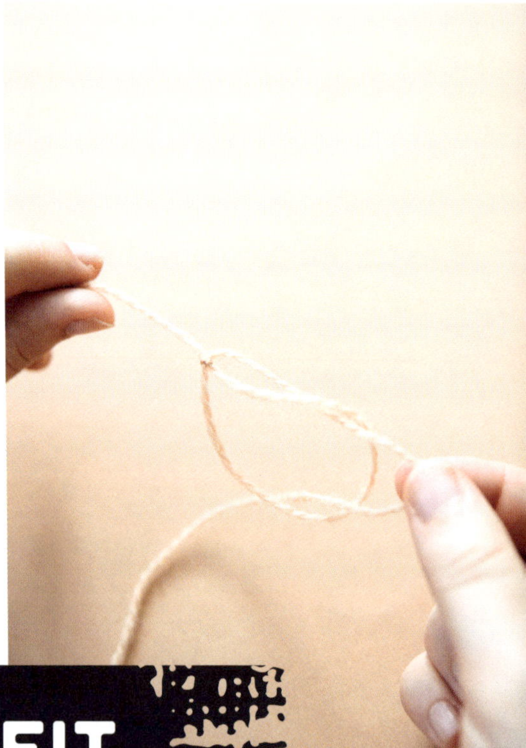

80 DREIFÄLTIGKEIT

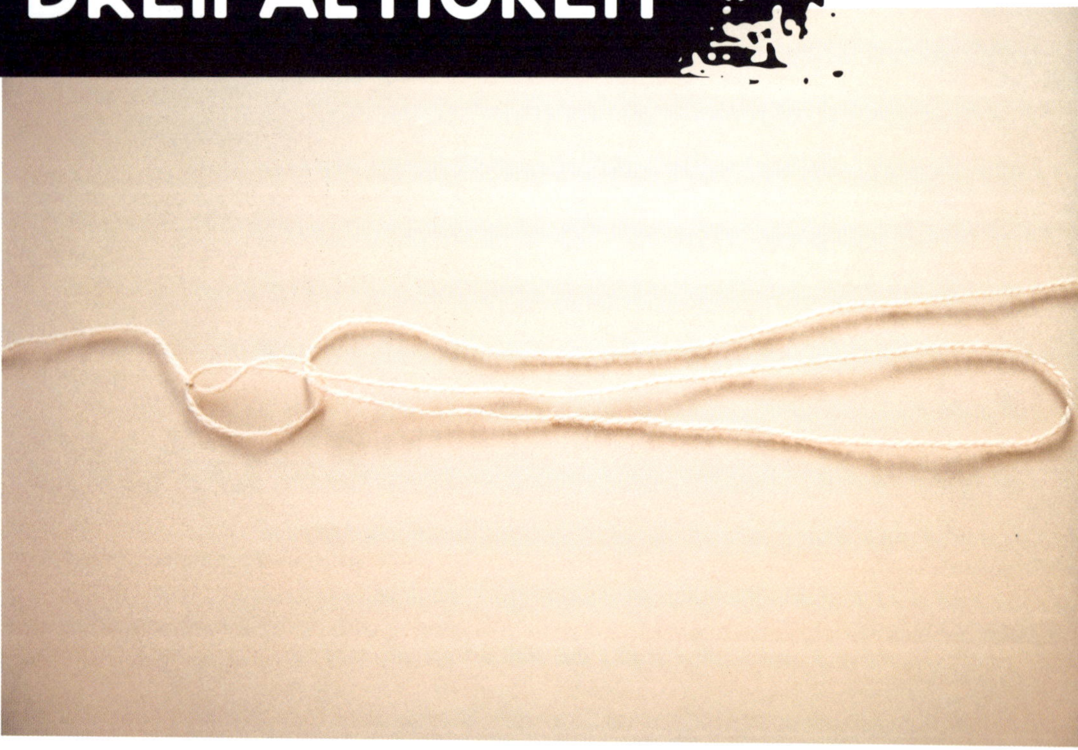

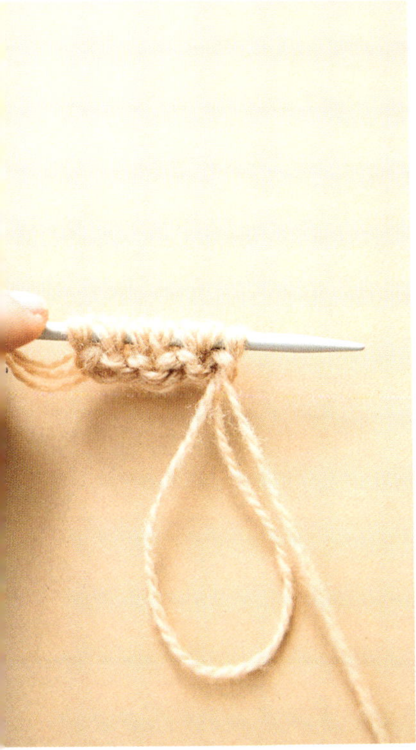

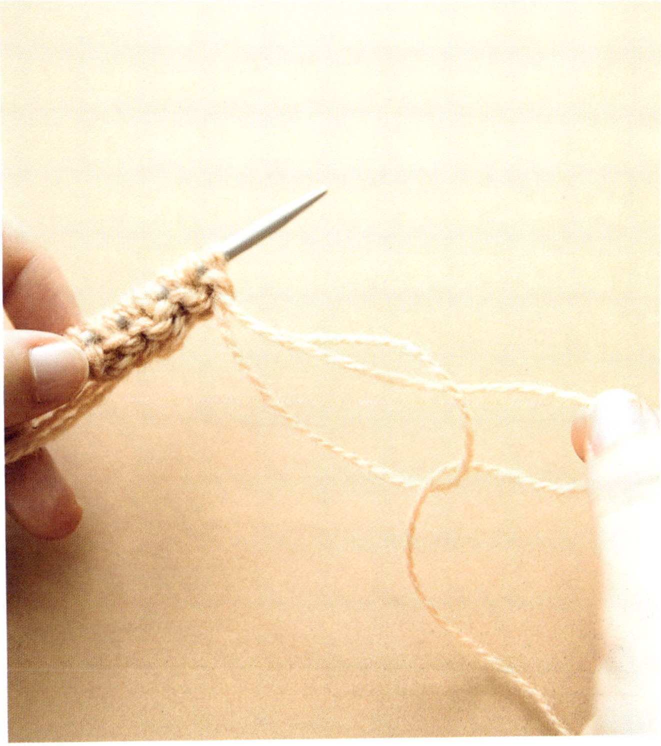

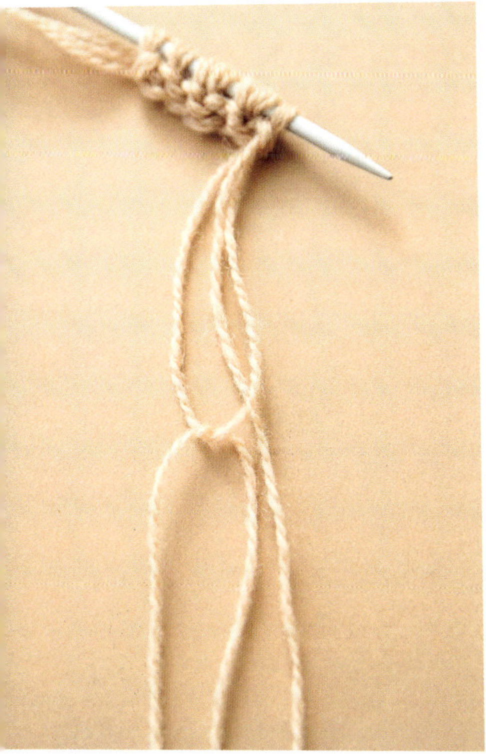

Du möchtest mit 3-fachem Faden stricken, hast aber nur ein Knäuel? Nimm den Anfang des Garns und lege es ein Stück 3-fach, für die Menge der Maschen, die du brauchst. Schlage die Maschen nun 3-fädig an und stricke so lange weiter, bis du zu der Schlaufe kommst. Gehe mit zwei Fingern in die Schlaufe hinein und ziehe den Faden, der vom Knäuel kommt, durch. Somit ist das Garn wieder 3-fädig. Es wird gestrickt, bis wieder die Schlaufe kommt, diesen Vorgang fortlaufend wdh. Die durchgeschlaufte Stelle ist nachher vollkommen unsichtbar.

81 DEHNBAR

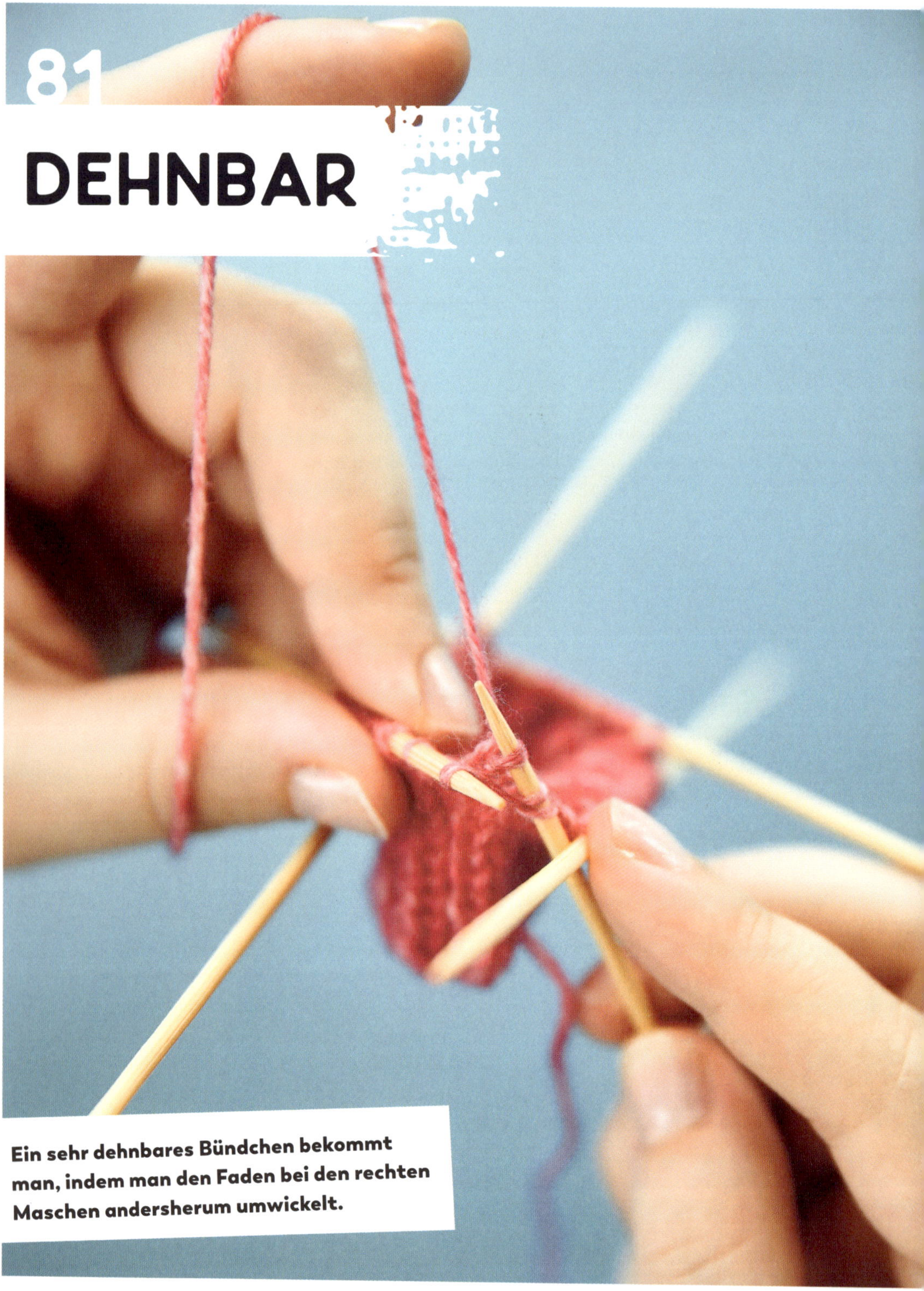

Ein sehr dehnbares Bündchen bekommt man, indem man den Faden bei den rechten Maschen andersherum umwickelt.

Beim I-Cord empfiehlt sich beim Zurücknehmen der Maschen auf die Nadel, eine Sockennadel zu verwenden.

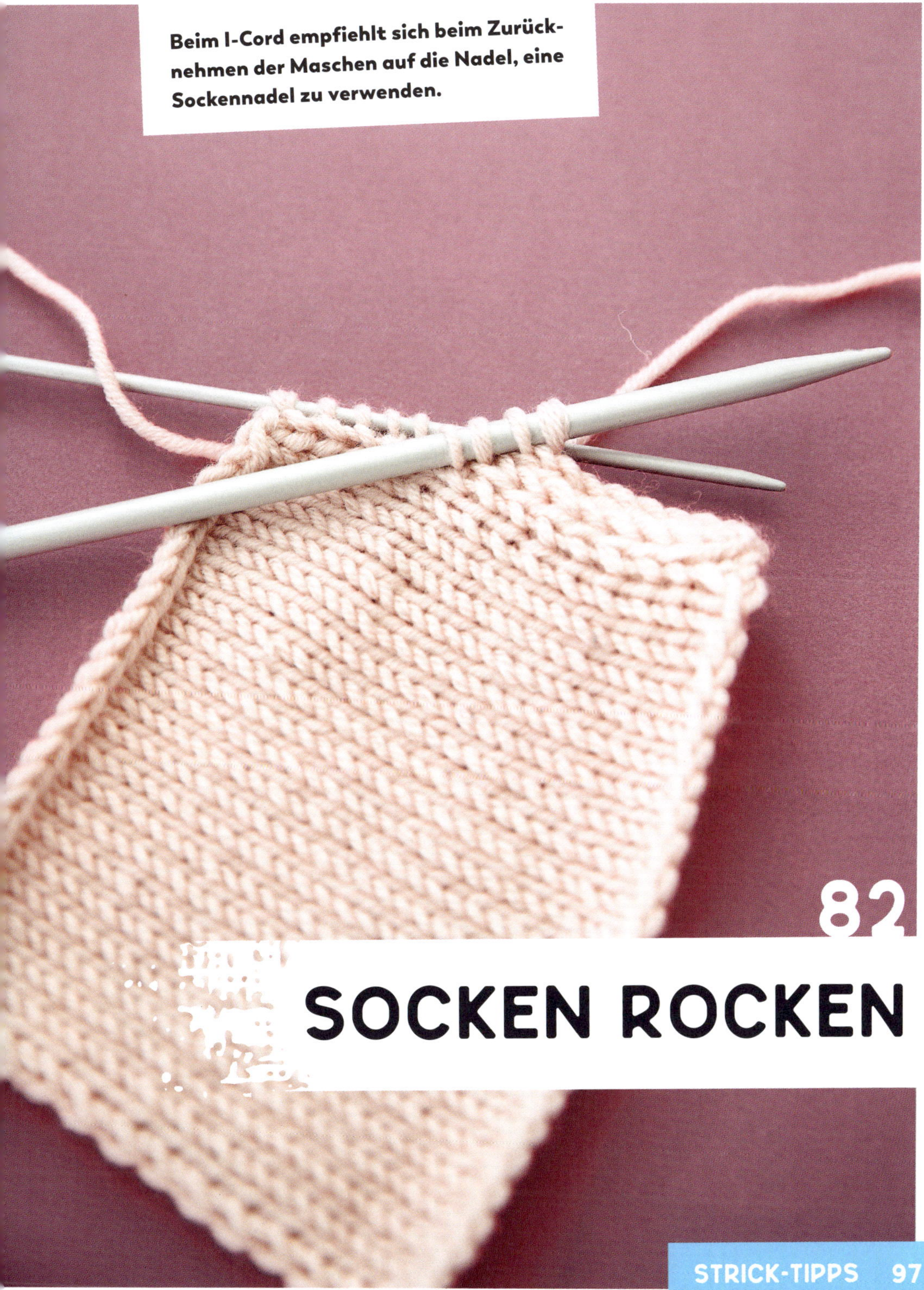

82 SOCKEN ROCKEN

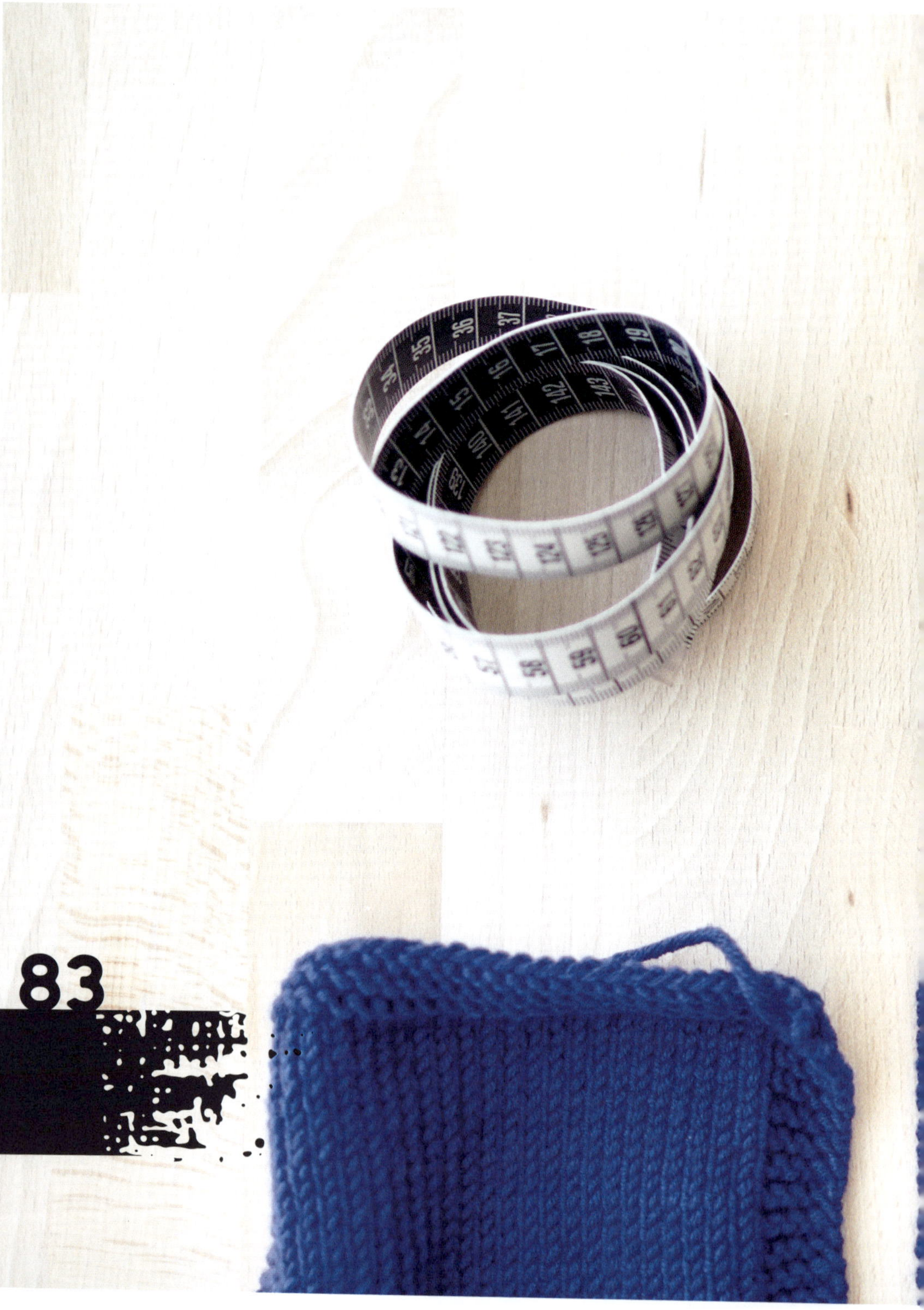

83

Sehr wichtig ist es, die Maschenprobe vor dem Ausmessen zu waschen und vollständig trocknen zu lassen, da sich viele Garne (insbesondere Merino und Seide) durch das Waschen noch verändern.

Willst du dein Projekt rundstricken, solltest du die Maschenprobe ebenfalls rundstricken, weil sich beim Rundstricken andere Werte als beim Flachstricken ergeben können.

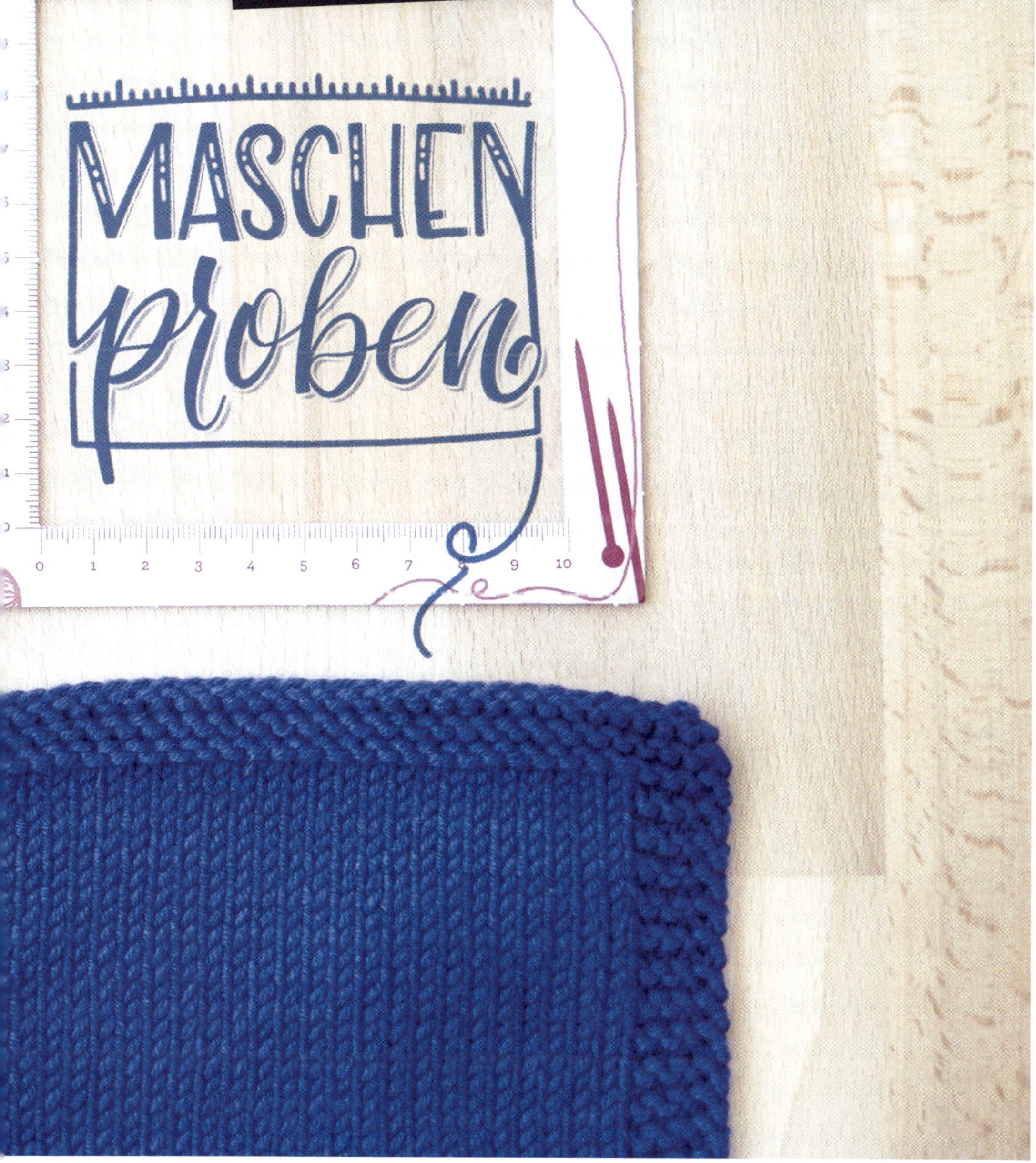

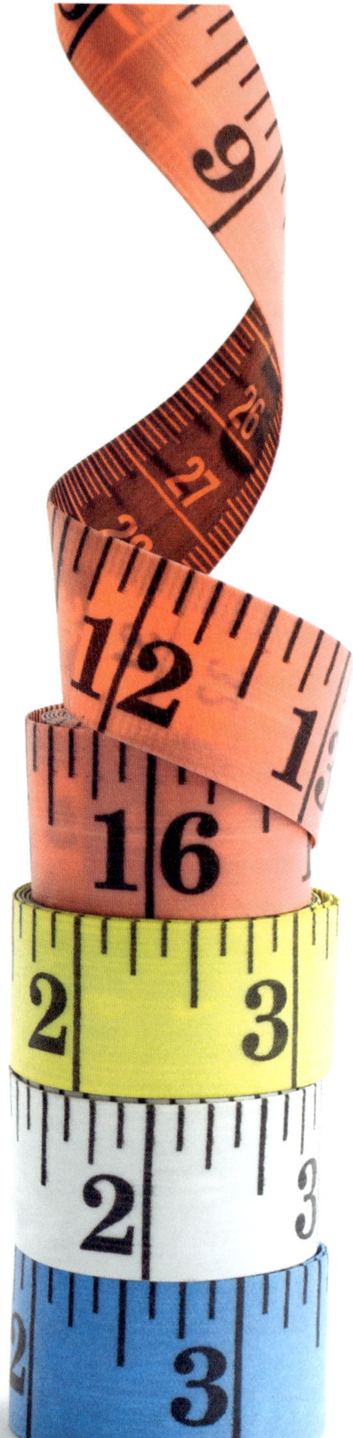
12
16
2
3
2
3
3

Nach der Entscheidung, welches Projekt und welches Garn man verwenden möchte, kommt nun der wichtigste Schritt beim Stricken: die Maschenprobe. Aber so kompliziert und angsteinflößend diese auch sein mag, nach diesem Kapitel hast du den Dreh auf jeden Fall heraus und meisterst jede Maschenprobe wie ein Weltmeister!

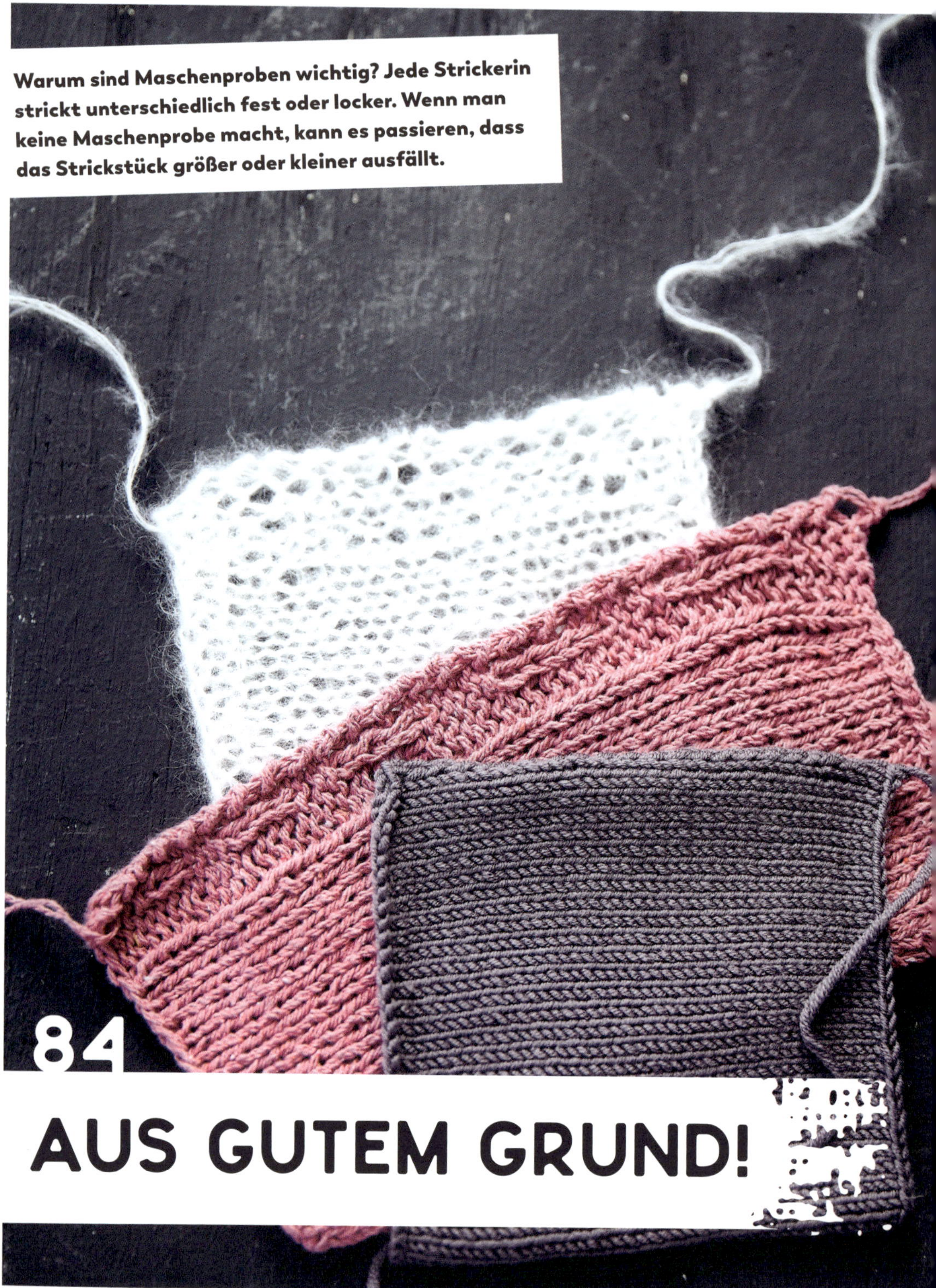

Warum sind Maschenproben wichtig? Jede Strickerin strickt unterschiedlich fest oder locker. Wenn man keine Maschenprobe macht, kann es passieren, dass das Strickstück größer oder kleiner ausfällt.

84

AUS GUTEM GRUND!

85 VORAUSSCHAUEND

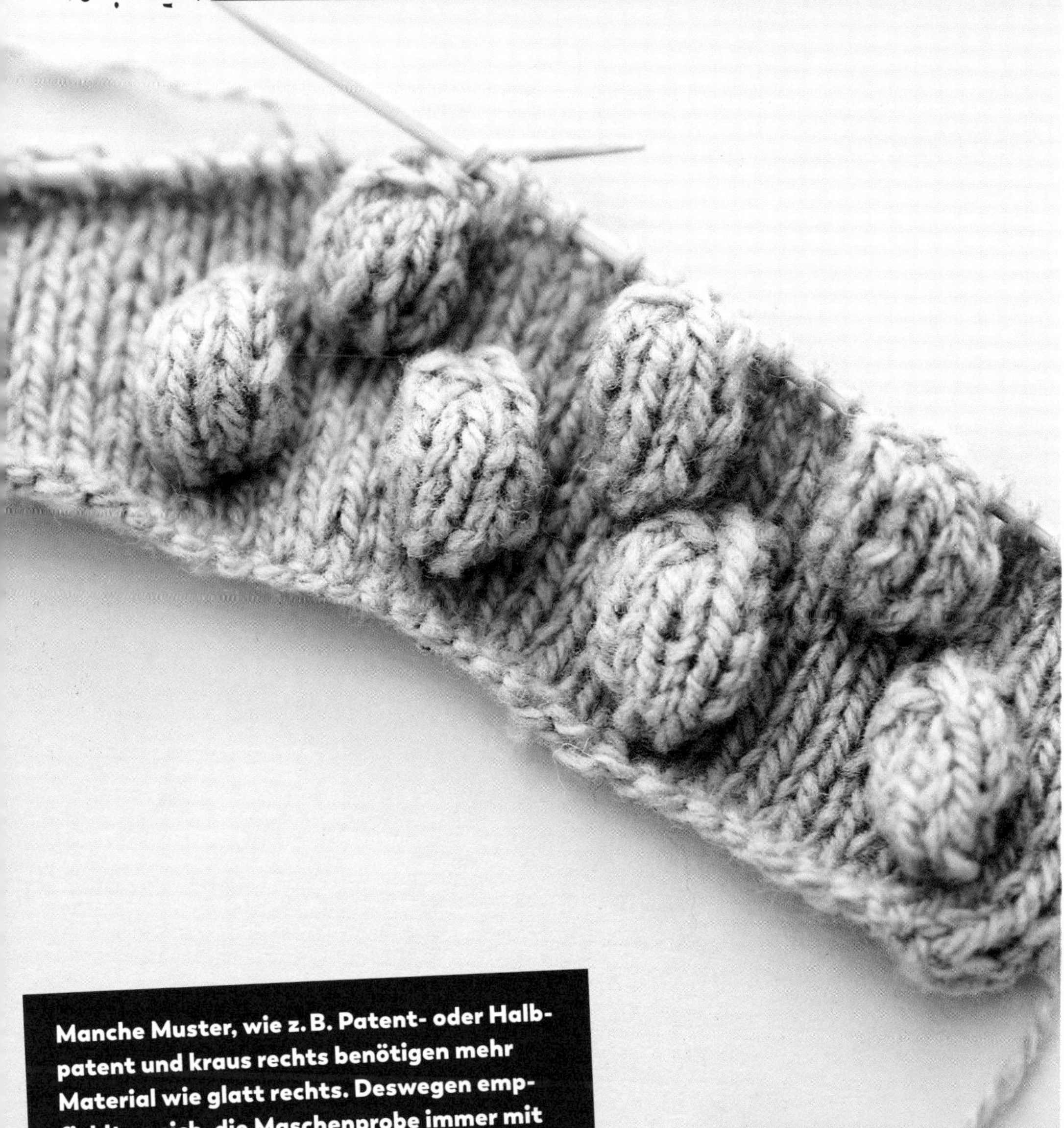

Manche Muster, wie z. B. Patent- oder Halbpatent und kraus rechts benötigen mehr Material wie glatt rechts. Deswegen empfiehlt es sich, die Maschenprobe immer mit dem gewünschten Muster anzufertigen.

Es empfiehlt sich eine Maschenprobe von 10 cm zu stricken und auf einem karierten Papier den Umfang aufzuzeichnen. Danach geht es ab in die Maschine. Nach dem Trocknen kann man feststellen, wie sich das Material verhält, und ob die Maschenprobe stimmt.

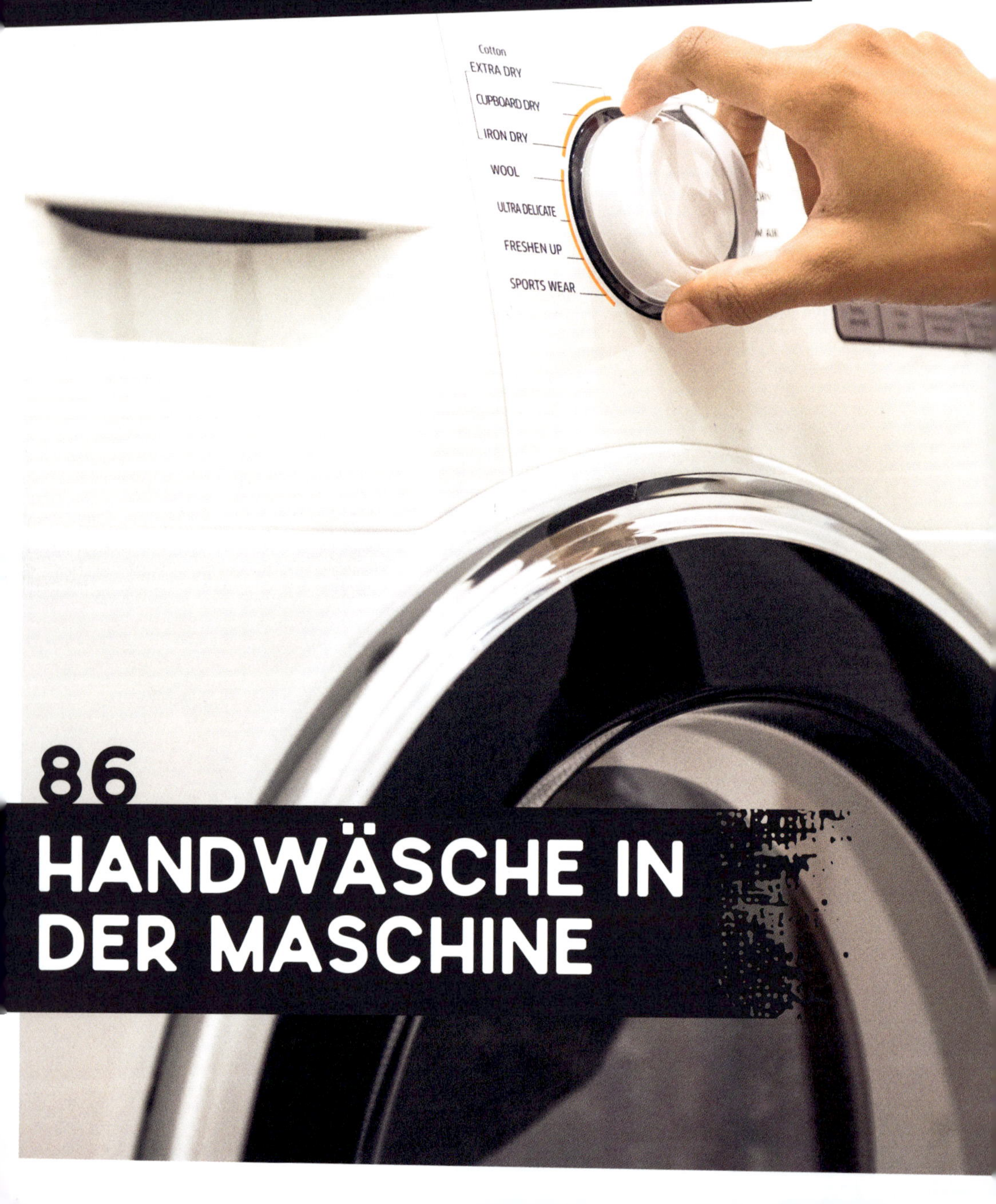

86 HANDWÄSCHE IN DER MASCHINE

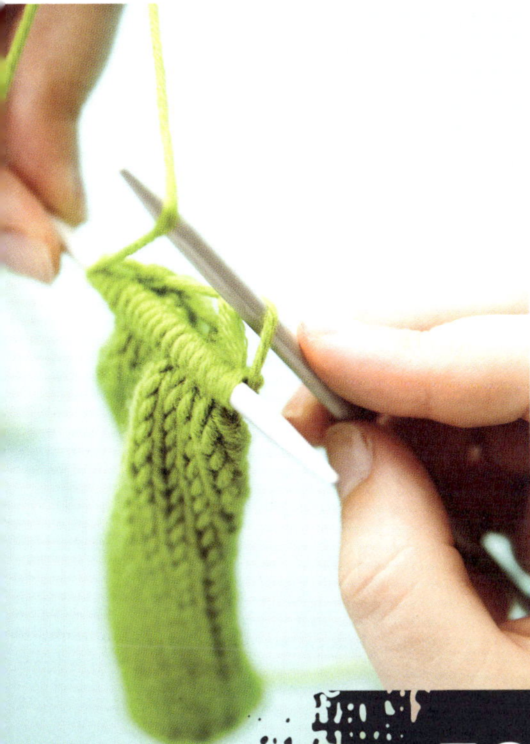

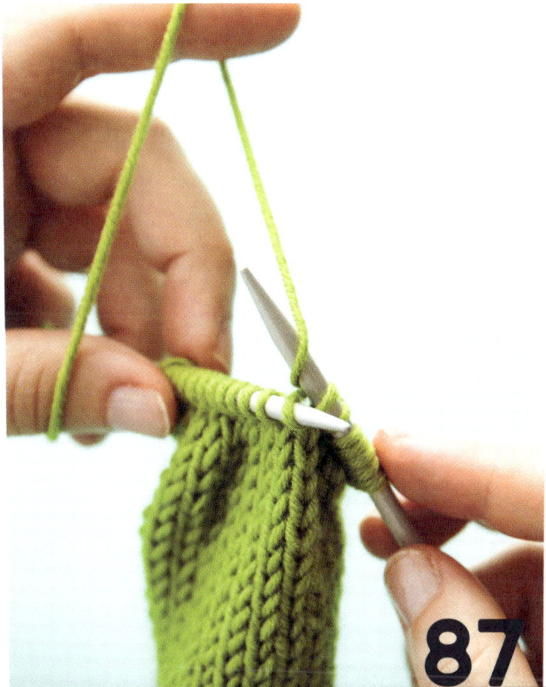

87

ES GEHT RUND!

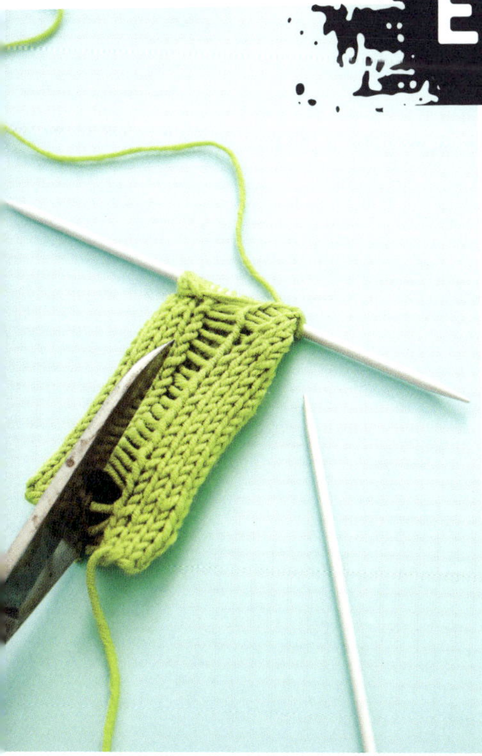

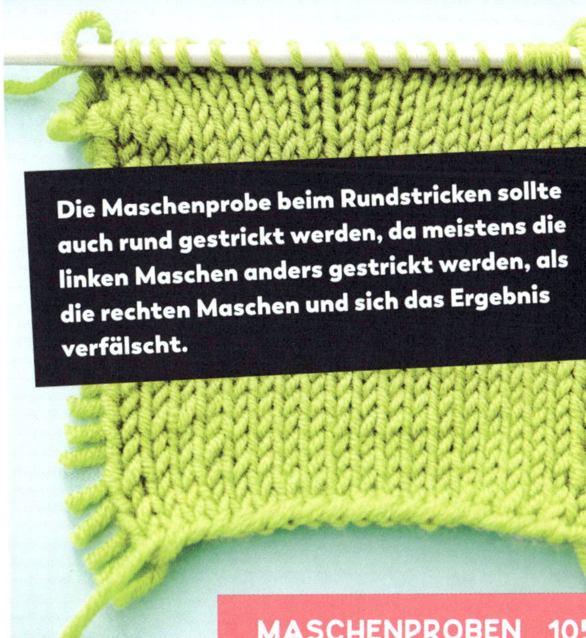

Die Maschenprobe beim Rundstricken sollte auch rund gestrickt werden, da meistens die linken Maschen anders gestrickt werden, als die rechten Maschen und sich das Ergebnis verfälscht.

88 MARKIERT

Wenn man bei einer Maschenprobe mehrere Nadelstärken ausprobiert, kann man entweder einen schwarzen dicken Marker nehmen und die entsprechende Nadelstärke auf das Gestrick schreiben oder aber am Rand der Maschenprobe fünf Maschen glatt links stricken und in diesen fünf Maschen für die Nadelstärke entsprechend die mittlere Masche rechts stricken. Bei halben Nummern neben der rechten Masche noch eine rechte Masche stricken.

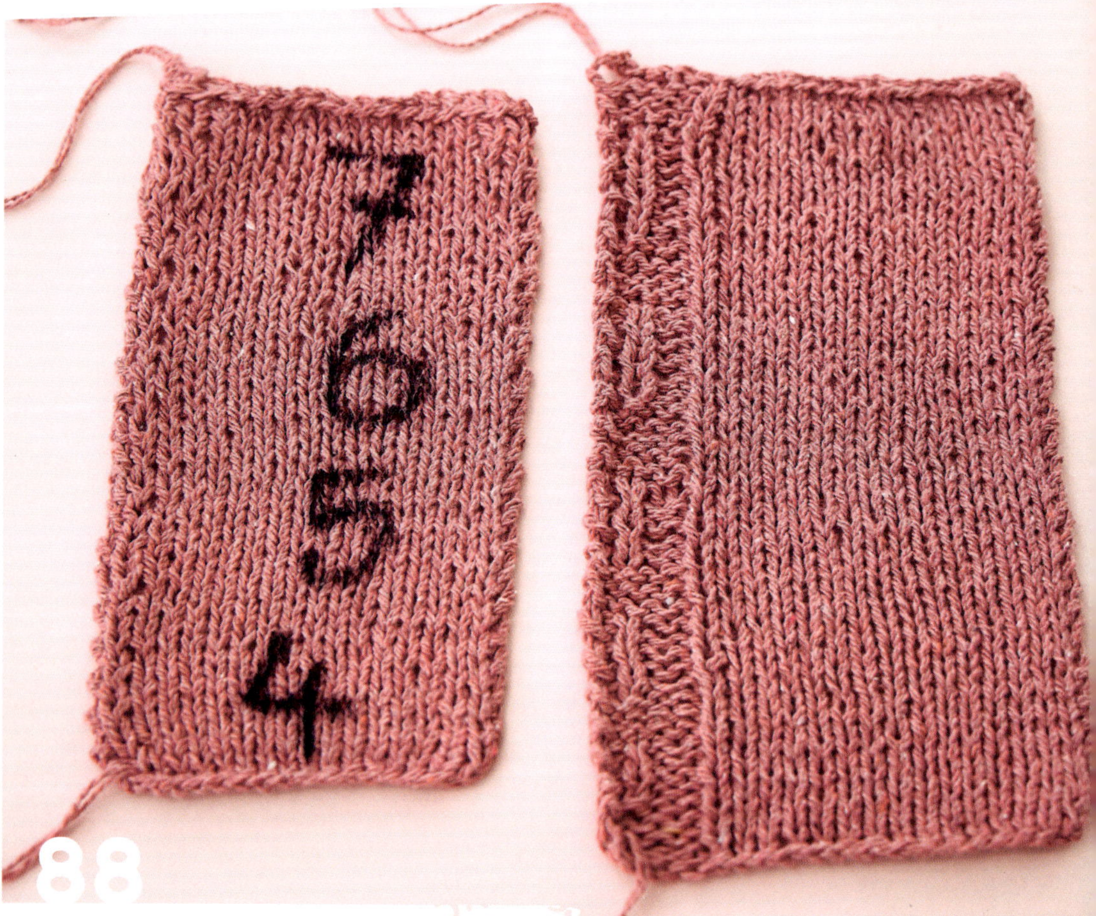

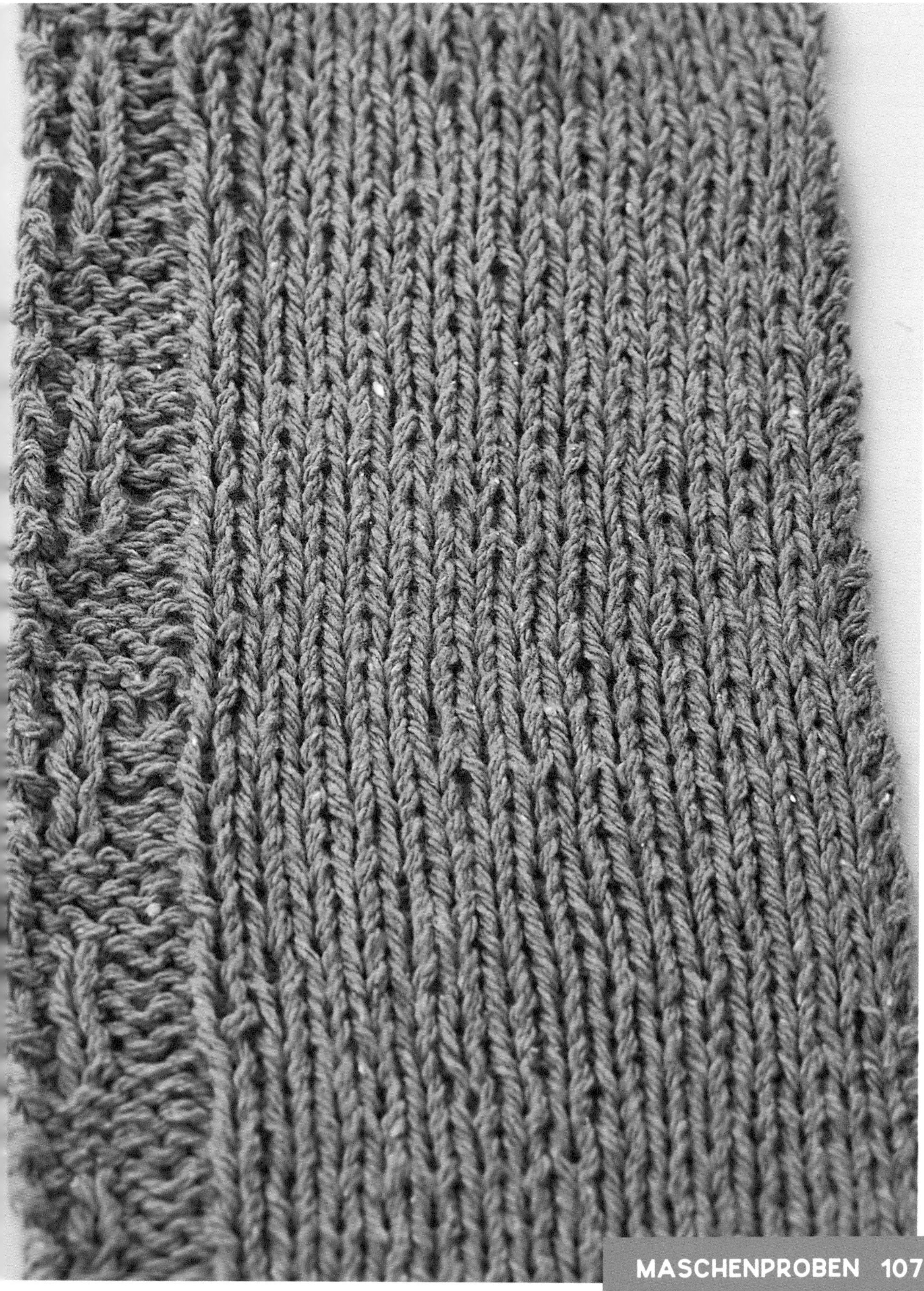

Stapeln sich die Maschenproben in der Schublade? Aus zusammengestrickten Maschenproben kann man hervorragend neue Projekte erstellen, wie zum Beispiel Beutel oder Kissenbezüge.

Alternativ kannst du sie natürlich für zukünftige Projekte mit demselben Garn als Referenz behalten oder verwende sie als Untersetzer!

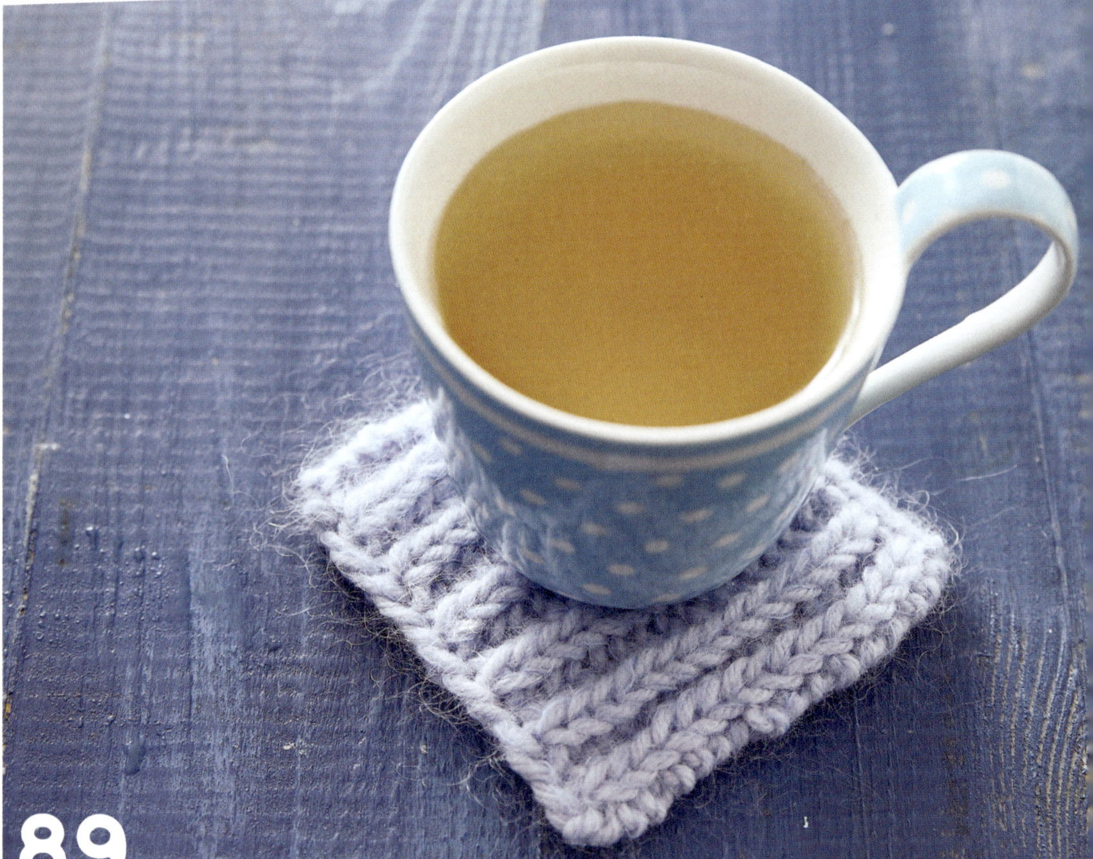

89

WIEDERVERWERTUNG

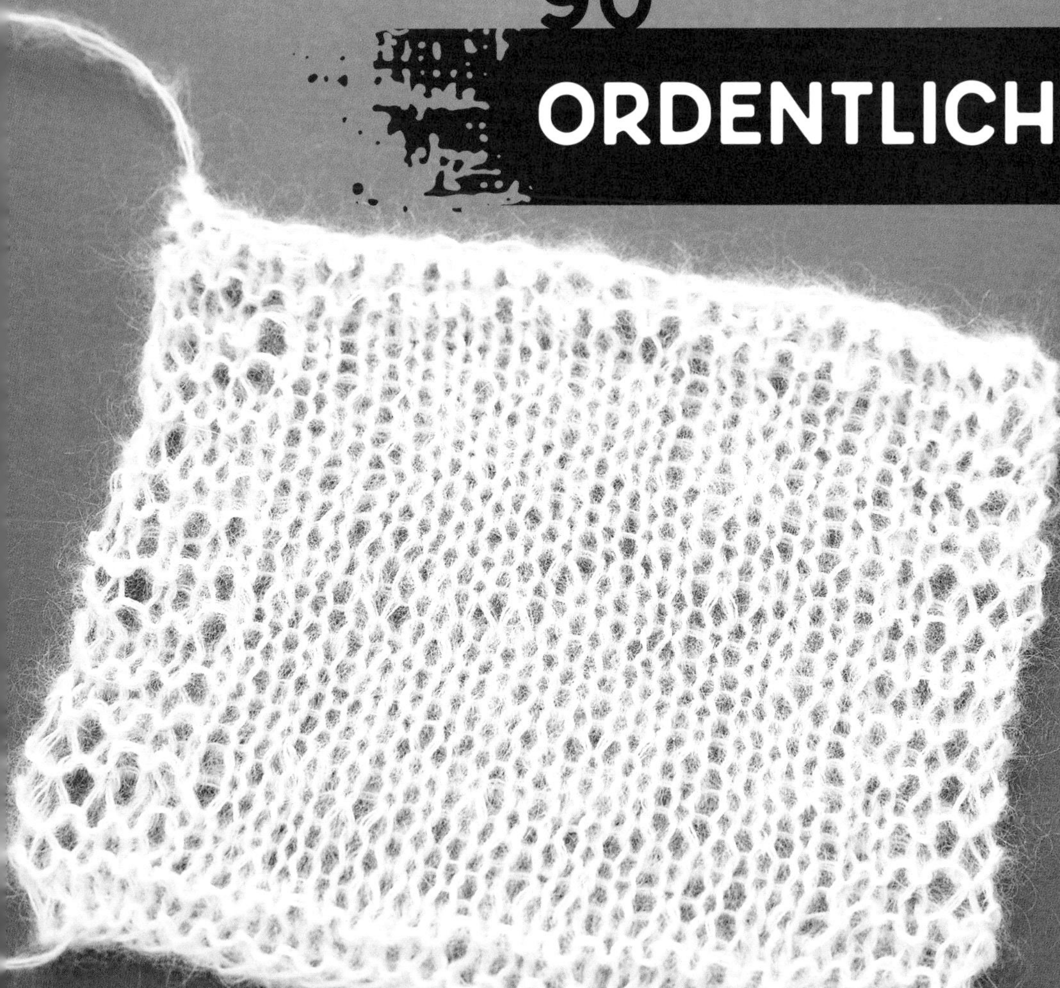

90

ORDENTLICH!

Du machst eine Maschenprobe in glatt rechts, es lässt sich aber schlecht messen, da sich das Strickstück ständig wellt? Stricke bei der Maschenprobe die ersten paar Reihen als auch jeweils ein paar der Maschen rechts und links auf der Nadel links. So wellt sich das Strickstück nicht mehr und sieht zugleich auch noch hübsch aus.

Mache die Maschenprobe nicht zu klein, damit sie aussagekräftig ist. Die Maschenprobe sollte immer mindestens 10 × 10 cm groß sein.

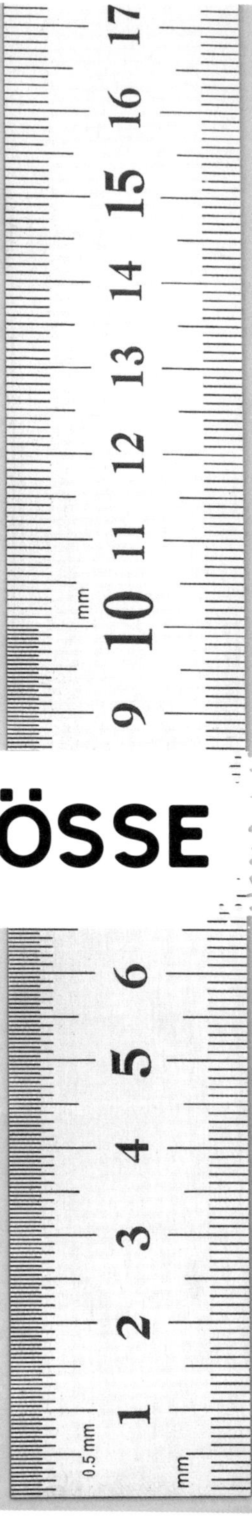

91 DIE RICHTIGE GRÖSSE

92

GLEICH UND GLEICH

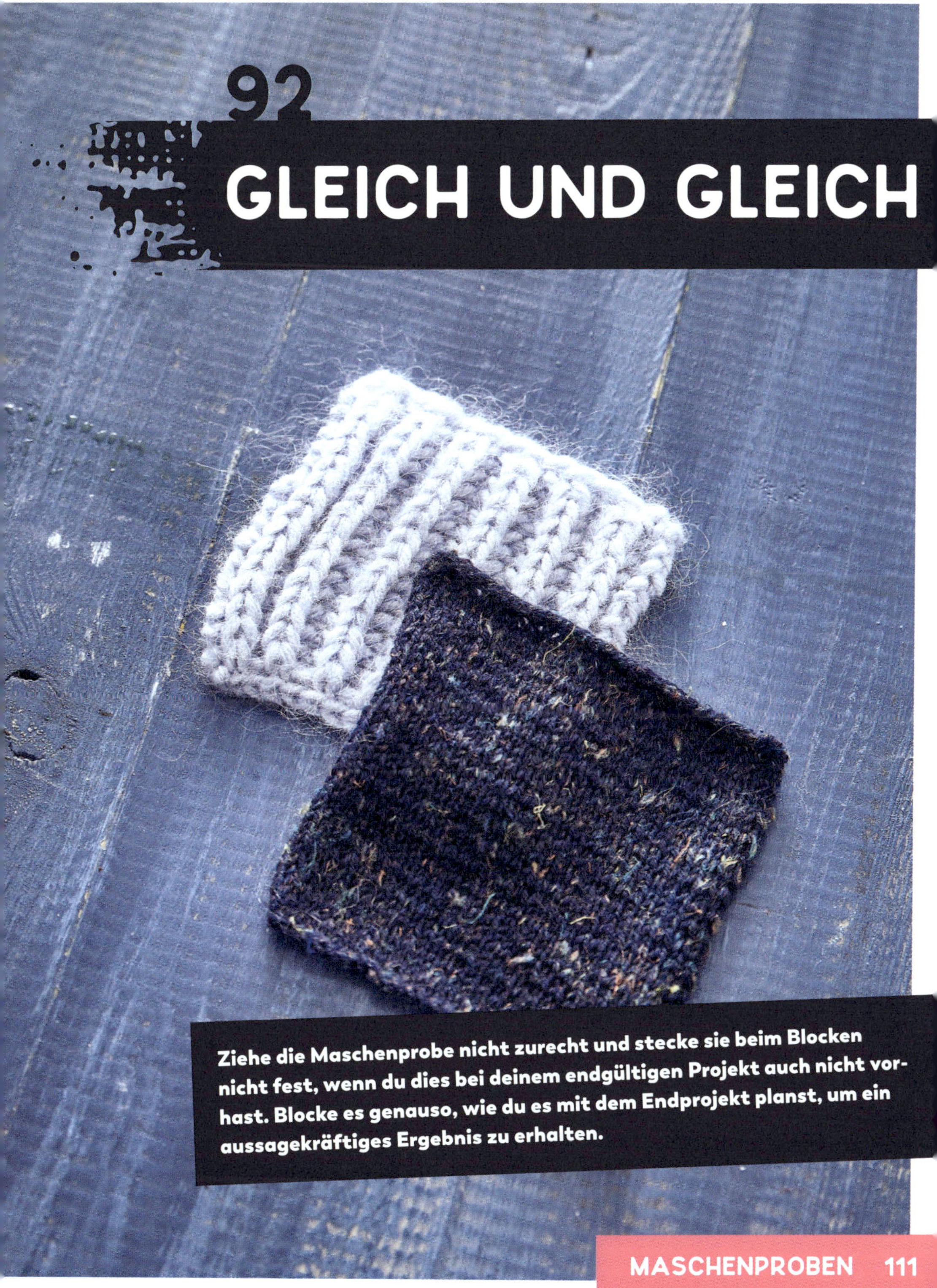

Ziehe die Maschenprobe nicht zurecht und stecke sie beim Blocken nicht fest, wenn du dies bei deinem endgültigen Projekt auch nicht vorhast. Blocke es genauso, wie du es mit dem Endprojekt planst, um ein aussagekräftiges Ergebnis zu erhalten.

Solltest du doch einmal nicht genug Garn für dein Projekt haben, kannst du auch einfach die Maschenprobe wieder aufribbeln und für den Rest deines Projekts verwenden.

93

NOTFALLRESERVE

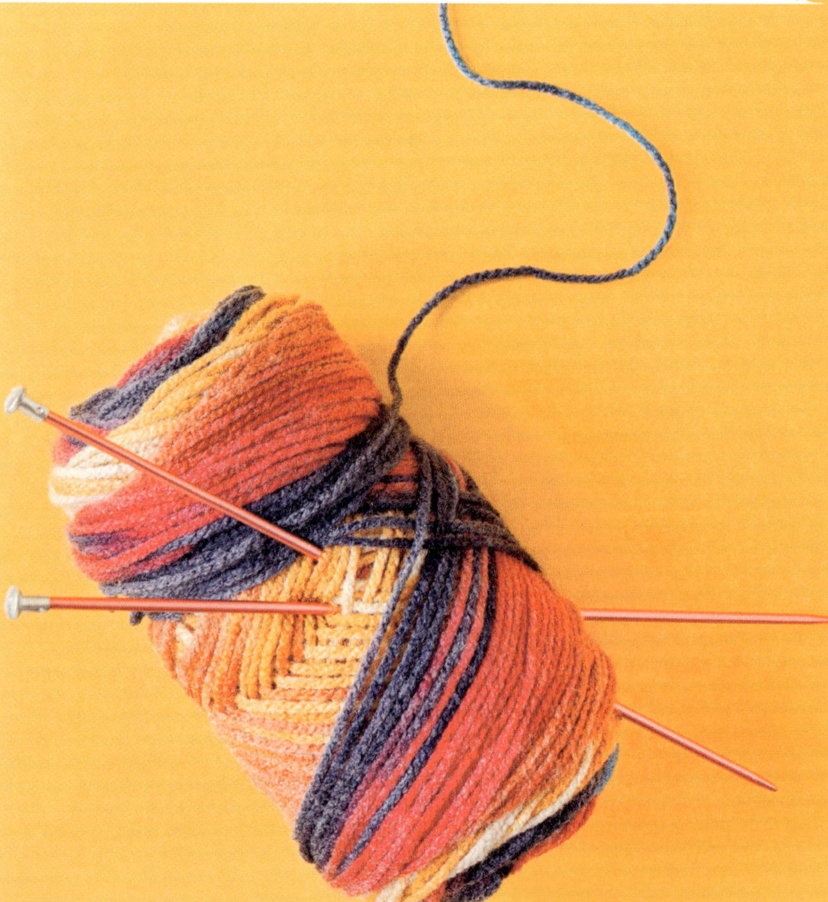

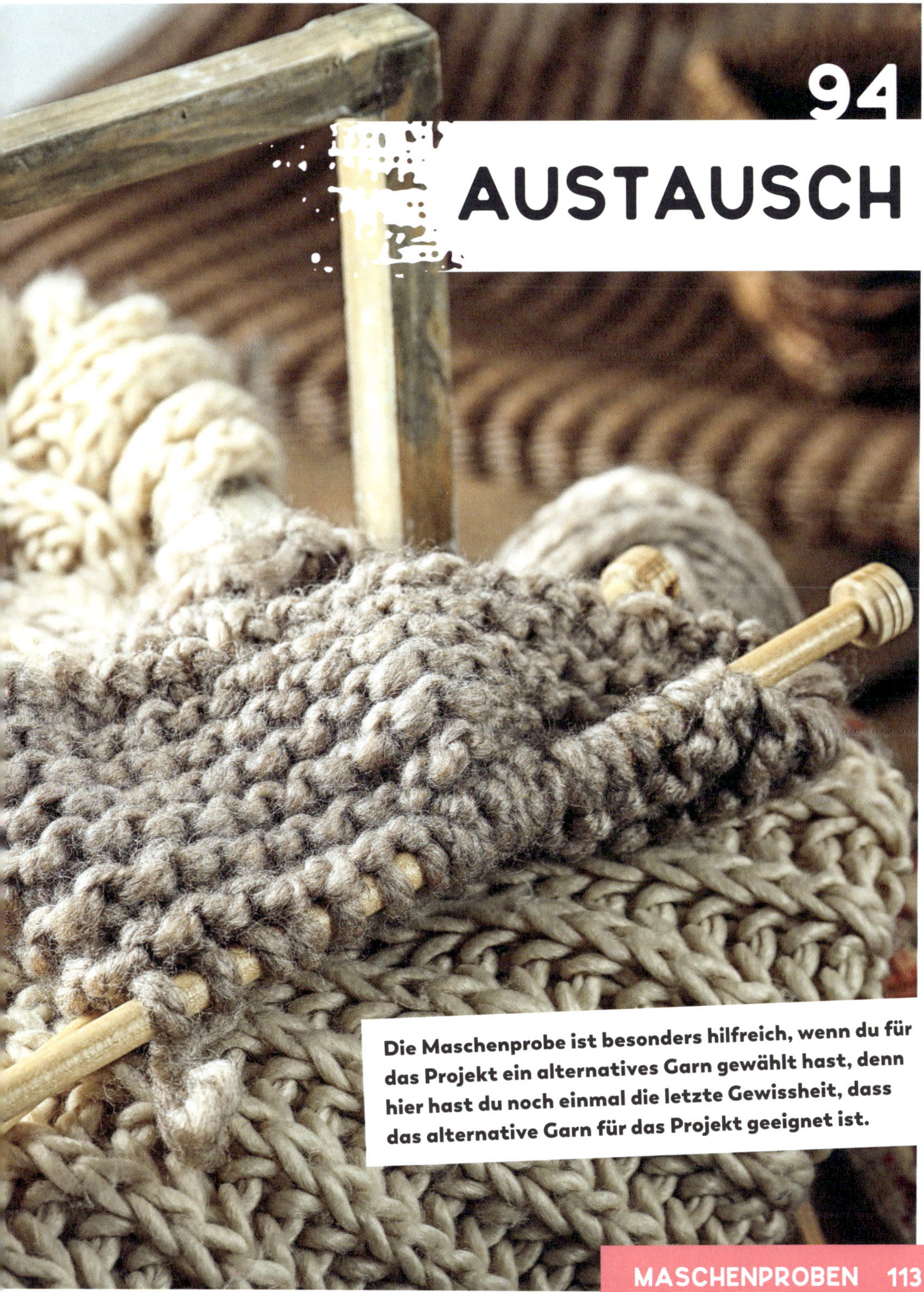

94

AUSTAUSCH

Die Maschenprobe ist besonders hilfreich, wenn du für das Projekt ein alternatives Garn gewählt hast, denn hier hast du noch einmal die letzte Gewissheit, dass das alternative Garn für das Projekt geeignet ist.

Beim Erstellen von eigenen Strickanleitungen mit Mustern, bietet sich die Maschenprobe hervorragend dafür an, die geplanten Muster schon vorab einmal auszuprobieren und eventuell noch abzuändern.

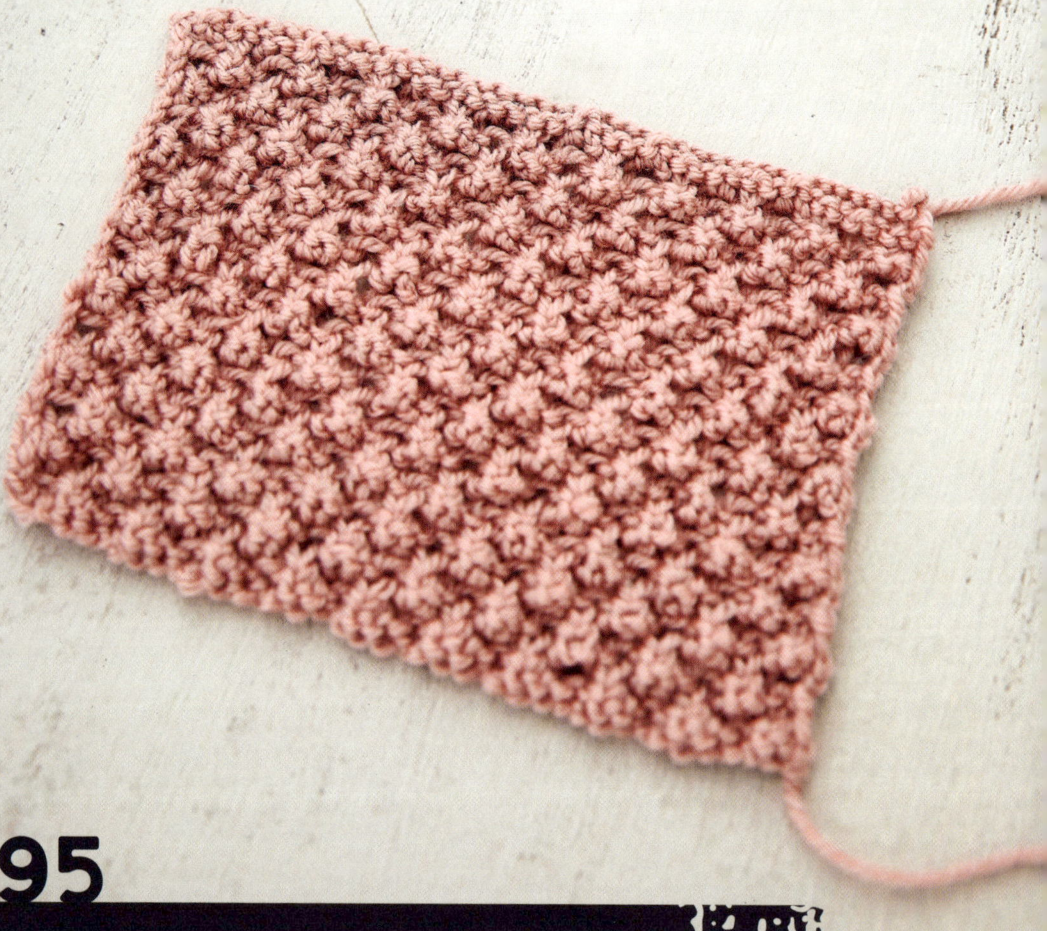

95

EIGENES DESIGN

96

FARBSCHEMA

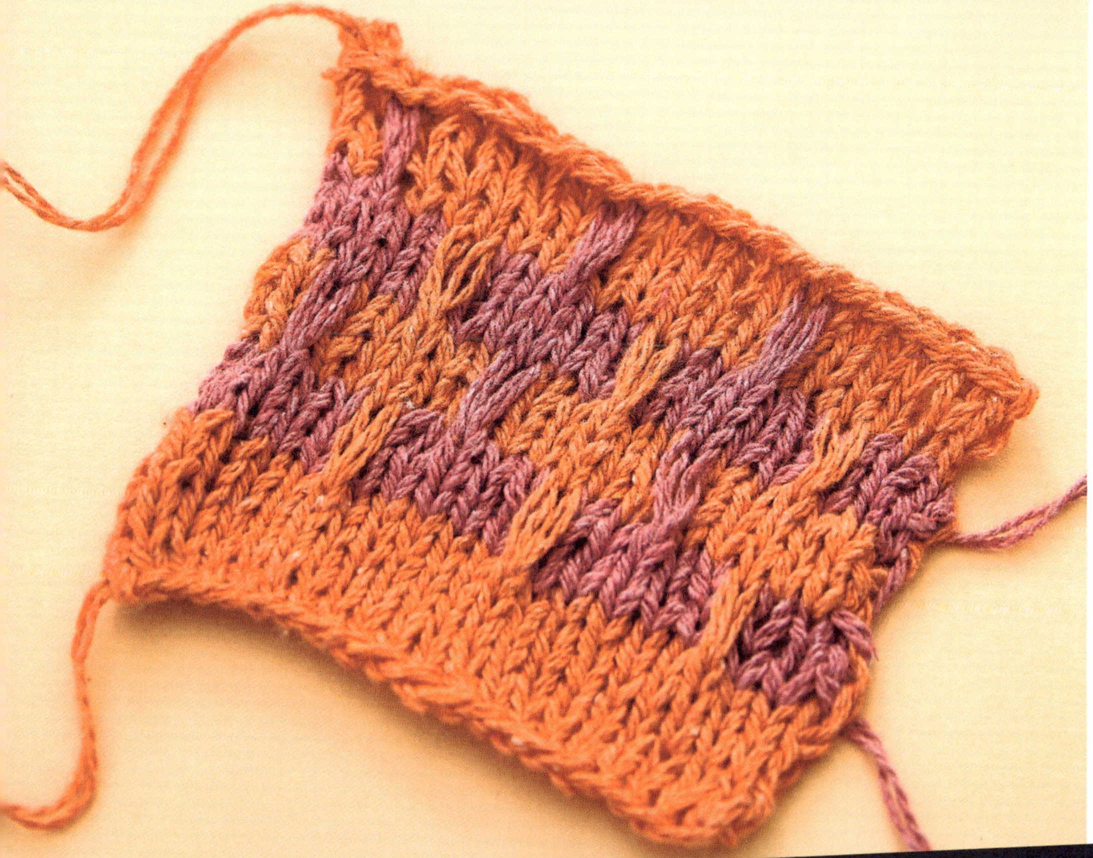

Auch Farbkombinationen können in der Maschenprobe super ausprobiert werden. Wähle hierfür einfach die gewünschten Farben aus und stricke das Farbmuster des Projekts in der Maschenprobe nach.

Um die Maschenprobe für spätere Projekte mit derselben Garnstärke oder Wolle verwenden zu können, kannst du auch ein hübsches Maschenproben-Etikett anbringen, auf dem du alle benötigten Informationen aufschreiben kannst. Im hinteren Teil des Buchs findest du hierfür viele verschiedene Vorlagen, die dafür verwendet werden können – oder du kreierst eine eigene Vorlage!

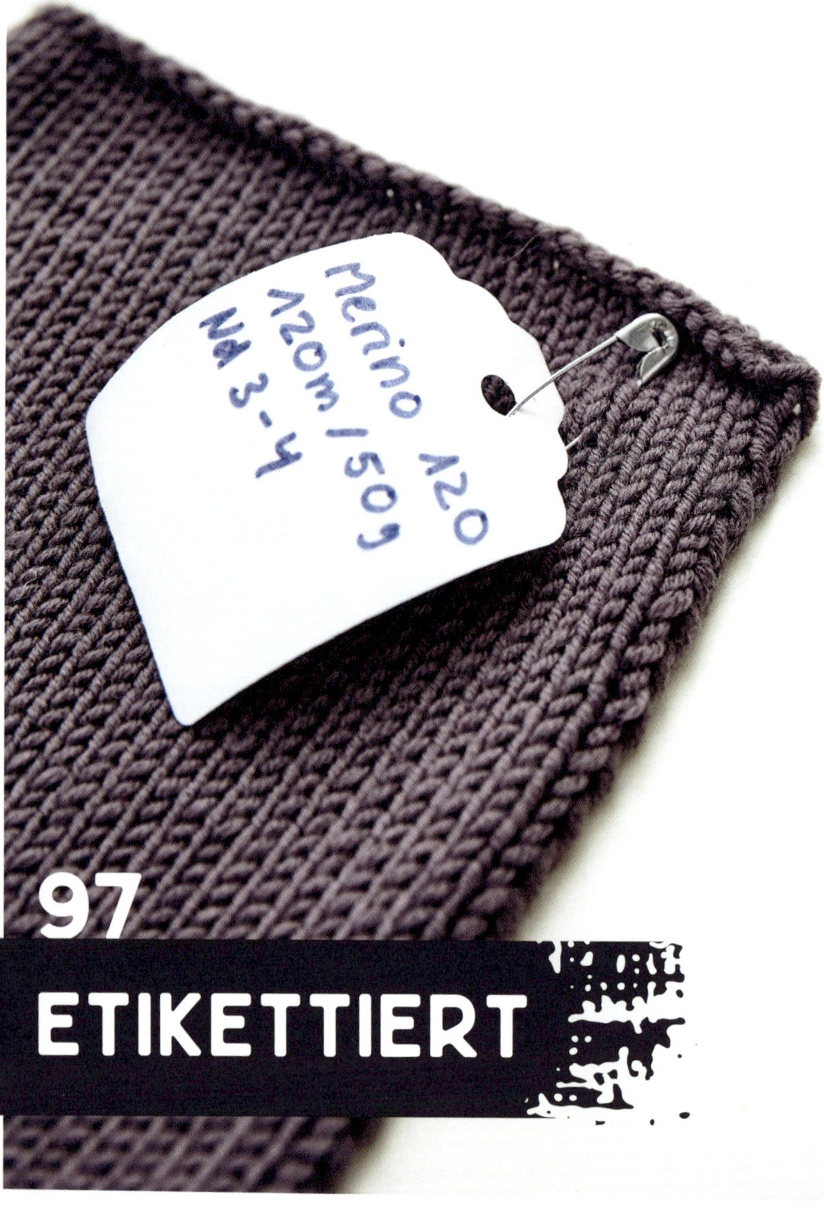

97 ETIKETTIERT

98

NICHT IMMER RELEVANT

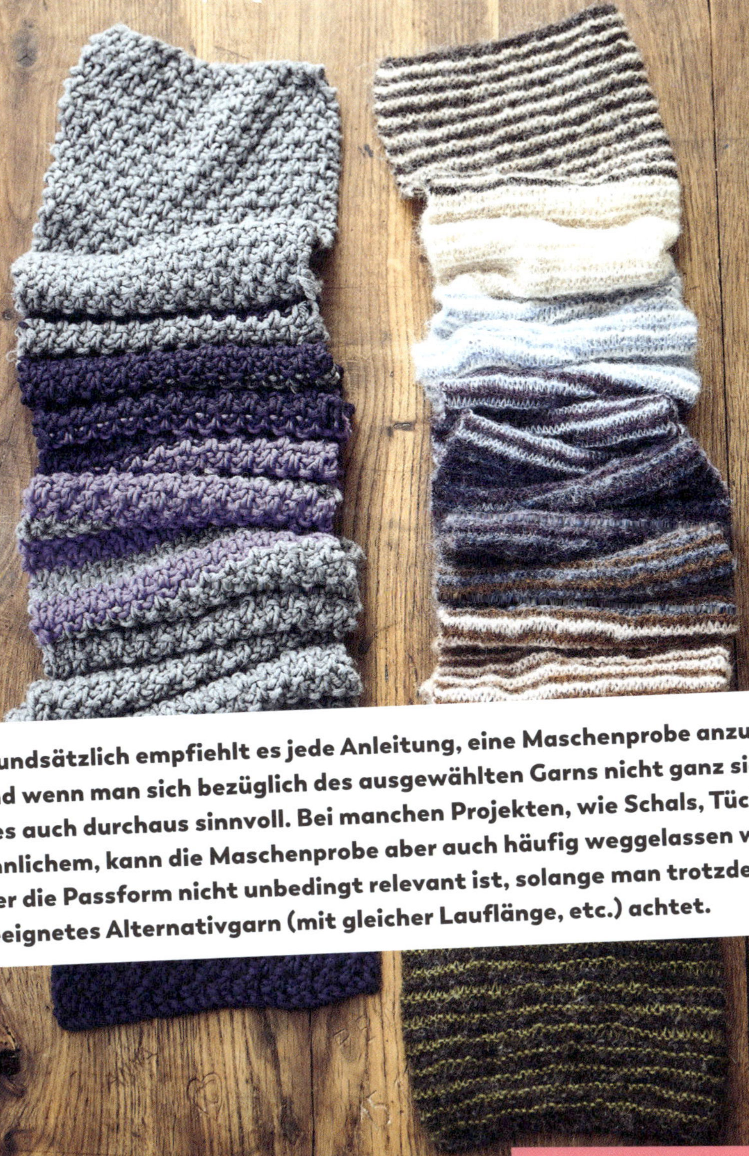

Grundsätzlich empfiehlt es jede Anleitung, eine Maschenprobe anzufertigen. Und wenn man sich bezüglich des ausgewählten Garns nicht ganz sicher ist, ist dies auch durchaus sinnvoll. Bei manchen Projekten, wie Schals, Tüchern oder Ähnlichem, kann die Maschenprobe aber auch häufig weggelassen werden, da hier die Passform nicht unbedingt relevant ist, solange man trotzdem auf ein geeignetes Alternativgarn (mit gleicher Lauflänge, etc.) achtet.

Praktische HILFS-mittel

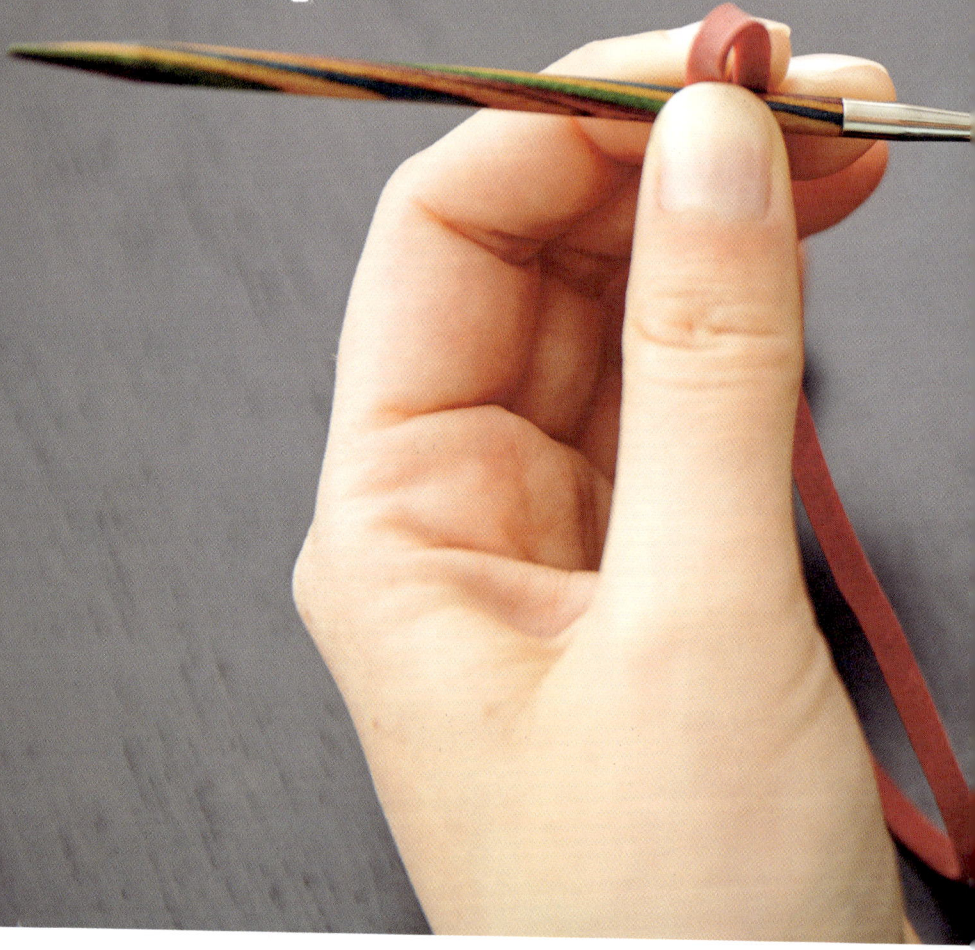

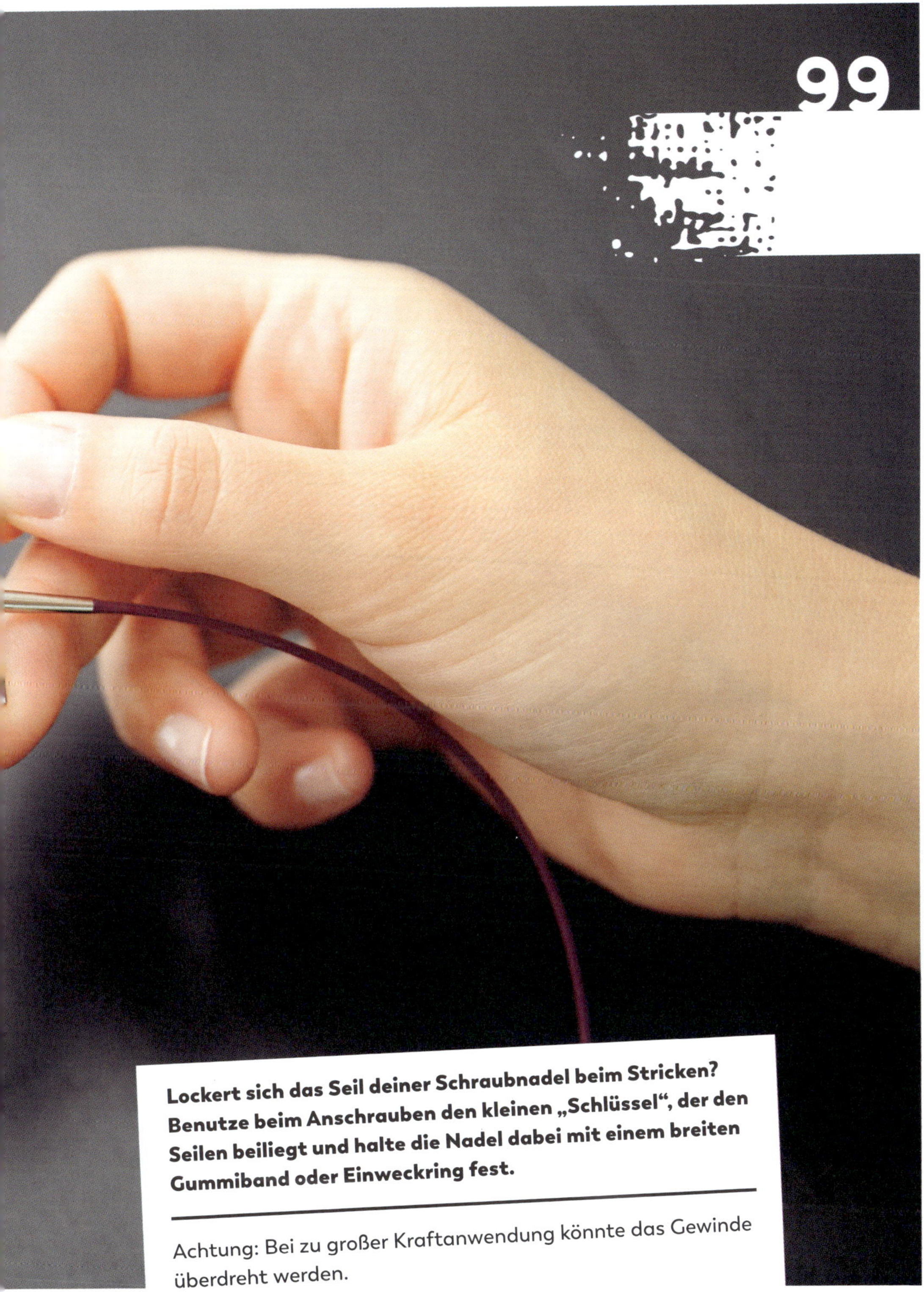

99

Lockert sich das Seil deiner Schraubnadel beim Stricken? Benutze beim Anschrauben den kleinen „Schlüssel", der den Seilen beiliegt und halte die Nadel dabei mit einem breiten Gummiband oder Einweckring fest.

Achtung: Bei zu großer Kraftanwendung könnte das Gewinde überdreht werden.

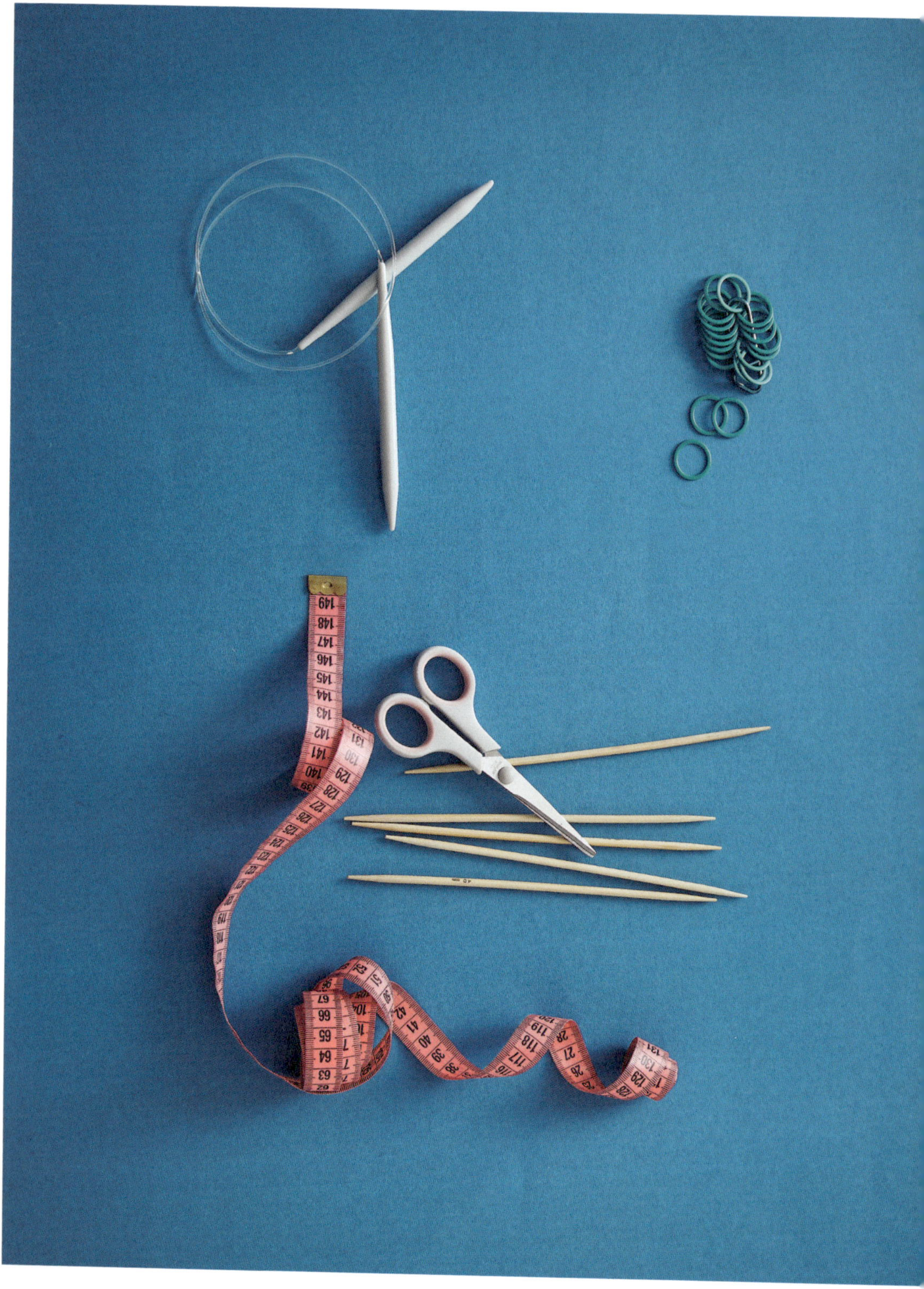

Was wäre das Stricken ohne die passenden Hilfsmittel? Ob Maschenmarkierer, Maßband, Yarn-Bowl oder Rettungsleinen – häufig hat man die aber verlegt oder gerade nicht zur Hand. In diesem Kapitel haben wir sämtliche praktische Hilfsmittel und Alternativen zusammengesammelt und für dich kompakt zusammengefasst, damit du immer für alle Fälle ausgerüstet bist.

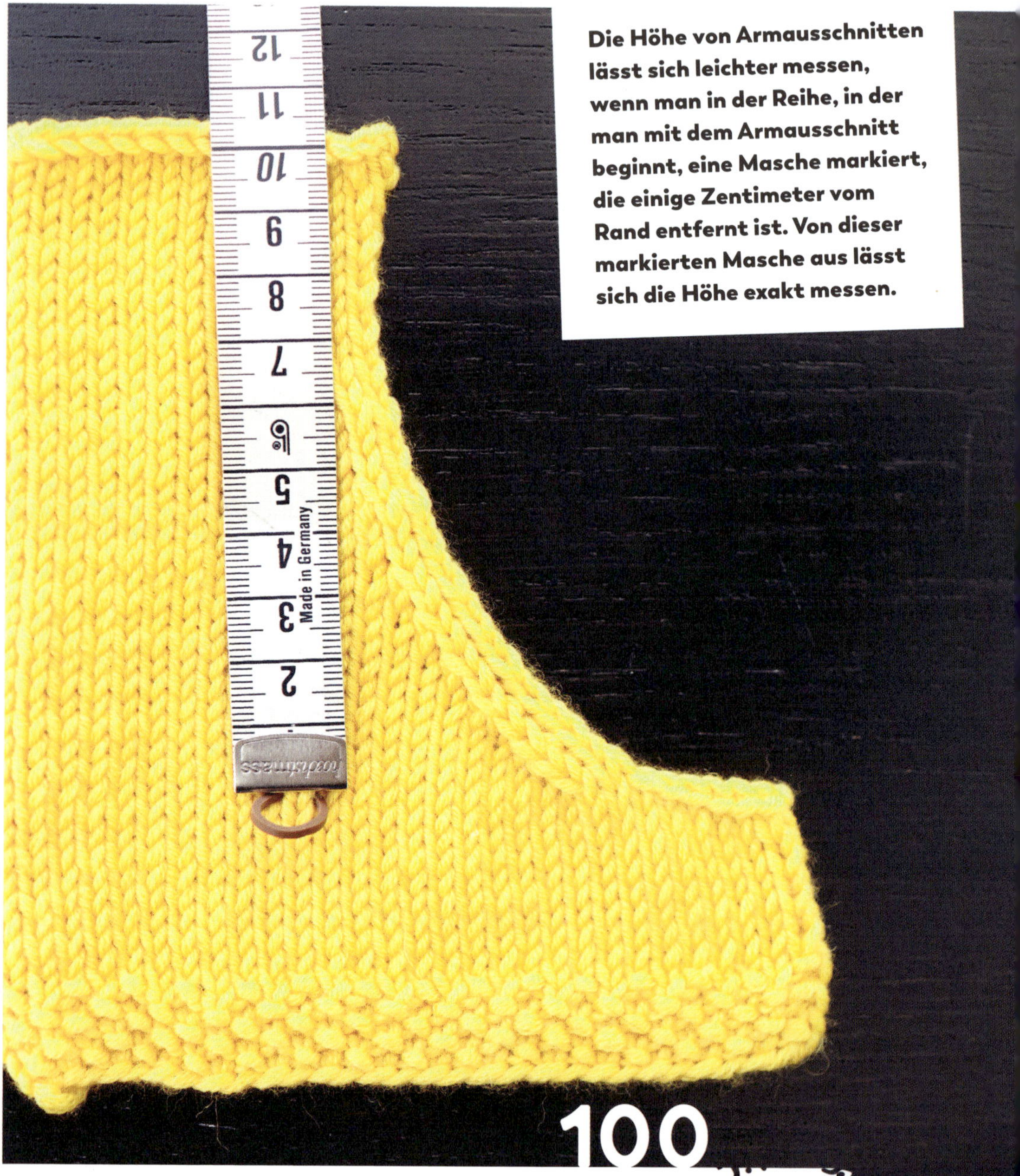

Die Höhe von Armausschnitten lässt sich leichter messen, wenn man in der Reihe, in der man mit dem Armausschnitt beginnt, eine Masche markiert, die einige Zentimeter vom Rand entfernt ist. Von dieser markierten Masche aus lässt sich die Höhe exakt messen.

100 LEICHTER MESSEN

Statt handelsüblicher Maschenmarkierer kann man auch Mini-Haargummis benutzen, die es in Großpackungen für wenige Euro gibt.

Soll eine Masche dauerhaft markiert werden, zieht man das Gummi direkt über die Masche und schneidet es später, wenn es nicht mehr benötigt wird, einfach auf.

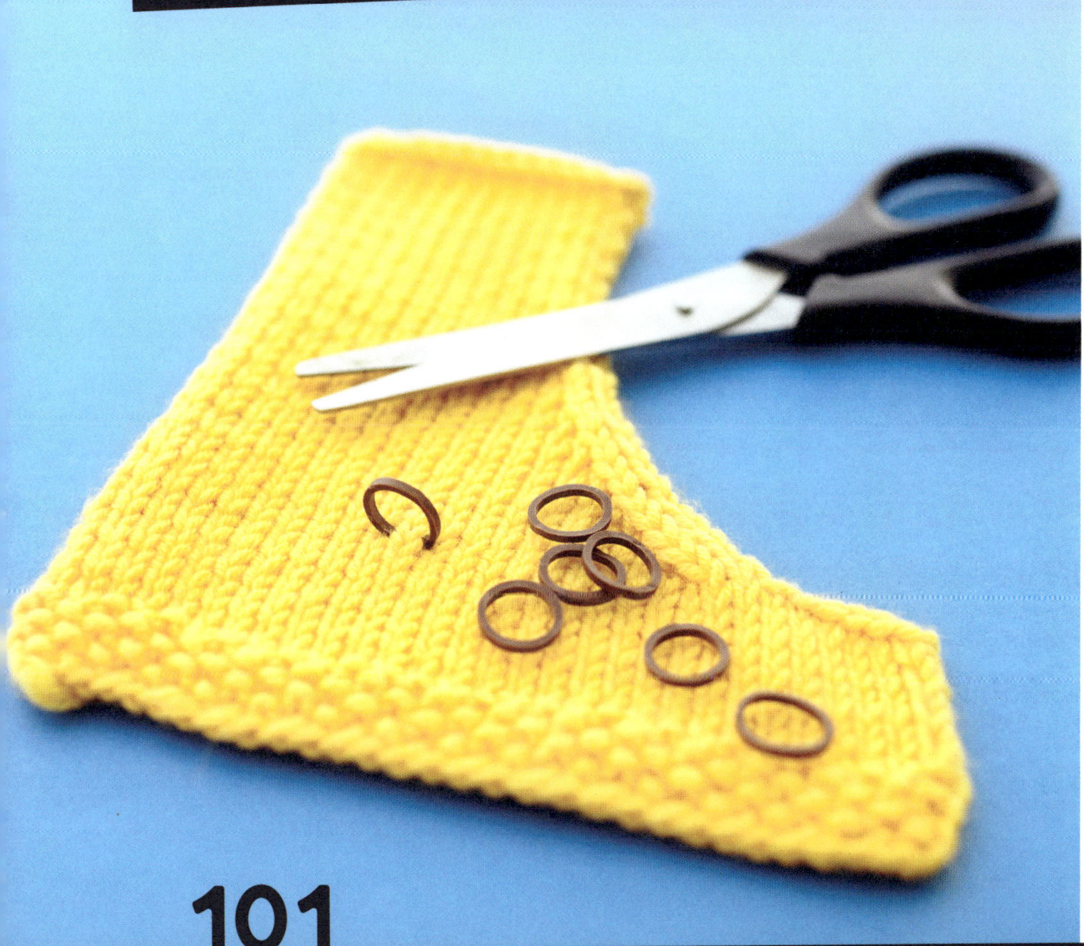

101 HAARGUMMI-MASCHENMARKIERER

102

GESTOPPT

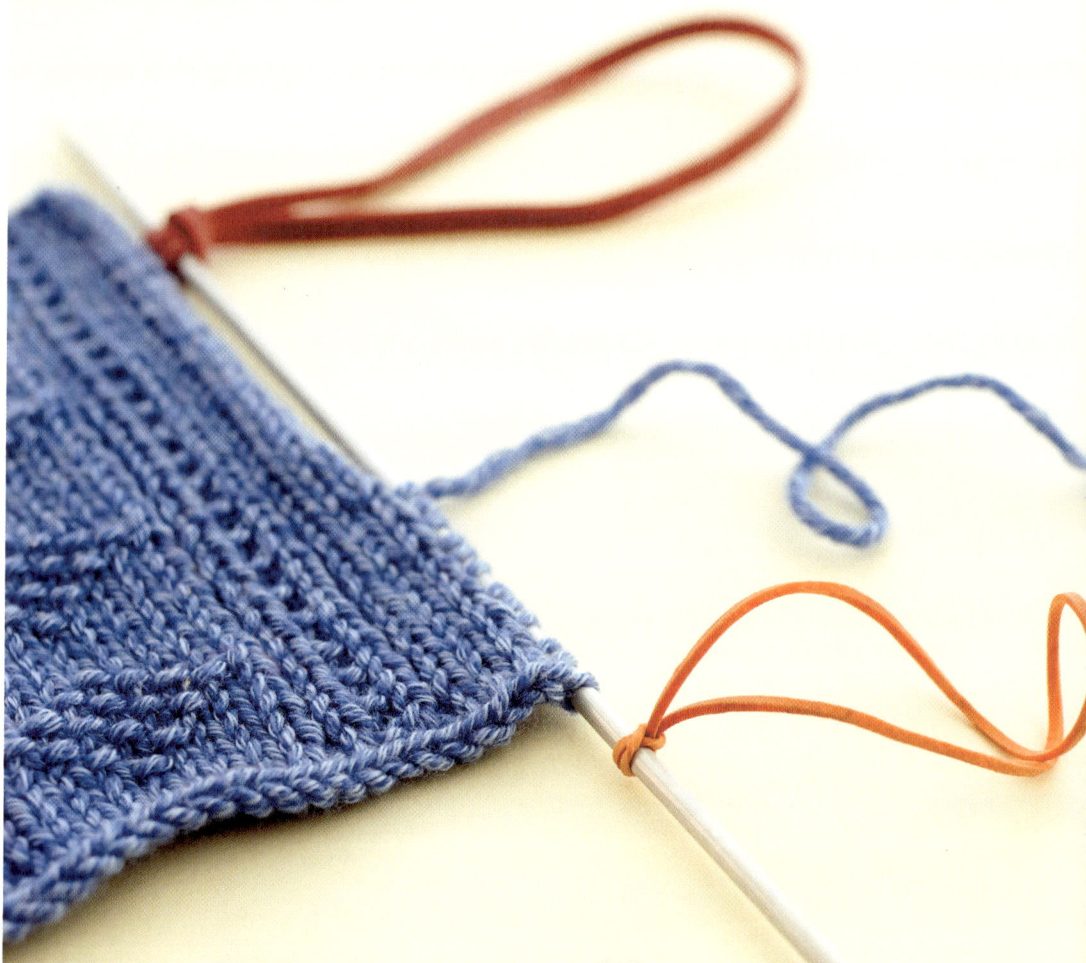

Kein Maschenstopper zur Hand? Umwickle die Enden der Nadel mit einem Gummiband. So kannst du dein Strickstück sicher transportieren und alle Maschen bleiben auf der Nadel.

Musst du sehr viele Maschen auf einmal anschlagen, kannst du dir das Zählen erleichtern, indem du jede 10. oder 20. Masche mit einem kontrastfarbigen Garnrest markierst.

Nach der gewünschten Anzahl von Maschen das Kontrastgarn jeweils abwechselnd nach vorne und nach hinten legen. Diese Methode eignet sich auch sehr gut, um Reihen zu zählen.

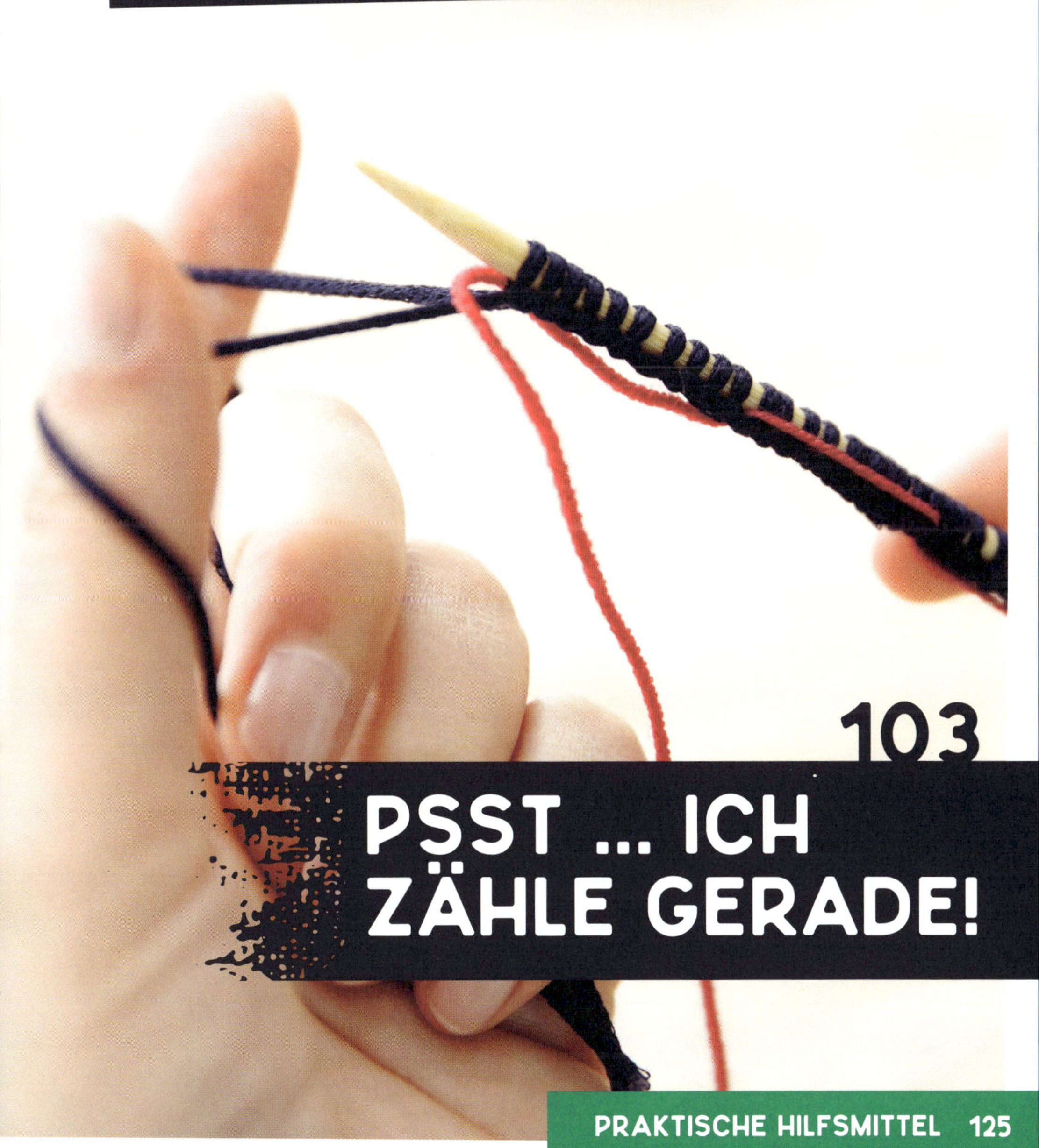

103

PSST ... ICH ZÄHLE GERADE!

Wenn du komplizierte Muster (insbesondere Lace) strickst, empfiehlt es sich, alle 10 bis 20 Reihen ein Stück Restgarn als Rettungsleine durch die Maschen zu ziehen. Hast du einen Fehler gemacht, kannst du ganz leicht bis zu der Reihe mit der Rettungsleine ribbeln und die Maschen wieder aufnehmen.

Nimm für die Rettungsleine ein sehr glattes Garn (z. B. Seide oder Viskose), dann lässt es sich später einfacher herausziehen.

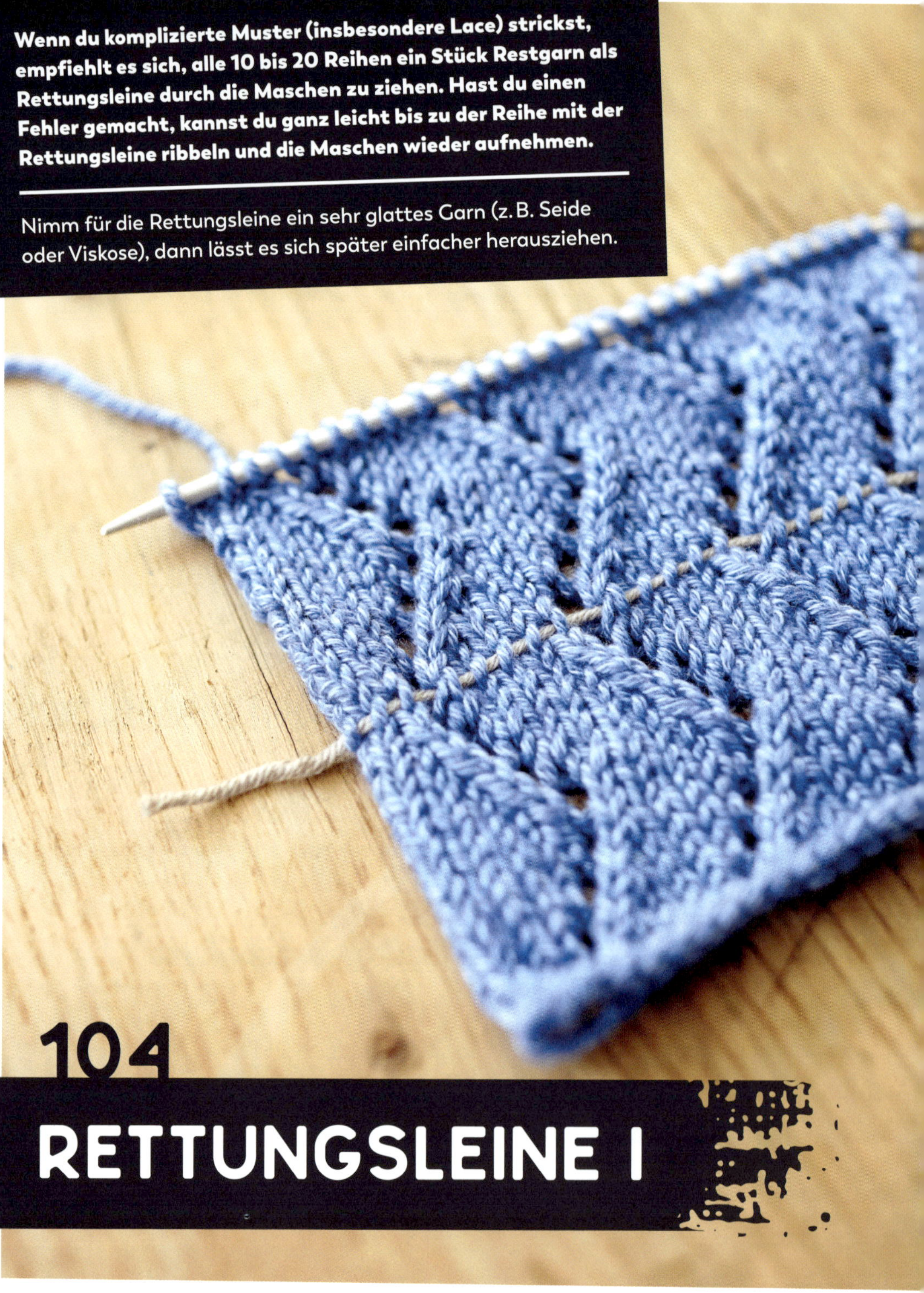

104 RETTUNGSLEINE I

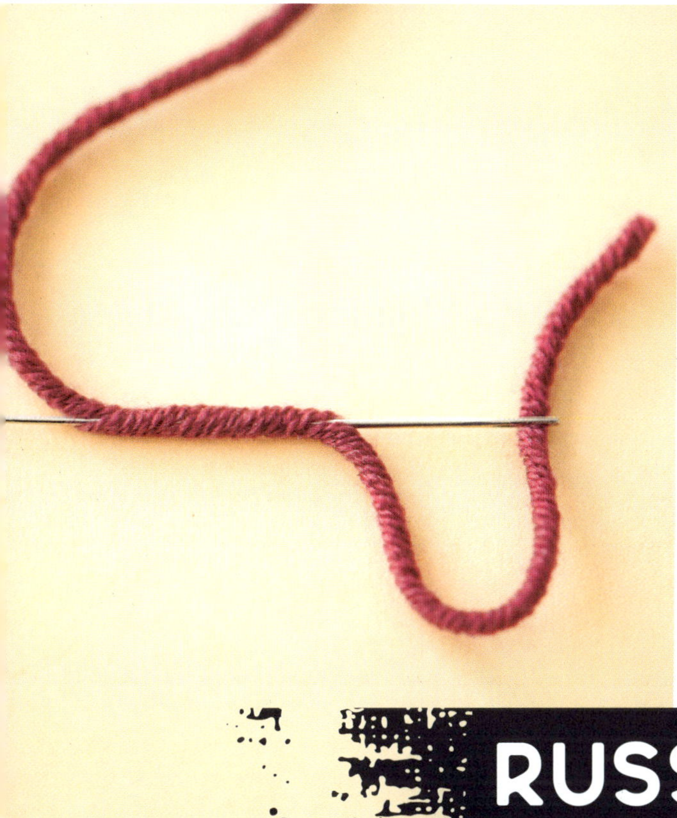

Magst du nicht gerne Fäden vernähen oder hast du ein Strickstück, bei dem keine Vernähfäden sichtbar sein sollen? Dann hilft dir folgender Tipp um zwei Knäuel vor dem Verstricken miteinander zu verbinden:

1 Den Faden des ersten Knäuels auf eine spitze Nadel fädeln und in das Garn selbst so einziehen, dass eine Schlaufe entsteht.

105 RUSSISCHE VERBINDUNG

Den Faden des zweiten Knäuels durch diese Schlaufe fädeln und wie bei 1. in sich selbst einziehen. Fadenenden festziehen und abschneiden.

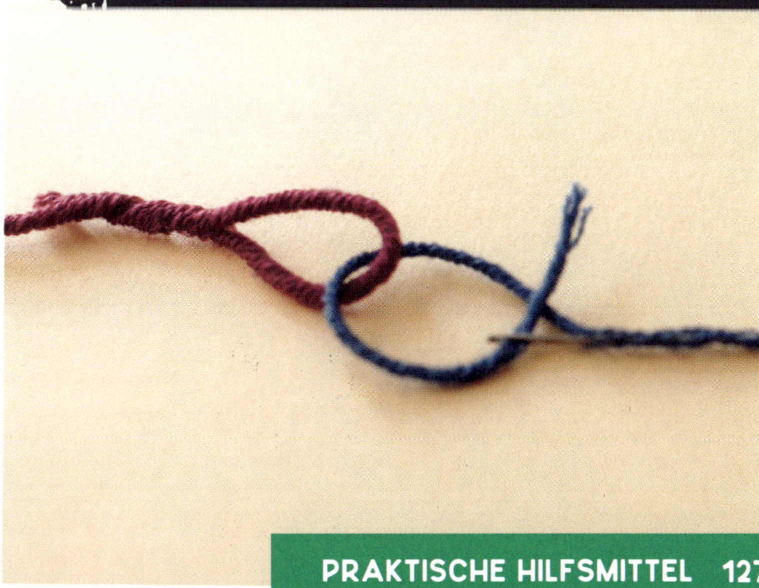

106
ENTKRINGELT

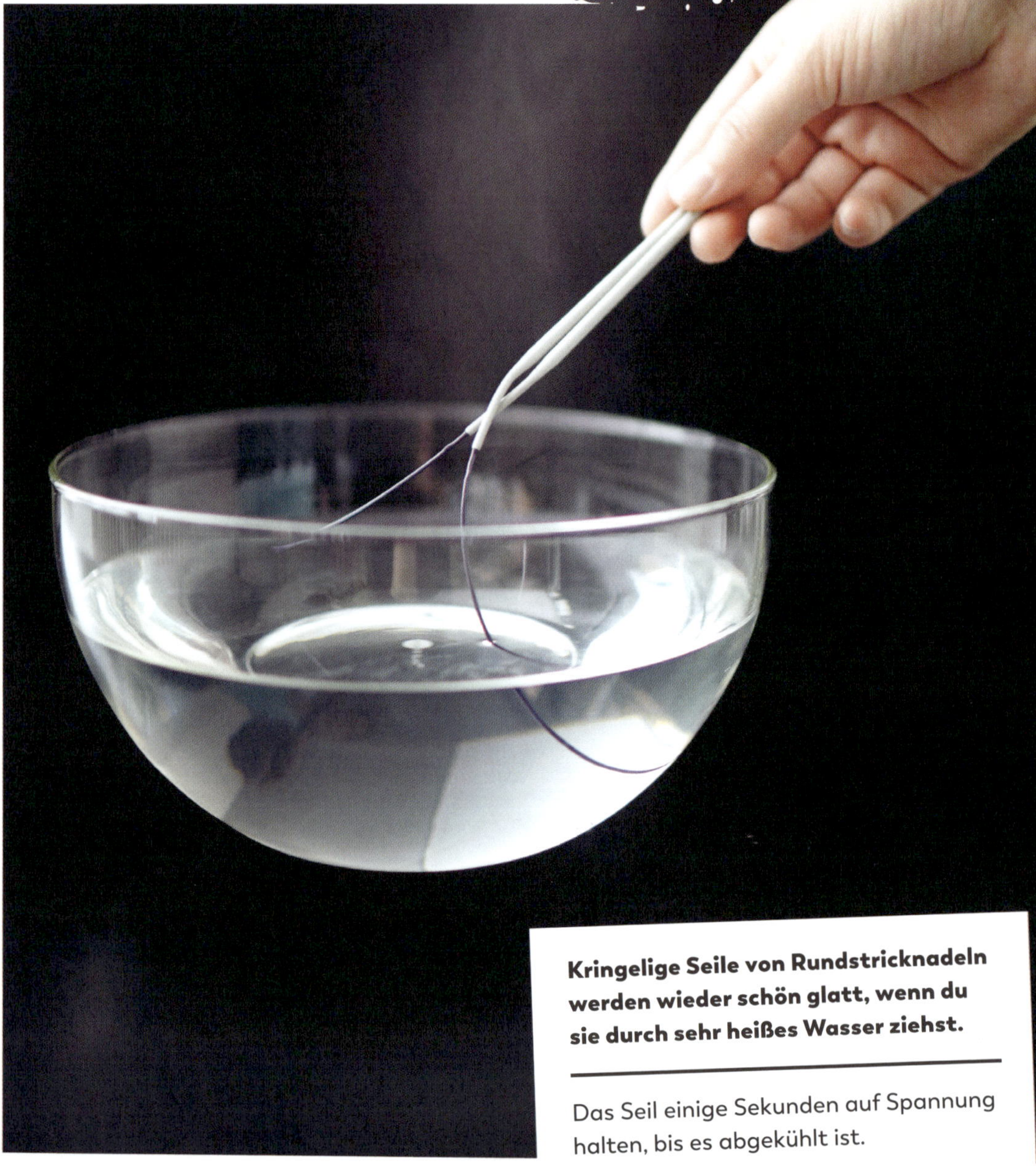

Kringelige Seile von Rundstricknadeln werden wieder schön glatt, wenn du sie durch sehr heißes Wasser ziehst.

Das Seil einige Sekunden auf Spannung halten, bis es abgekühlt ist.

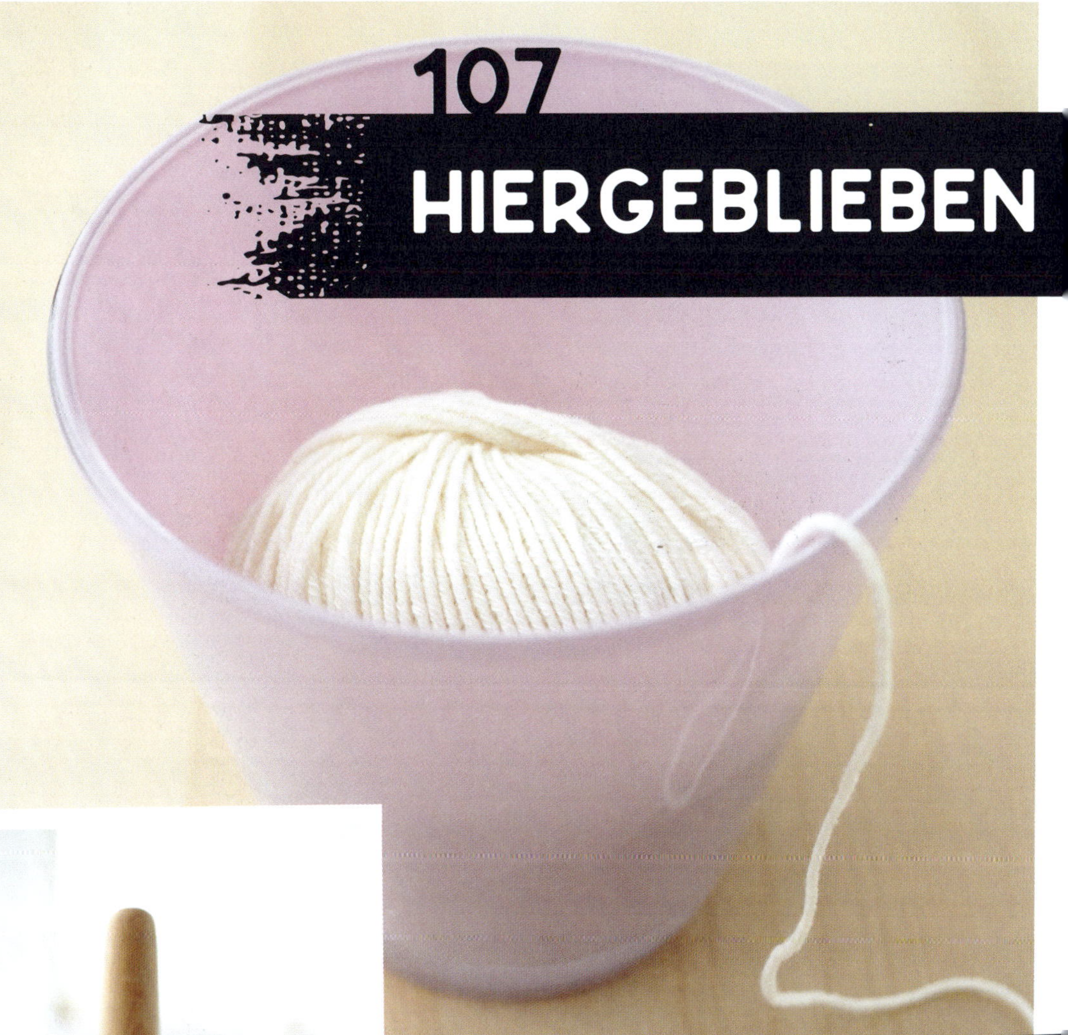

107 HIERGEBLIEBEN

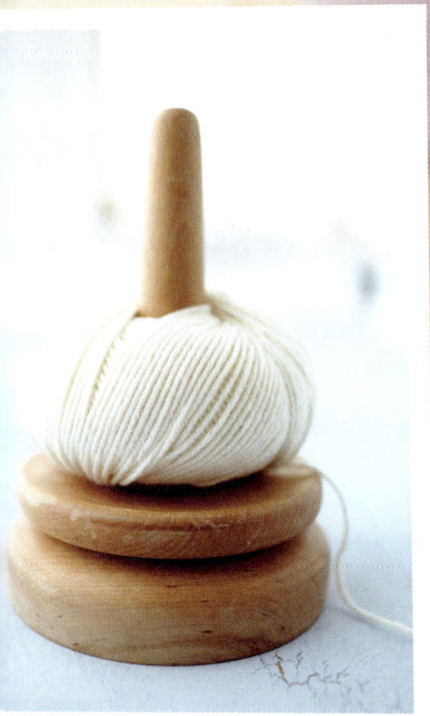

Dein Knäuel kullert ständig durch die Gegend? Nimm den Faden von innen aus dem Knäuel. Oder leg dein Knäuel in eine Schüssel mit hohem Rand, einen Blumentopf oder ein ähnliches Gefäß.

Besonders praktisch ist ein Knäuelhalter, der sich dreht, wenn du am Faden ziehst. Erhältlich ist so ein Knäuelhalter in verschiedenen Ausführungen in Onlineshops für ungefähr 20 bis 30 €.

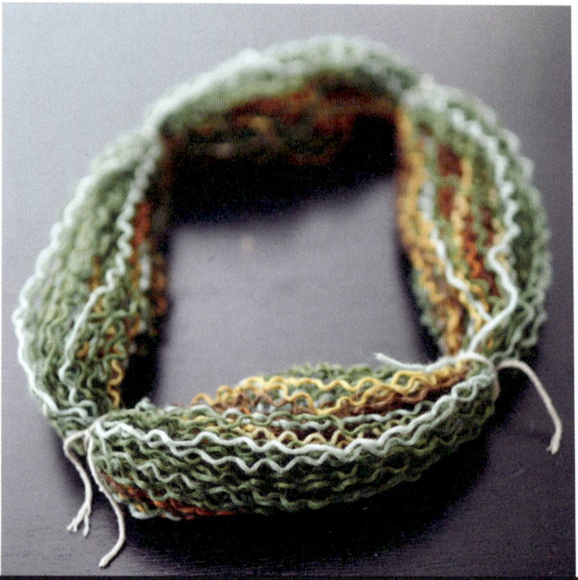

Möchtest du aufgeribbeltes Garn wiederverwenden, solltest du es vorher glätten. Hierzu wickelst du es zunächst locker zu einem Strang, bindest diesen an vier Stellen ab …

1 … und weichst ihn für ca. 20 Minuten in lauwarmem Wasser, versetzt mit einem Spritzer Wollwaschmittel, ein.

108

RIBBELGARN WIEDERVERWENDEN

2 Danach mit klarem Wasser in der gleichen Temperatur spülen, vorsichtig ausdrücken und in ein Handtuch wickeln, um das restliche überschüssige Wasser aufzunehmen.

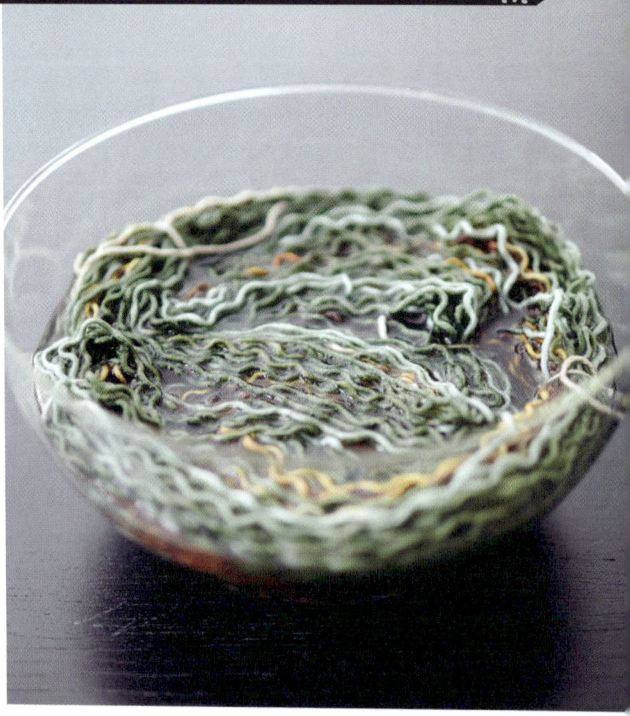

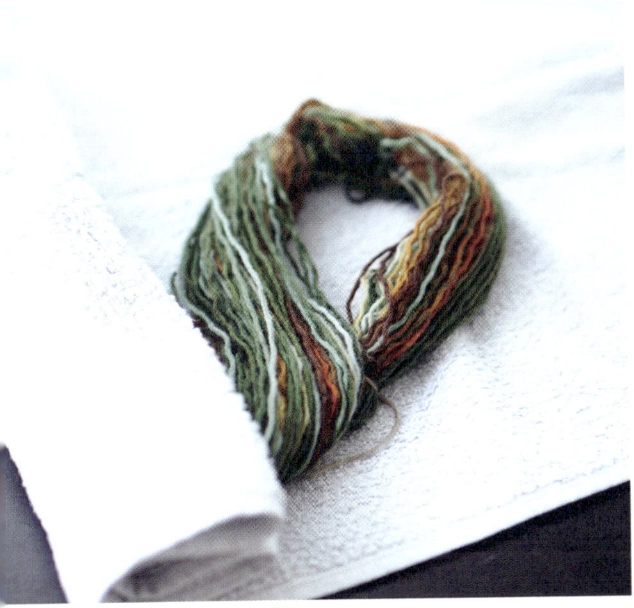

3 **Den Strang anschließend über einen Kleiderbügel hängen und die beiden herabhängenden Schlaufen mit einem Gewicht beschweren, zum Beispiel mit einer gefüllten Plastikwasserflasche.**

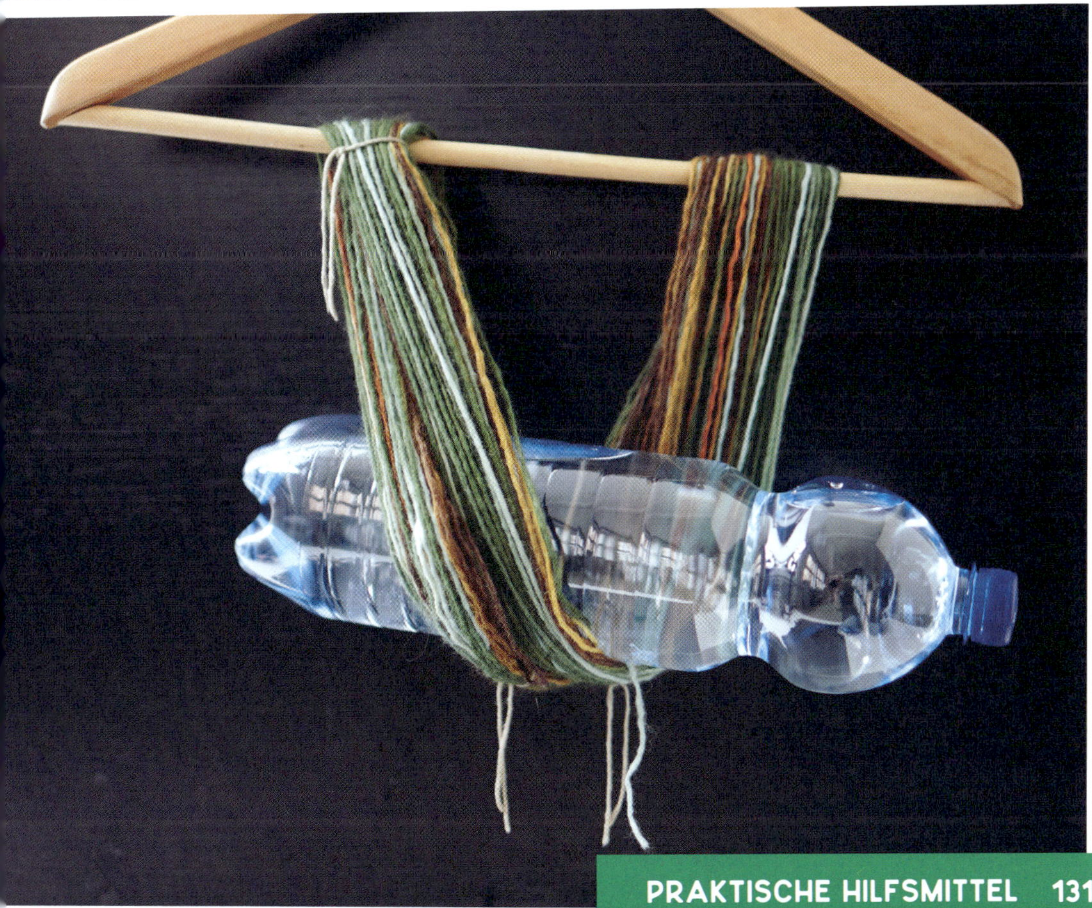

109 NOTFALL-RESERVE

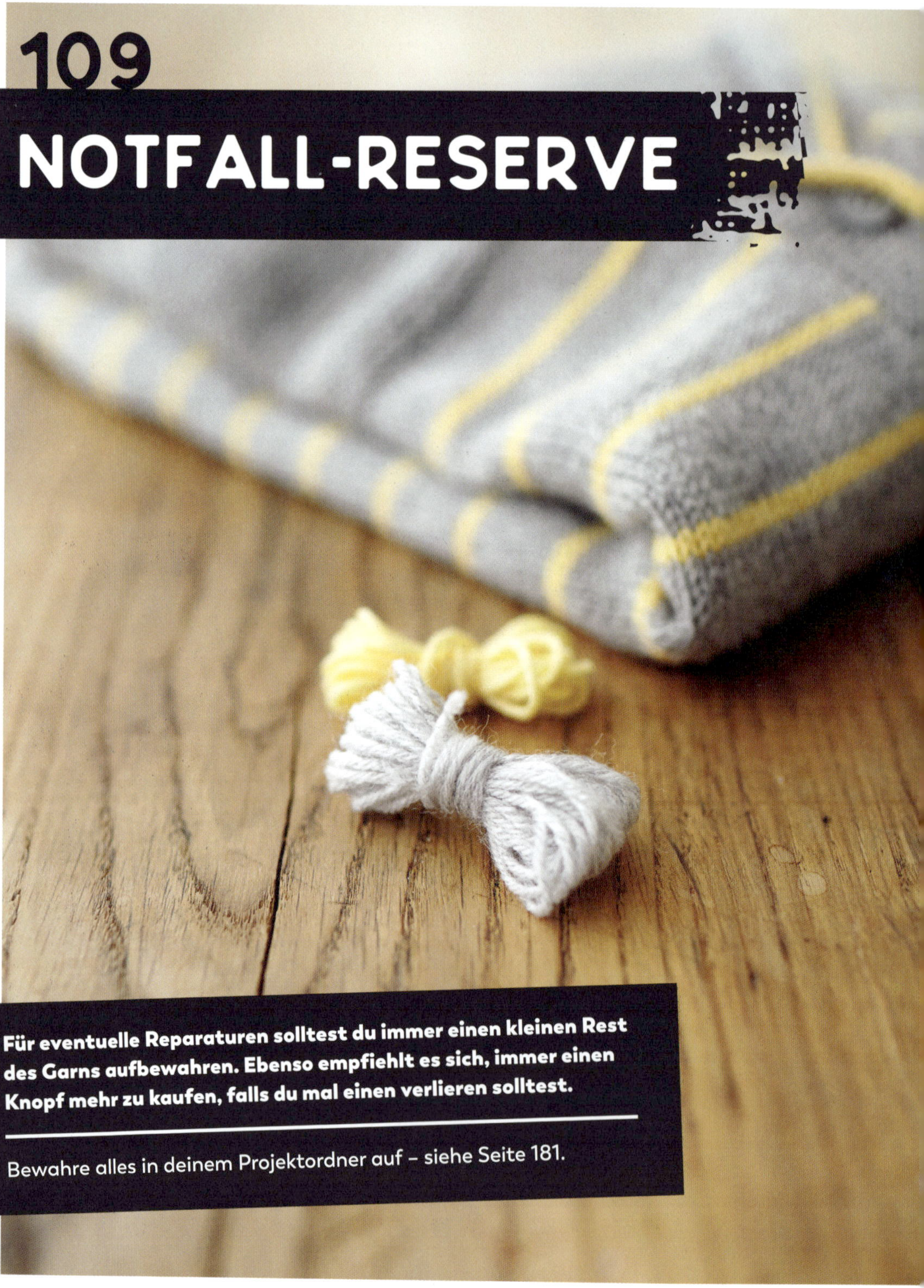

Für eventuelle Reparaturen solltest du immer einen kleinen Rest des Garns aufbewahren. Ebenso empfiehlt es sich, immer einen Knopf mehr zu kaufen, falls du mal einen verlieren solltest.

Bewahre alles in deinem Projektordner auf – siehe Seite 181.

110

ERSTE REIHE OHNE QUÄLEREI

Hast du Schwierigkeiten, die Anschlagmaschen abzustricken, weil sie sehr eng sind? Dann benutze zum Anschlagen eine Nadelstärke, die 0,25 mm bis 0,5 mm dicker ist, als die Nadel, die du benutzen wirst. Vor dem Stricken der ersten Reihe überträgst du alle Maschen auf die richtige Nadelstärke.

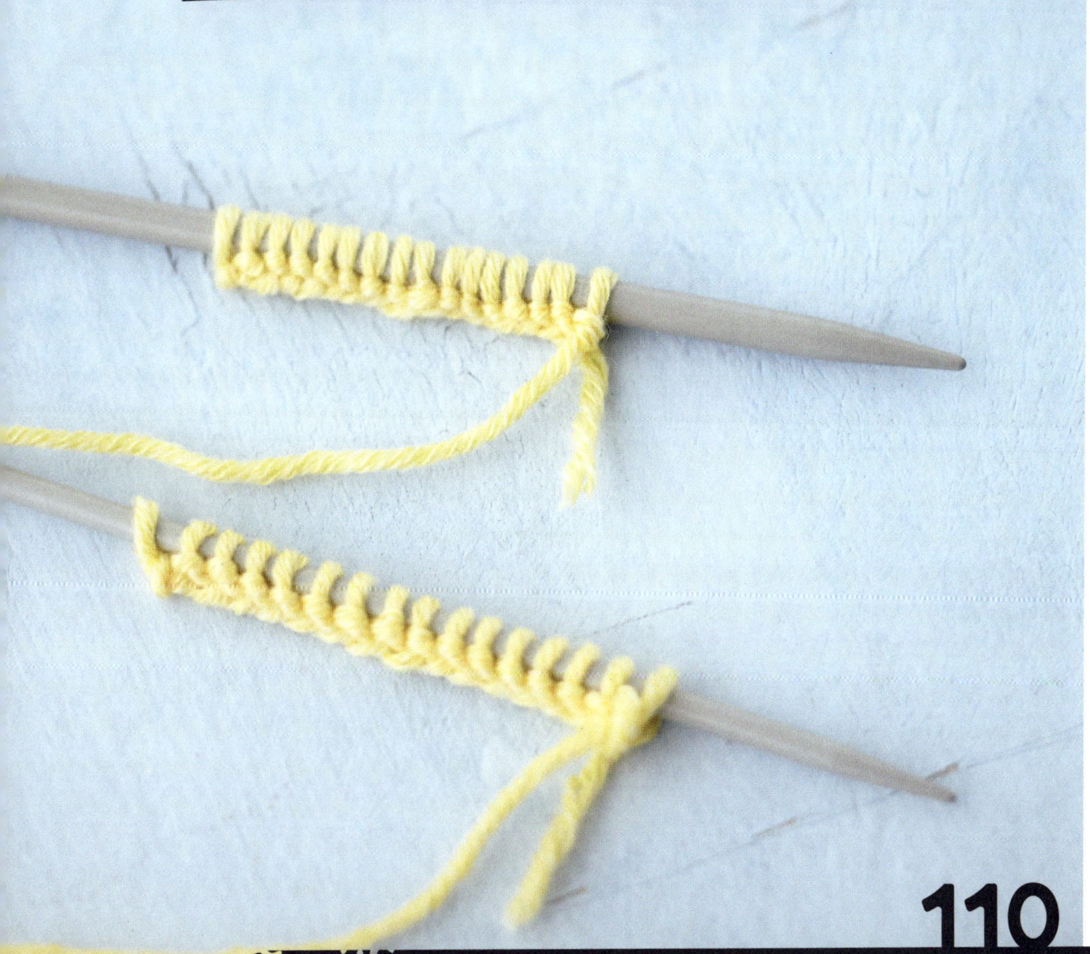

Besonders leicht lässt sich die Rettungsleine (siehe Seite 126) mit Schraubnadeln einziehen. Einfach den Faden durch das kleine Loch am Gewinde der Nadeln fädeln. Beim Stricken wird er dann automatisch mit durch die Maschen gezogen.

Besonders gut geht das mit Zahnseide ohne Beschichtung!

111

RETTUNGSLEINE 2

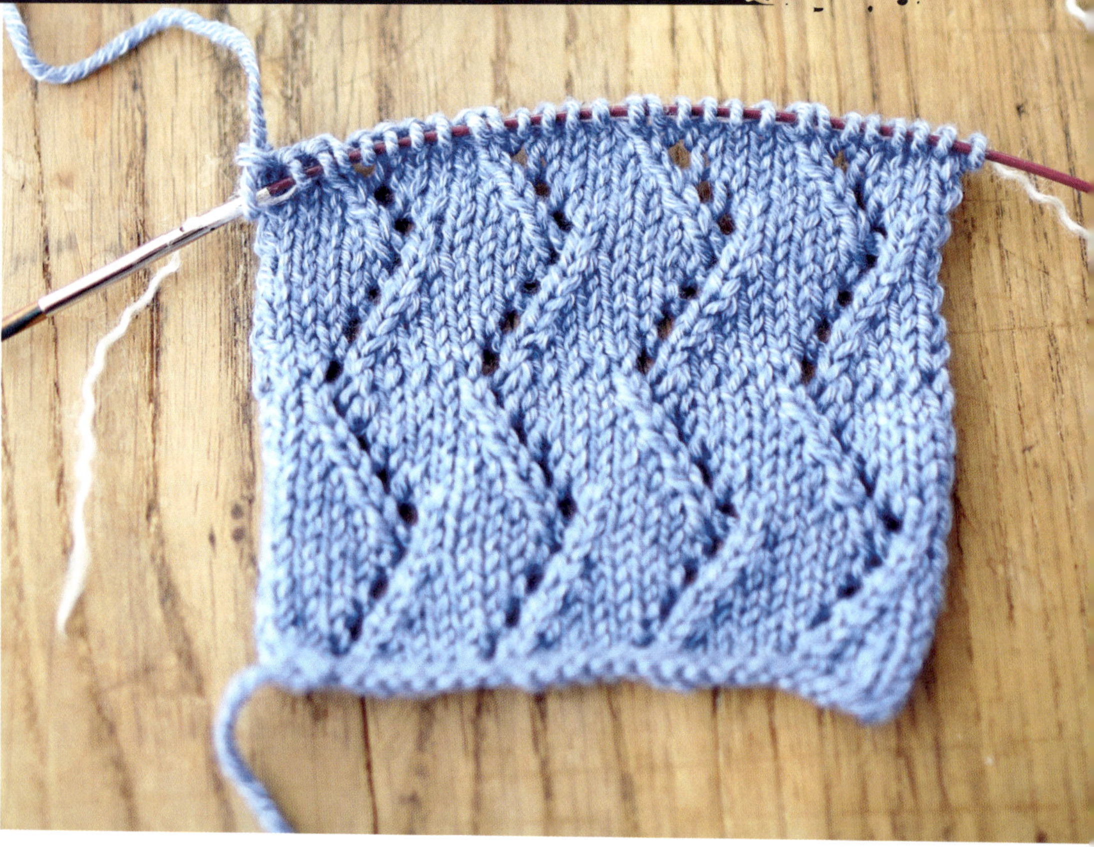

112
STRICKGARN = NÄHGARN

Strickstücke näht man am besten immer mit dem verwendeten Garn zusammen, das gleiche gilt für das Annähen der Knöpfe. Ist das Garn sehr dick, kann man es zum Nähen teilen oder ein dünneres Garn in gleicher Farbe (und möglichst ähnlicher Materialzusammensetzung) benutzen.

Verwende niemals Nähgarn, es ist zu dünn und fest und kann im schlimmsten Fall bei Beanspruchung das Strickgarn durchschneiden.

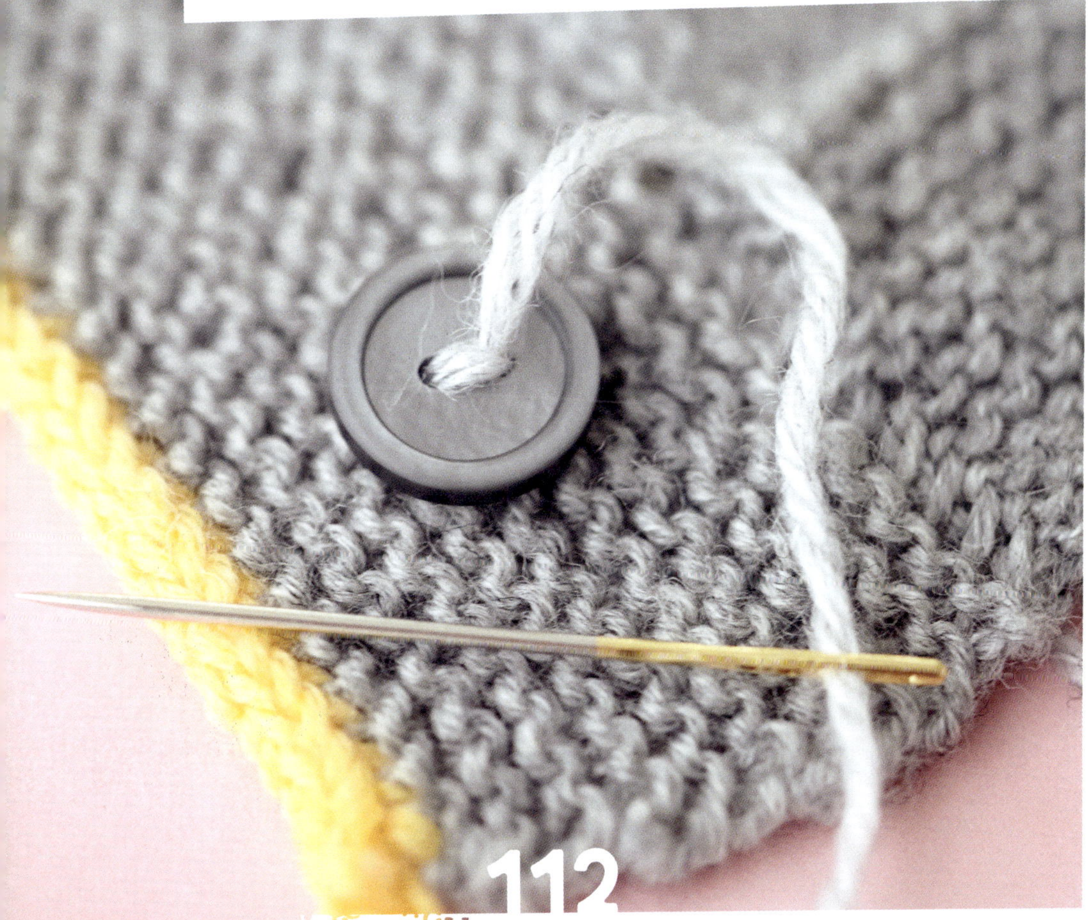

113 ELEKTRONISCHER STRICKHELFER

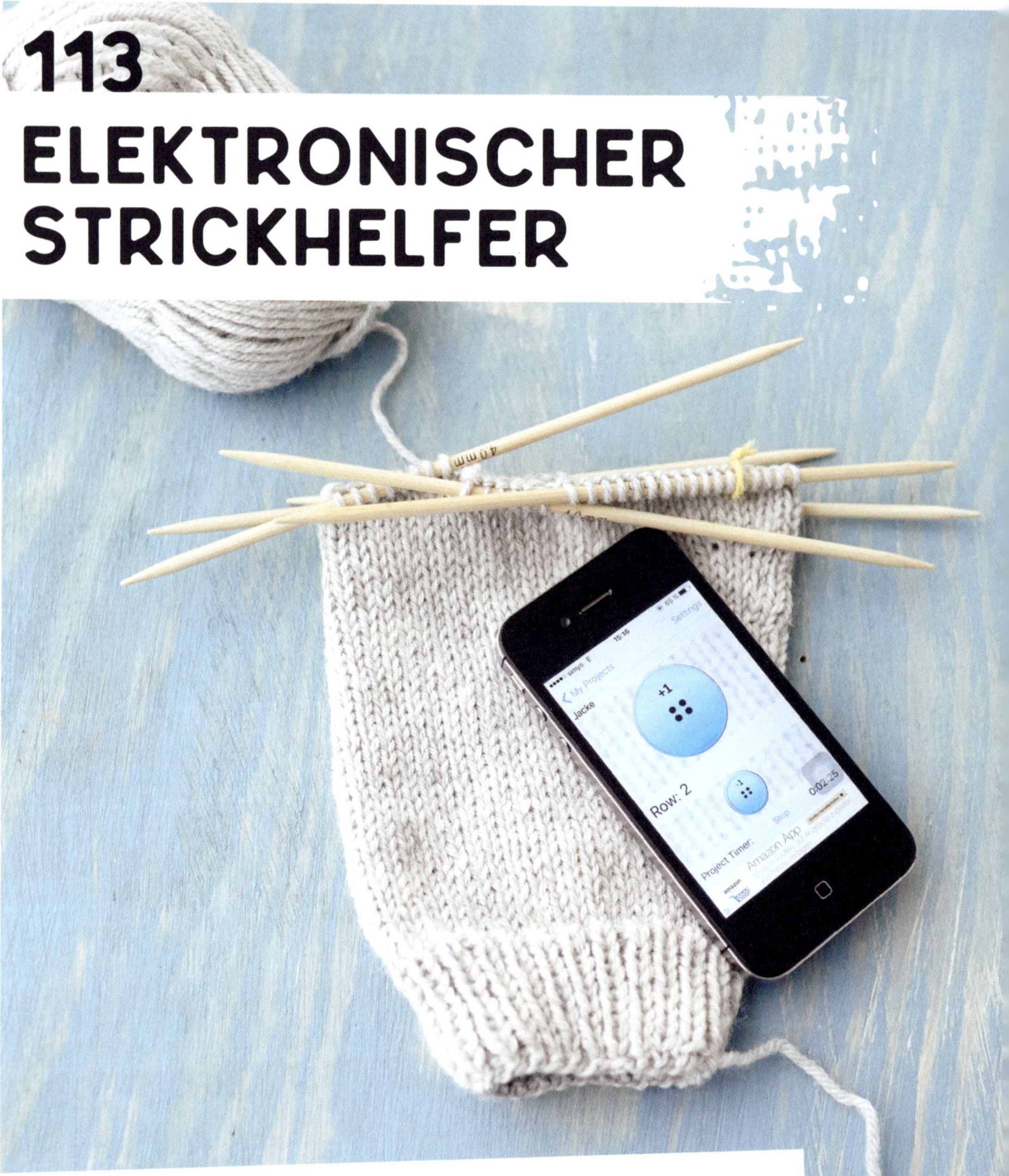

Dein Smartphone kann dir auch beim Stricken helfen. Es gibt zahlreihe Apps zur Projektverwaltung, Maschenproben-Umrechner, Reihenzähler, Apps zum Stricken lernen und Mustersammlungen. Empfehlenswert und auf Deutsch ist z. B. die App Zähl Mich.

Sehr praktisch für das Messen unterwegs ist auch eine Linealanzeige.

114 HAARNADEL STATT MASCHENMARKIERER

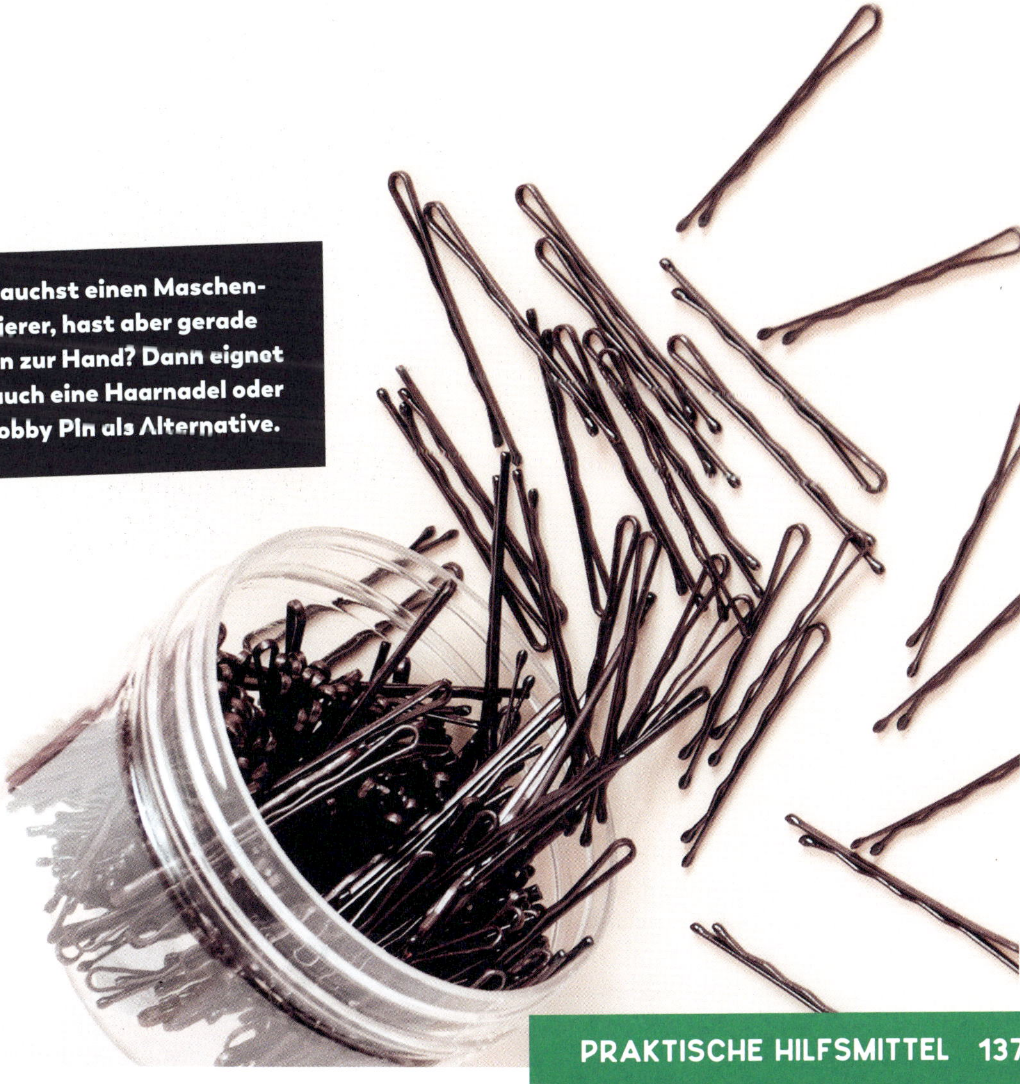

Du brauchst einen Maschenmarkierer, hast aber gerade keinen zur Hand? Dann eignet sich auch eine Haarnadel oder ein Bobby Pin als Alternative.

115

GESICHERT!

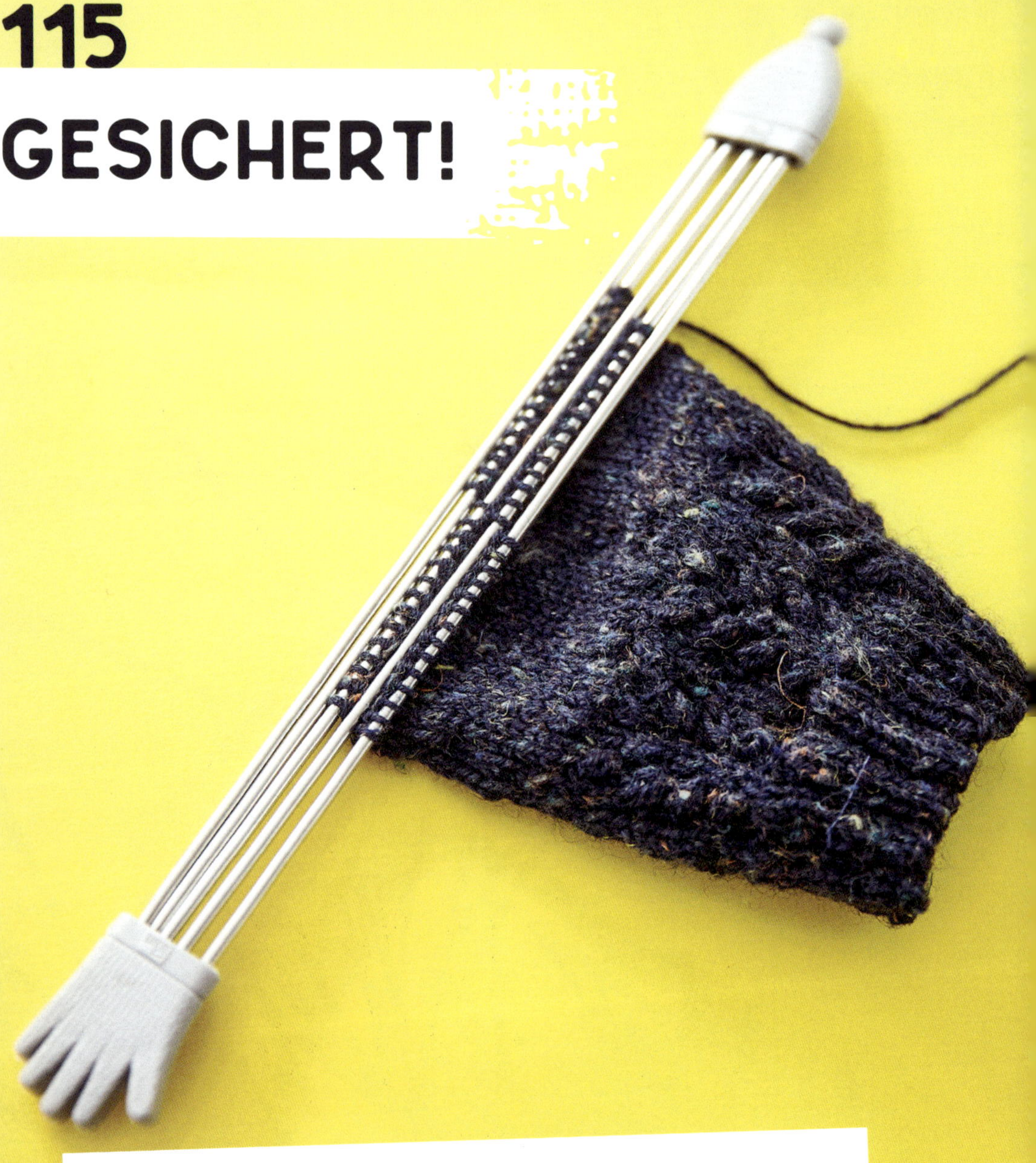

Du bist unterwegs und möchtest gerne dein aktuelles Socken-Strickprojekt mitnehmen, weißt jedoch nicht, wie du dein Strickprojekt sicher transportieren kannst, ohne dass alle Maschen von den Nadeln fallen? Mit einer Nadelspiel Halterung aus Stoff kannst du die Nadeln ganz einfach transportieren. Im Internet findest du dafür verschiedene Onlineshops, die solche Halterungen anbieten.

Als Alternative zu einer herkömmlichen Yarn-Bowl oder auch unterwegs, eignet sich ein Strohalm-Becher, aus dem du den Strohhalm entfernst, besonders gut, um das Wollknäuel beim Stricken an einem Platz zu halten.

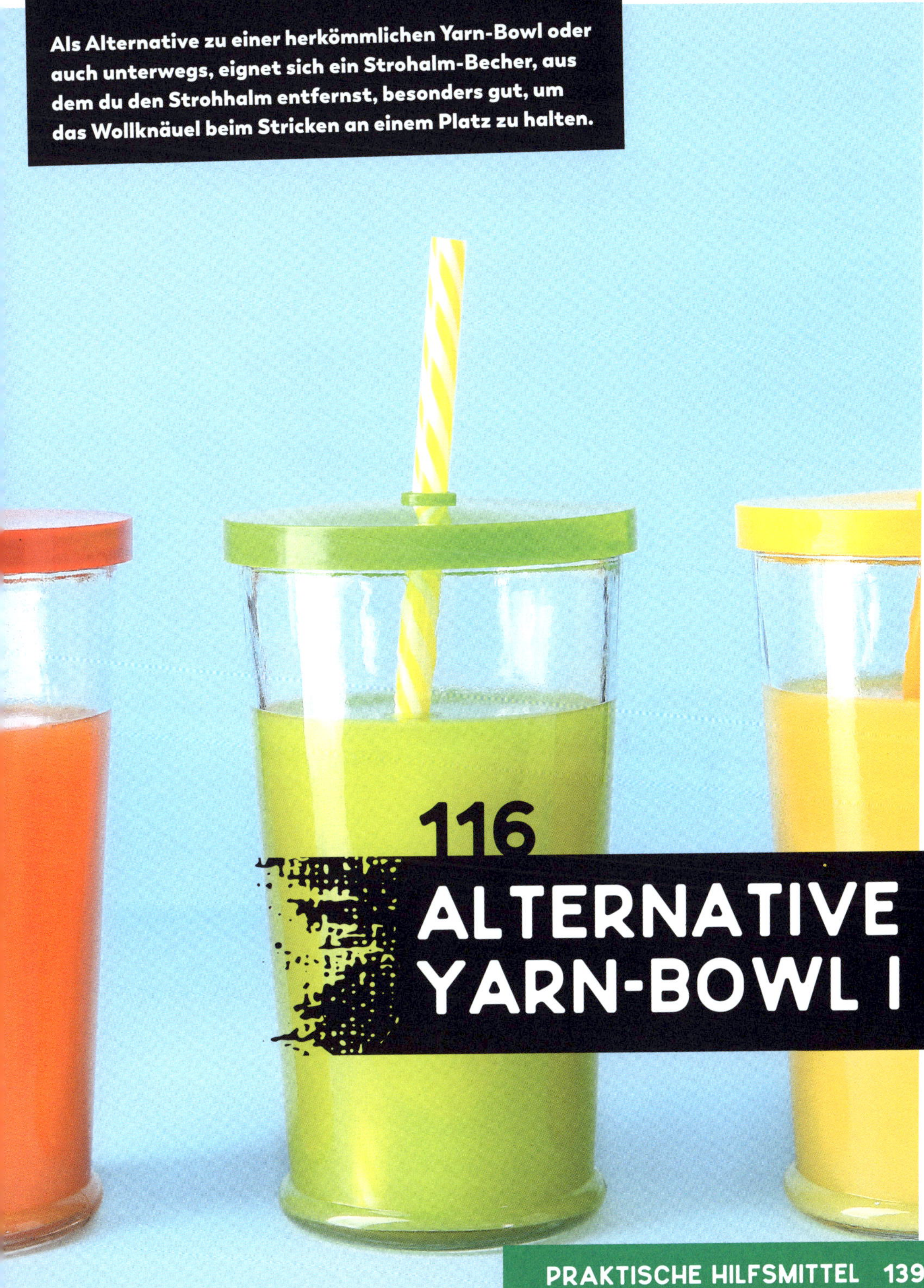

116 ALTERNATIVE YARN-BOWL I

117

PRAKTISCH!

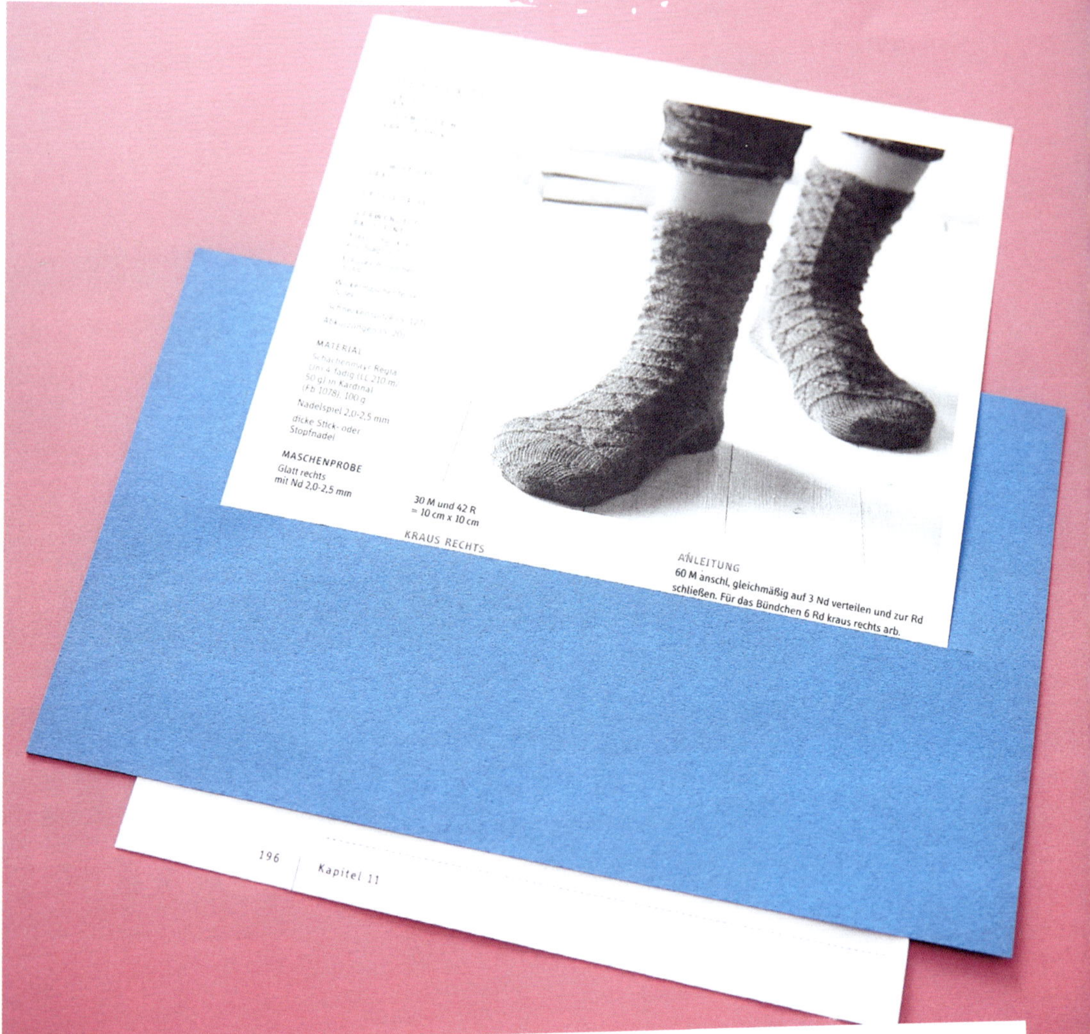

Für eine bessere Übersichtlichkeit kannst du einen Anleitungshelfer einfach selbst herstellen. Nimm dafür einfach ein DIN A4 Tonpapier quer und schneide in der Mitte des Papiers zwei 25 cm lange Schlitze. Nun kann der daraus entstandene Balken als Zeilenmarkierer verwendet werden.

Beim Spannen und Trocken entstehen häufig Faltlinien in den Strickstücken, die sich im Nachhinein nur schwer wieder entfernen lassen. Abhilfe können Papilotten schaffen, indem sie beim Trocknen in die Faltlinien gelegt und gegebenenfalls mit Stecknadeln fixiert werden.

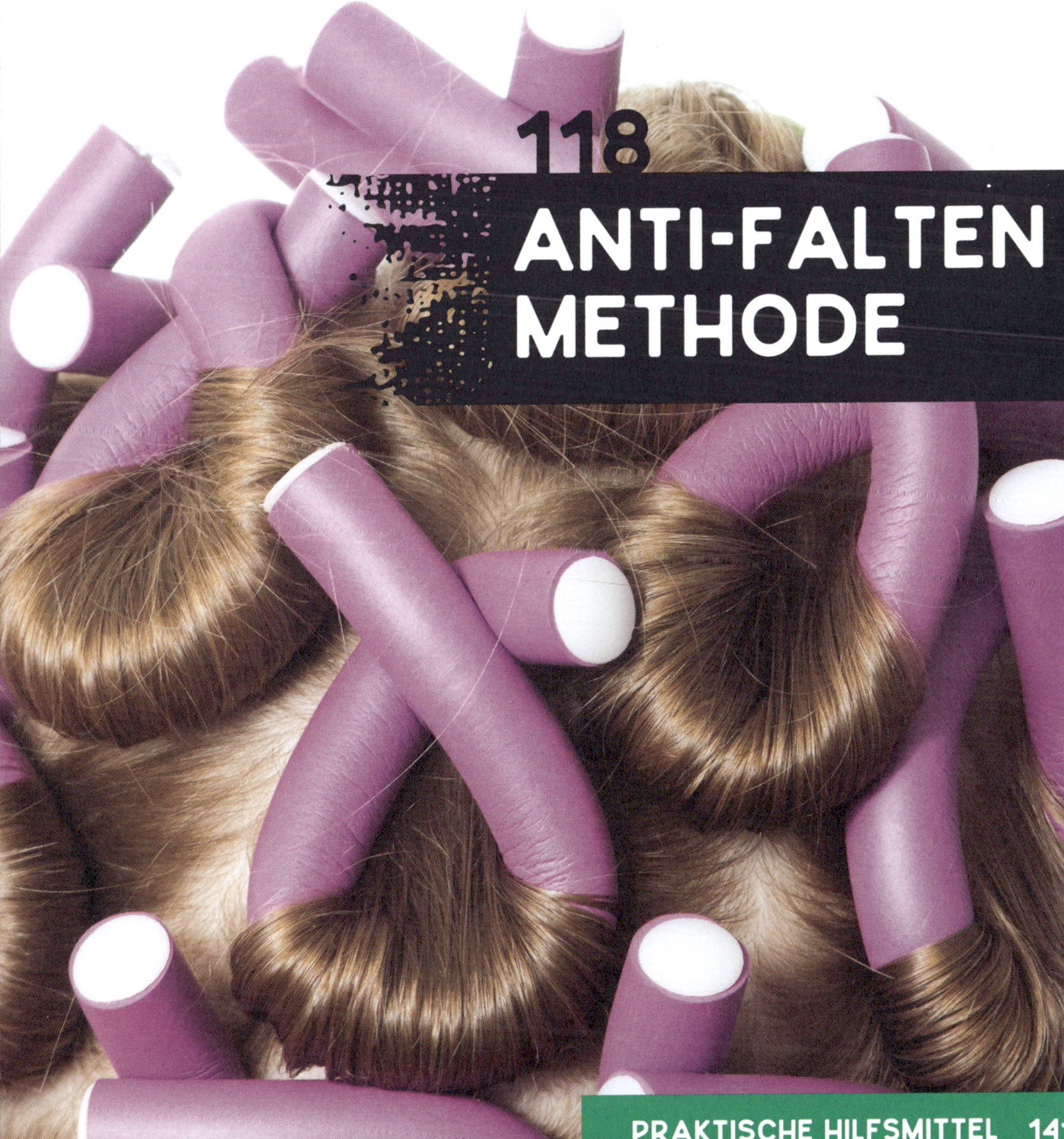

118 ANTI-FALTEN METHODE

119

ALTERNATIVE YARN-BOWL II

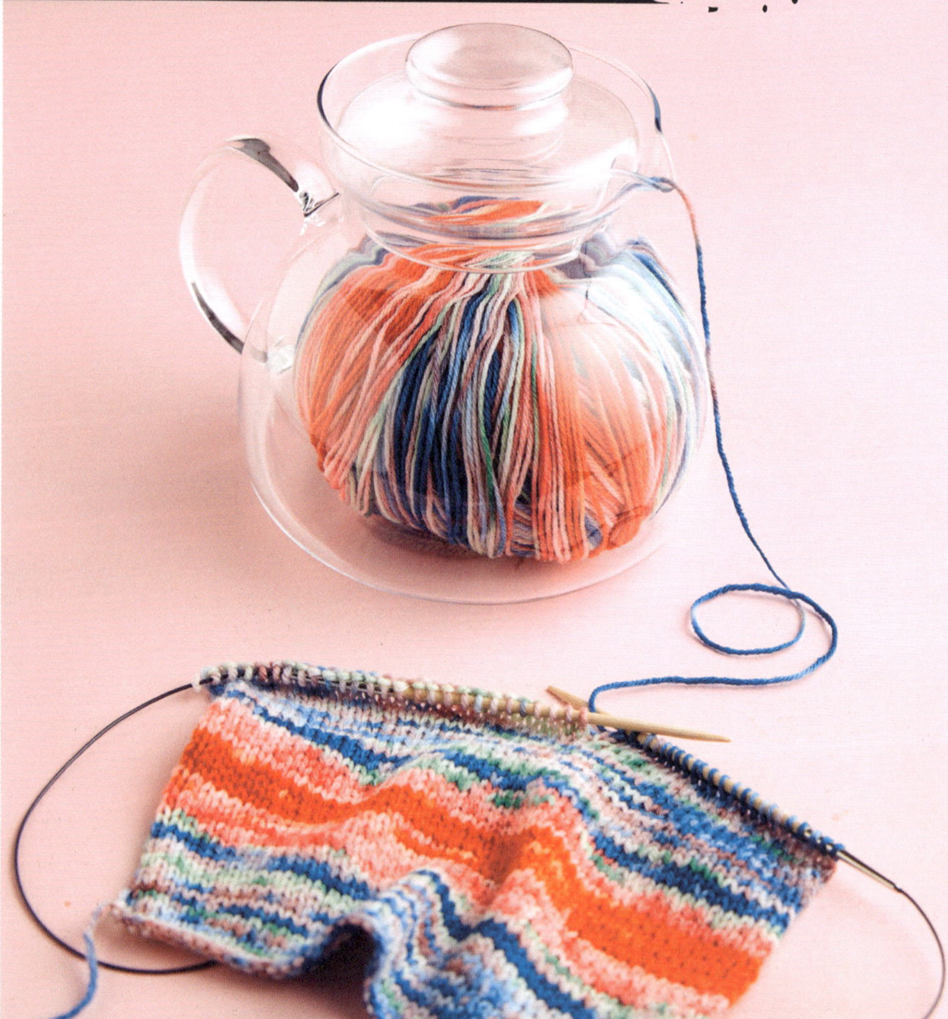

Als alternative Yarn-Bowl eignet sich auch eine Teekanne hervorragend dafür, das Wollknäuel während dem Stricken an Ort und Stelle zu halten.

Für die einfachere Fadenführung beim Stricken kann ein Strickfingerhut behilflich sein. Dieser wird einfach über den Zeigefinger geführt und ist im Internet erhältlich.

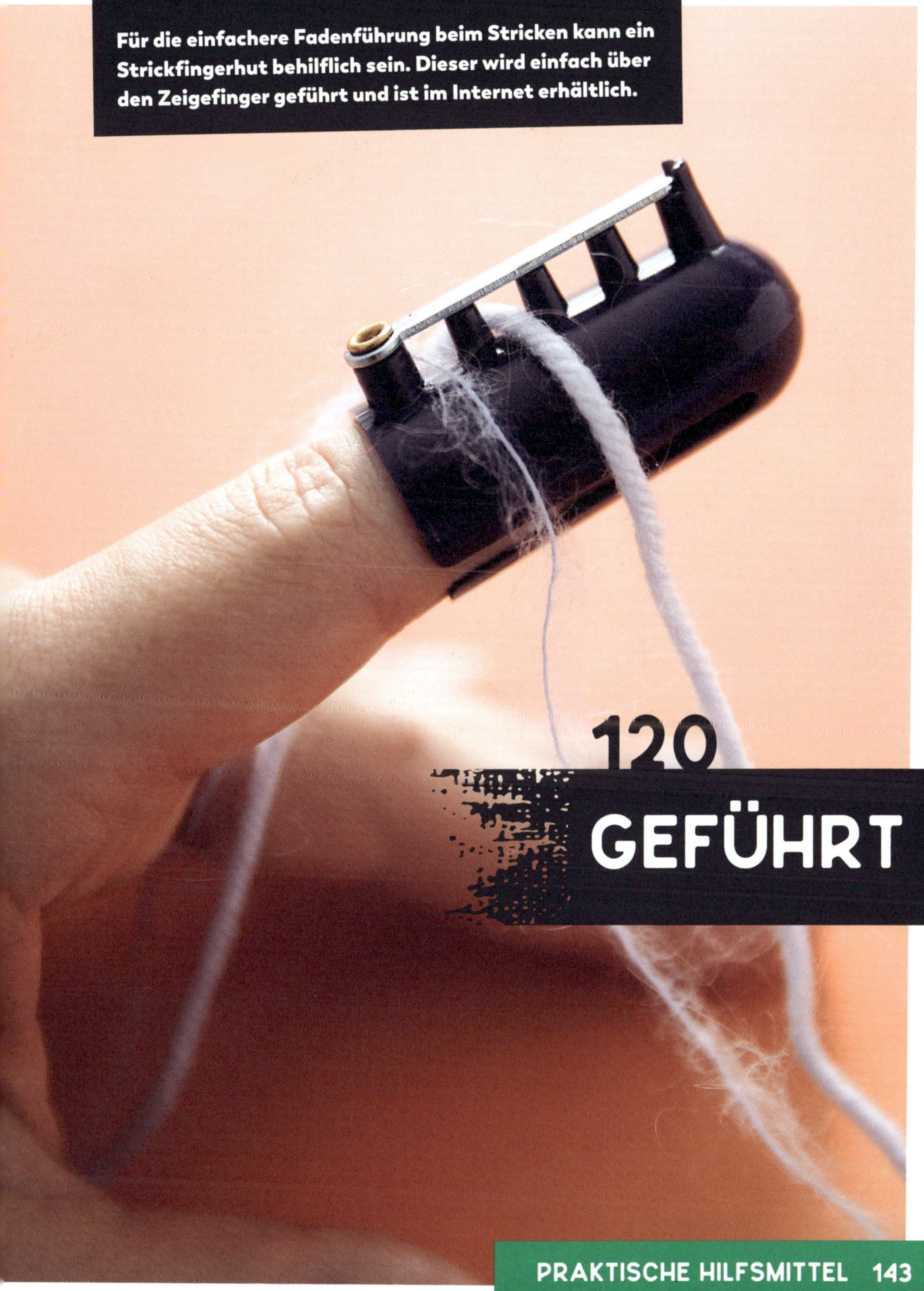

120 GEFÜHRT

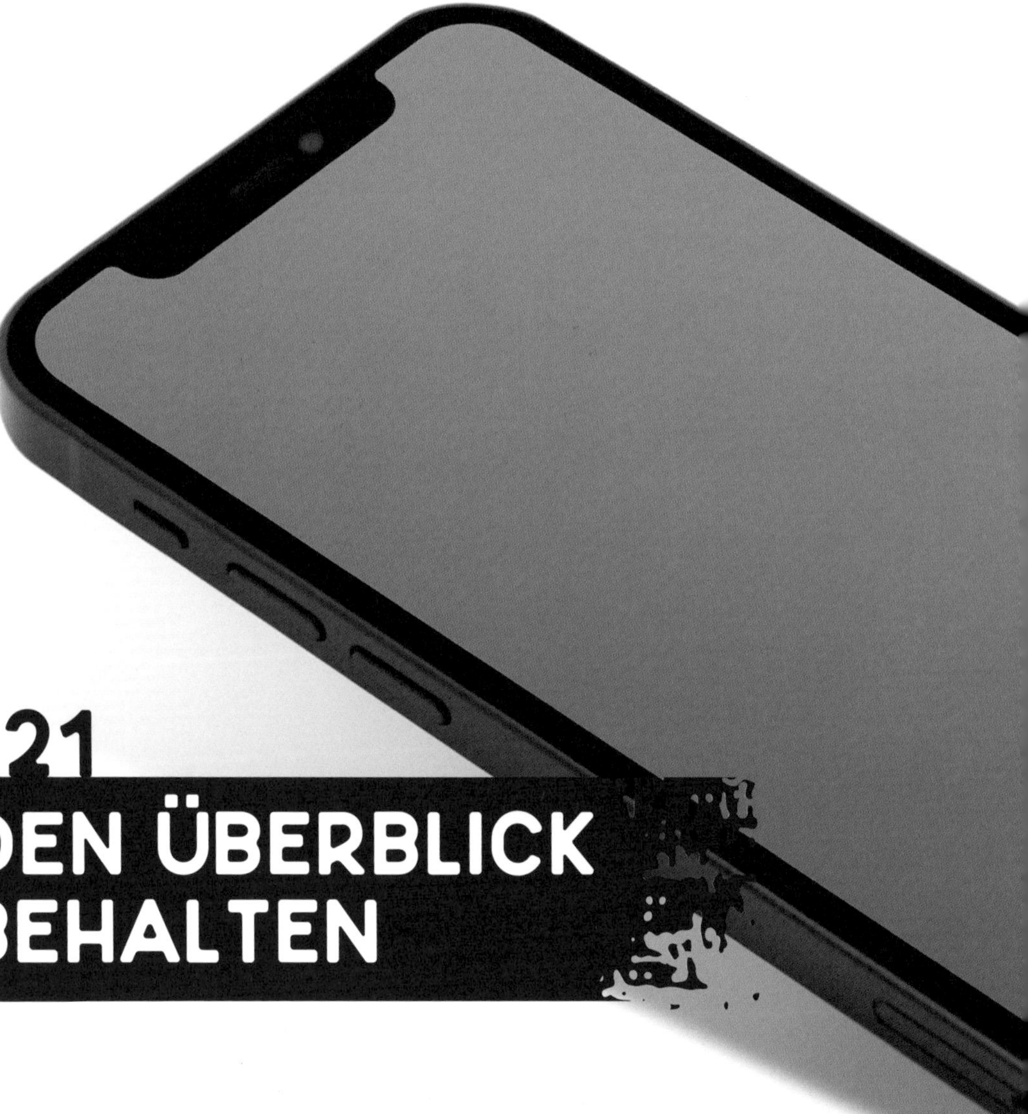

121 DEN ÜBERBLICK BEHALTEN

Neben anderen nützlichen Apps, die z. B. einen Reihenzähler ersetzen, gibt es auch weitere Apps, in denen der Projektfortschritt, Reihenzähler, Informationen zur Anleitung und die Anleitung selbst gespeichert werden können, darunter z. B. die App Knit&Note.

Rutschen die Nadeln beim Socken stricken ständig heraus? Ein Bambus- oder Holznadelspiel hat mehr Grip und rutscht nicht so leicht aus den Maschen heraus.

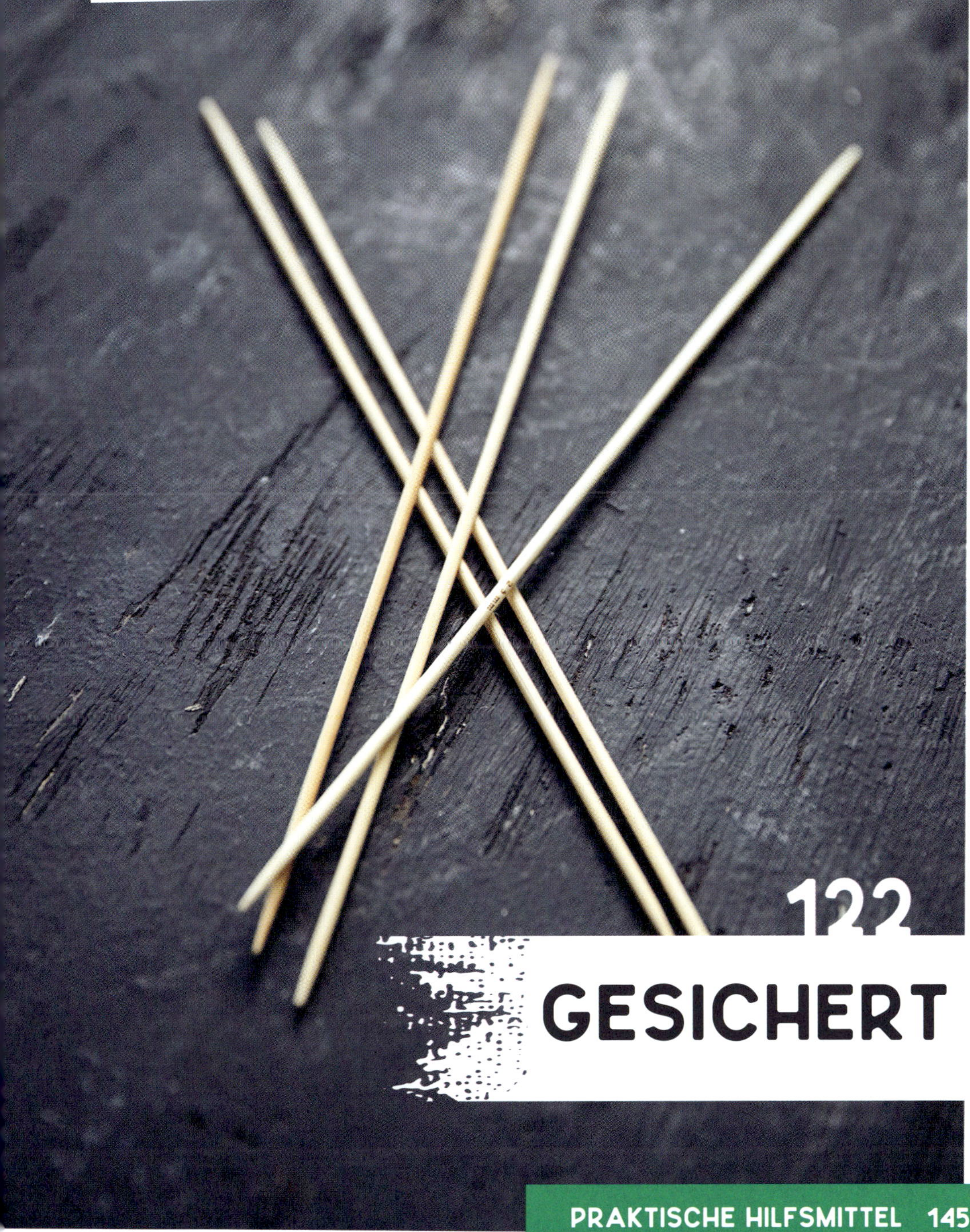

122

GESICHERT

Eine Projekttasche kann dein Strickstück gut sichern und sieht dabei auch noch hübsch aus! Sichere deine Nadeln jedoch vorher durch ein Zopfgummi oder durch Maschenstopper.

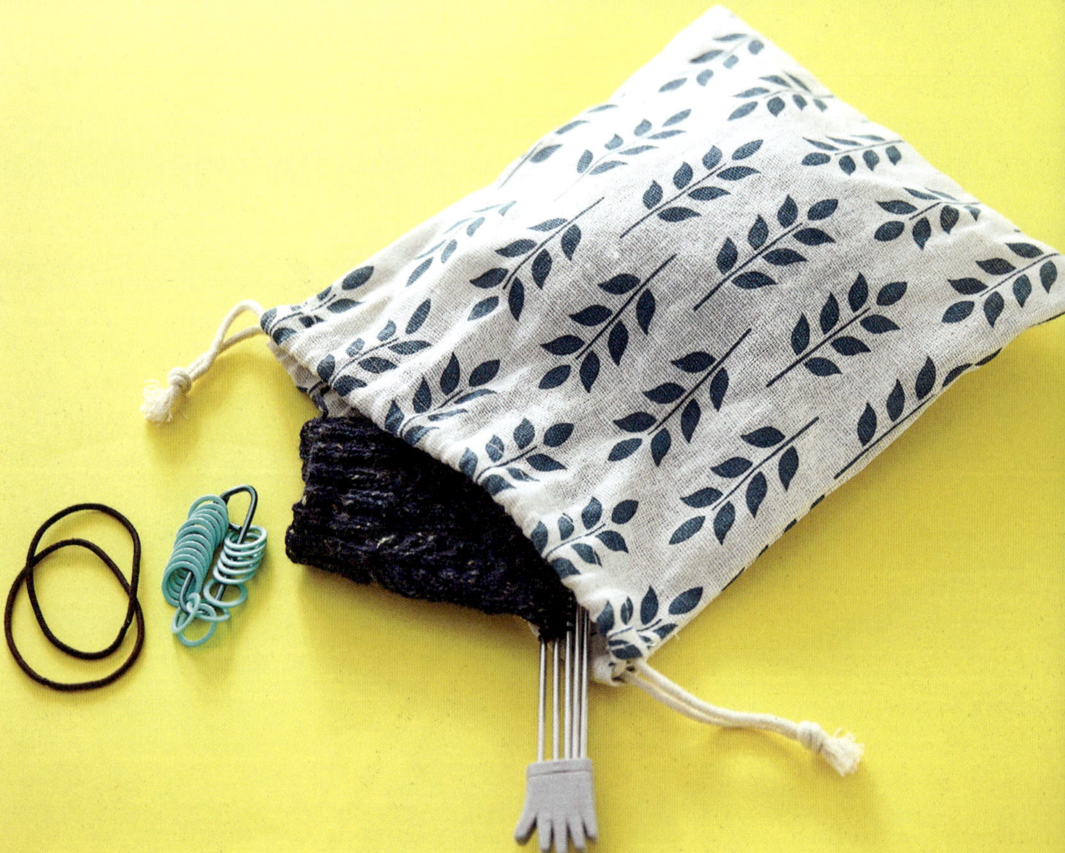

123 UNTERWEGS

Dein neuestes Projekt ist endlich fertig geworden! Nun steht das Waschen und Spannen an. Bei Socken kann hier ein praktischer Sockenspanner sehr hilfreich sein, um die ursprüngliche Form der Socke beizubehalten.

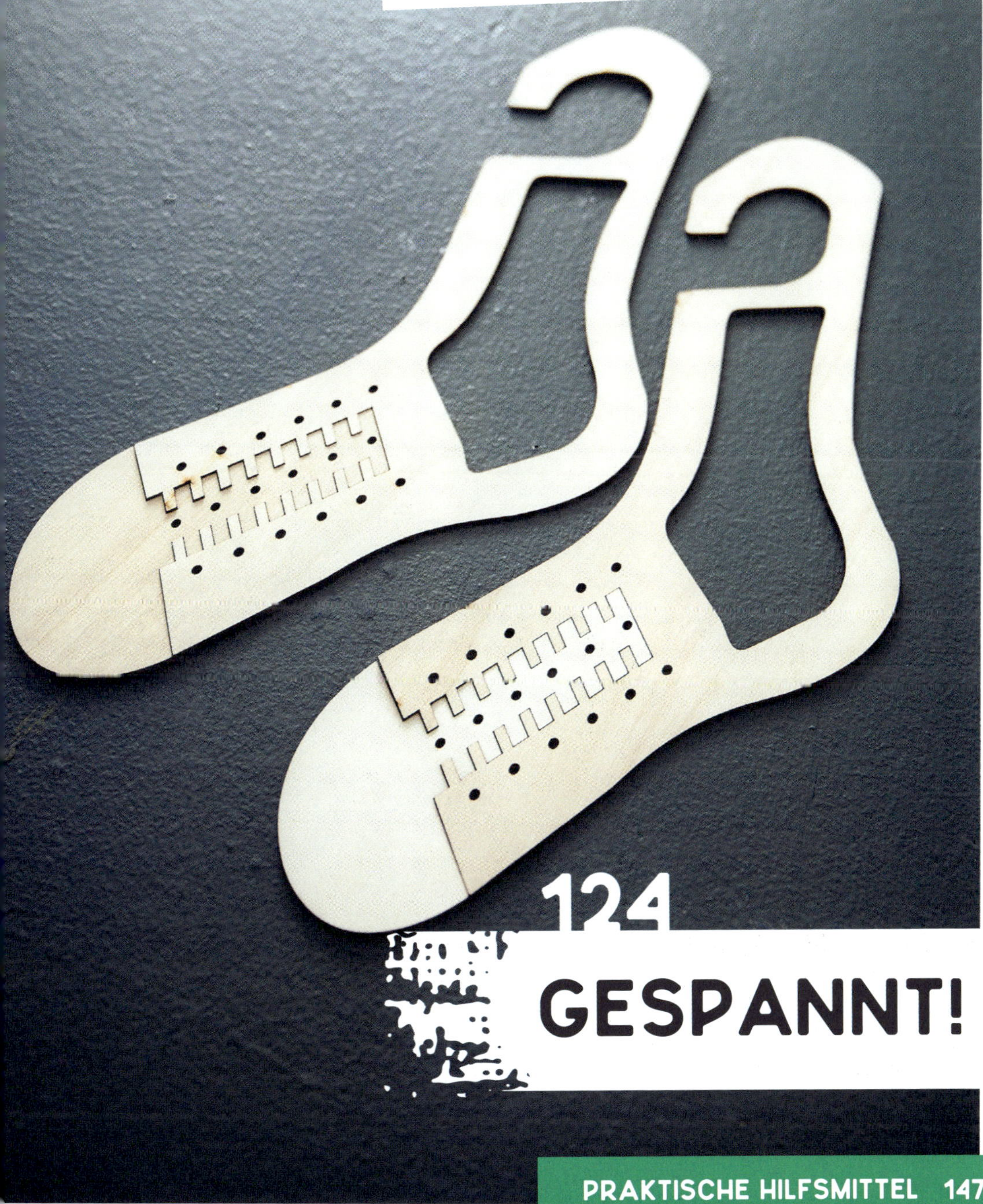

124 GESPANNT!

125

ZÖPFE, ZÖPFE, ZÖPFE

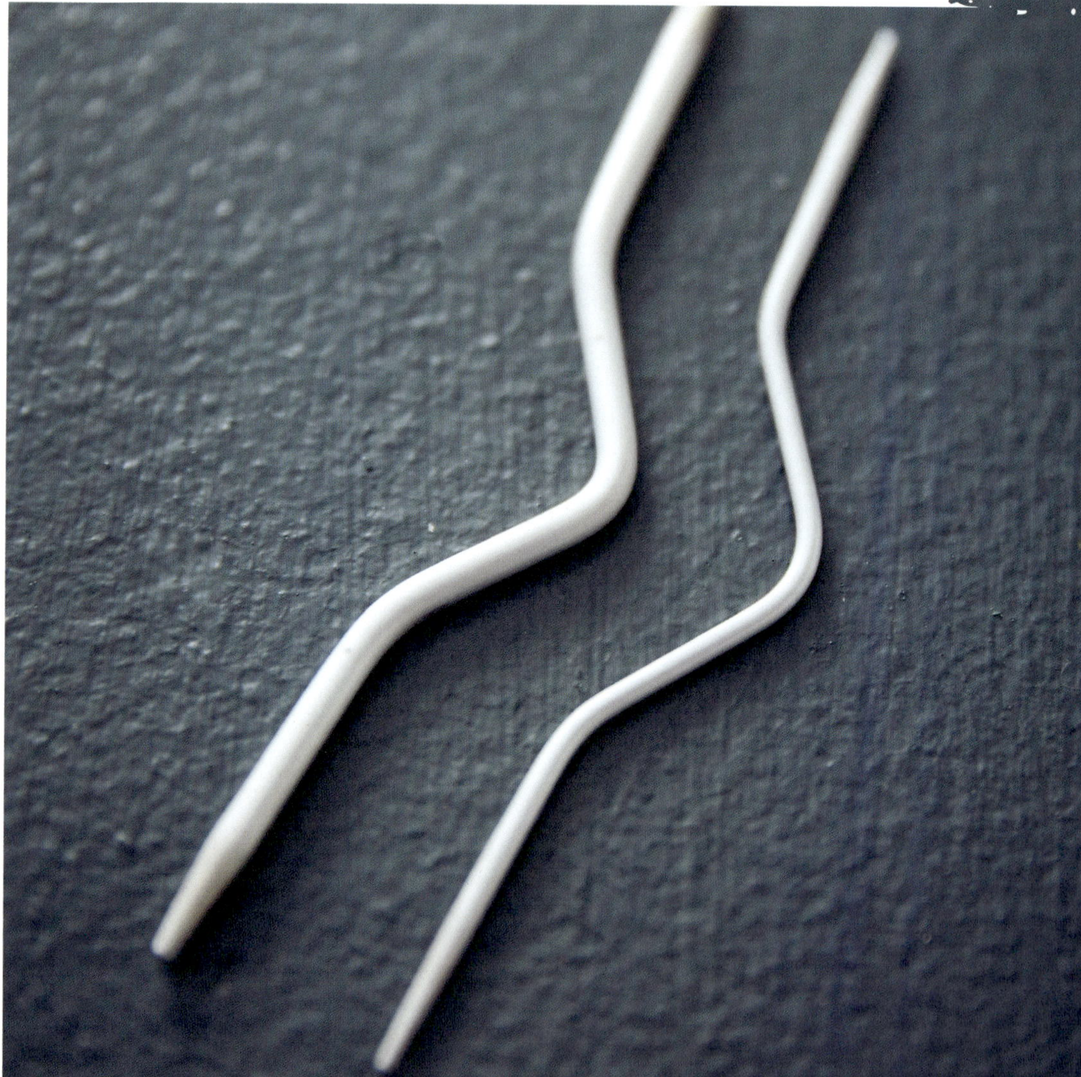

Verlierst du immer den Überblick über die Maschen beim Stricken von Zöpfen? Eine Zopfstricknadel kann hier Abhilfe schaffen.

Hast du keine passende Nadel zur Hand und möchtest in Reihen stricken, nimm einfach 2 Sockennadeln und wickle 2 Haushaltsgummis um die beiden Enden. So können die Maschen nicht mehr von der Nadel rutschen. Man glaubt es kaum, aber es passen sehr viele Maschen auf die Nadel.

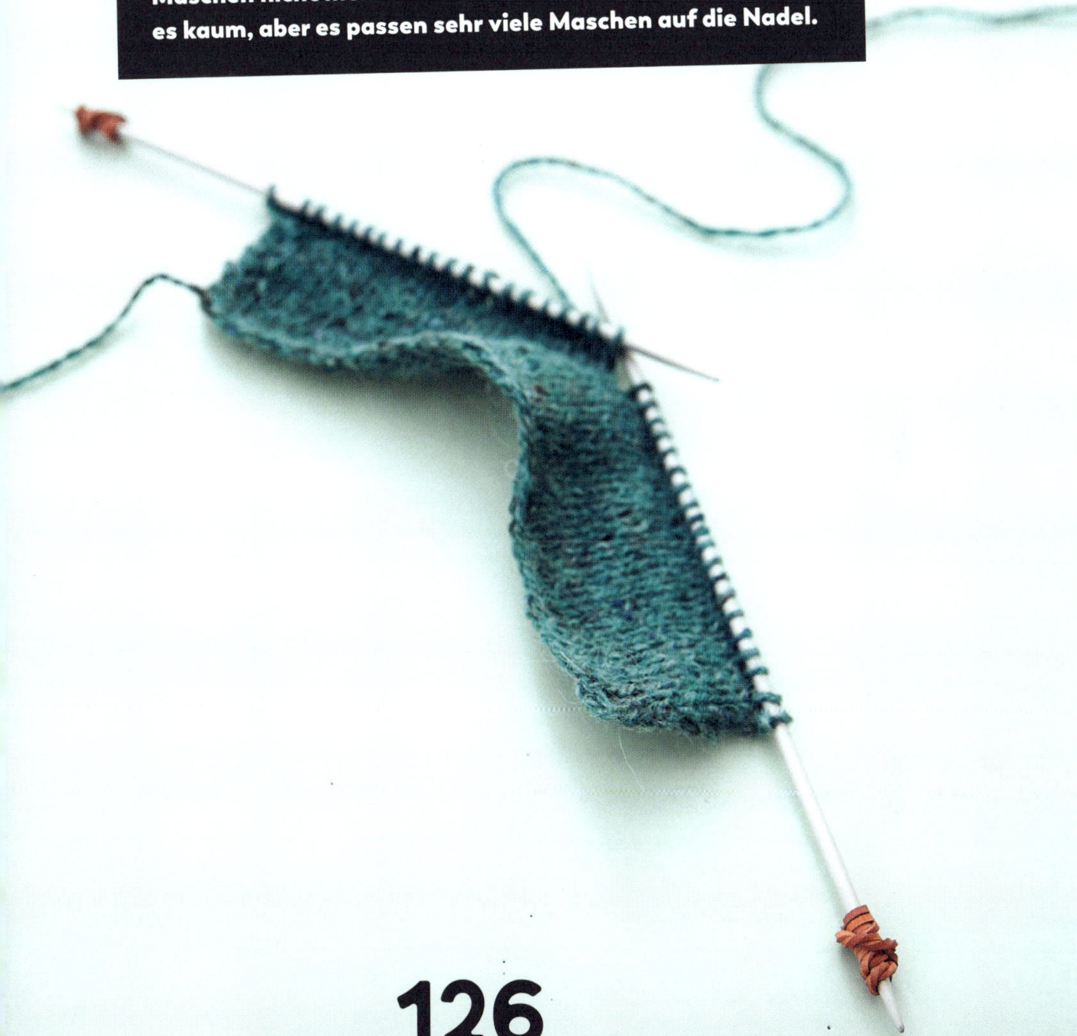

126 SOCKENNADELN AN DIE MACHT!

127

ENTKRINGELT

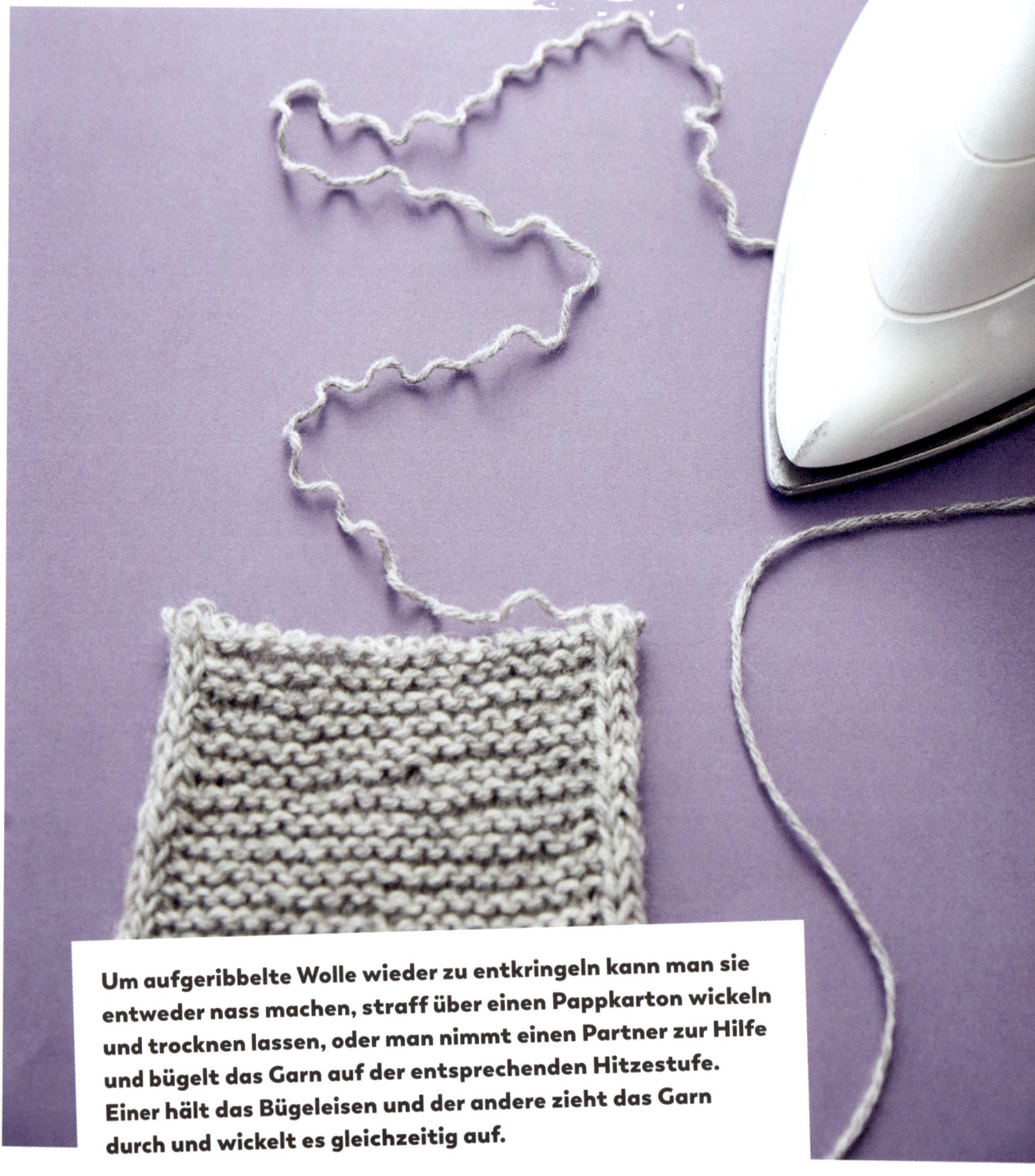

Um aufgeribbelte Wolle wieder zu entkringeln kann man sie entweder nass machen, straff über einen Pappkarton wickeln und trocknen lassen, oder man nimmt einen Partner zur Hilfe und bügelt das Garn auf der entsprechenden Hitzestufe. Einer hält das Bügeleisen und der andere zieht das Garn durch und wickelt es gleichzeitig auf.

Wenn man alleine ist, kann man sich im Sitzen den Strang über die Knie legen, den Knäuel wickeln und dabei ganz gemütlich fernsehen.

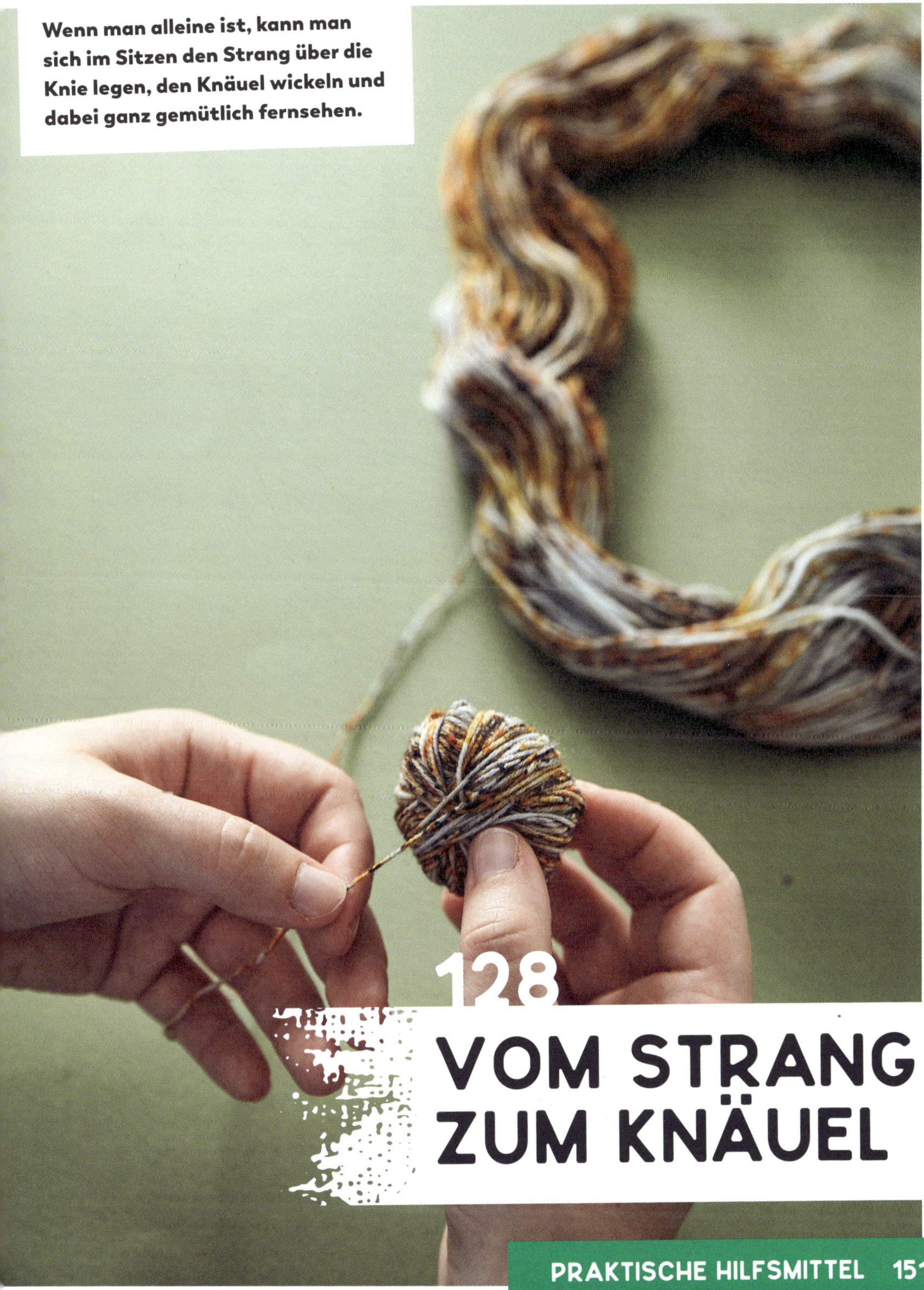

128 VOM STRANG ZUM KNÄUEL

129

NOTENSTÄNDER

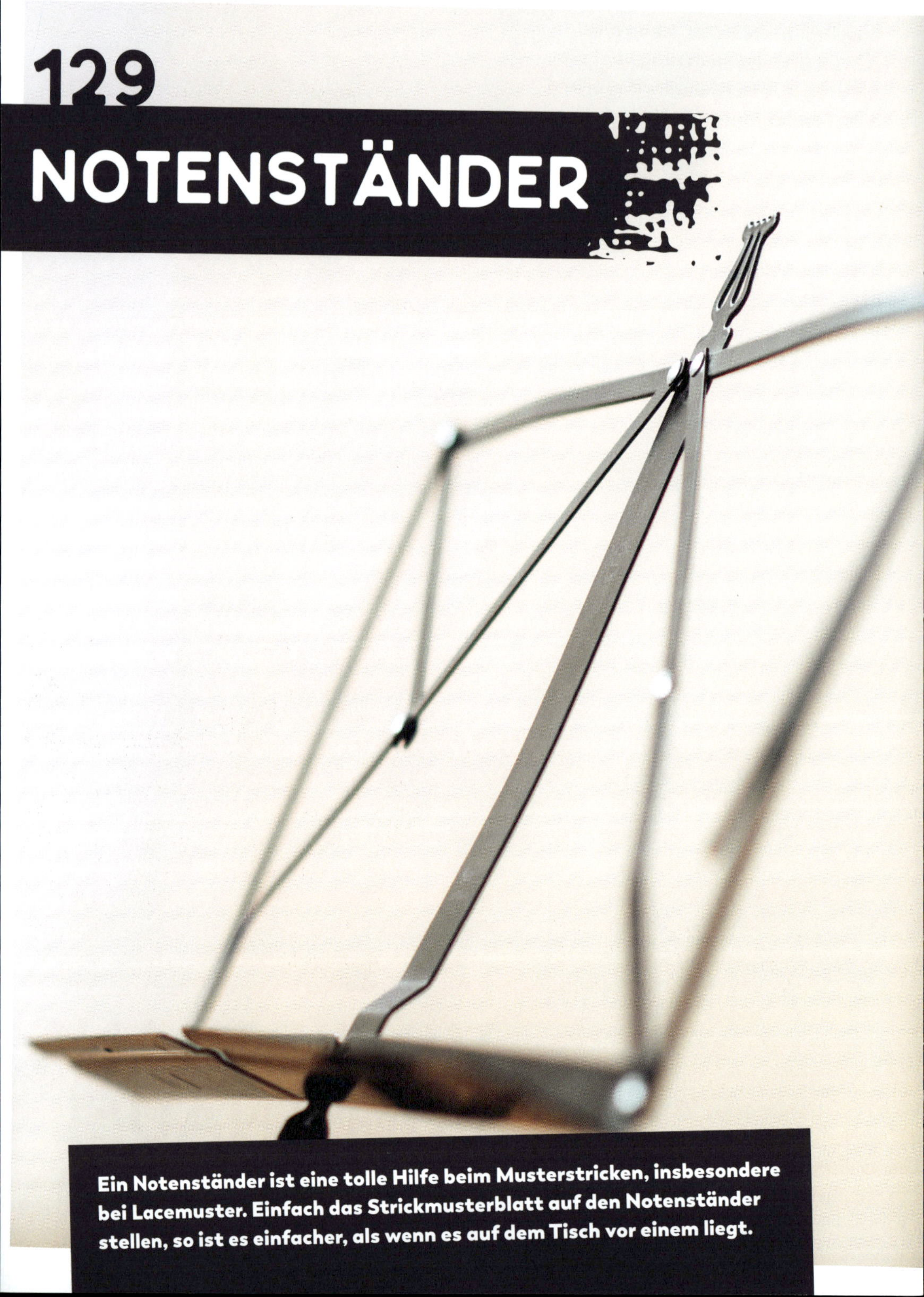

Ein Notenständer ist eine tolle Hilfe beim Musterstricken, insbesondere bei Lacemuster. Einfach das Strickmusterblatt auf den Notenständer stellen, so ist es einfacher, als wenn es auf dem Tisch vor einem liegt.

130 SHAMPOO

Falls kein Wollwaschmittel zur Hand ist, erfüllt ein Haarshampoo den gleichen Zweck, denn was Haaren nicht schadet, schadet auch der Wolle nicht.

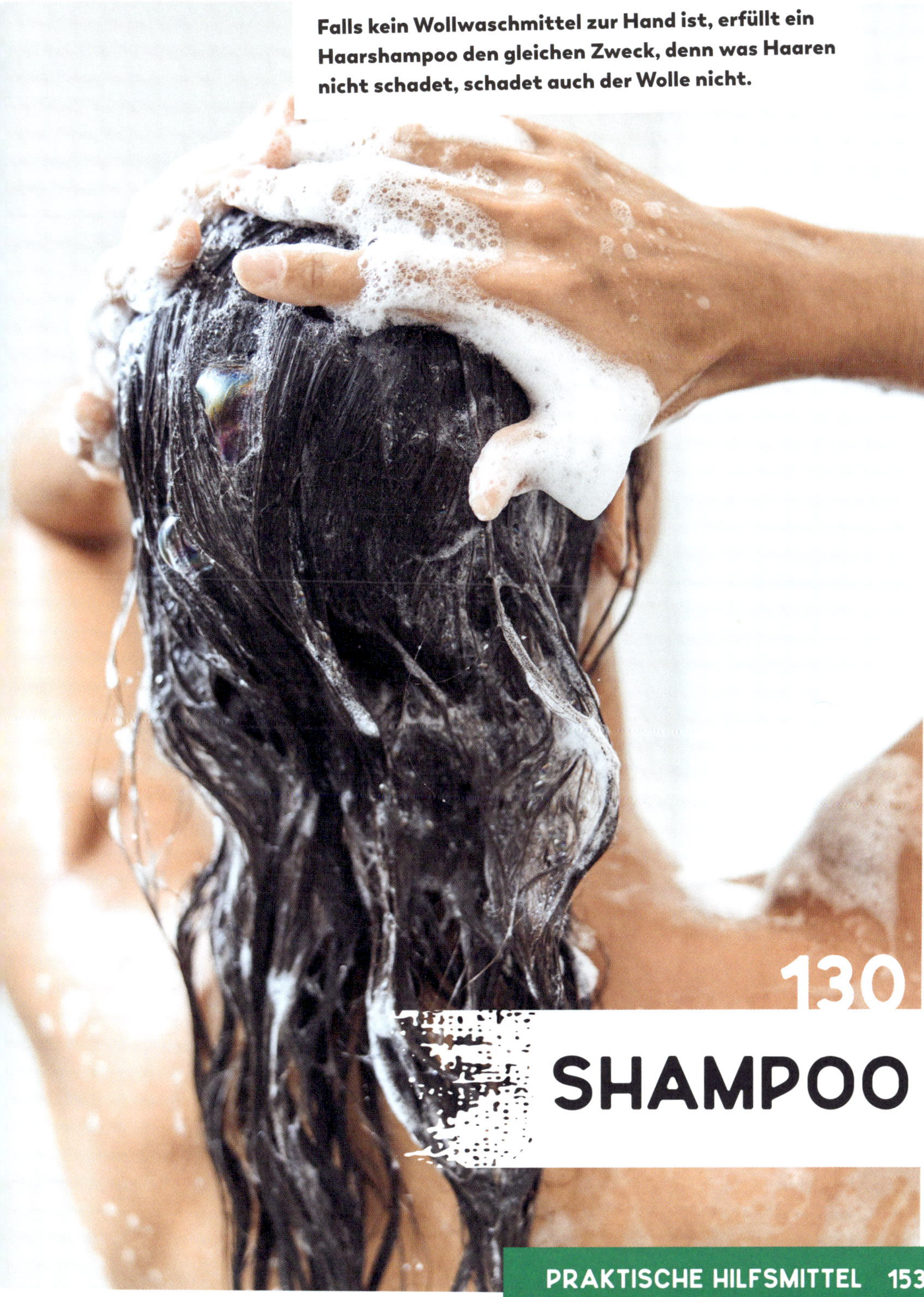

131

OFFEN ODER GESCHLOSSEN

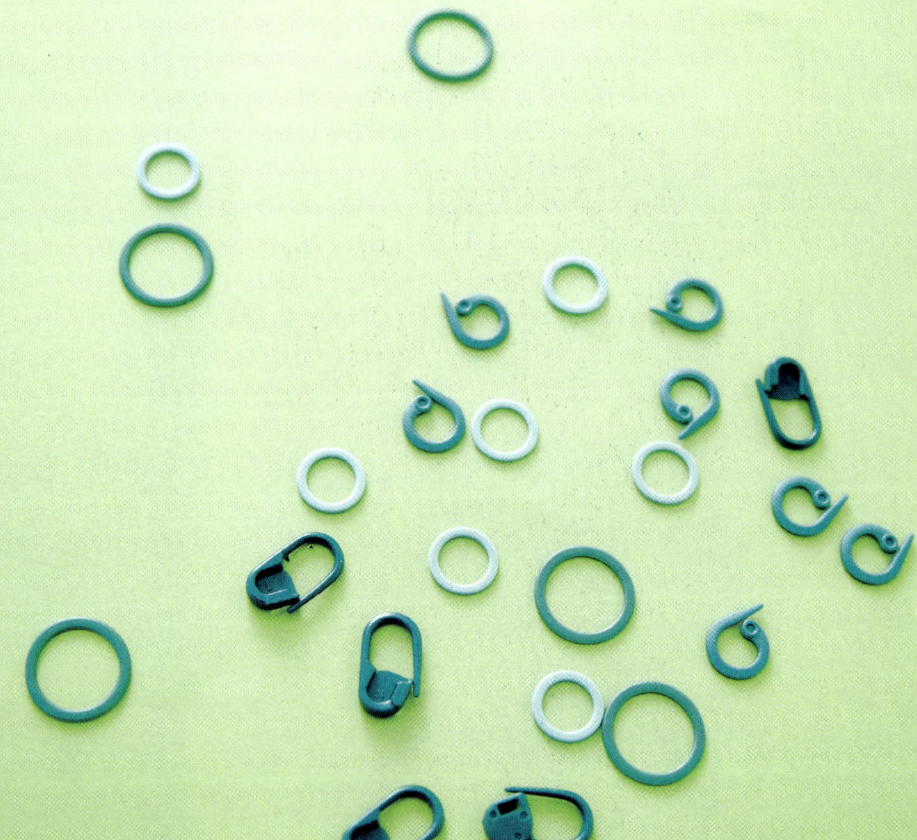

Geschlossene Maschenmarkierer hebt man beim Stricken einfach ab. Sie bleiben immer an der gleichen Stelle. Sinnvoll ist auch pro Zunahme 2 Maschenmarkierer zu setzen, damit die Zunahmen immer an der gleichen Stelle sind und man nicht mehr zählen muss. Offene Maschenmarkierer nimmt man hauptsächlich zum Häkeln, die an den passenden Stellen befestigt werden.

Falls beim Nadelspiel eine Nadel verloren geht oder bricht, kann der Socken mit 4 Nadeln weiter gestrickt werden. Die Maschen einfach auf 3 Nadeln verteilen.

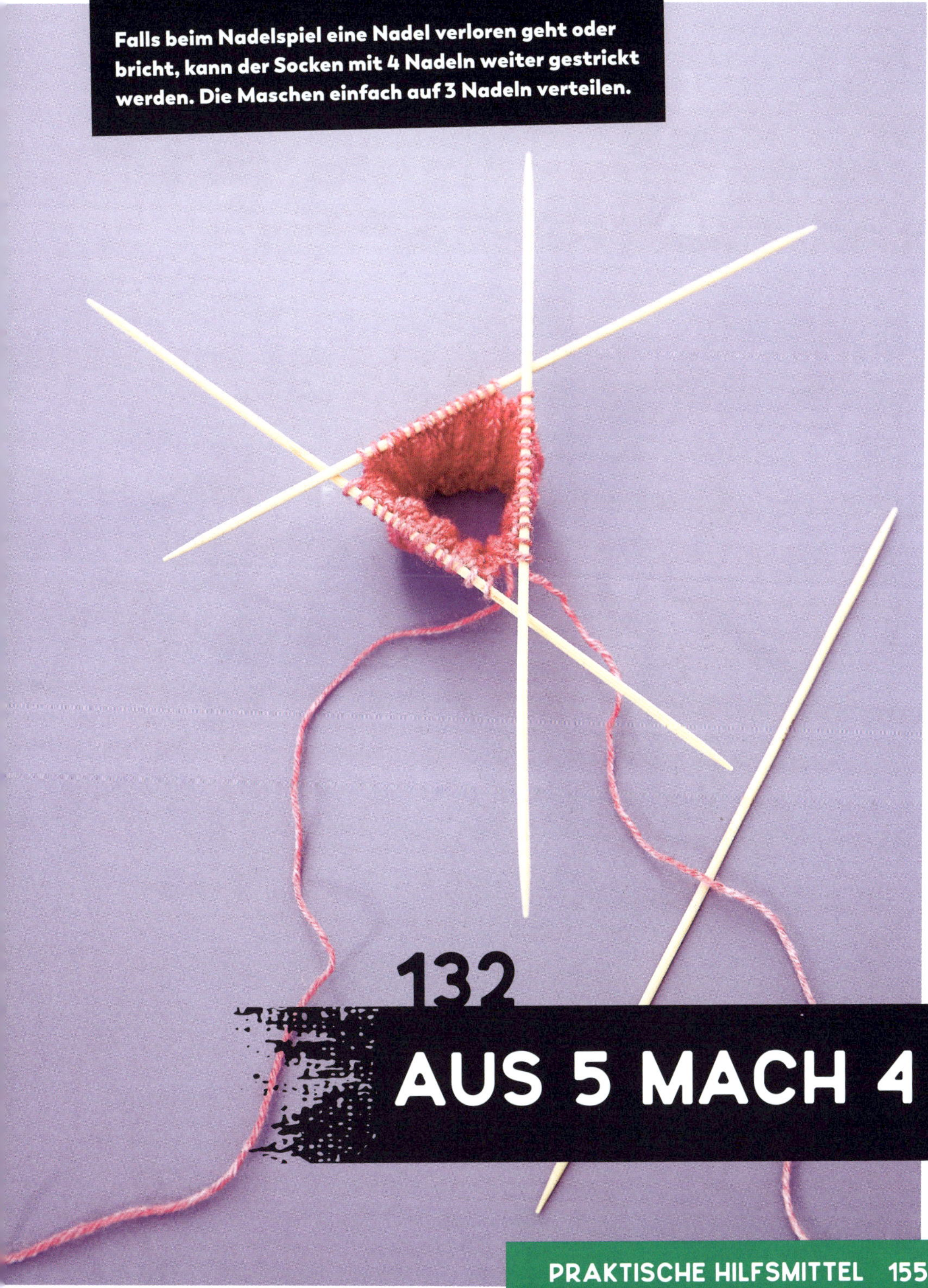

132 AUS 5 MACH 4

133

RESTE VERMEIDEN

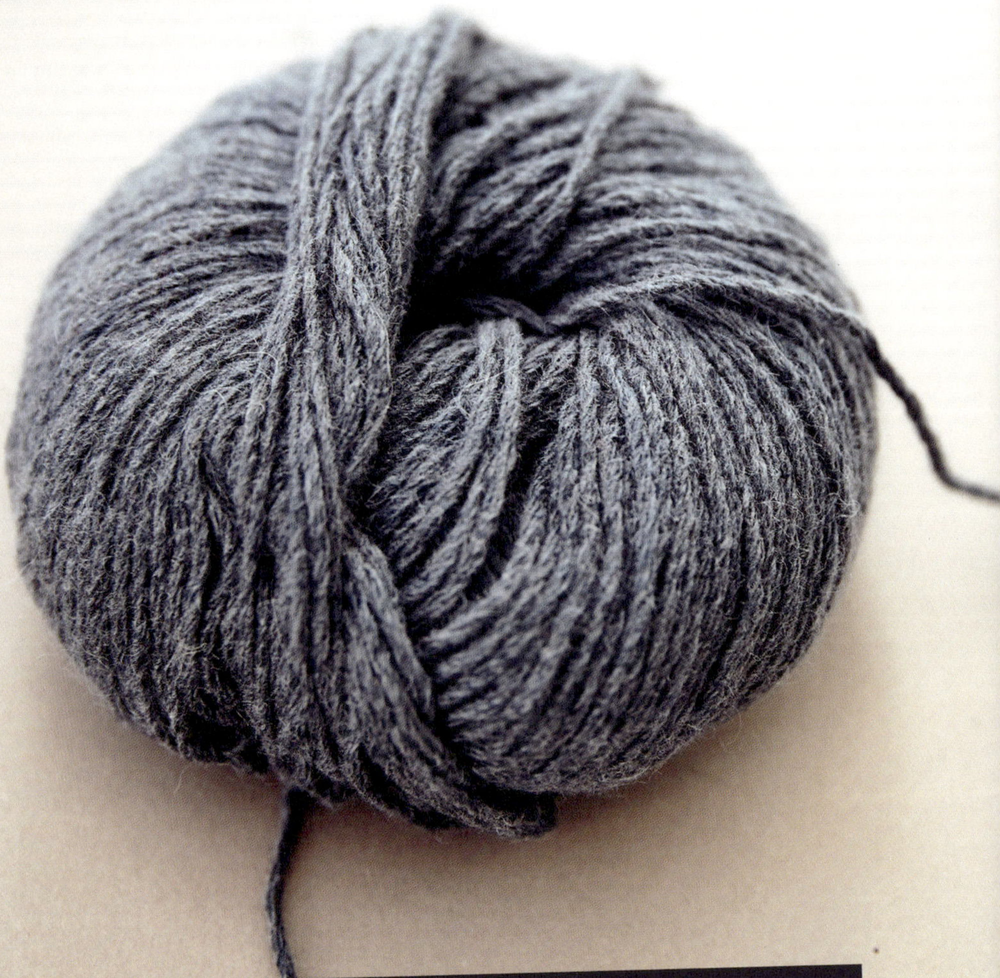

Bei zweifädigem Stricken empfiehlt sich ein Faden vom inneren des Knäuels und einen Faden von außen zu nehmen, damit keine zwei angefangenen Knäule übrig bleiben, die vom Gewicht her, ein ganzer Knäuel sind.

Der Reißverschluss sollte ca. 10 % kürzer sein, als die Blende, damit er sich nicht wellt. Den Reißverschluss mit Stecknadeln anstecken und im Vor- und Rückstich festnähen.

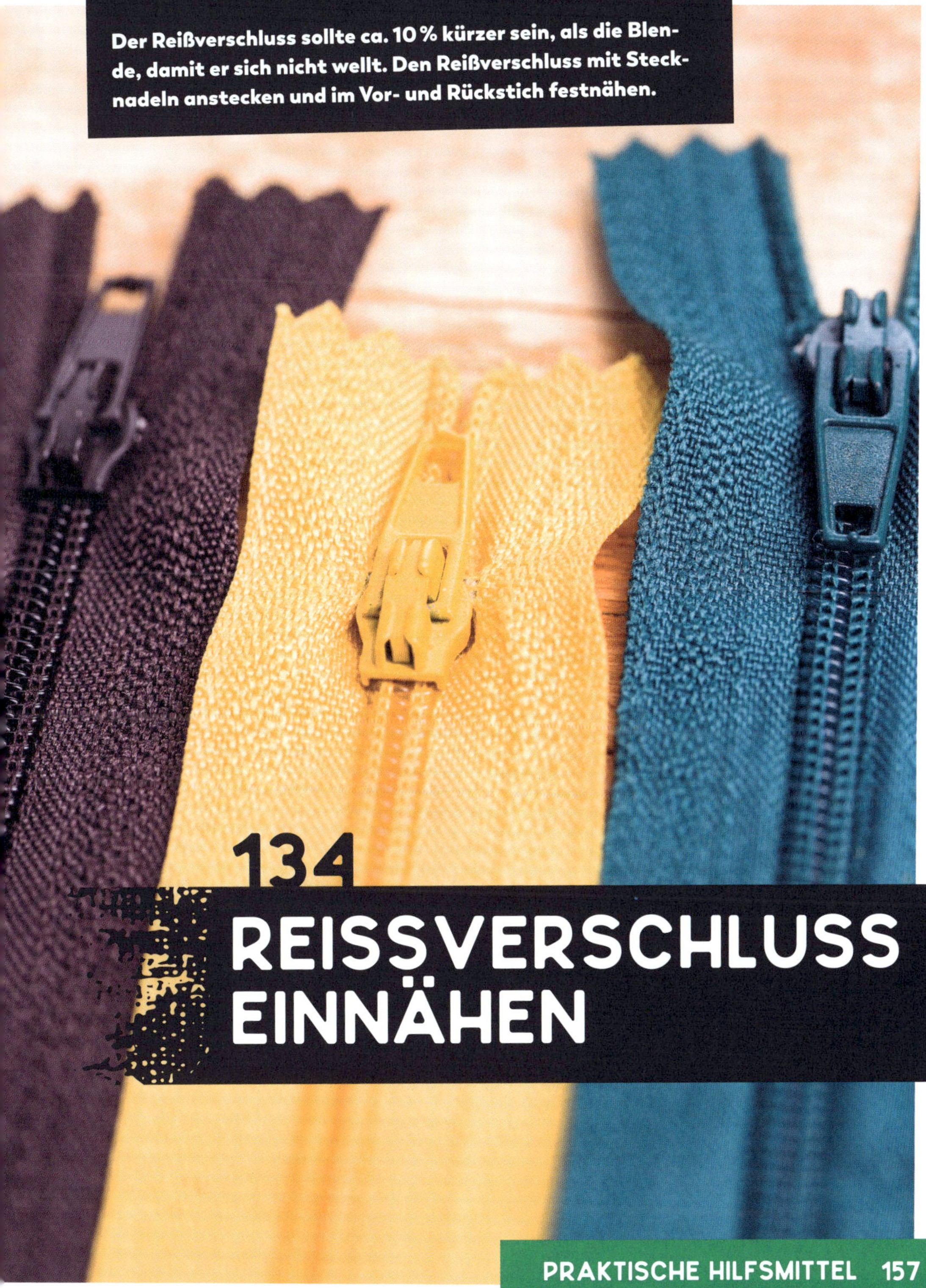

134 REISSVERSCHLUSS EINNÄHEN

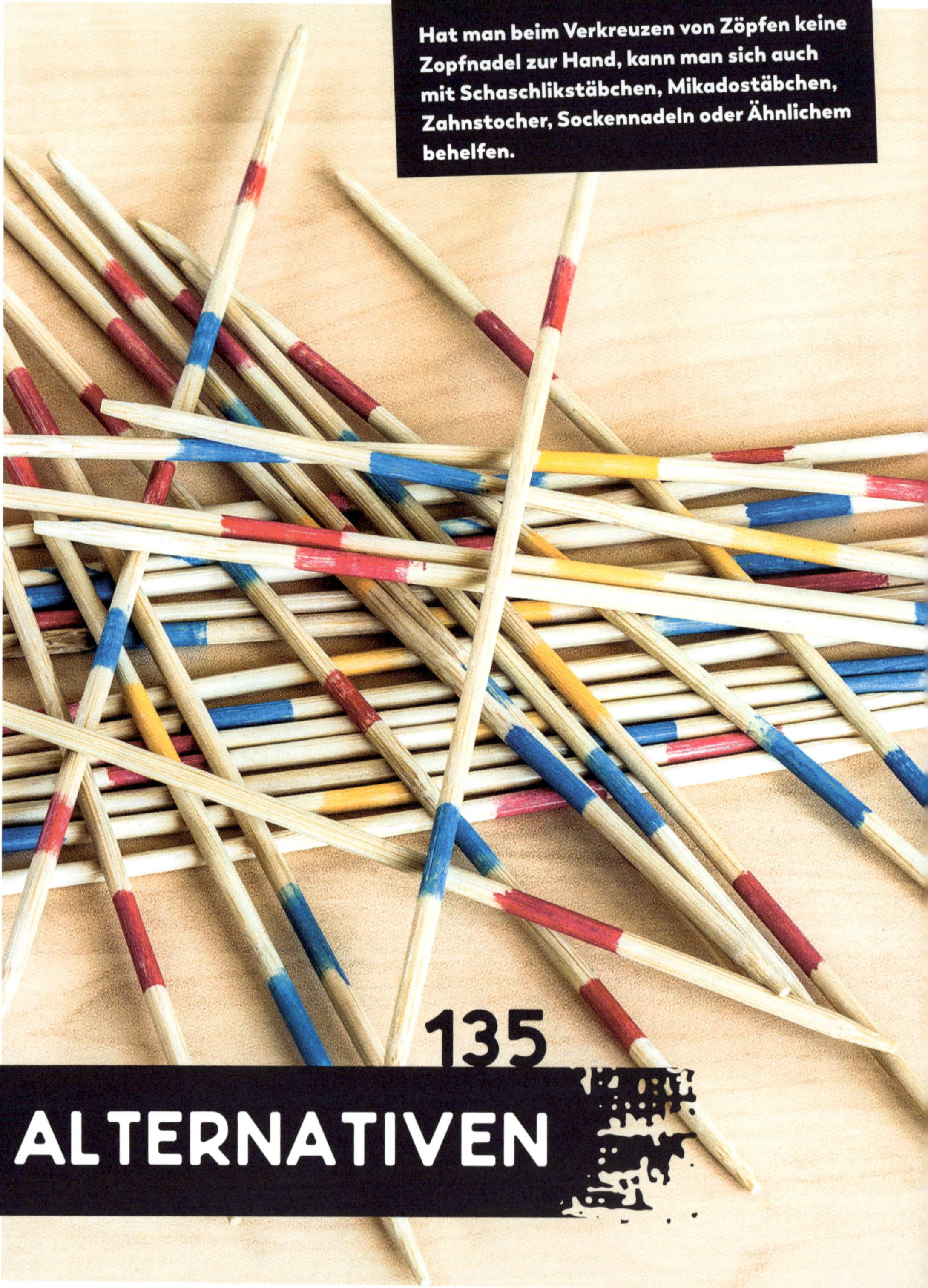

135 ALTERNATIVEN

Hat man beim Verkreuzen von Zöpfen keine Zopfnadel zur Hand, kann man sich auch mit Schaschlikstäbchen, Mikadostäbchen, Zahnstocher, Sockennadeln oder Ähnlichem behelfen.

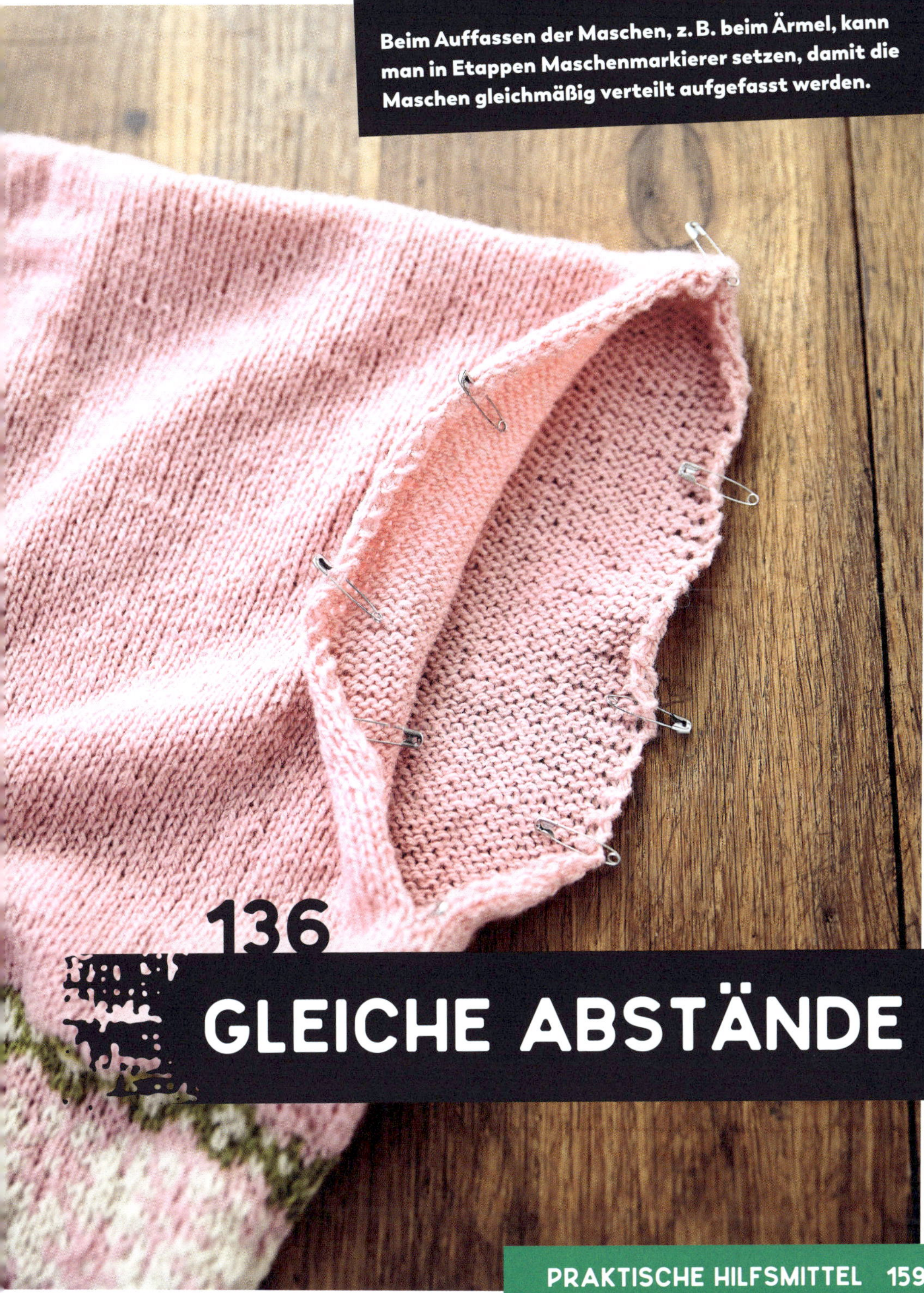

Beim Auffassen der Maschen, z. B. beim Ärmel, kann man in Etappen Maschenmarkierer setzen, damit die Maschen gleichmäßig verteilt aufgefasst werden.

136 GLEICHE ABSTÄNDE

137

DAS HAUT AUS DEN SOCKEN!

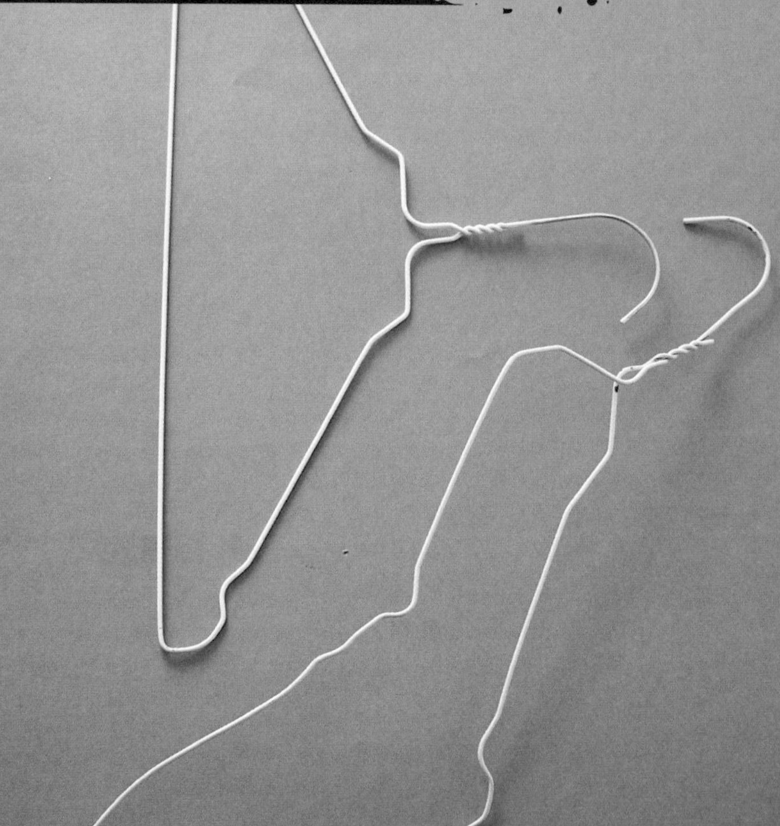

Sockenspanner kann man sich ganz einfach aus Kleiderbügeln von Reinigungen selbst biegen.

Bei festen Stricker:innen und bei Zopfmustern, bei denen mehrere Maschen verkreuzt werden müssen, empfiehlt es sich, eine dünnere Nadelspitze auf die linke Nadel aufzuschrauben. So lassen sich die Maschen leichter abstricken.

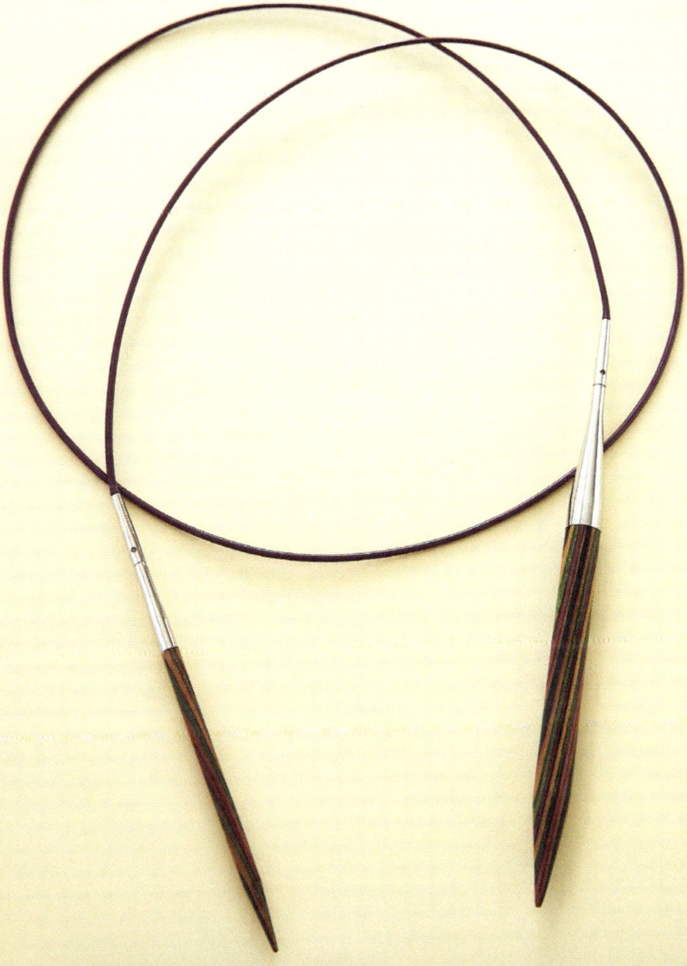

138 KLEINER WERDEN

139
LEICHTER STRICKEN

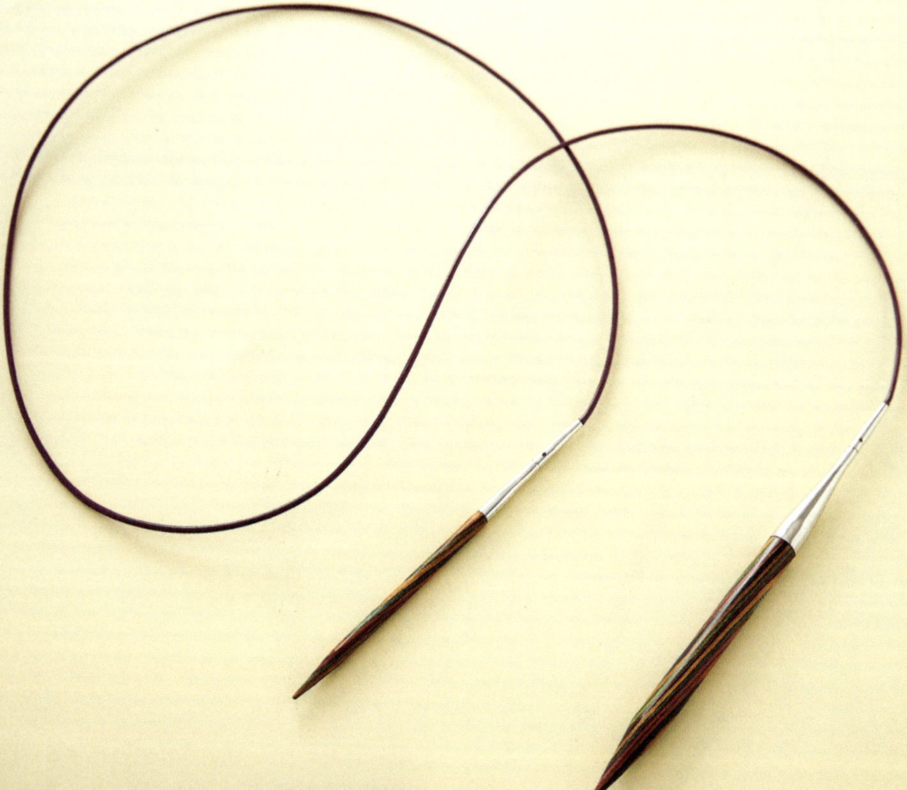

Beim Rundstricken mit Ajourmustern kann man die linke Nadelspitze kleiner wählen. So laufen die Maschen gut über die Nadel.

In der Restekiste verheddern oft die Wollknäule, wenn der Anfangsfaden nicht fixiert ist. Eine Möglichkeit ist eine Papierbanderole zu basteln. Das hat auch den Vorteil, dass man die Zusammensetzung des Materials sowie die Lauflänge etc. auf die Banderole schreiben kann. Eine andere Möglichkeit sind Haarspangen, die sich zusammen klippen lassen. Somit fixiert man die Fäden.

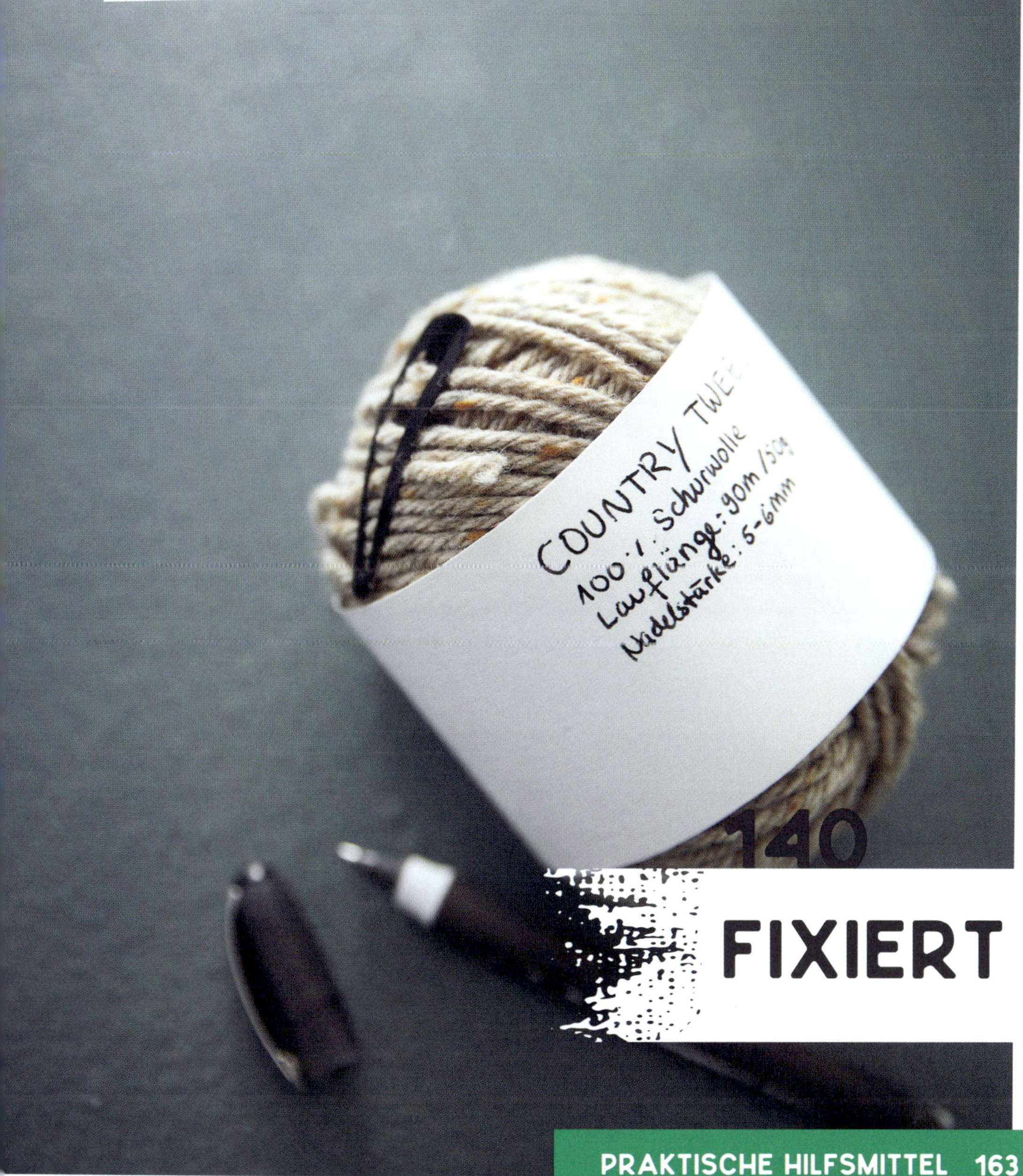

140 FIXIERT

141
SOCKEN FIXIERT

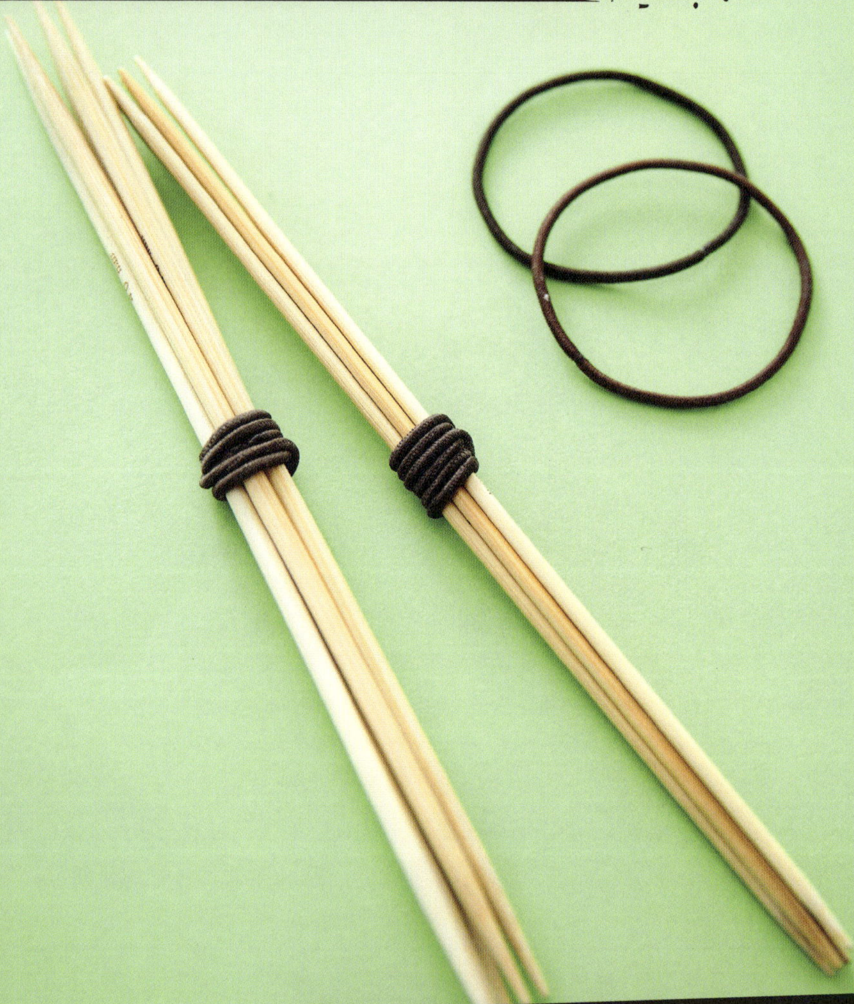

Das Chaos bei Sockennadeln mit verschiedenen Stärken lässt sich vermeiden, indem man die jeweiligen Nadelspiele mit einem Haargummi, am besten mit einem Spiralgummi zusammenhält und dann in einem Glas oder einem Behälter verstaut.

Hat man keinen Reihenzähler zur Hand kann man eine Karte oder Postkarte und 3 Büroklammern nehmen. Schreibe an 3 Kanten jeweils die 1er-, 10er- und 100er-Zahlen und markiere mit der Büroklammer die jeweilige Zahl.

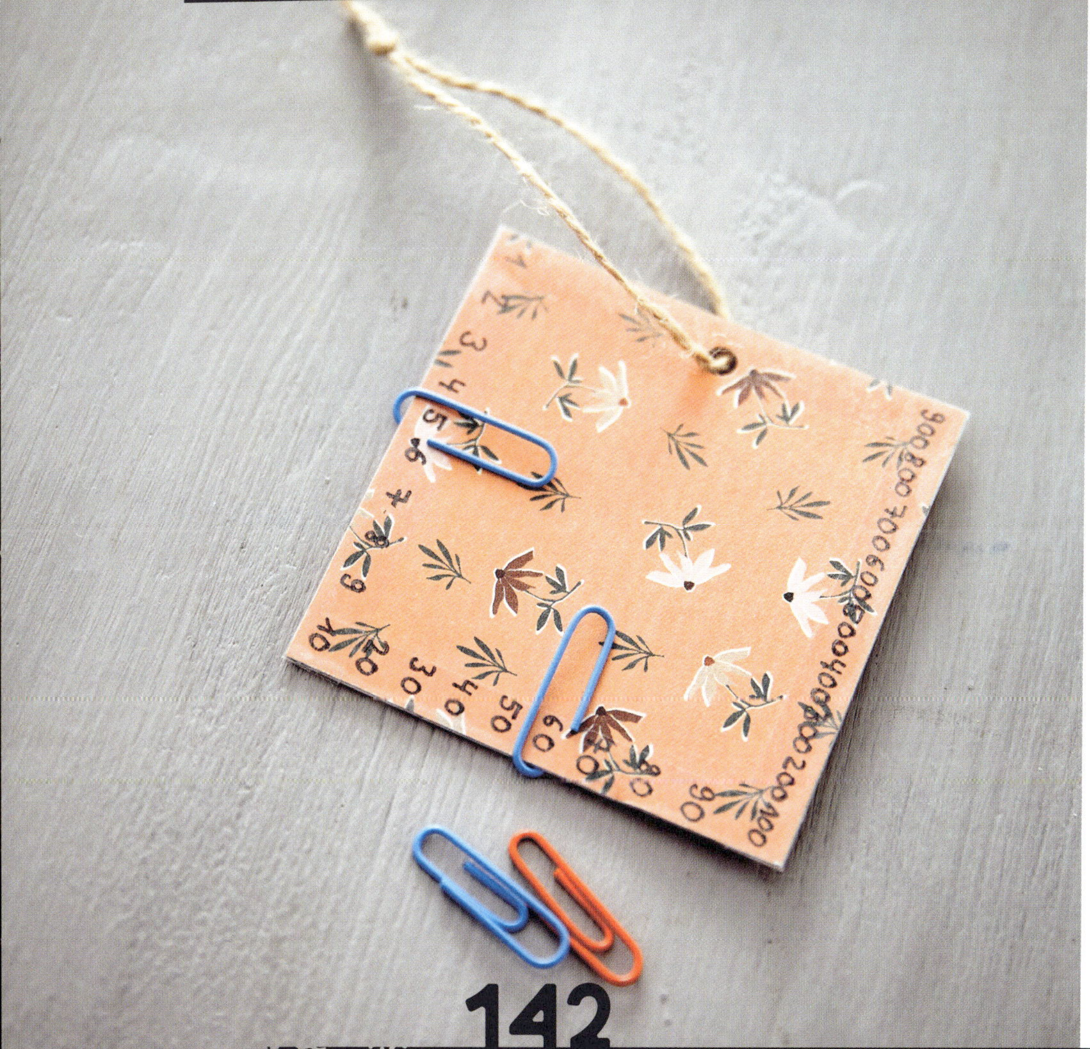

142

PRAKTISCHER REIHENZÄHLER

Bei langweiligen Strickprojekten ist es hilfreich bei Beginn die erste Masche mit einem Maschenmarkierer zu markieren. So kann man super den eigenen Fortschritt beobachten

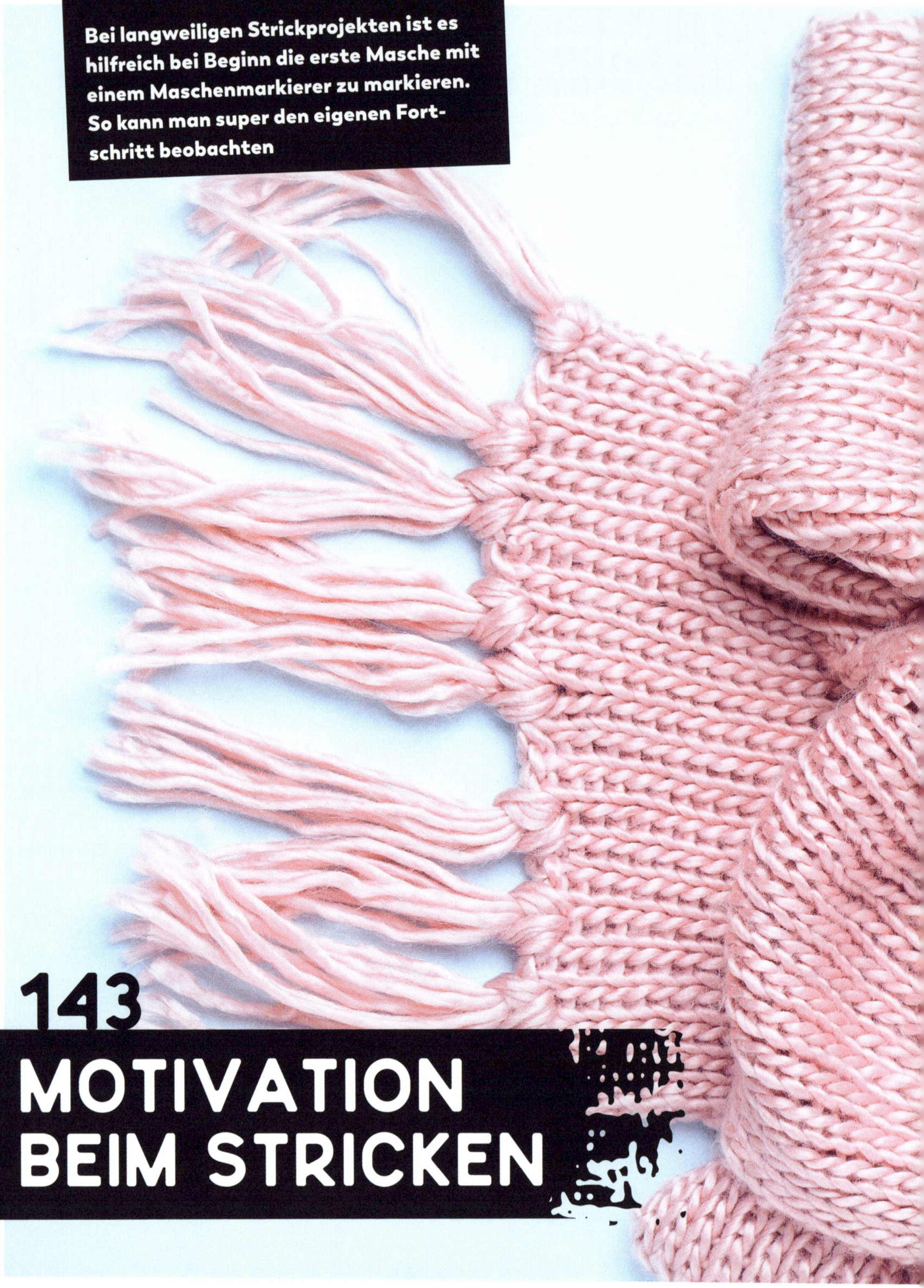

143

MOTIVATION BEIM STRICKEN

Es gibt Garne, die ribbeln am Anfang und am Ende auf. Daher empfiehlt es sich die Enden mit einem Heißkleber zu verkleben.

144 GEKLEBT

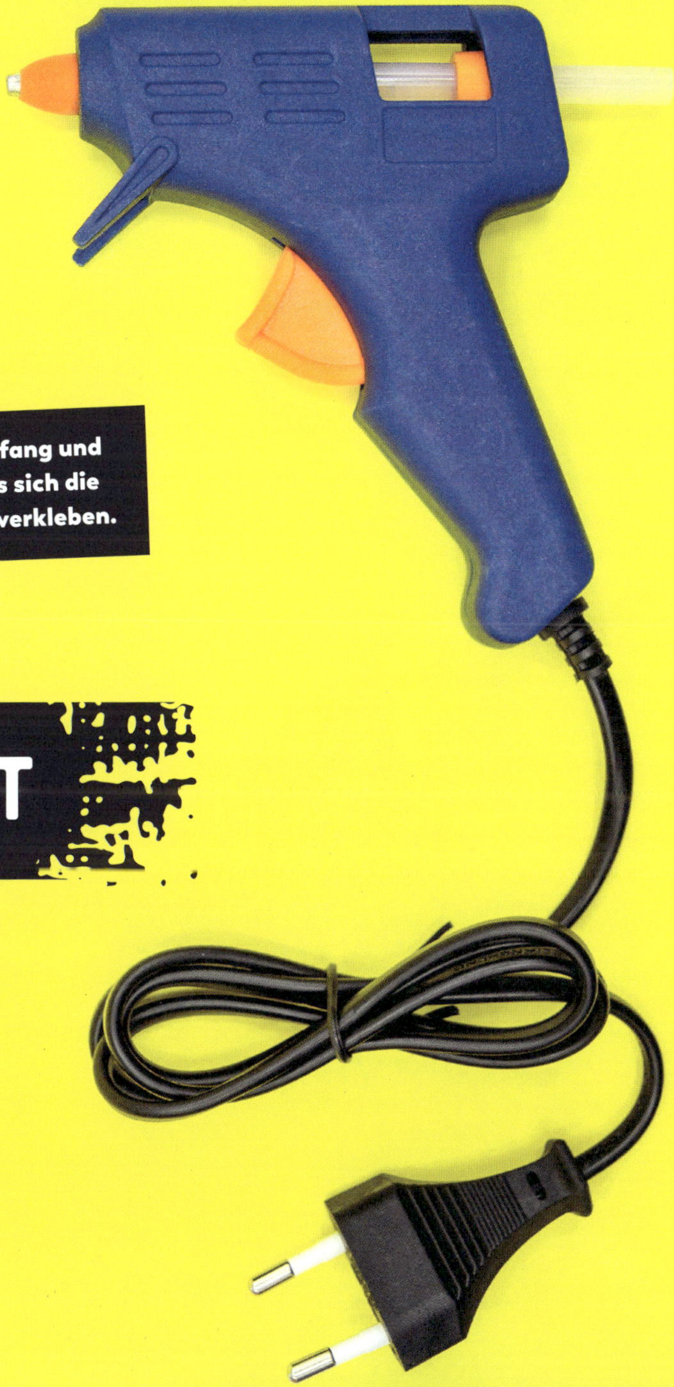

145 ERSATZ

Ist kein Maschenraffer zur Hand, kann man eine zusätzliche Rundnadel nehmen. Alternativ kann man auch durch alle Maschen einen Faden ziehen.

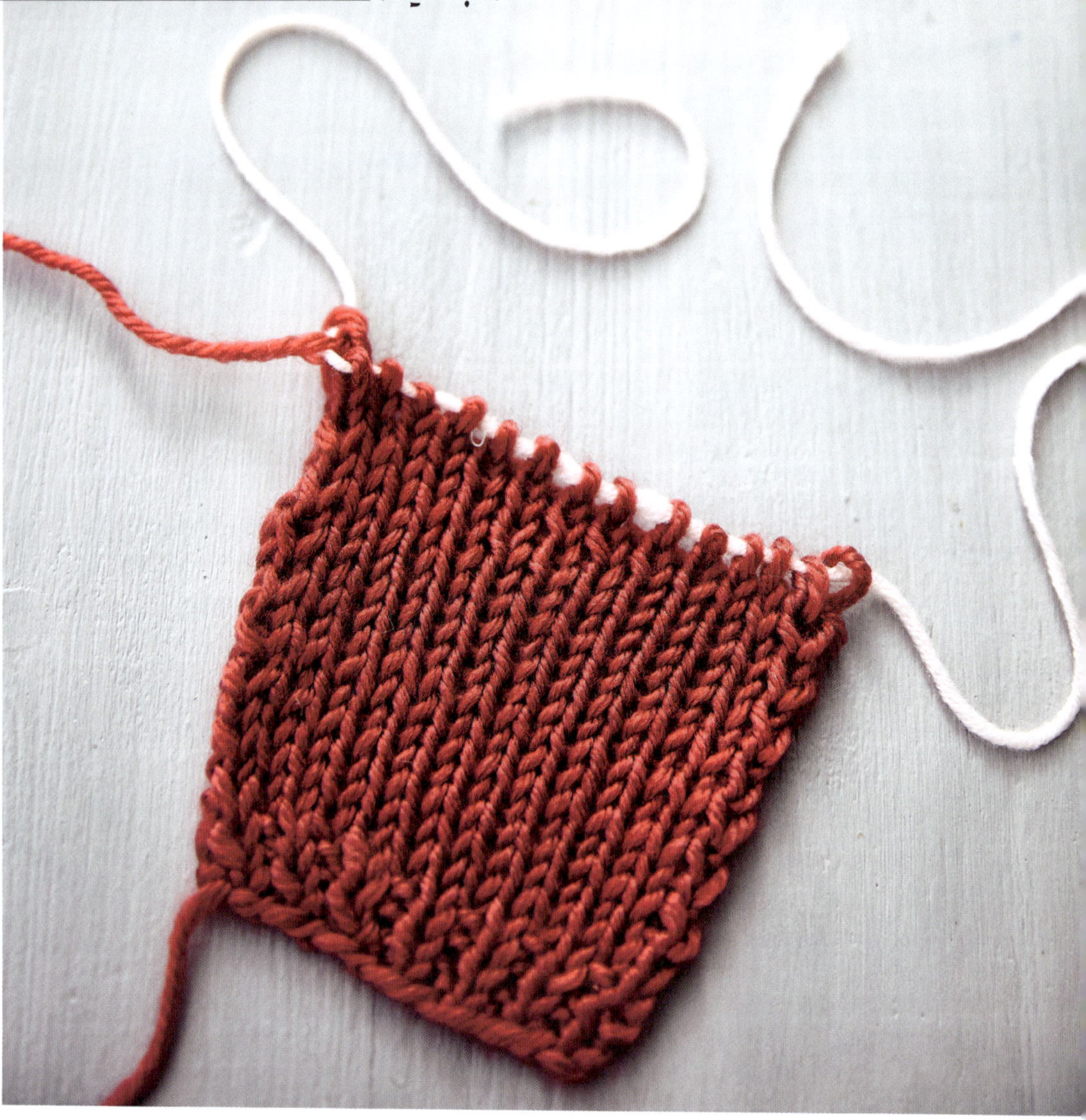

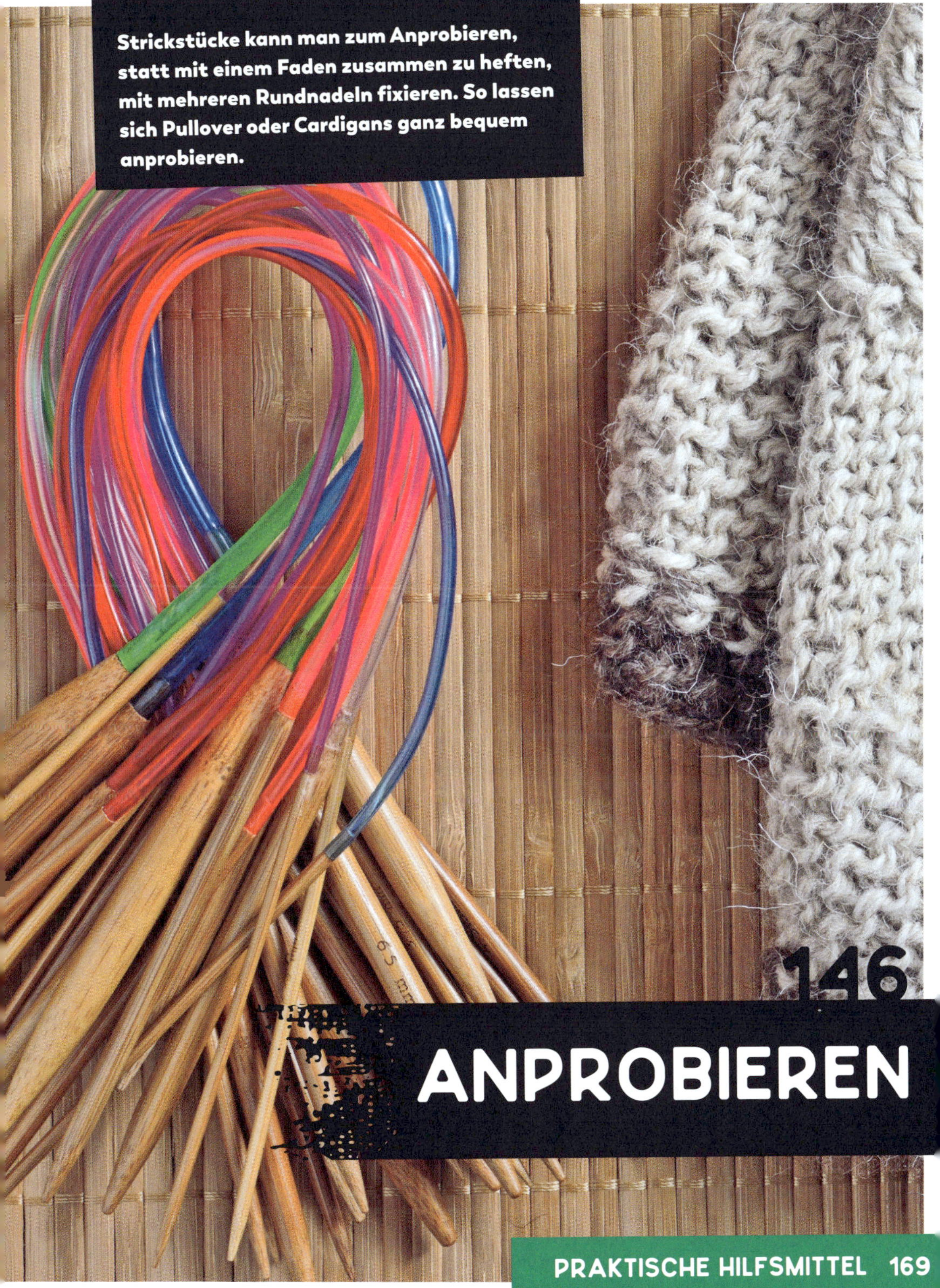

Strickstücke kann man zum Anprobieren, statt mit einem Faden zusammen zu heften, mit mehreren Rundnadeln fixieren. So lassen sich Pullover oder Cardigans ganz bequem anprobieren.

146

ANPROBIEREN

Um festzustellen, ob das Garn noch ausreicht, kann man das Projekt auf einer Küchenwaage wiegen. So auch die verbleibende Wolle. Dadurch lässt sich das verbliebene Garn errechnen.

147
REICHT ES NOCH?

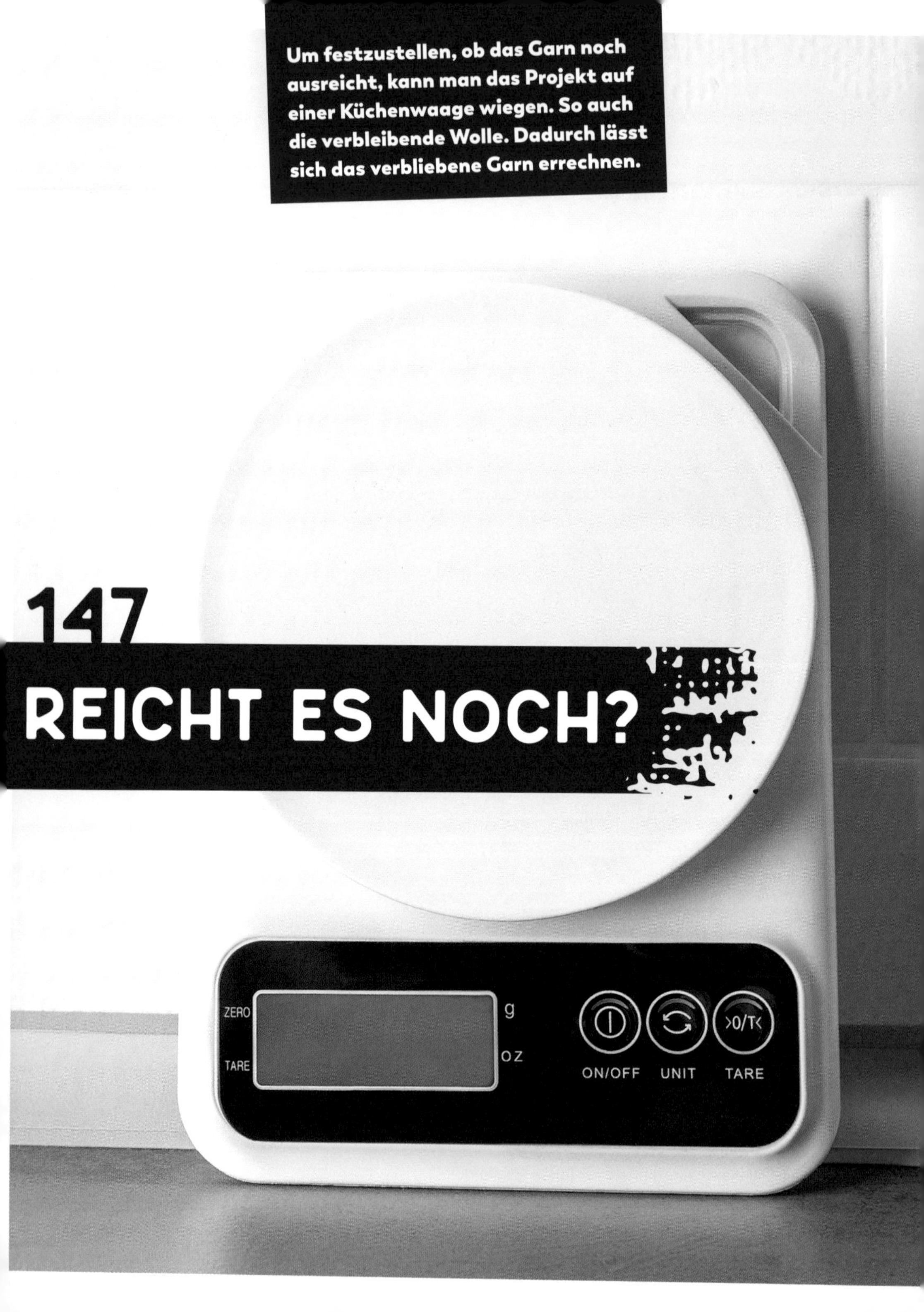

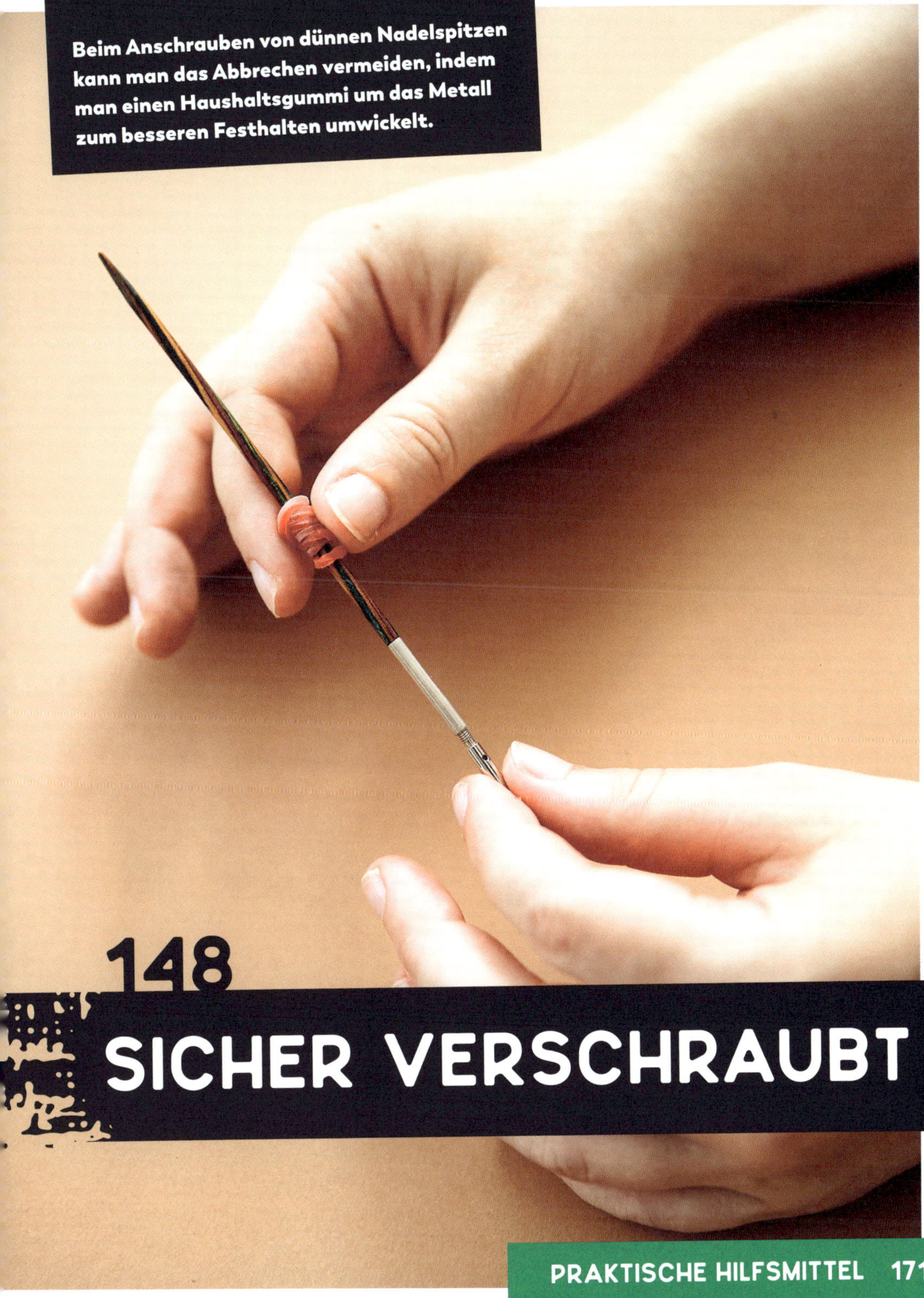

Beim Anschrauben von dünnen Nadelspitzen kann man das Abbrechen vermeiden, indem man einen Haushaltsgummi um das Metall zum besseren Festhalten umwickelt.

148 SICHER VERSCHRAUBT

149
IN DIE SCHÜSSEL

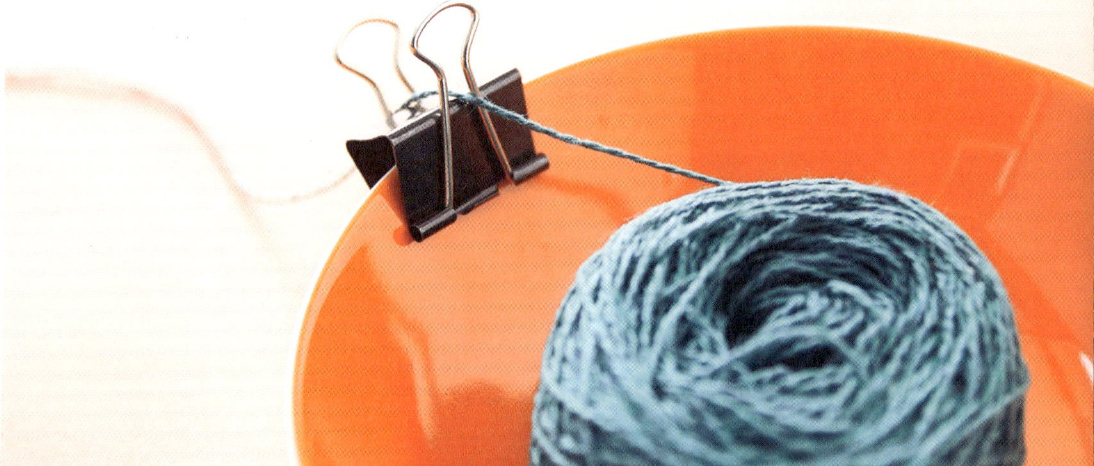

Wenn man den Faden von außen von einem Knäuel strickt und man keinen Garnabroller hat, kann man die Wolle in eine Schüssel mit dünnem Rand legen und befestigt am Rand eine Briefklammer. Durch diese Öse kann man den Faden dann durchführen.

Um das Verrutschen bei Strickschriften zu vermeiden, kann man ein Klemmbrett mit einem Gummizug umwickeln, der vorher zusammengenäht wird. Dieser kann nun ganz bequem über das Klemmbrett gezogen werden und für die jeweilige Reihe verrutscht werden.

150 DURCHBLICK

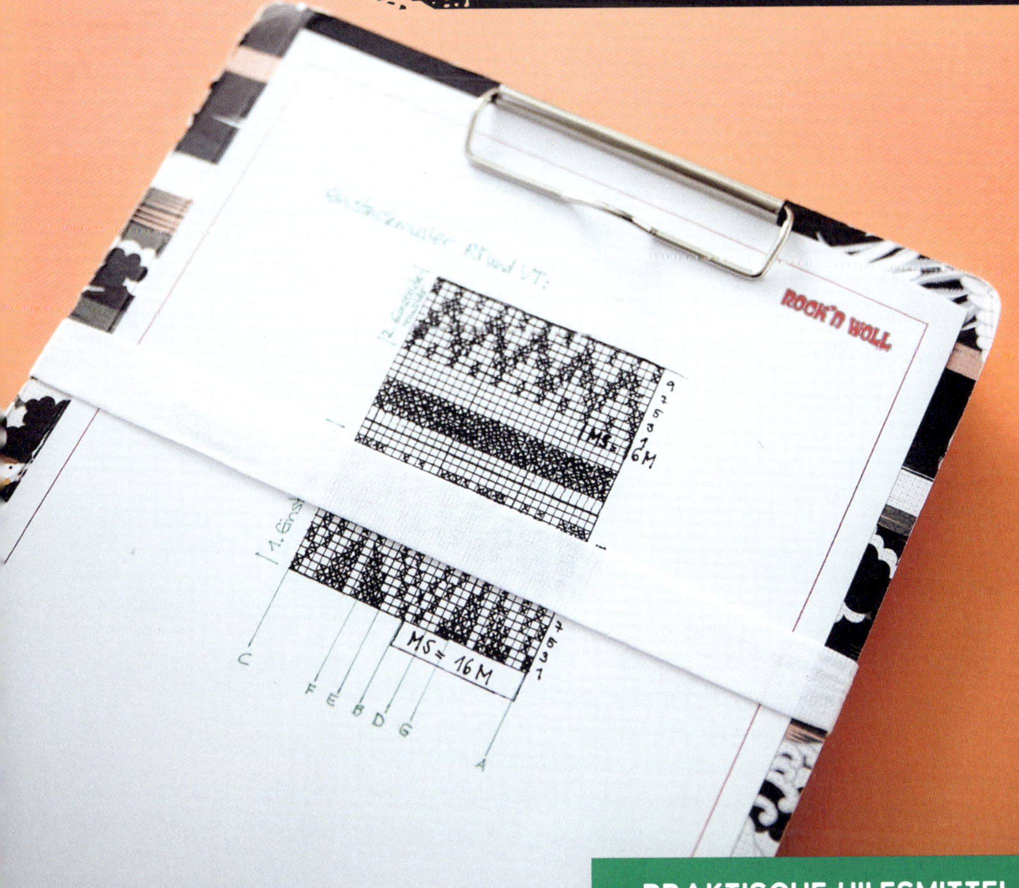

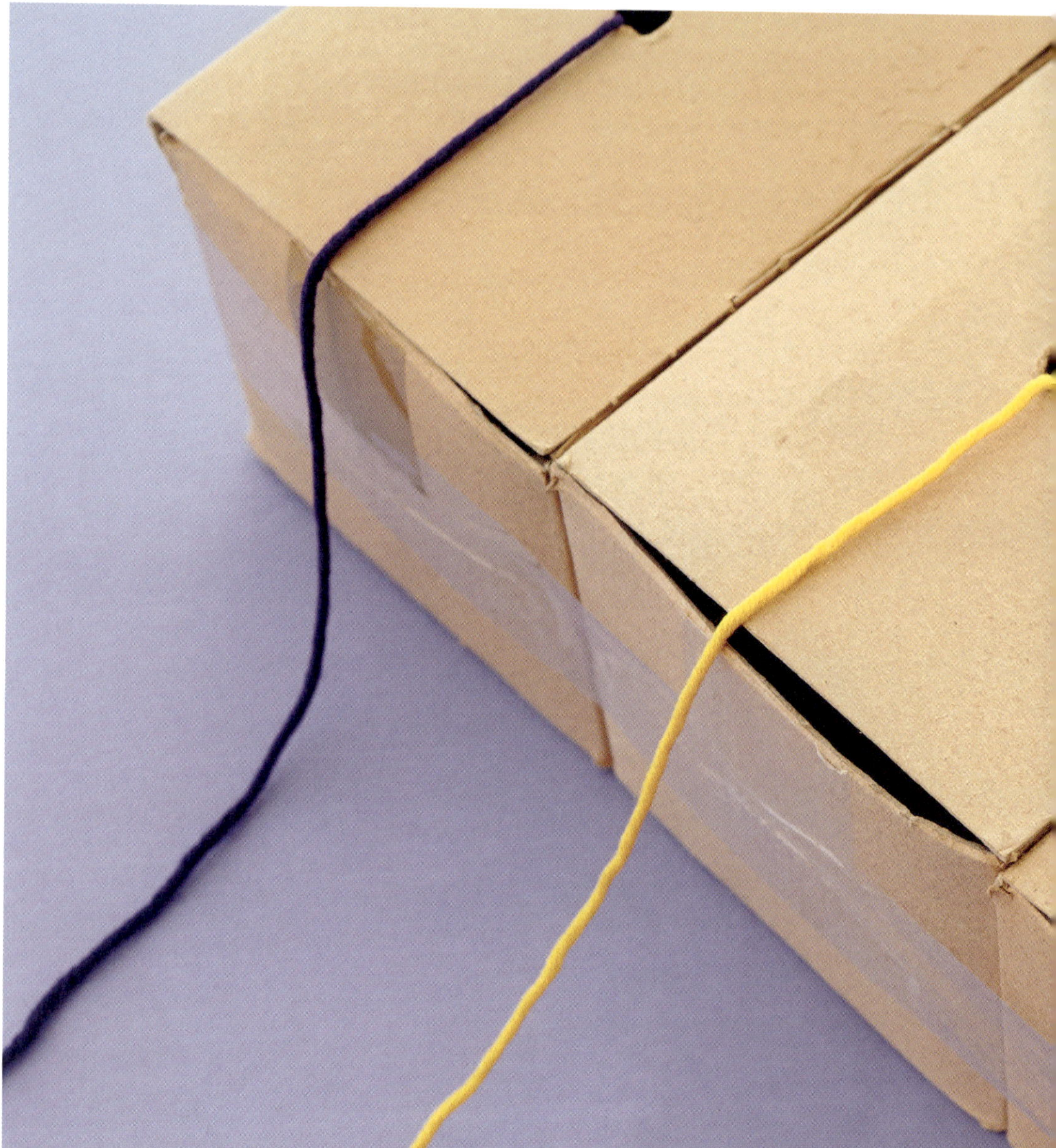

Wenn du mit mehreren Farben arbeitest, vermeidest du ein Knäuel-Gewirr, indem du jedes Knäuel in einen eigenen Behälter gibst. Besonders praktisch ist dafür ein Karton, den du in mehrere Fächer unterteilst. Für jeden Faden schneidest du ein Loch in den Deckel.

Du kannst auch kleine Kartons nehmen, die du einfach mit Paketband zusammenklebst.

Ordnung halten

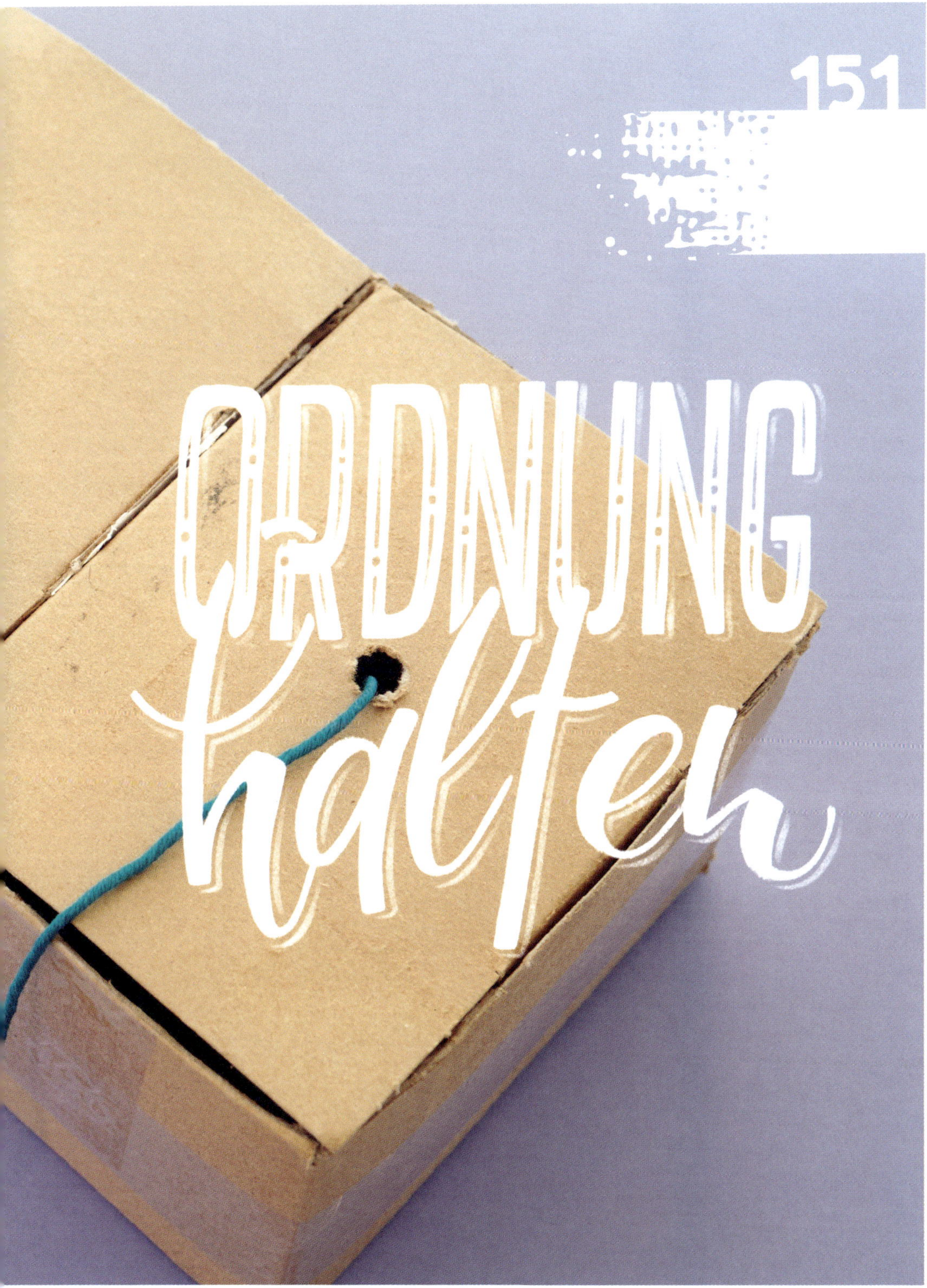

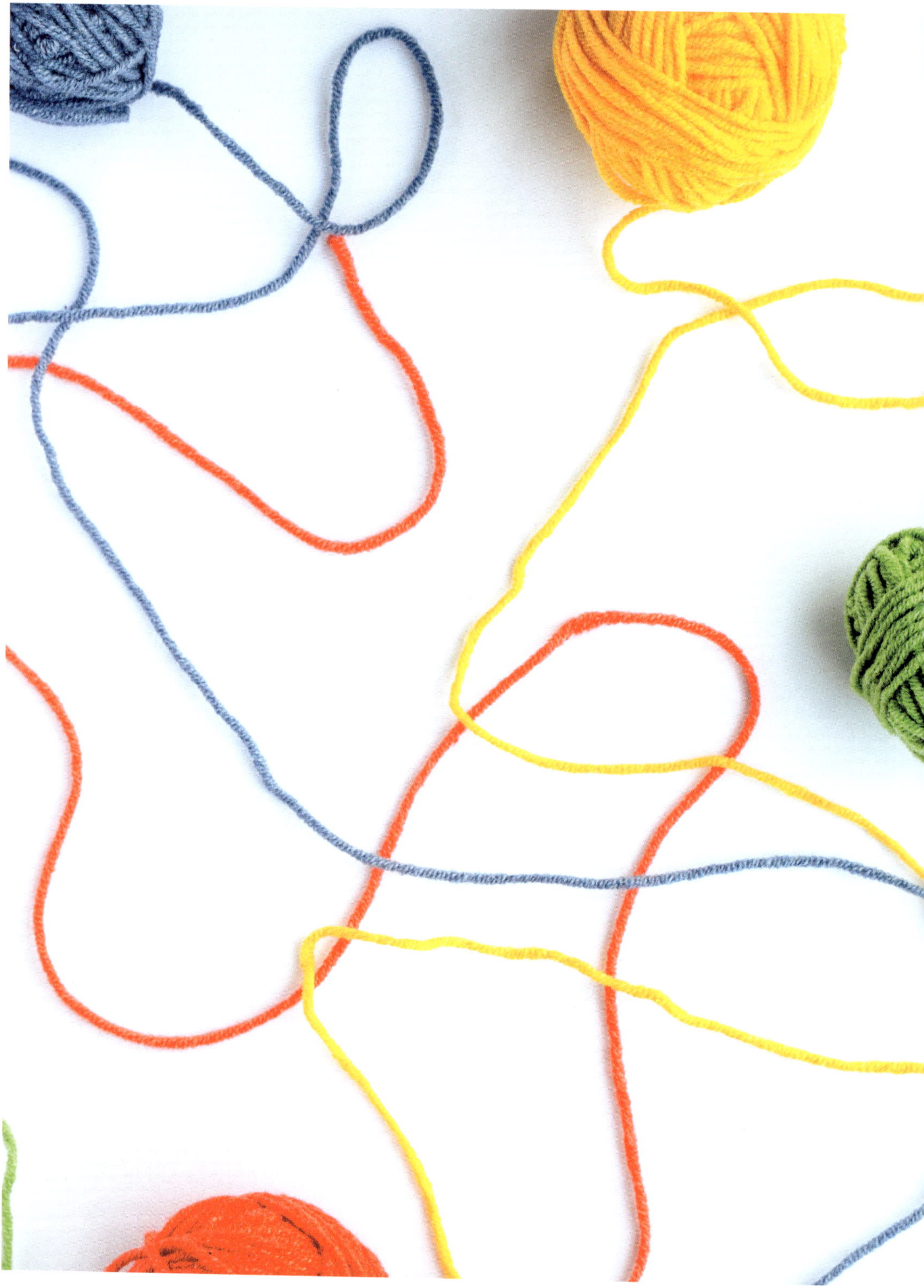

Wer Ordnung hält, hat mehr vom Leben. Und genauso ist das auch für die Aufbewahrung von Garnen, Nadeln oder anderen Utensilien rund ums Stricken. Dieses Kapitel hilft dir, deine Garne, Nadeln und Anleitungen super zu verstauen, um den Überblick zu behalten, damit du bei deinem nächsten Projekt direkt alles findest.

152

KNOTEN RAUS!

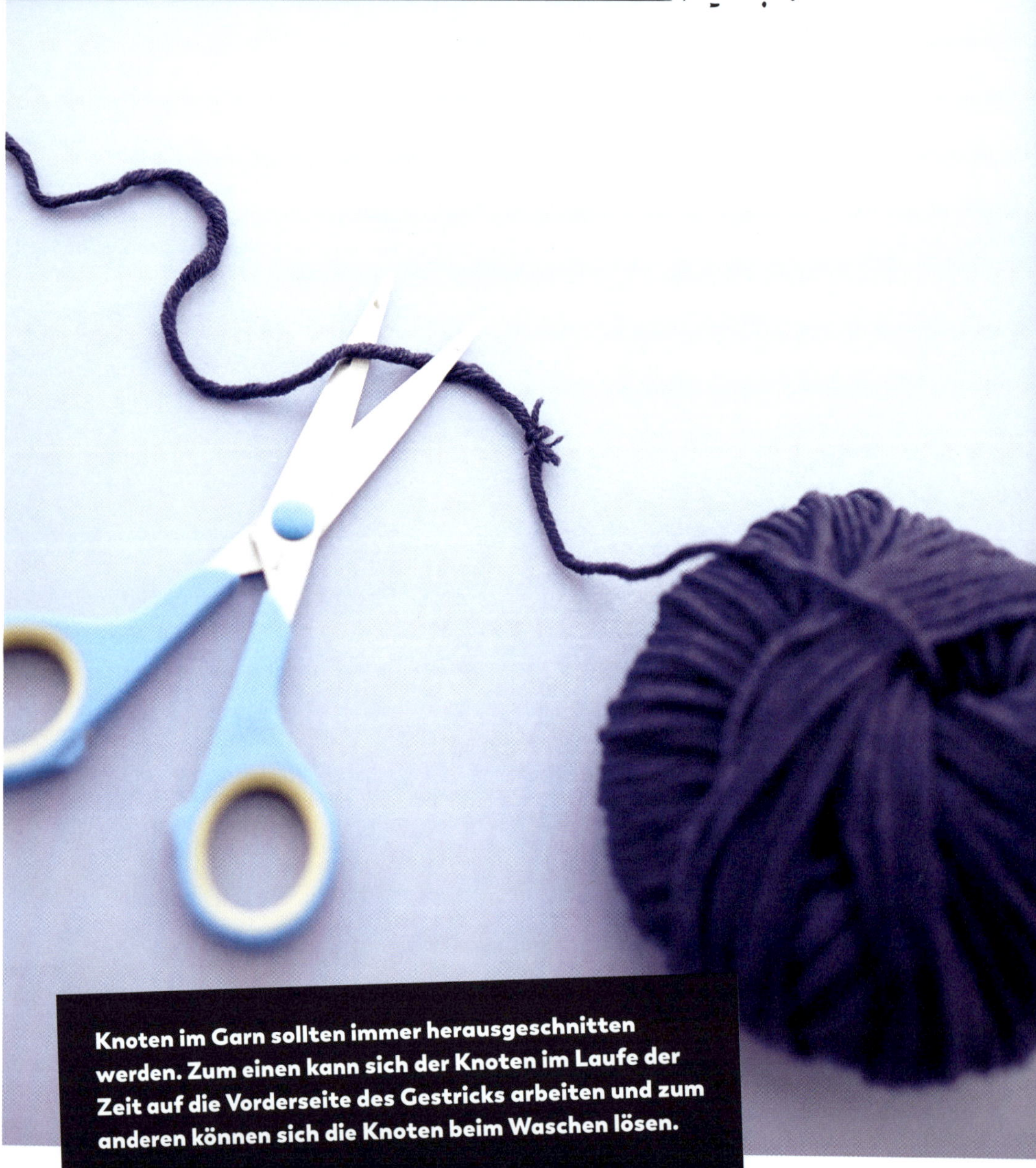

Knoten im Garn sollten immer herausgeschnitten werden. Zum einen kann sich der Knoten im Laufe der Zeit auf die Vorderseite des Gestricks arbeiten und zum anderen können sich die Knoten beim Waschen lösen.

Deine festen Rundstricknadeln bewahrst du übersichtlich und preisgünstig in einem DIN-A-5 Ringbuch mit passenden Prospekthüllen (möglichst dick) auf.

Noch stabiler wird es mit einem eingeschobenen dünnen Karton – darauf kannst du auch gleich Nadelstärke und Länge vermerken.

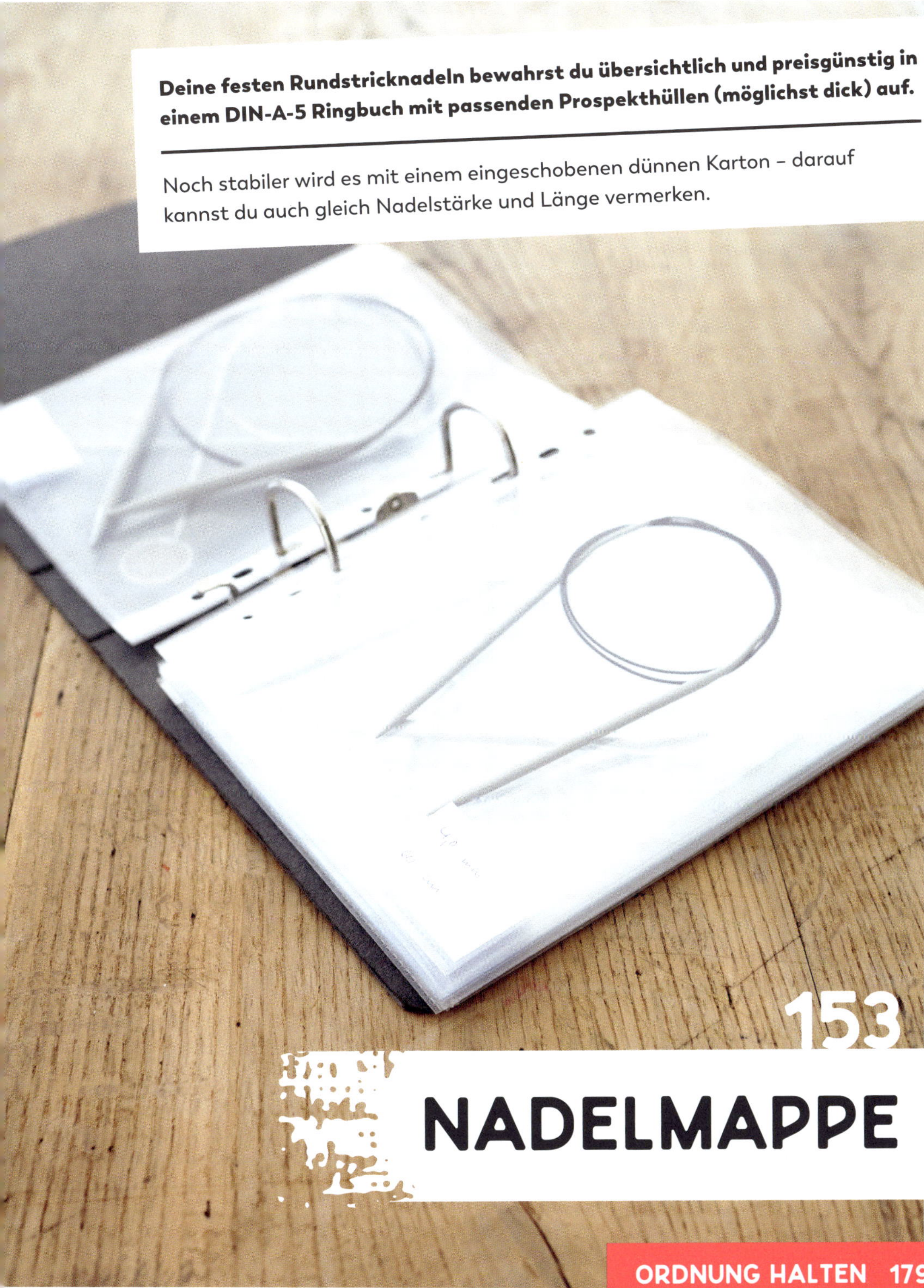

153

NADELMAPPE

154

VOM STRANG ZUM KNÄUEL

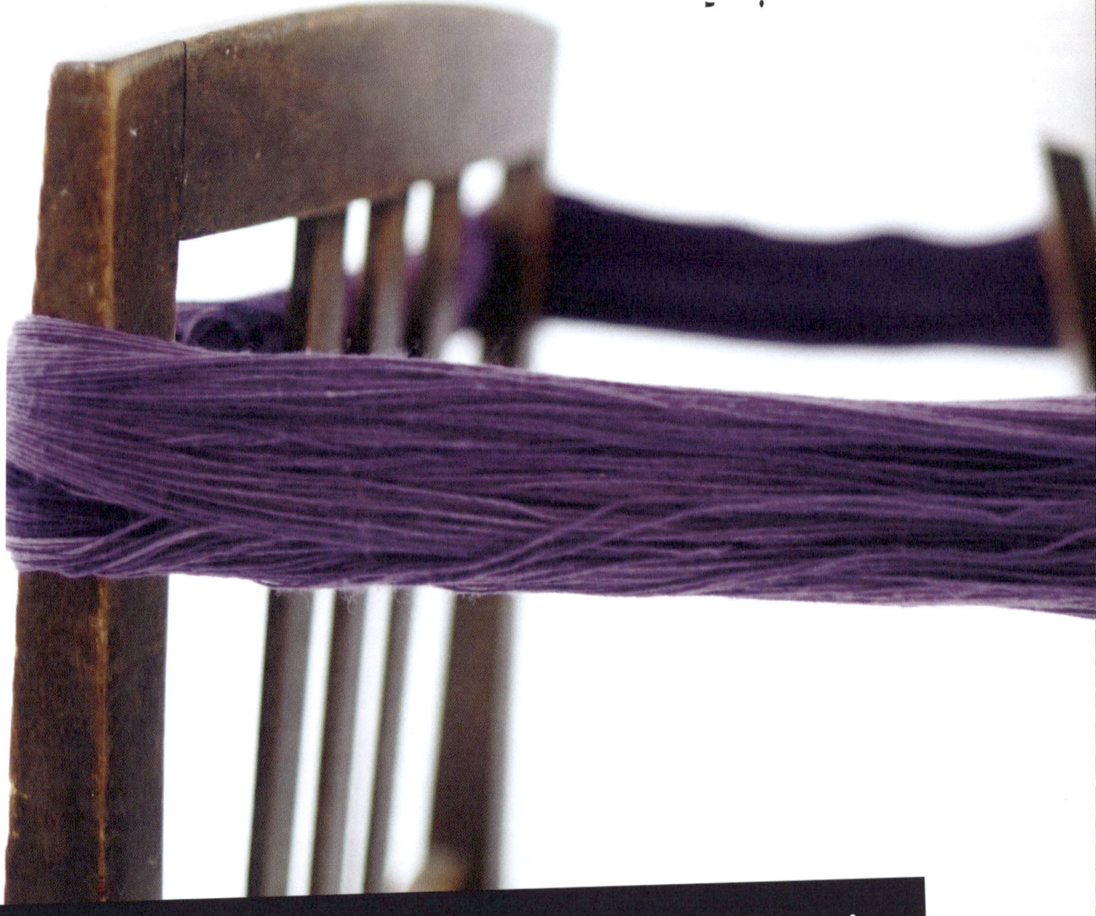

Strangwolle sollte vor dem Verstricken immer zum Knäuel gewickelt werden. Versucht man direkt vom Strang zu stricken, ergibt sich über kurz oder lang ein heilloses Wirrwar. Hat man weder eine Schirmhaspel noch einen netten Menschen, der den Strang während des Abwickelns hält, kann man den Strang auch über die Rückenlehnen von zwei Stühlen spannen.

Das Knäuel locker wickeln, damit der Faden nicht überdehnt wird.

Notiere alle Daten und Notizen zu deinen Projekten in einem Projektbuch. Wenn du einen A-4-Ordner nimmst, kannst du darin sogar deine Maschenproben, die Banderolen, einen Garnrest und ggf. einen Ersatzknopf aufbewahren und hast dann alles an einem Ort. Die Maschenprobe kannst du prima mit einem schmalen Streifen doppelseitigem Klebeband befestigen. Für den Garnrest und den Ersatzknopf eignen sich selbstklebende Visitenkartentaschen ganz ausgezeichnet.

Auf 250g-Papier wird alles schön stabil.

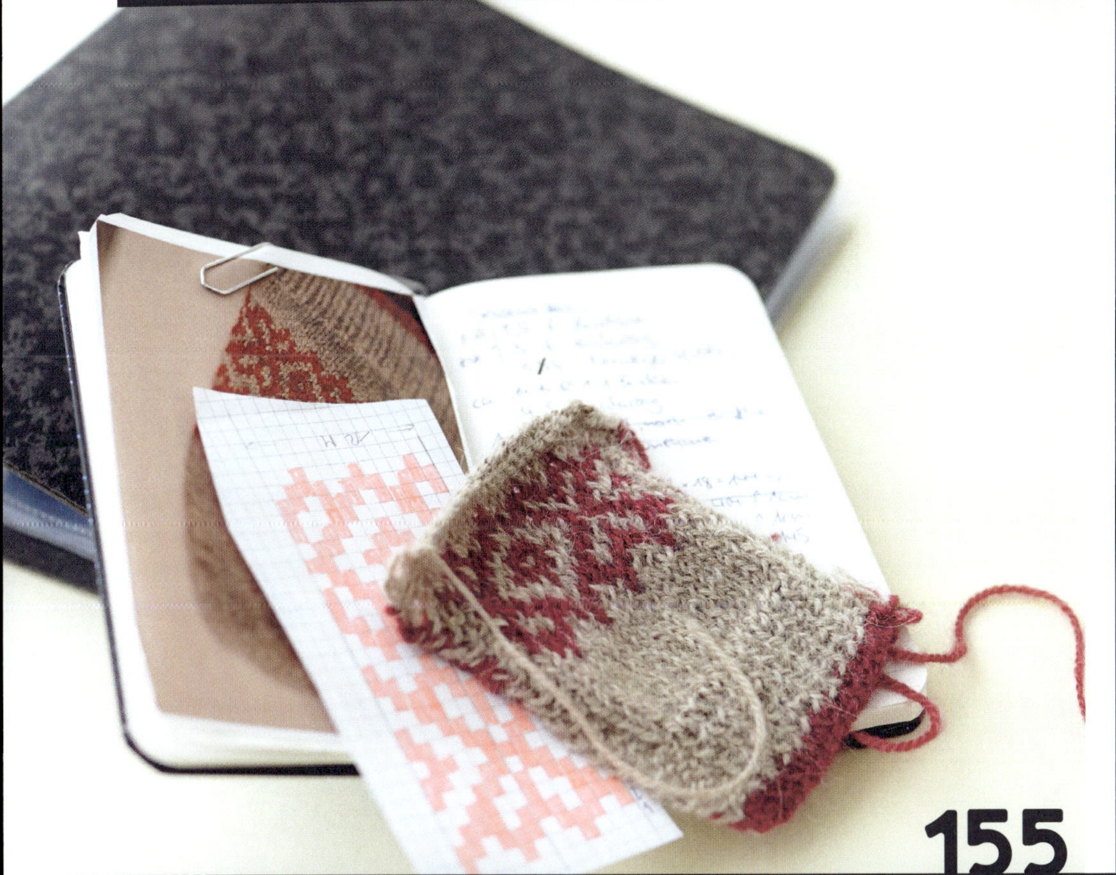

155

DEIN PROJEKTBUCH

Wenn du nach einer Strickanleitung für mehrere Größen arbeitest, streiche zuerst alle Angaben durch, die nicht für deine Größe sind. Gleich ist die Anleitung viel übersichtlicher.

Am besten kopierst du die Anleitung vorher. Dann bist du für alle Eventualitäten vorbereitet und kannst die Anleitung später noch in anderen Größen nachstricken.

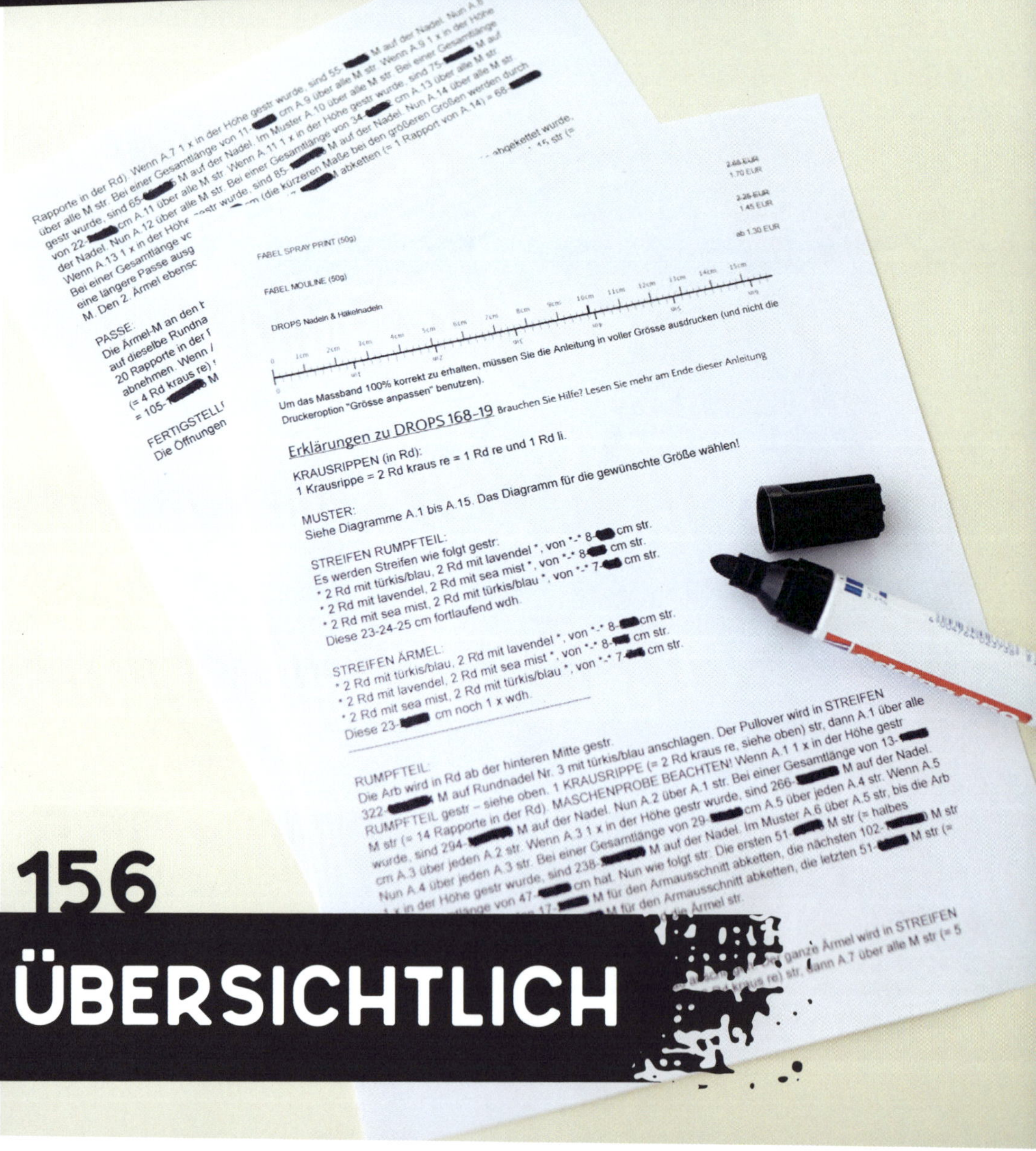

156 ÜBERSICHTLICH

157

WO BIN ICH?

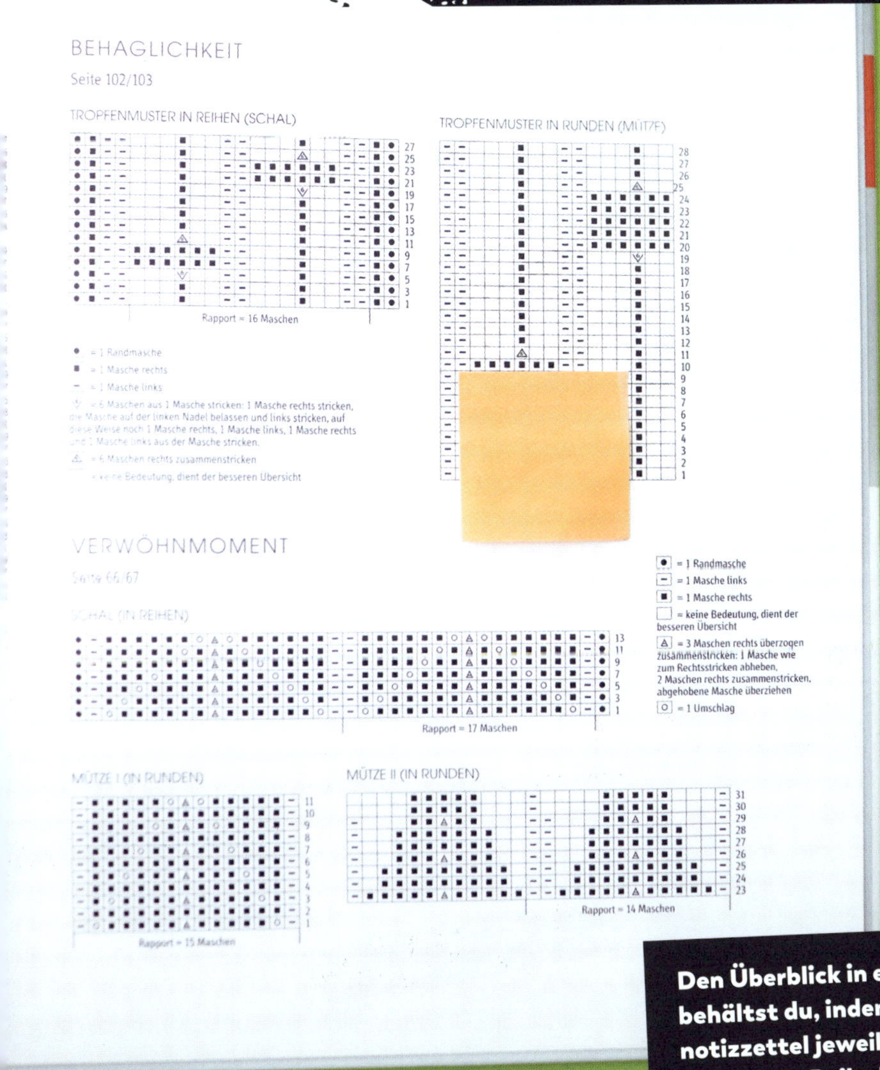

Den Überblick in einer Strickschrift behältst du, indem du einen Haftnotizzettel jeweils unter die zu strickende Reihe klebst.

158

LANGLEBIG!

Ausgedruckte Strickanleitungen können schnell verknittern oder einreißen. Um das zu verhindern, lohnt es sich, die Anleitungen zu laminieren. So können auch ganz einfach Notizen neben der Anleitung mit einem wasserlöslichen Stift gemacht werden.

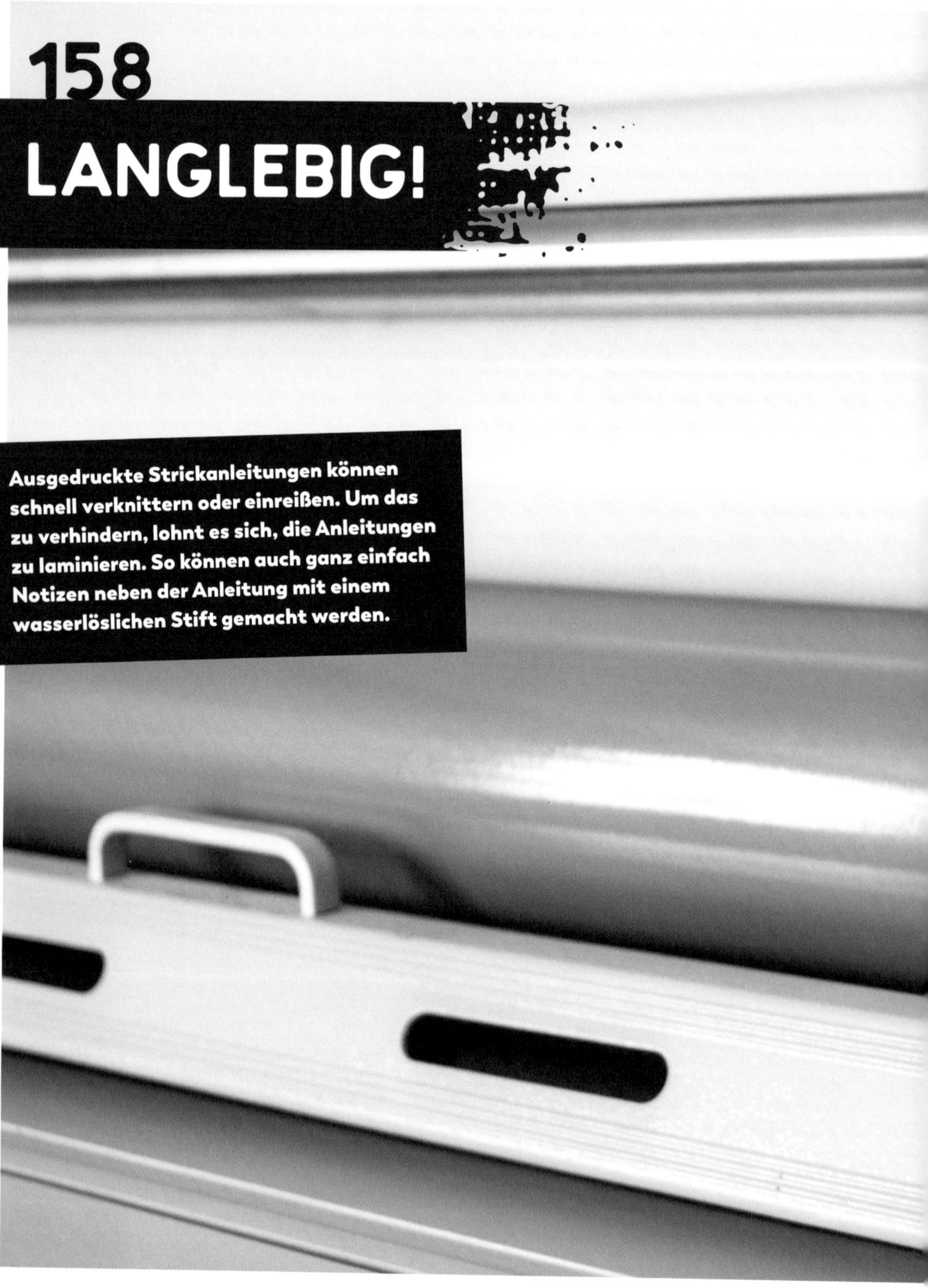

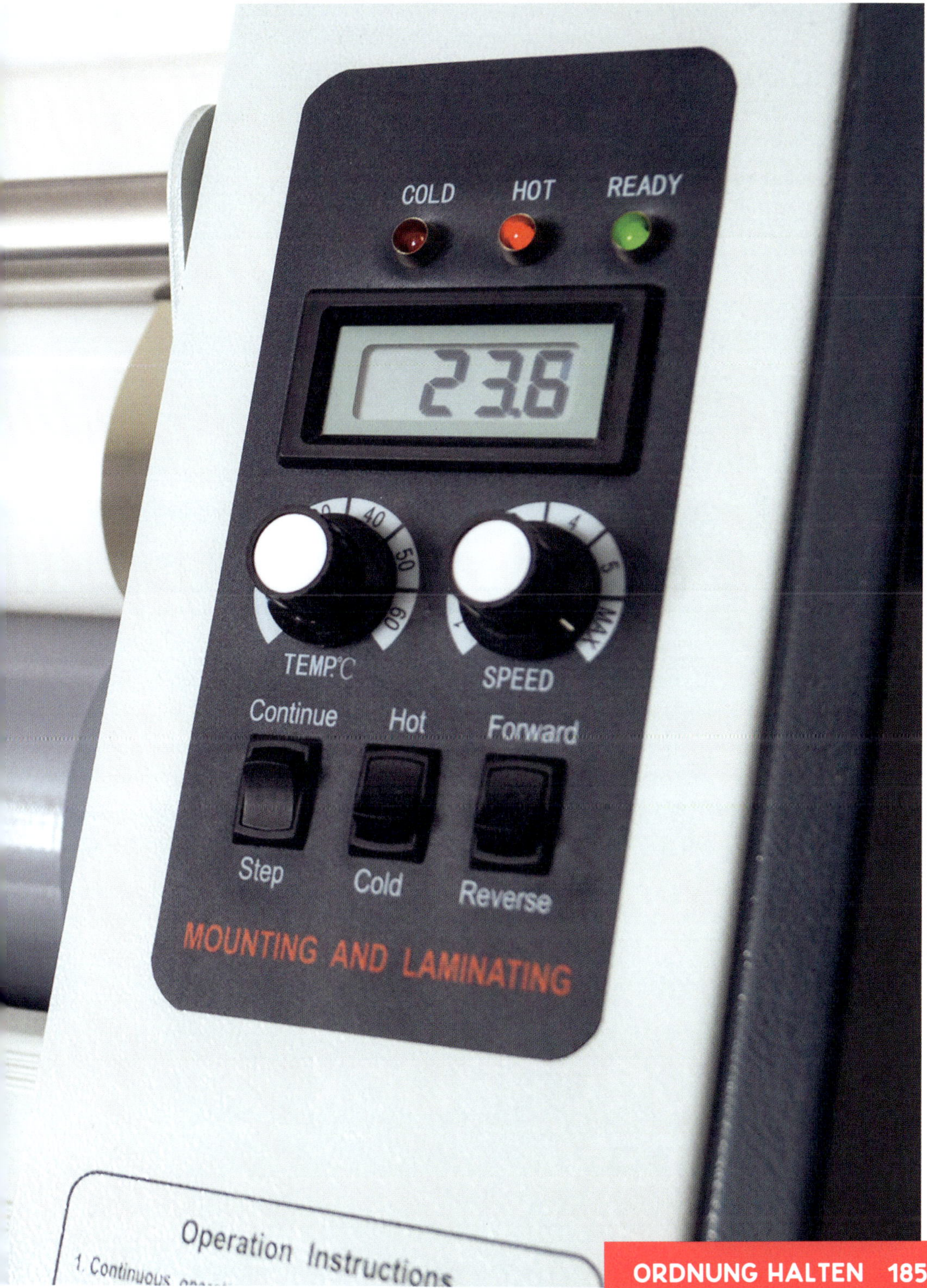
COLD
HOT
READY
23.6
TEMP.°C
SPEED
Continue
Hot
Forward
Step
Cold
Reverse
MOUNTING AND LAMINATING
Operation Instructions

159

DEN DURCHBLICK BEHALTEN!

Bei komplizierten Anleitungen ist es oft schwierig, den Durchblick zu behalten. Um genau zu wissen, in welcher Reihe des Anleitungstexts du dich befindest, klemme eine Büroklammer an die Seite des Blattes und verschiebe sie zur jeweiligen Reihe.

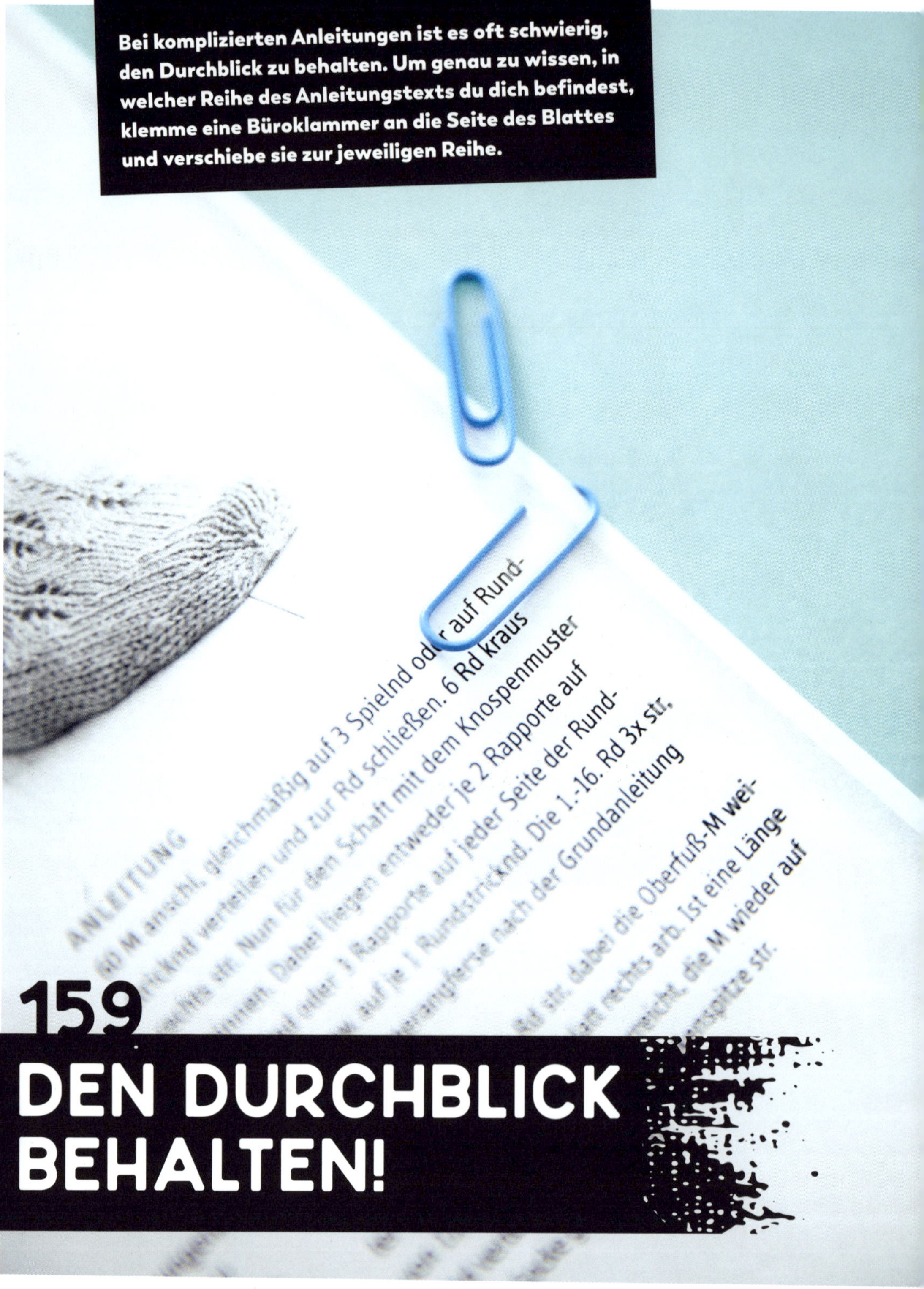

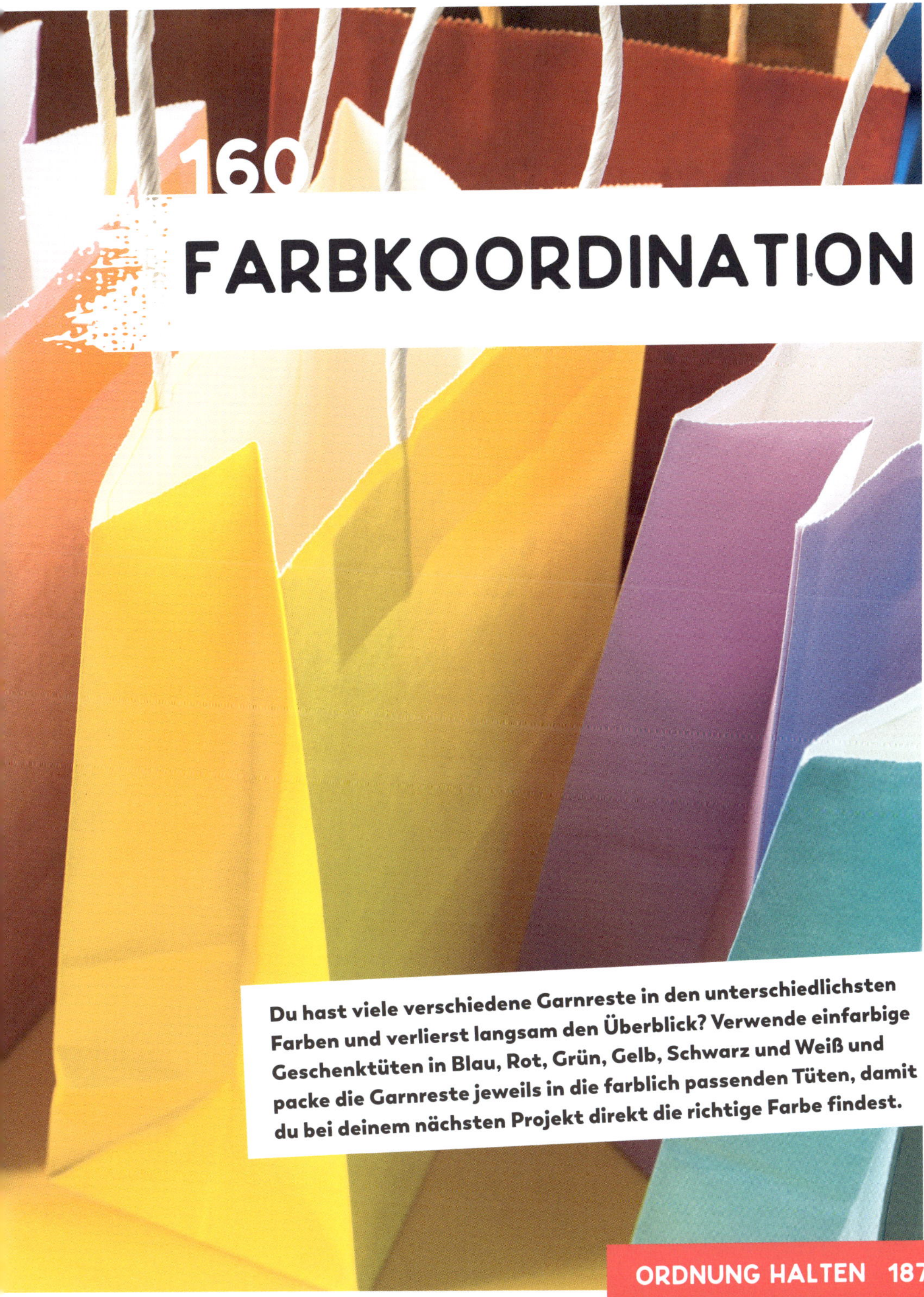

160 FARBKOORDINATION

Du hast viele verschiedene Garnreste in den unterschiedlichsten Farben und verlierst langsam den Überblick? Verwende einfarbige Geschenktüten in Blau, Rot, Grün, Gelb, Schwarz und Weiß und packe die Garnreste jeweils in die farblich passenden Tüten, damit du bei deinem nächsten Projekt direkt die richtige Farbe findest.

161

DAS IST SPITZE!

Zur besseren Organisation von Nadelspitzen und Rundstricknadeln eigenen sich kleine Baumwollsäckchen (sind auch schnell und einfach selbst genäht). Beschrifte die jeweiligen Säckchen einfach mit der entsprechenden Nadelstärke und du wirst beim nächsten Projekt nicht lange suchen müssen.

Wenn du viele ausgedruckte Anleitungen hast, kannst du sie ganz einfach in einer Ordnungsmappe nach verschiedenen Kategorien ordnen und einsortieren. So sind die Anleitungen ordentlich verstaut an einem Platz und du kannst die gewünschte Anleitung schneller finden.

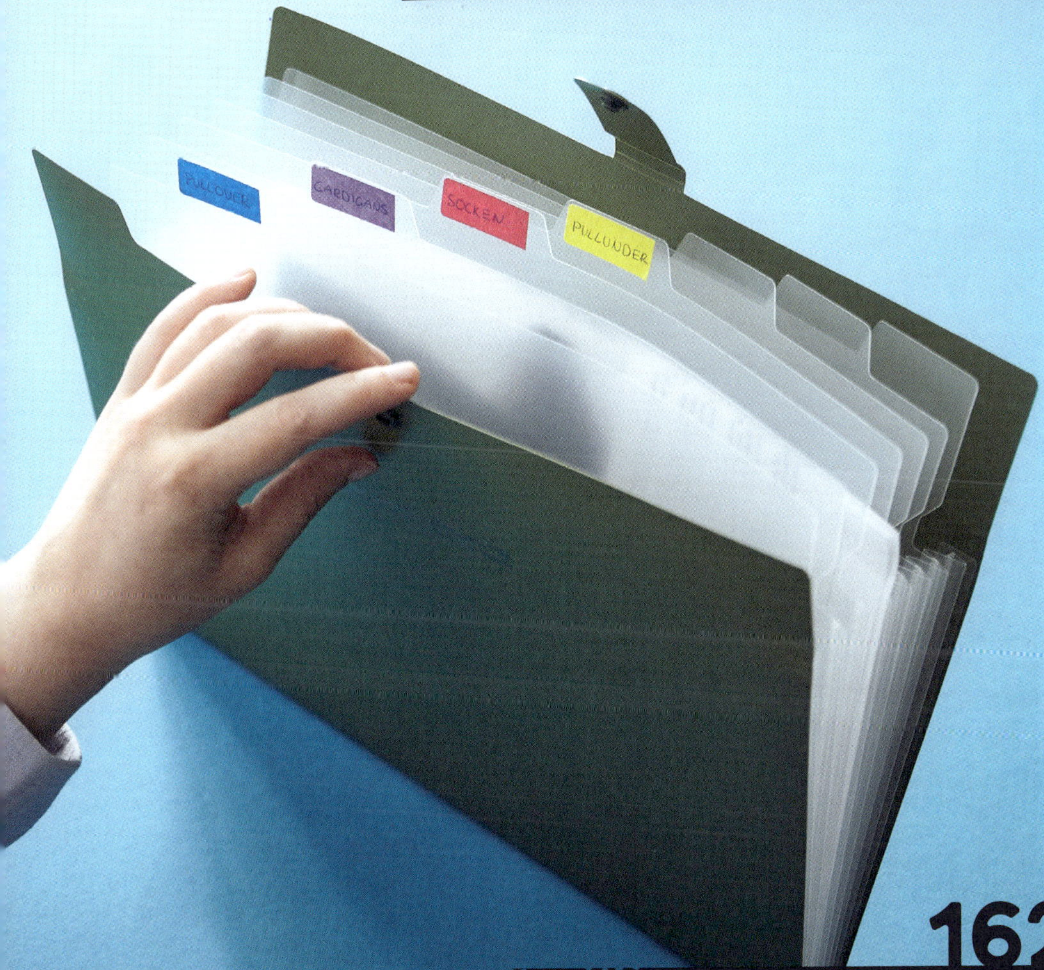

162 SORTIERT!

Für die ordentliche Aufbewahrung von Garnresten und Wolle eignet sich ein Kleiderschrank hervorragend. Hänge einfach Schrank-Organizer von der Kleiderstange und schon lassen sich die Garnreste super sortieren.

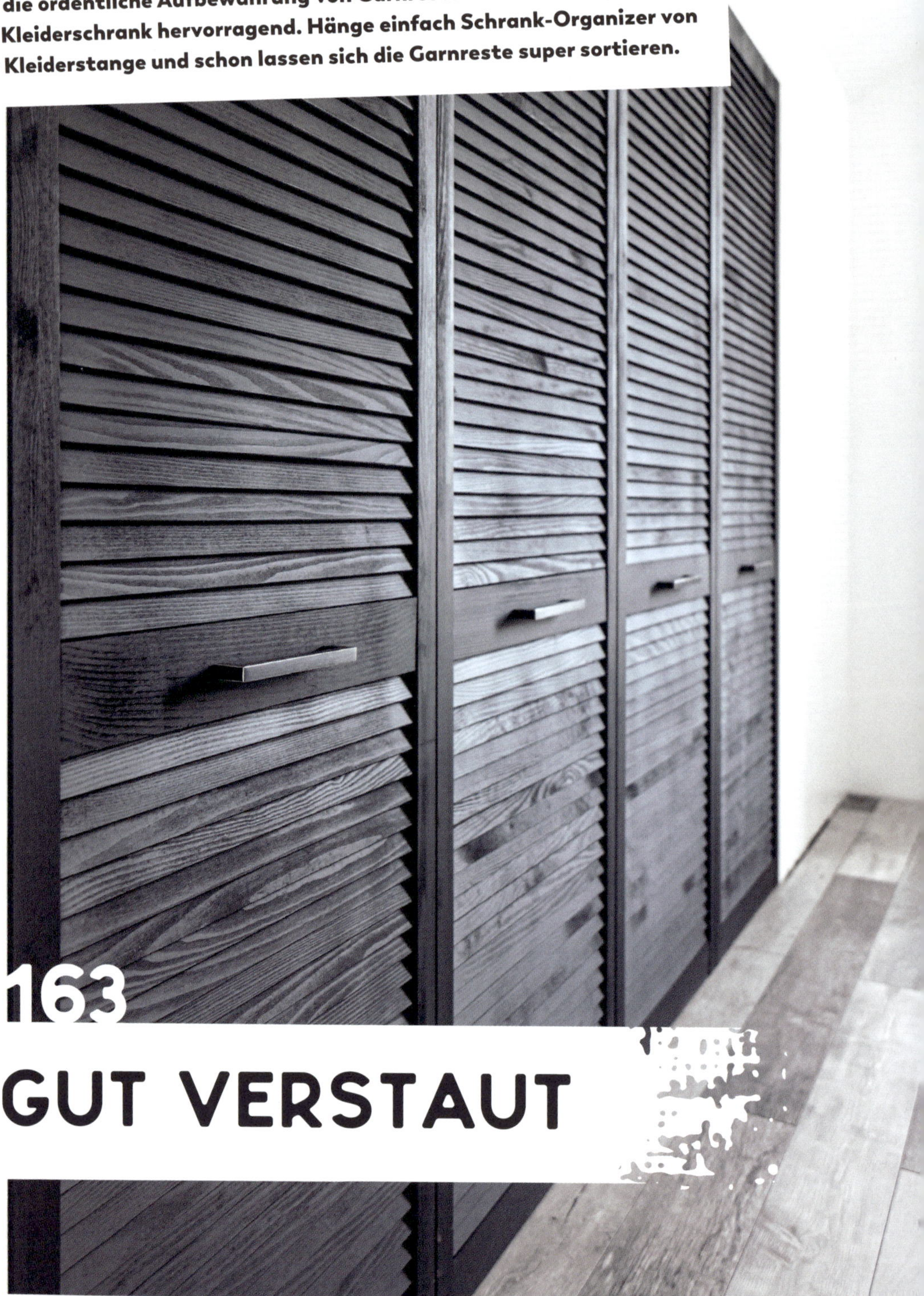

163

GUT VERSTAUT

Um eine bessere Übersicht über Garnreste zu haben, eignen sich große Glasbehälter besonders gut, da man direkt auf einen Blick sieht, was man besitzt. Auch farblich lassen sich hier die Garnreste super sortieren.

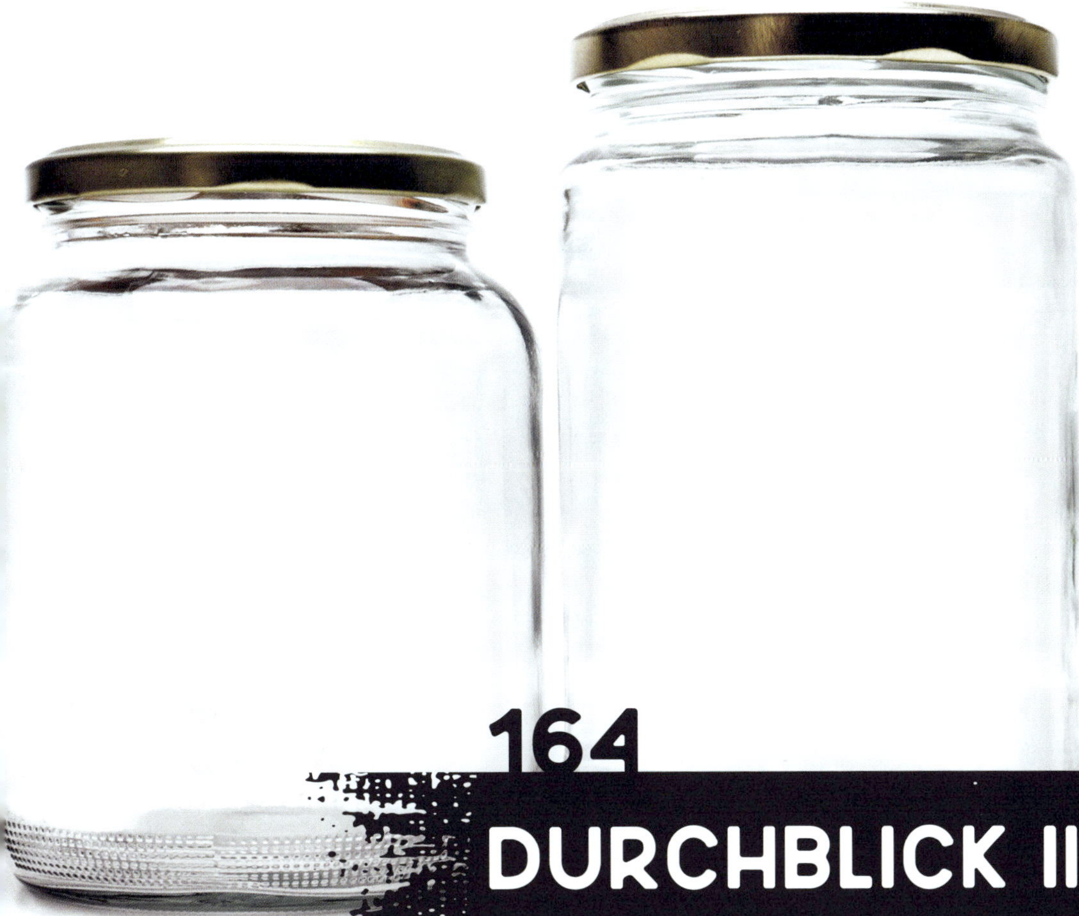

164 DURCHBLICK II

165
PRÄVENTION

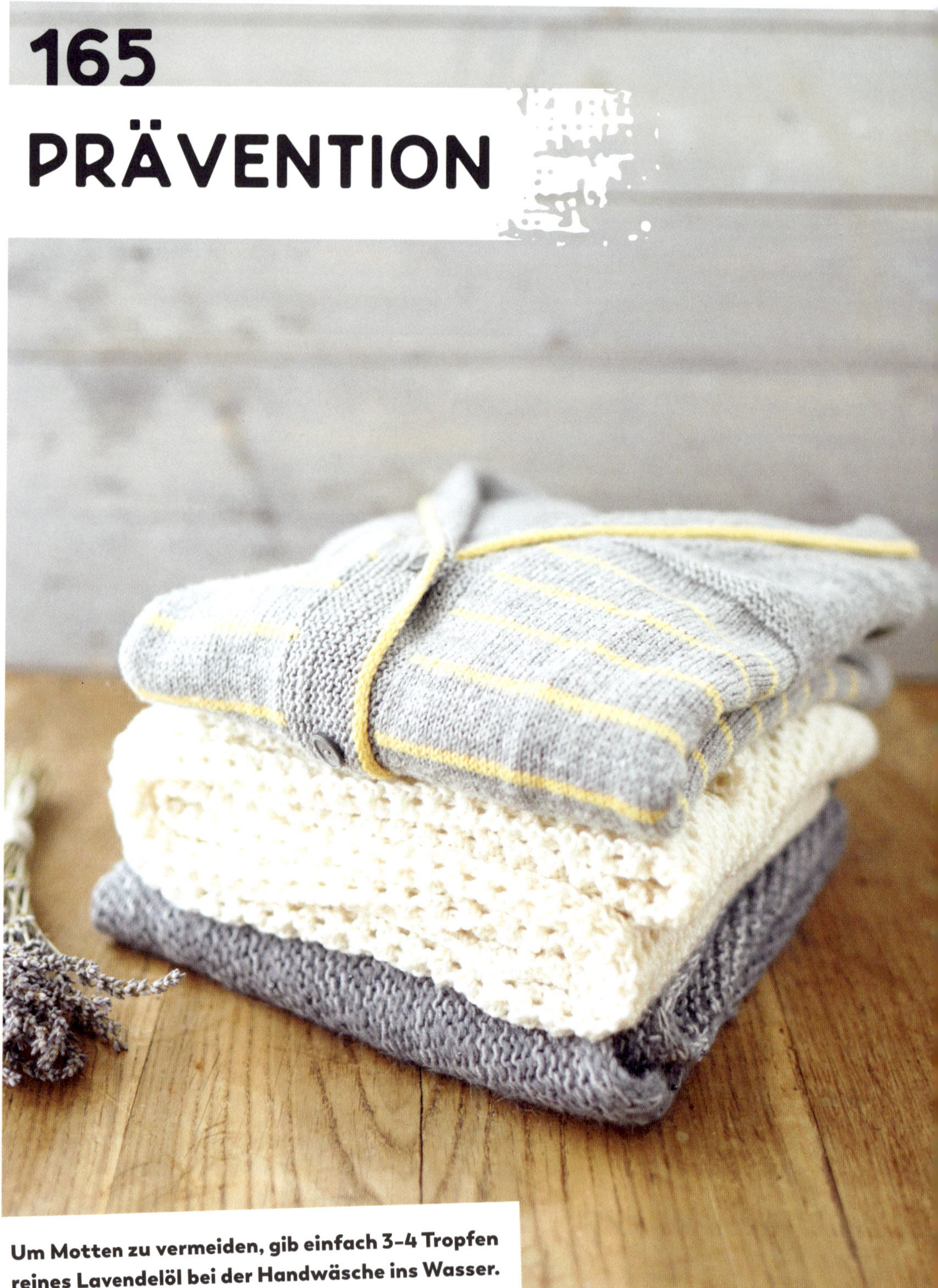

Um Motten zu vermeiden, gib einfach 3–4 Tropfen reines Lavendelöl bei der Handwäsche ins Wasser.

Wolle, Alpaka und Co. reinigen sich von selbst, wenn man sie über Nacht ins Freie hängt. Im Sommer kann man das Strickstück auch in die Gefriertruhe legen, damit es wieder frisch wird.

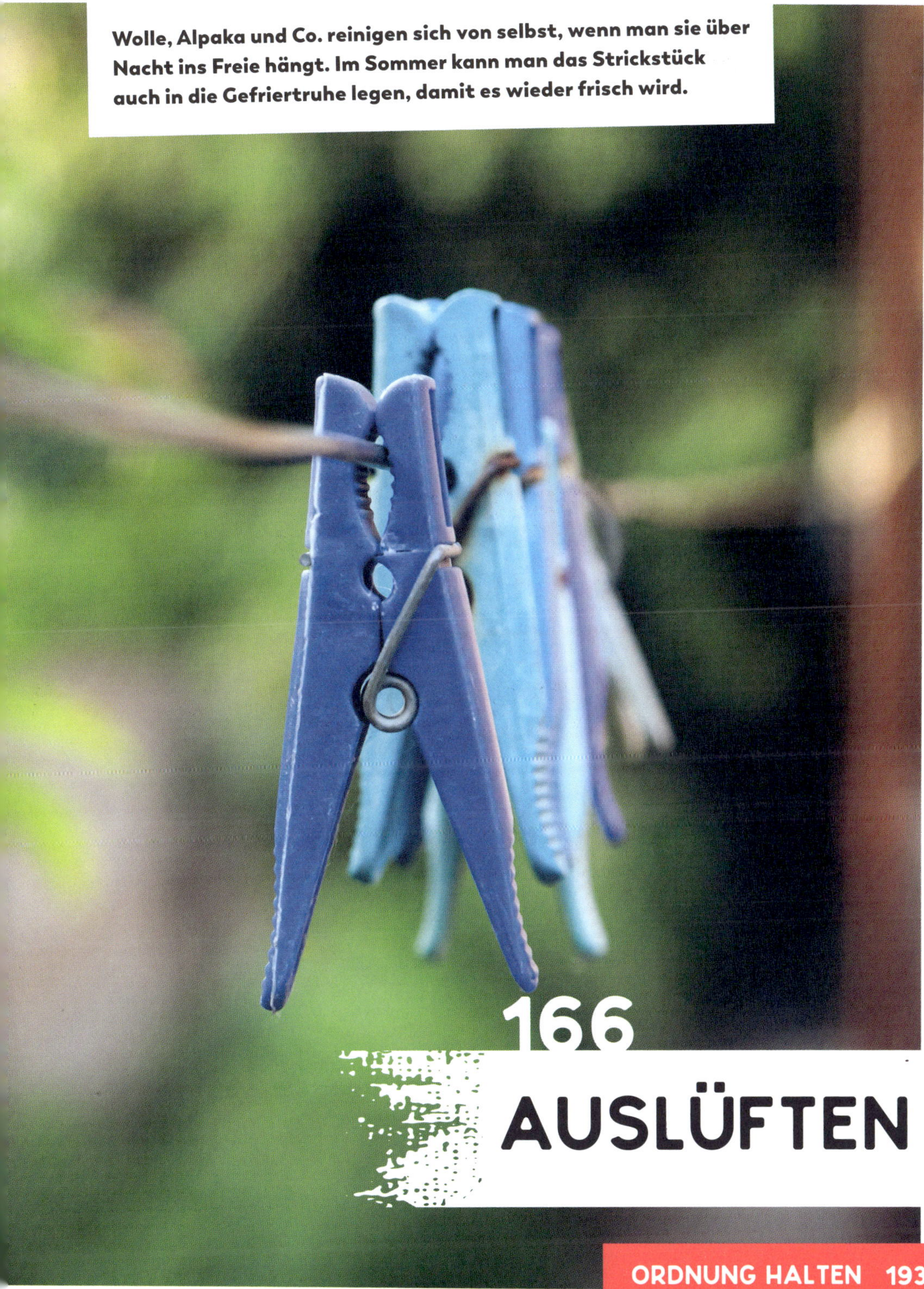

166 AUSLÜFTEN

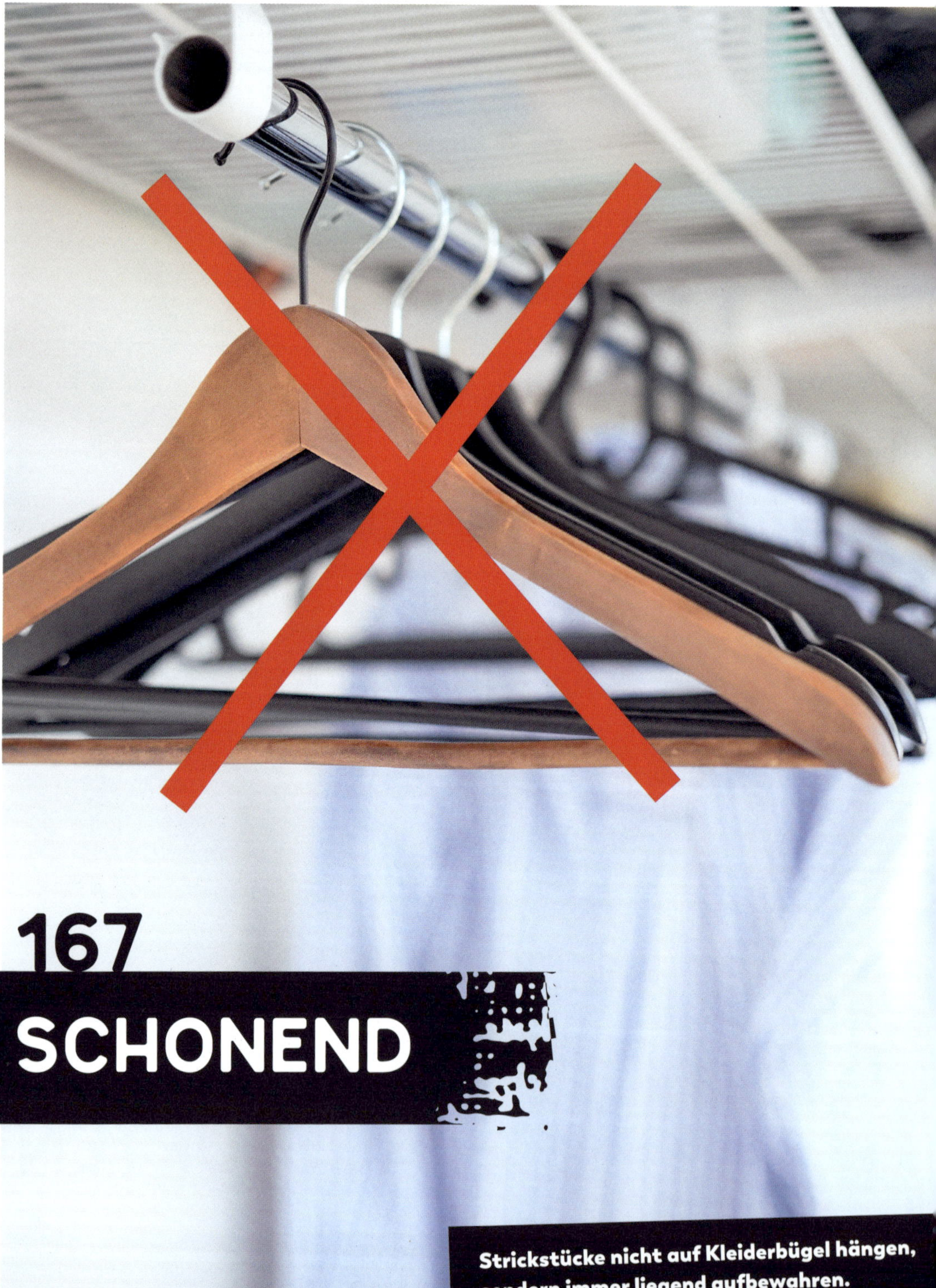

167 SCHONEND

Strickstücke nicht auf Kleiderbügel hängen, sondern immer liegend aufbewahren.

Wenn keine Blende gestrickt wird, kann man das Einrollen der Strickstücke vermeiden, indem man einen doppelten Kreuzanschlag macht.

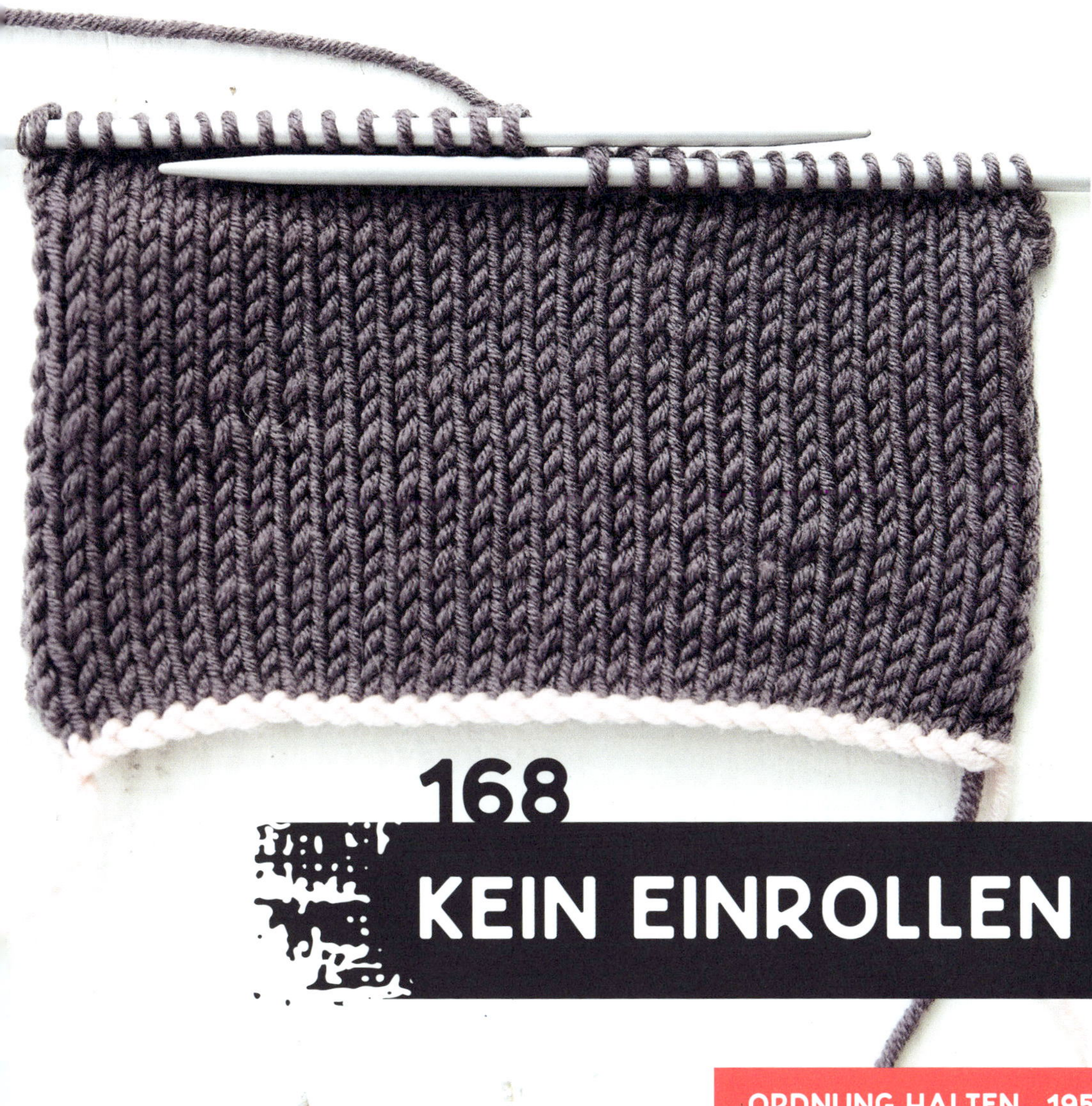

168 KEIN EINROLLEN

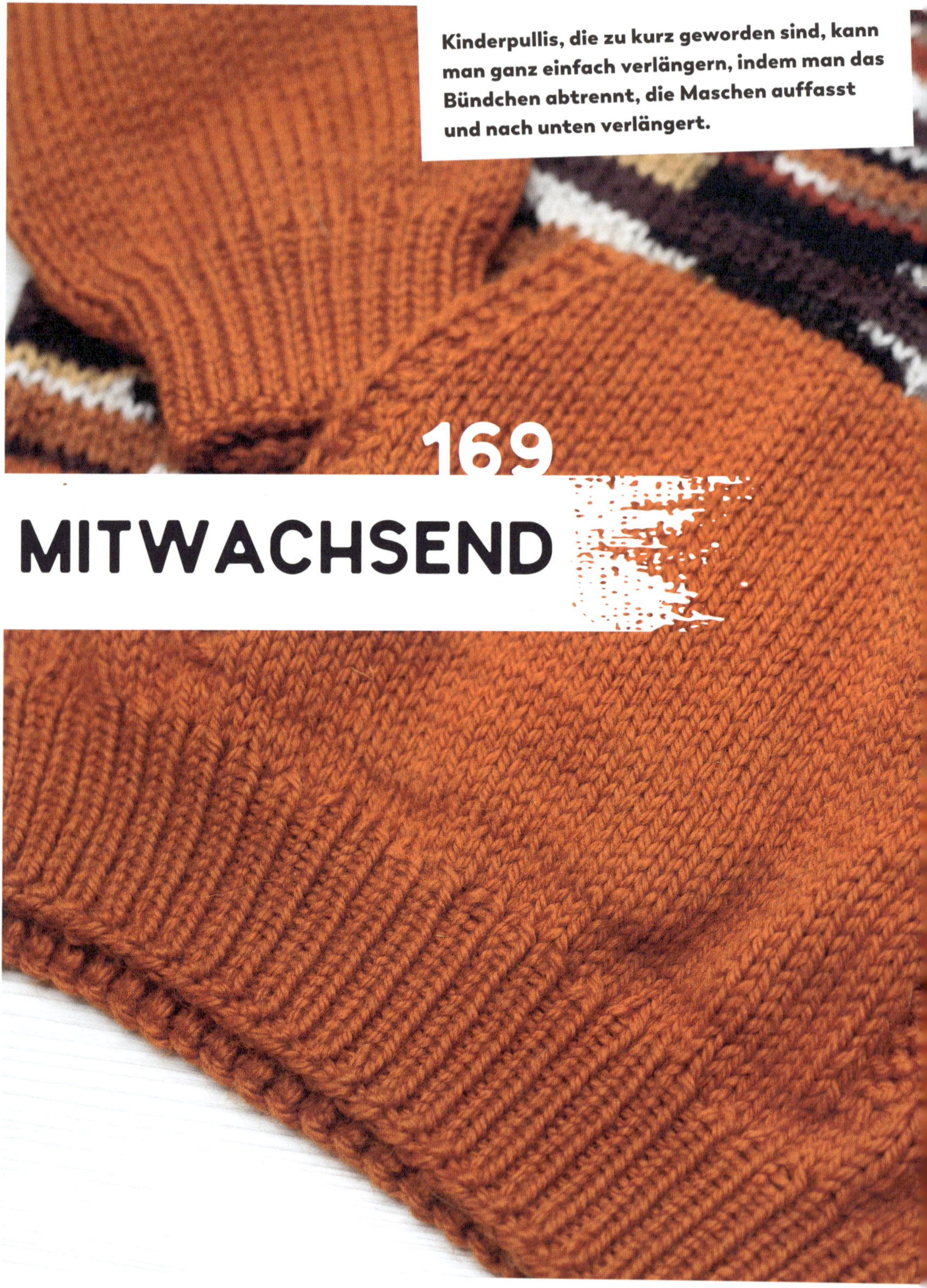

169 MITWACHSEND

Kinderpullis, die zu kurz geworden sind, kann man ganz einfach verlängern, indem man das Bündchen abtrennt, die Maschen auffasst und nach unten verlängert.

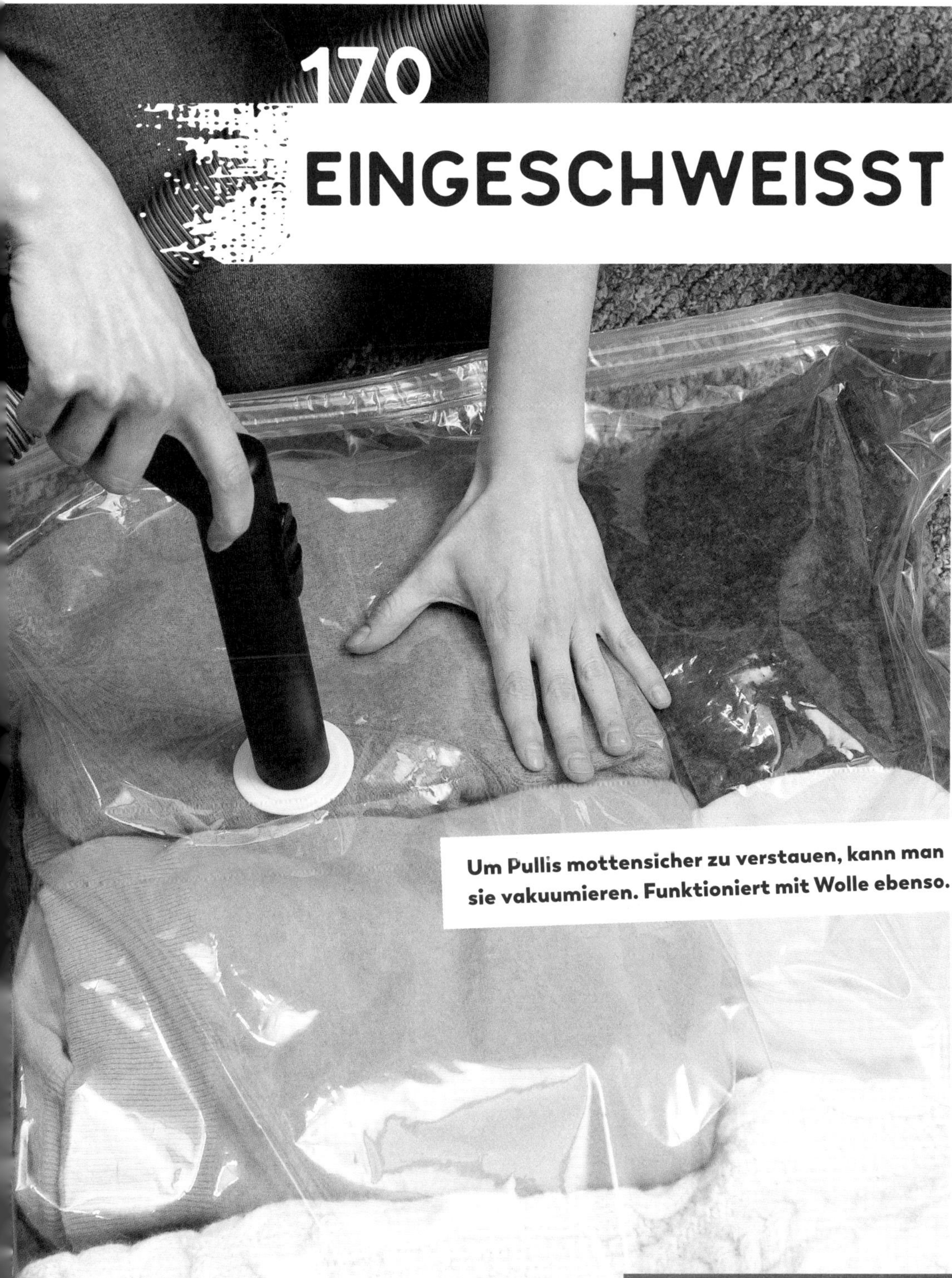

170 EINGESCHWEISST

Um Pullis mottensicher zu verstauen, kann man sie vakuumieren. Funktioniert mit Wolle ebenso.

171

AB IN DIE SCHULE

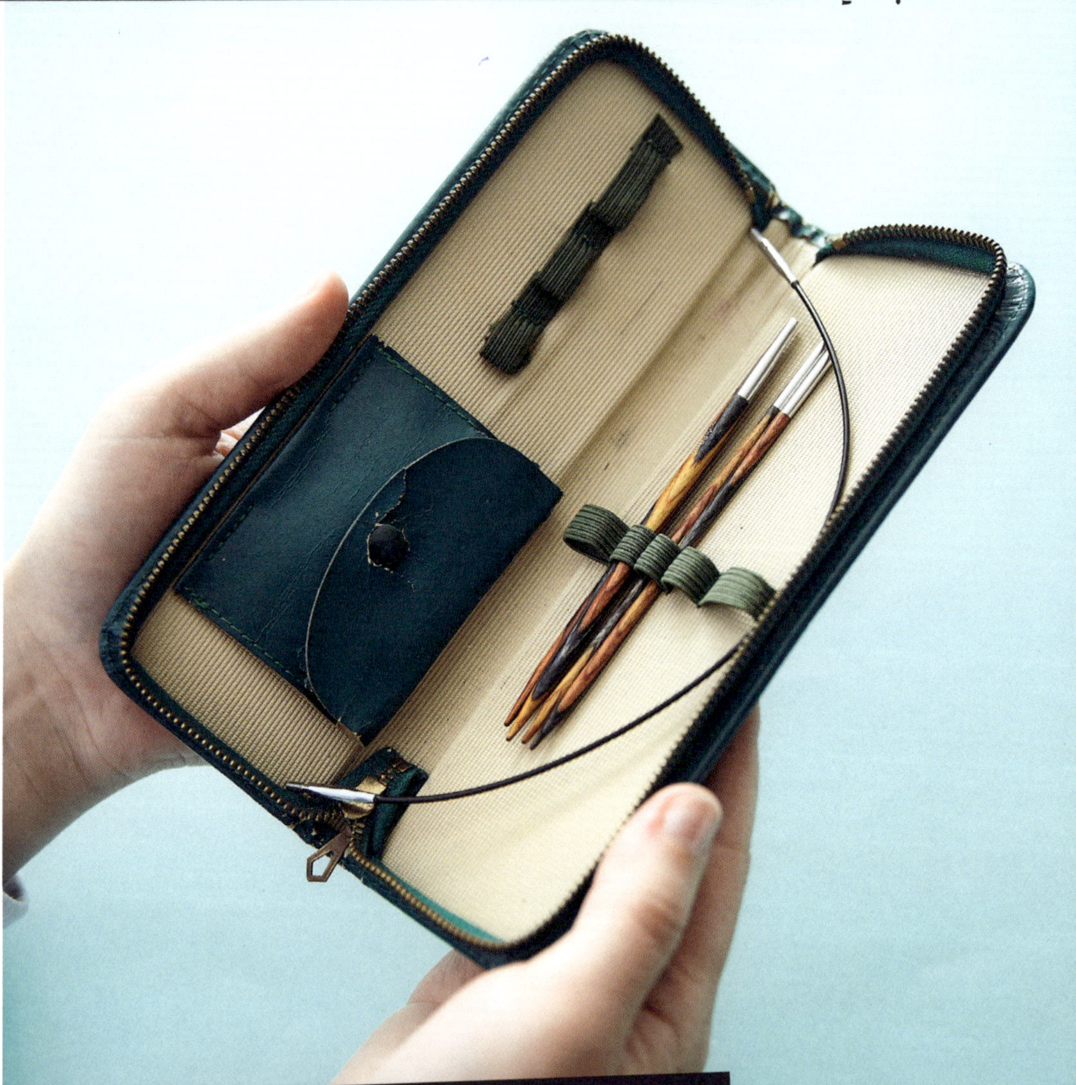

Falls keine Nadeltasche zur Hand ist, in die man die Nadelspitzen und andere Utensilien ordentlich verstauen kann, kann man sich mit einem Schülermäppchen aushelfen.

Bei Wollsträngen, die auf dem Wollwickler gewickelt werden, empfiehlt es sich, sofort die Banderole in die Mitte zu stecken, damit man später auch nachsehen kann, welche Garnqualität es ist, da die Banderole nicht mehr um den neu gewickelten Knäuel passt.

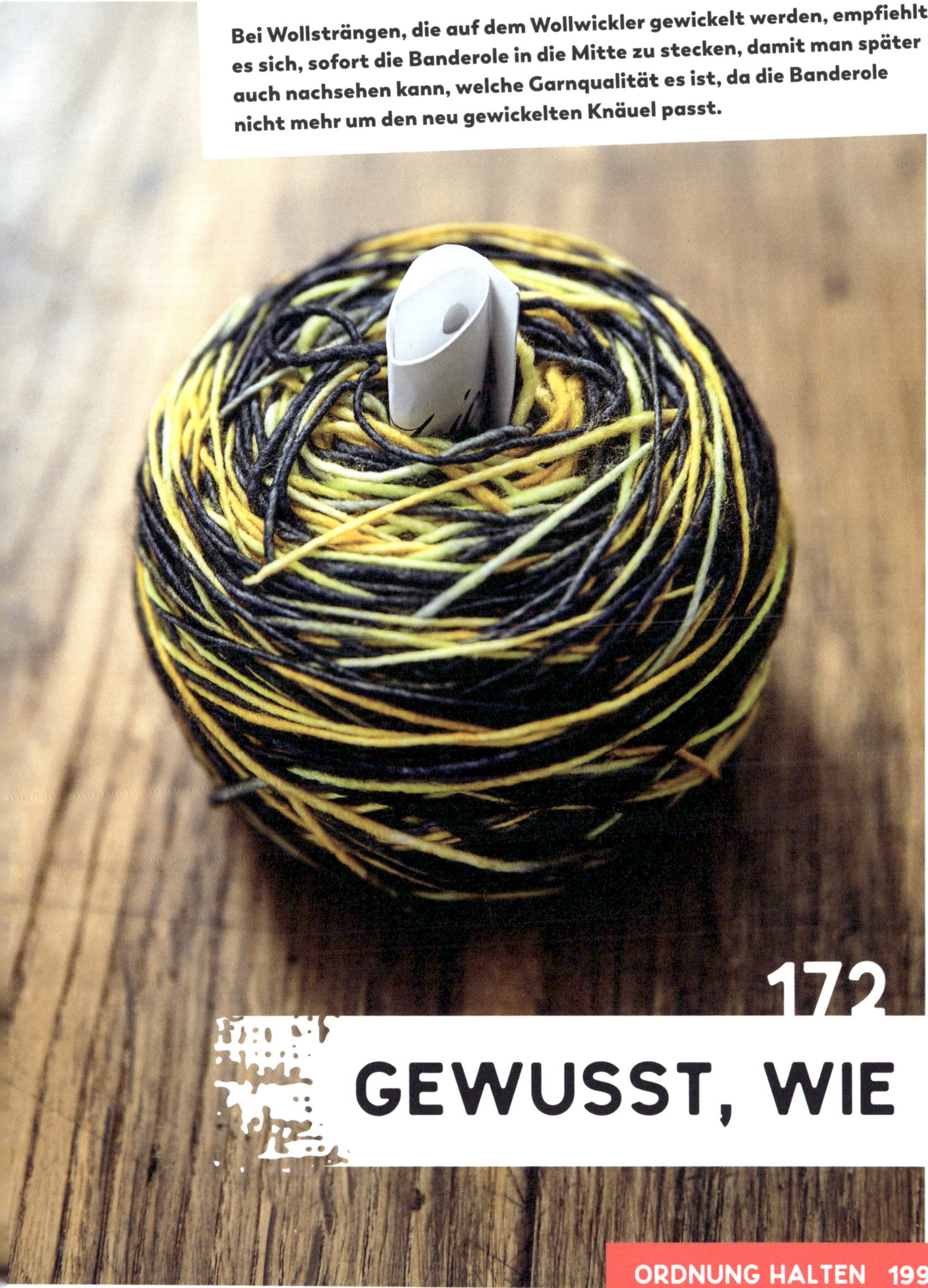

172

GEWUSST, WIE

Fehler-Behebung

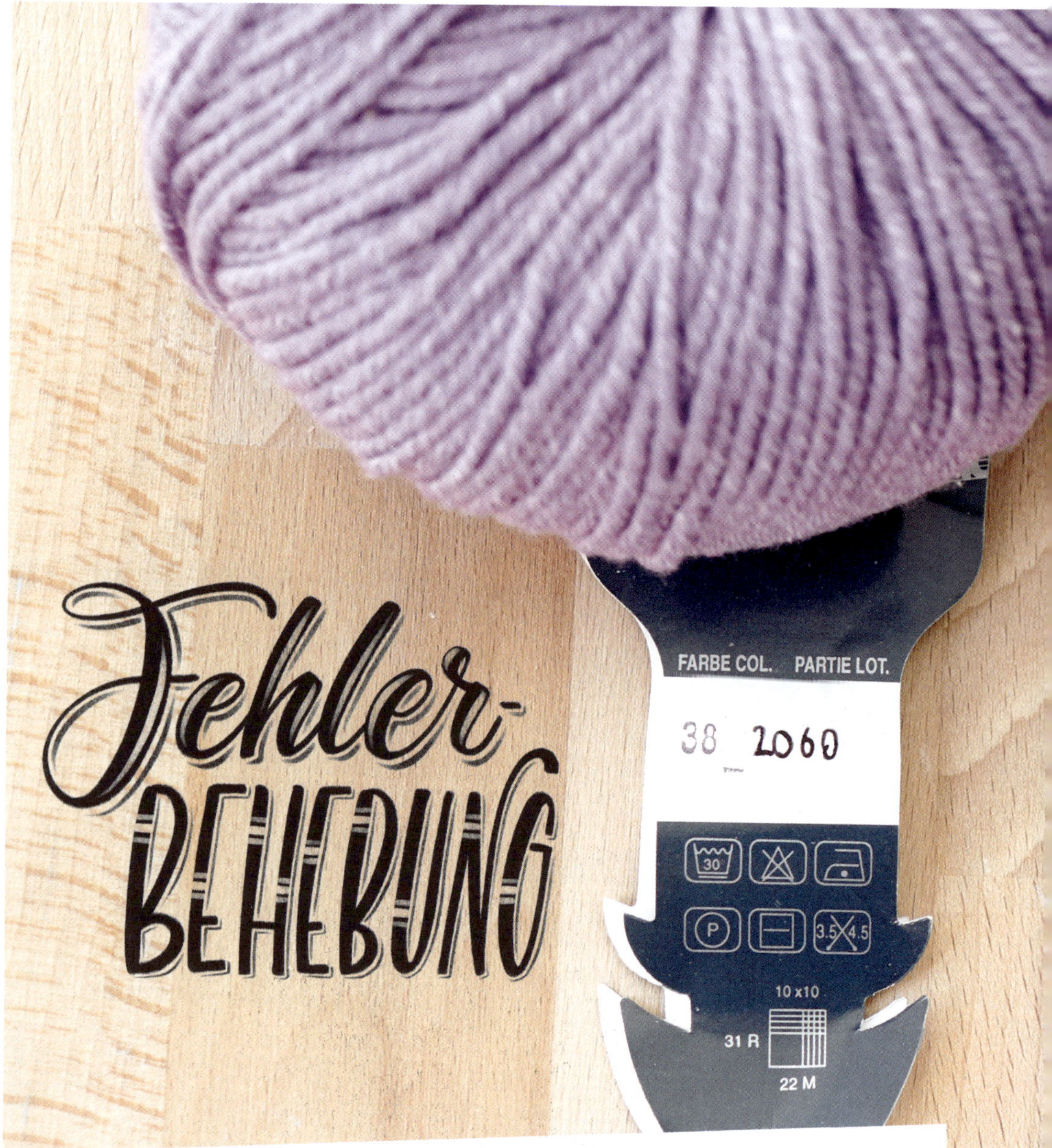

Zwei verschiedene Farbpartien erwischt? Sofern die Partien nicht allzu unterschiedlich ausfallen, kannst du sie unauffällig überblenden, indem du über ca. 10-12 Reihen abwechselnd je eine Reihe mit jeder Partie strickst – hierfür brauchst du Rundstricknadeln oder zwei Nadelspiel-Nadeln.

Sind die Partien zu unterschiedlich, mach' aus der Not eine Tugend und nutze die Überblendung als Designelement, indem du sie z. B. an beiden Ärmeln identisch strickst.

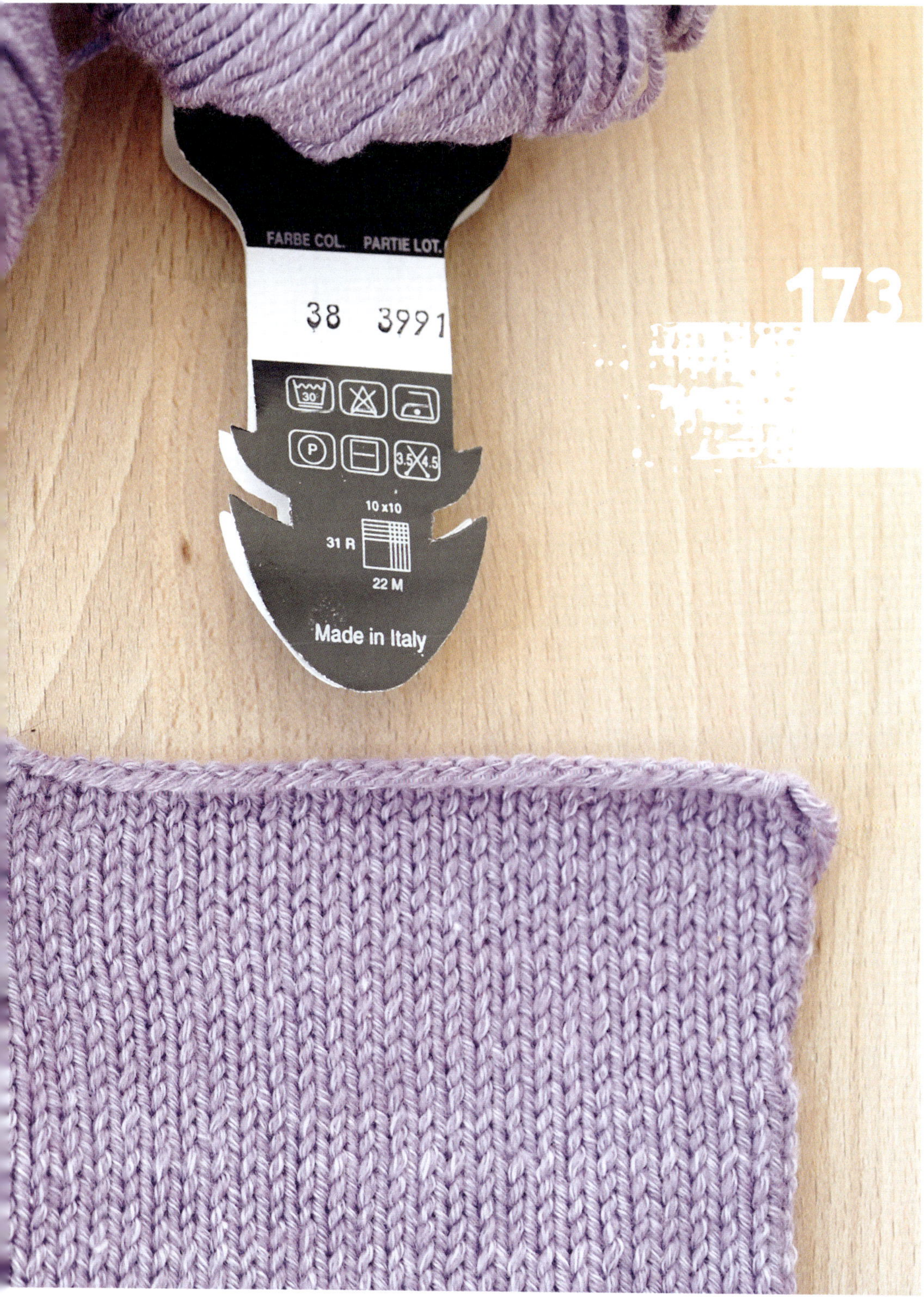
FARBE COL. PARTIE LOT.
38 3991
10 x10
31 R
22 M
Made in Italy

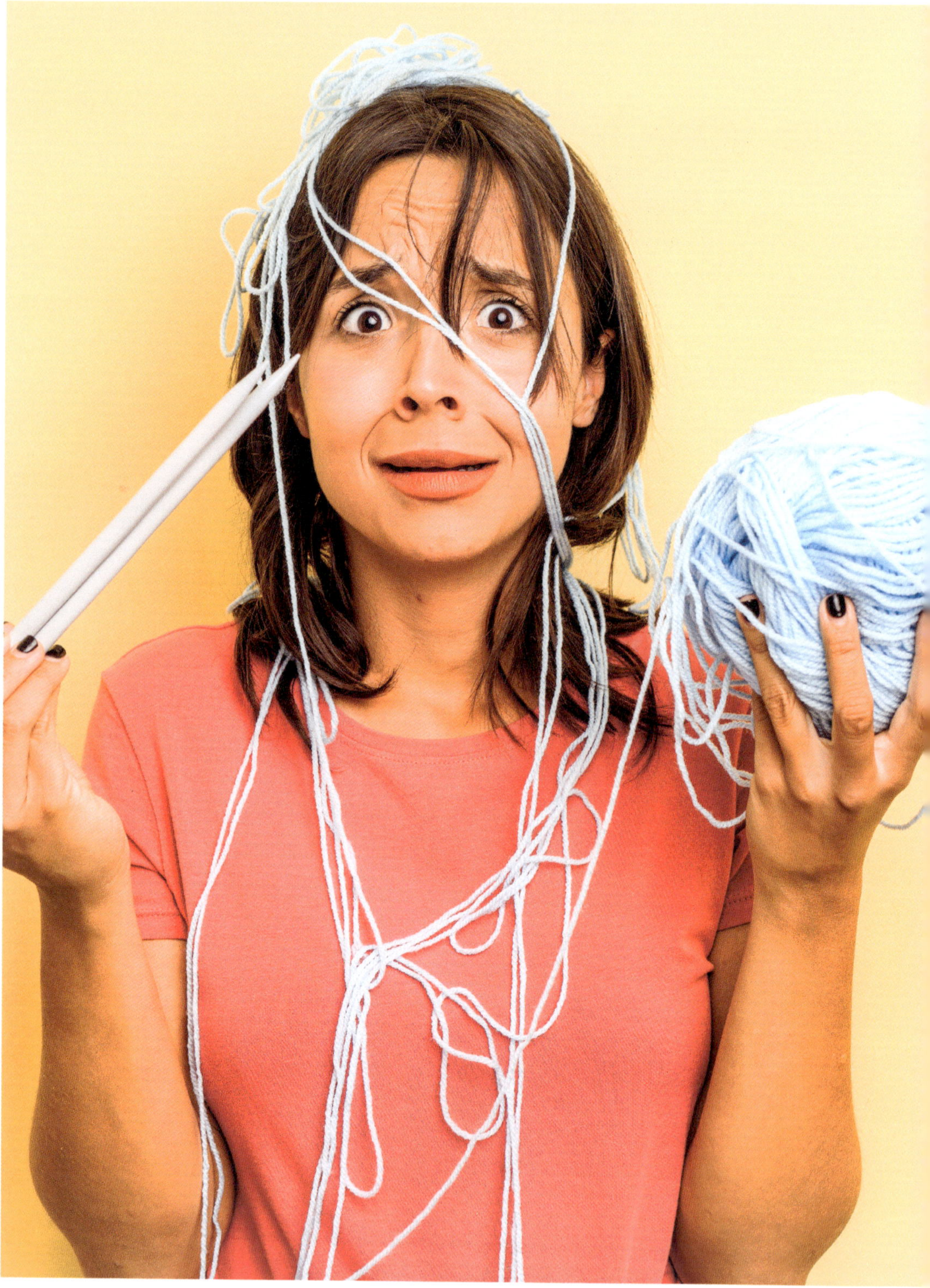

Fehler machen ist menschlich! Und auch beim Stricken passieren häufig Fehler. Mit diesem Kapitel wirst du jedoch, statt zu verzweifeln und ohne, dass du alles noch einmal aufribbeln musst, jeden Fehler wie ein Superstar bewältigen und beheben können. Ob verlorene Maschen, Lücken und Löcher oder zu kleine Pullover – mit diesen Tipps sehen deine Strickstücke wieder perfekt aus!

174

NUR HALB ERWISCHT

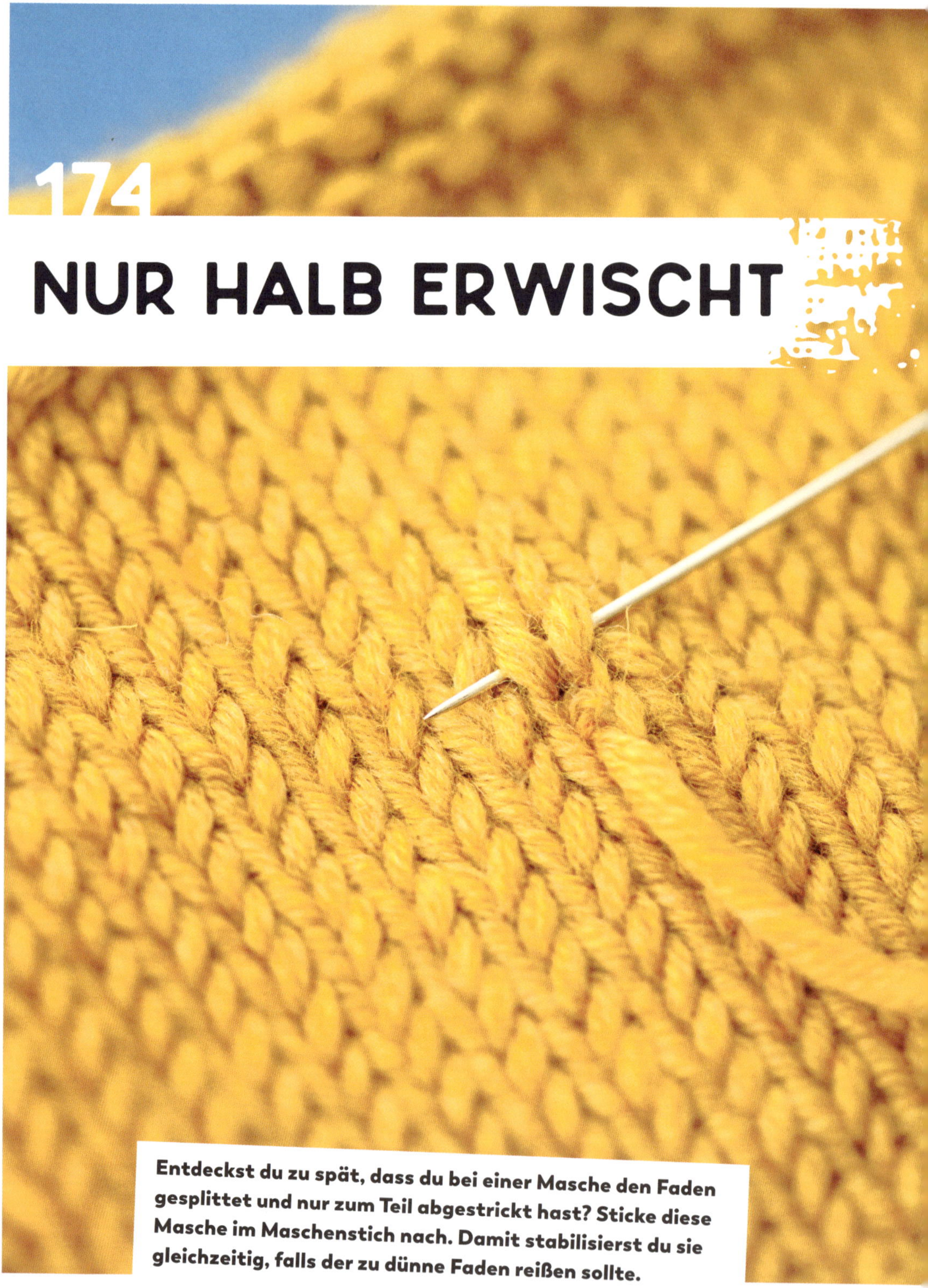

Entdeckst du zu spät, dass du bei einer Masche den Faden gesplittet und nur zum Teil abgestrickt hast? Sticke diese Masche im Maschenstich nach. Damit stabilisierst du sie gleichzeitig, falls der zu dünne Faden reißen sollte.

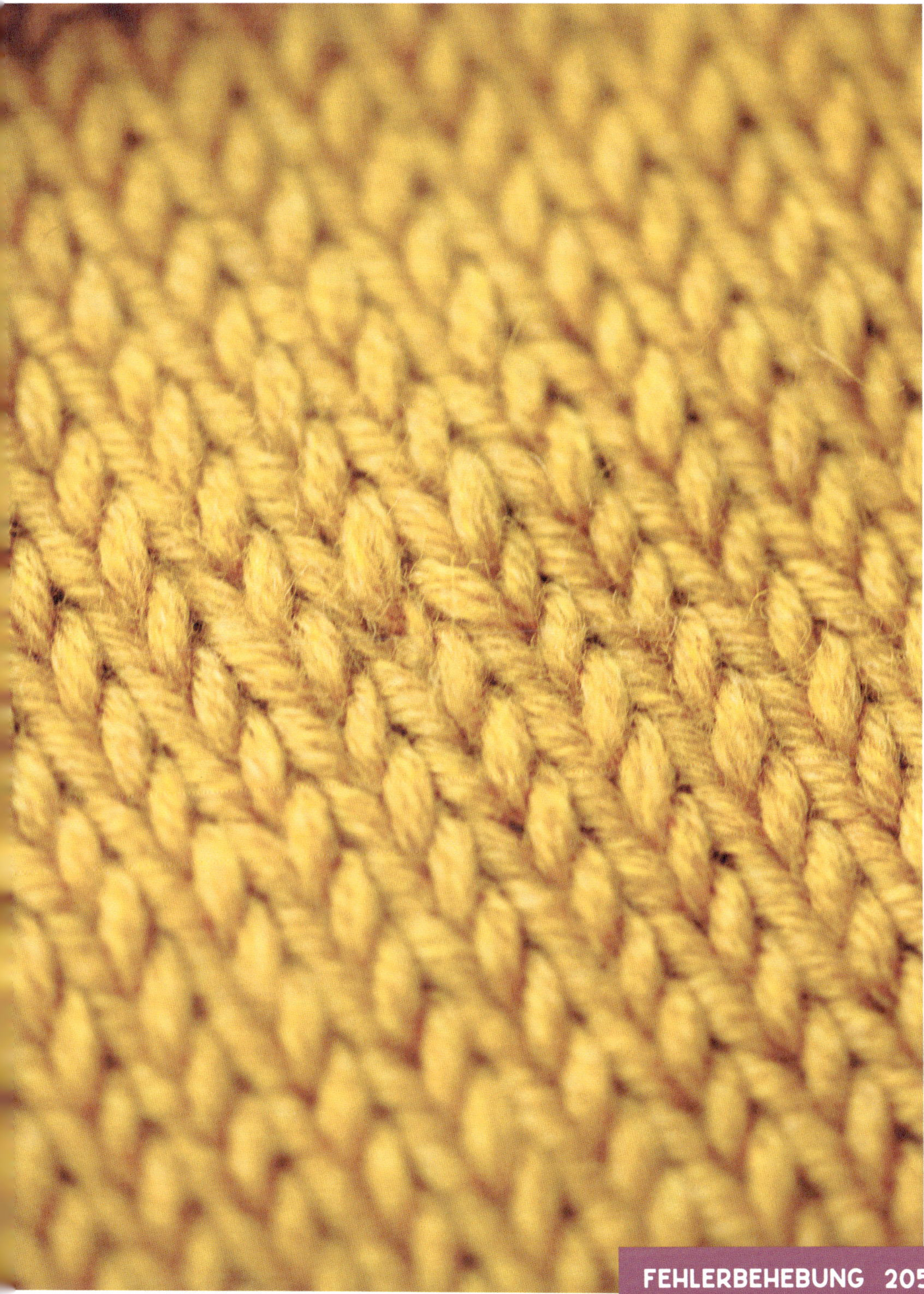

Ist der Anschlagfaden doch zu kurz geraten, musst du nicht alles wieder auftrennen. Dreh dein Gestrick um und stricke die letzten Maschen einfach auf:

---

1 **In die erste M auf der linken Nadel wie zum links stricken einstechen und den Faden durchholen.**

175 VERSCHÄTZT

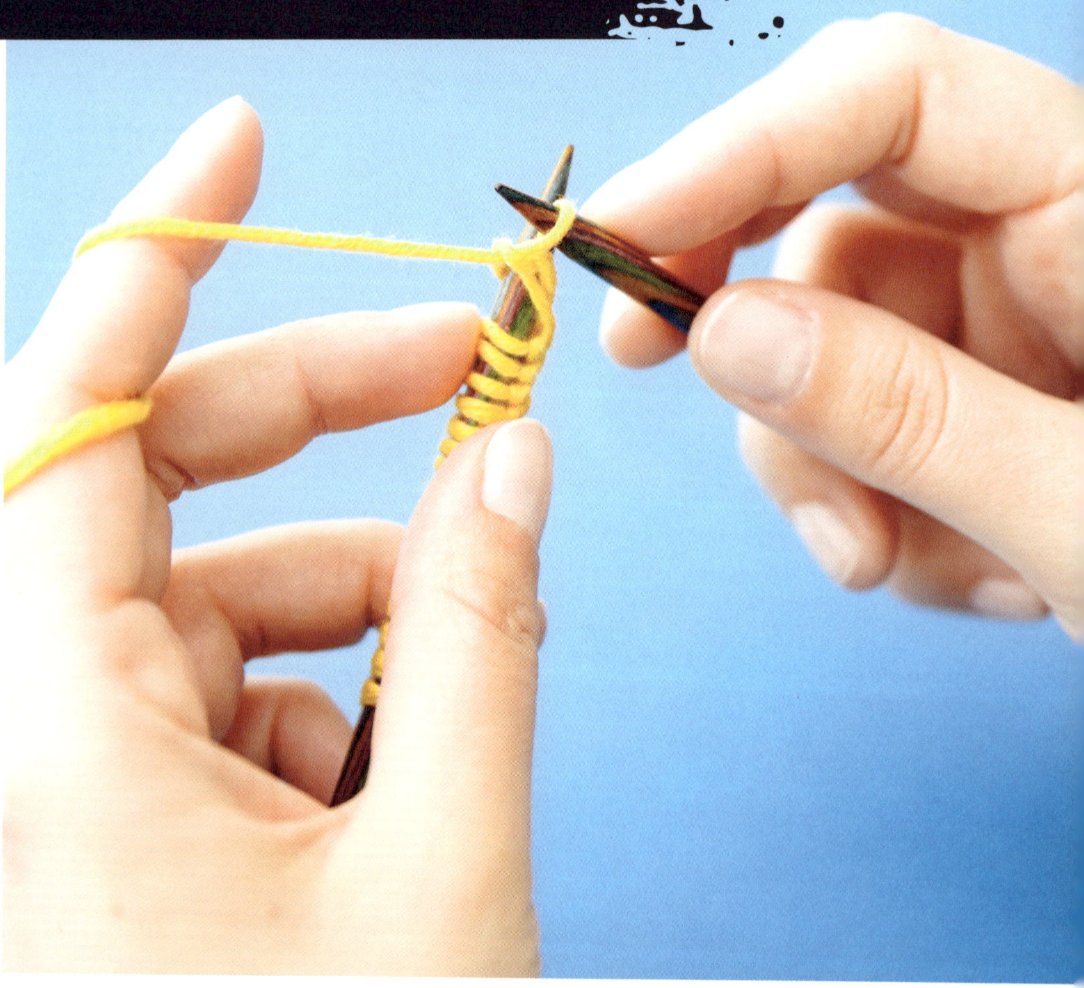

2 **Die soeben gebildete Schlinge verdreht auf die linke Nadel zurückgeben.**

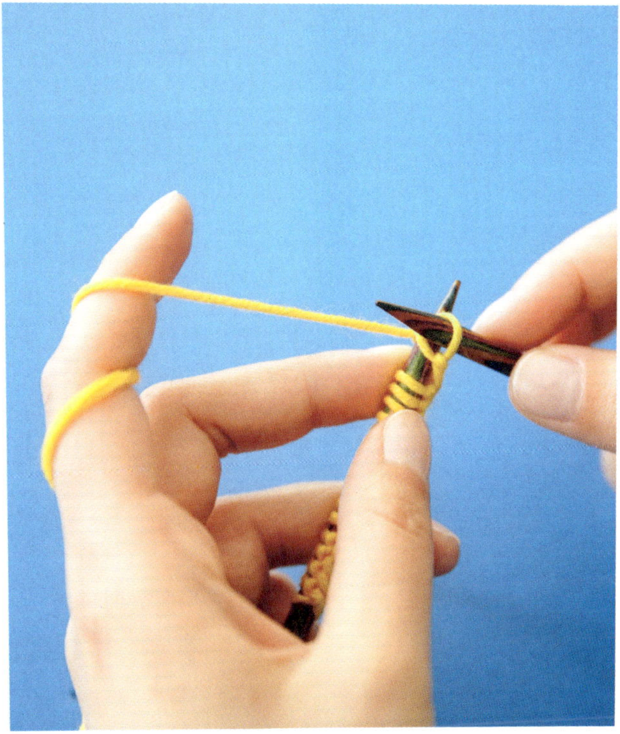

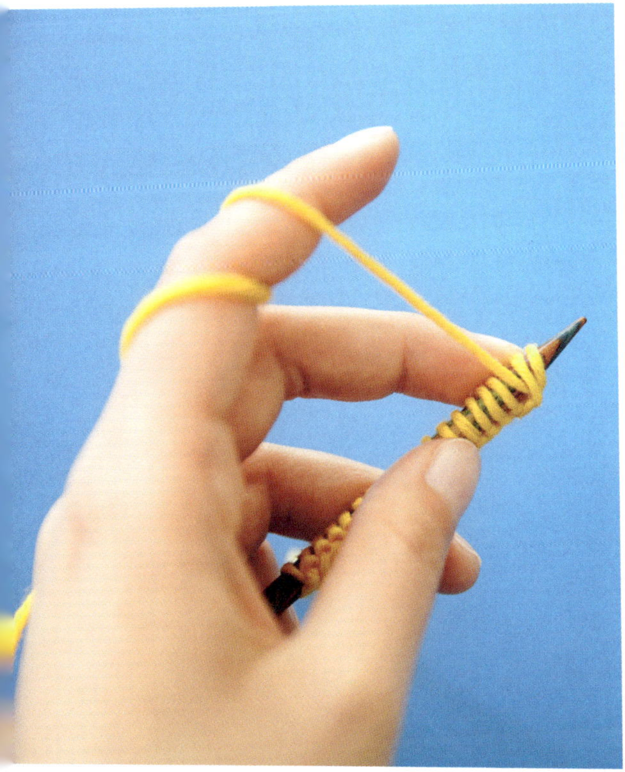

3 **Die Schritte 1 + 2 wiederholen, bis die gewünschte Anzahl Maschen aufgestrickt ist.**

Das Aufstricken eignet sich übrigens auch wunderbar, wenn an einem Strickstück mehrere Maschen auf einmal neu angefügt werden sollen. Du kannst linke oder rechte M aufstricken.

176

STREIFEN ADE

Wirkt dein Glatt-Rechts-Gestrick wie gestreift? Dann strickst du linke Maschen lockerer als die rechten. Abhilfe schaffst du, indem du die Linksreihen mit einer kleineren Nadelstärke arbeitest.

Besonders bequem ist das mit auswechselbaren Nadelspitzen: Schraub' einfach an ein Ende eine kleinere Nadelstärke.

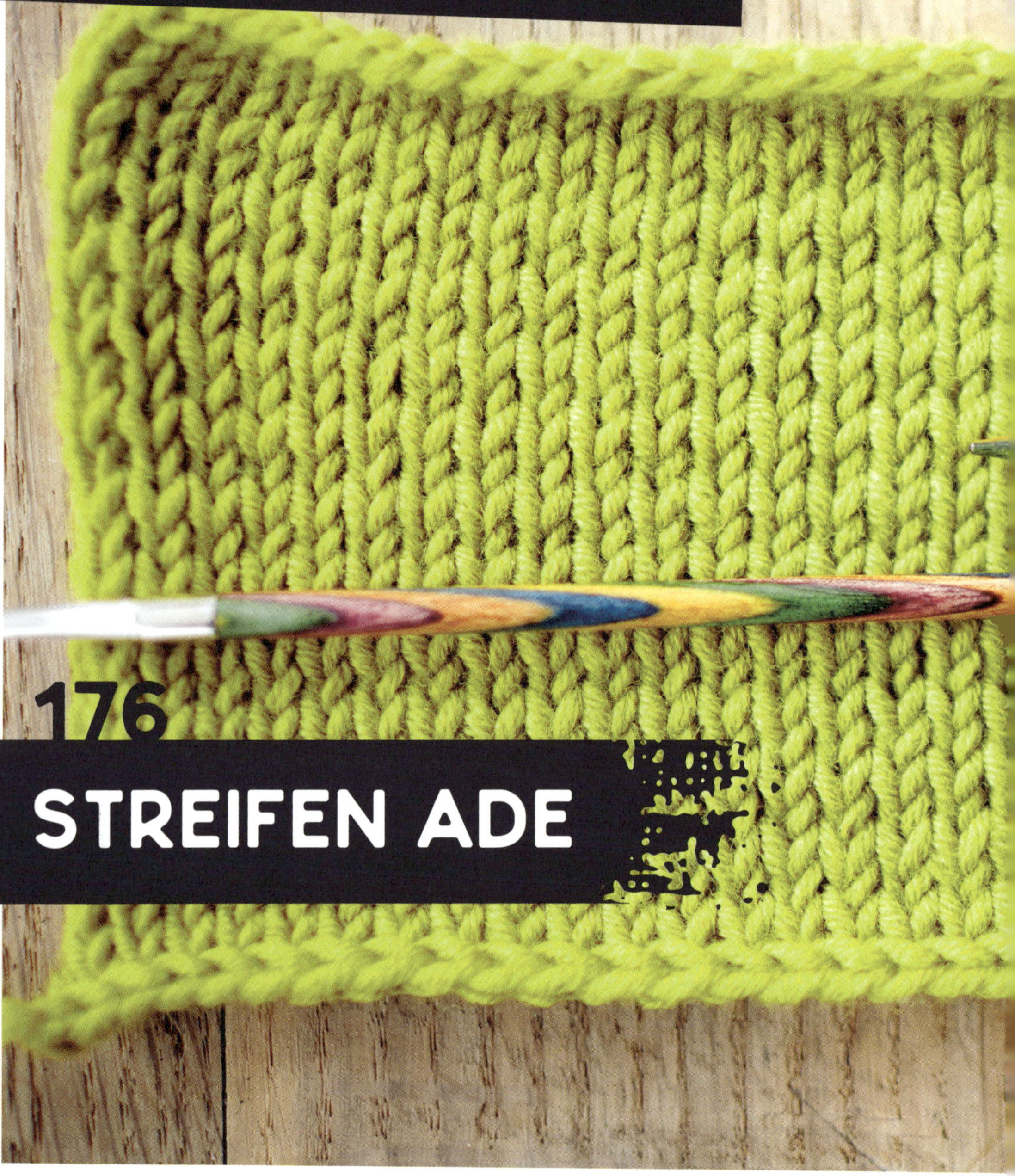

177

DIE VERFLIXTE ZWEITE MASCHE

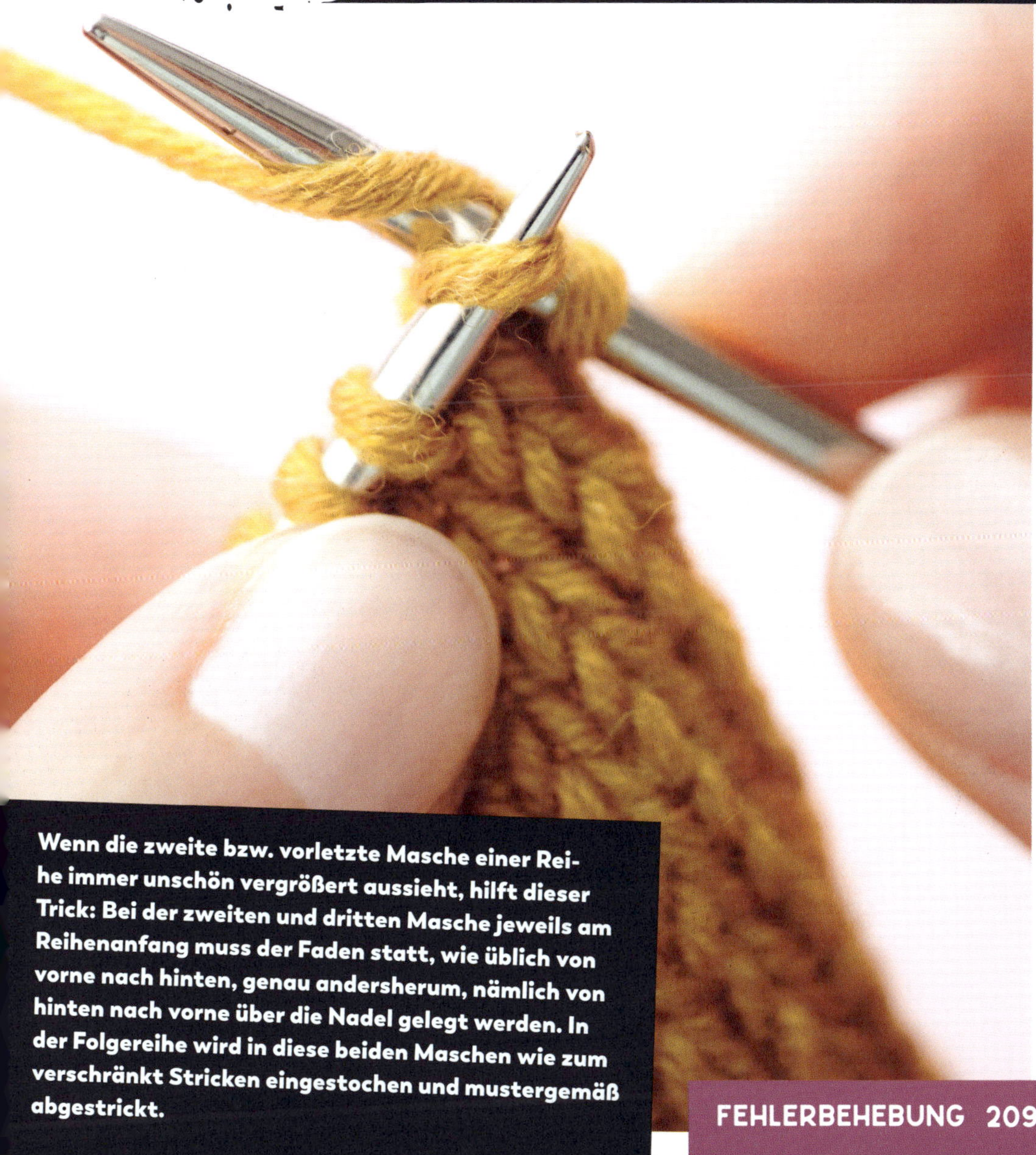

Wenn die zweite bzw. vorletzte Masche einer Reihe immer unschön vergrößert aussieht, hilft dieser Trick: Bei der zweiten und dritten Masche jeweils am Reihenanfang muss der Faden statt, wie üblich von vorne nach hinten, genau andersherum, nämlich von hinten nach vorne über die Nadel gelegt werden. In der Folgereihe wird in diese beiden Maschen wie zum verschränkt Stricken eingestochen und mustergemäß abgestrickt.

178 MASCHEN VERDOPPELN

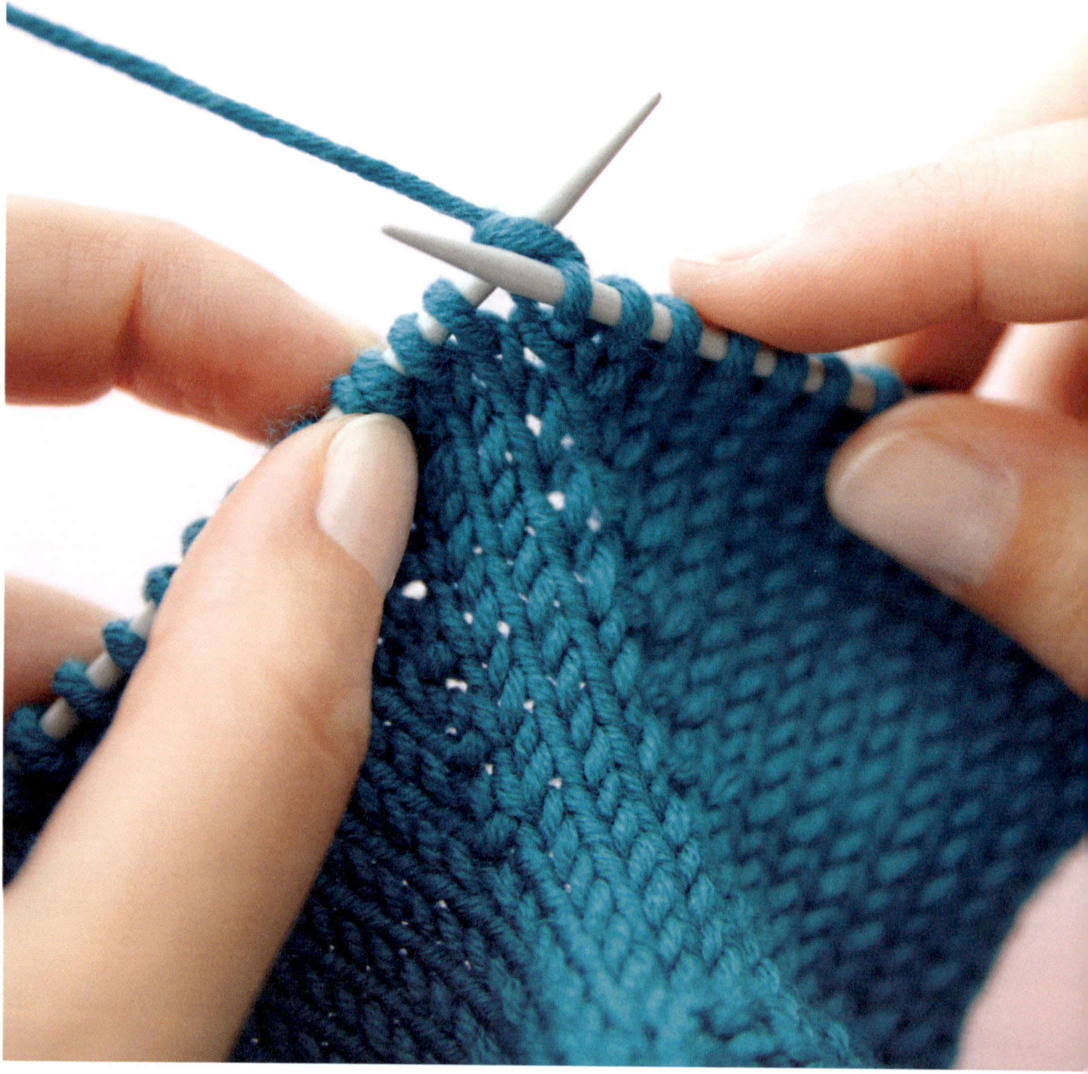

Die Zunahmemethode, bei der eine Masche doppelt abgestrickt wird, hat einen Nachteil: Es ergibt sich ein unschöner kleiner Querfaden (ähnlich wie bei einer linken Masche), der vor allem bei einem glatt rechts Maschenbild sehr störend wirkt. Dieser Querfaden lässt sich so vermeiden:

---

1. **Die zu verdoppelnde Masche rechts abstricken, aber auf der linken Nadel lassen.**
2. **Die Masche selbst nur wie zum Linksstricken abheben.**
3. **In der folgenden Reihe die abgehobene M verschränkt, die zugenommene M normal abstricken.**

Wähle diese Zunahme-Methode immer dann, wenn Zunahmen sehr dicht übereinander (in jeder Reihe, maximal in jeder 2. Reihe) erfolgen müssen.

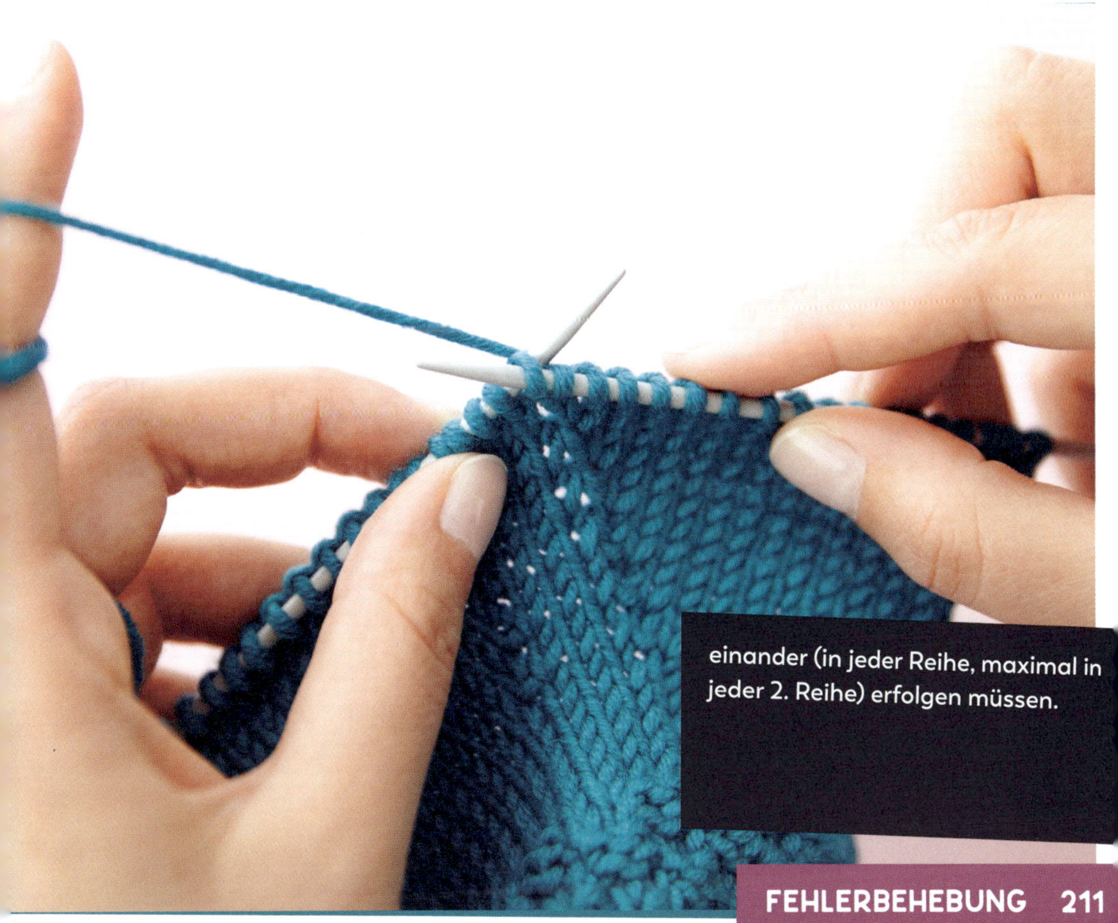

179 V-AUSSCHNITT

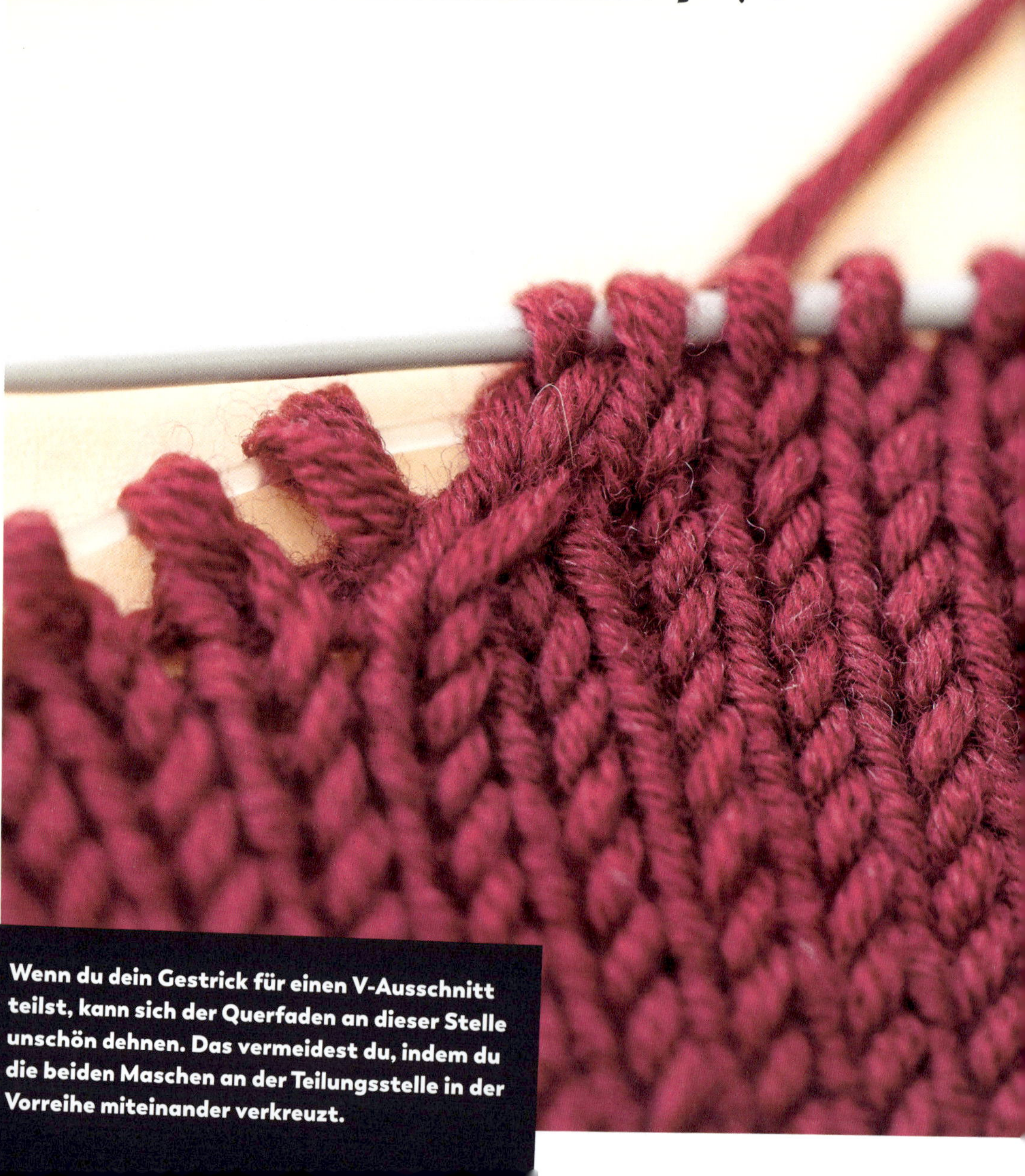

Wenn du dein Gestrick für einen V-Ausschnitt teilst, kann sich der Querfaden an dieser Stelle unschön dehnen. Das vermeidest du, indem du die beiden Maschen an der Teilungsstelle in der Vorreihe miteinander verkreuzt.

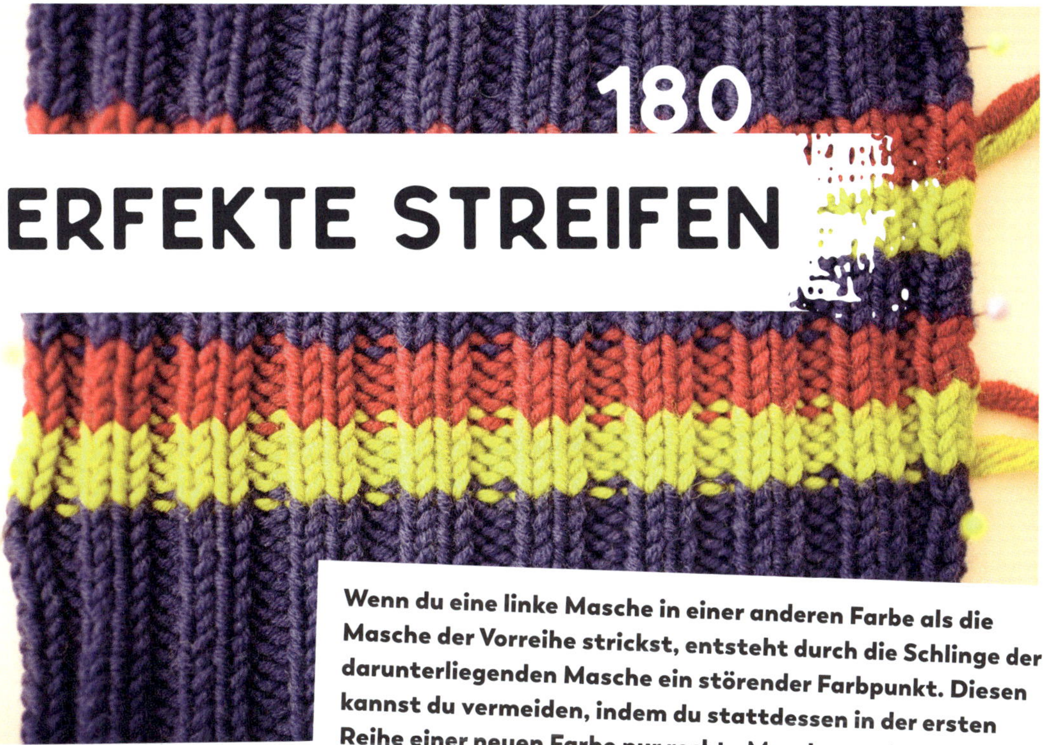

180 PERFEKTE STREIFEN

Wenn du eine linke Masche in einer anderen Farbe als die Masche der Vorreihe strickst, entsteht durch die Schlinge der darunterliegenden Masche ein störender Farbpunkt. Diesen kannst du vermeiden, indem du stattdessen in der ersten Reihe einer neuen Farbe nur rechte Maschen strickst.

Bei den meisten Mustern fällt es gar nicht auf, dass die Linksmaschen fehlen. Du kannst diese Eigenart allerdings auch als Designelement nutzen, z. B. bei Kraus-rechts-Gestrick.

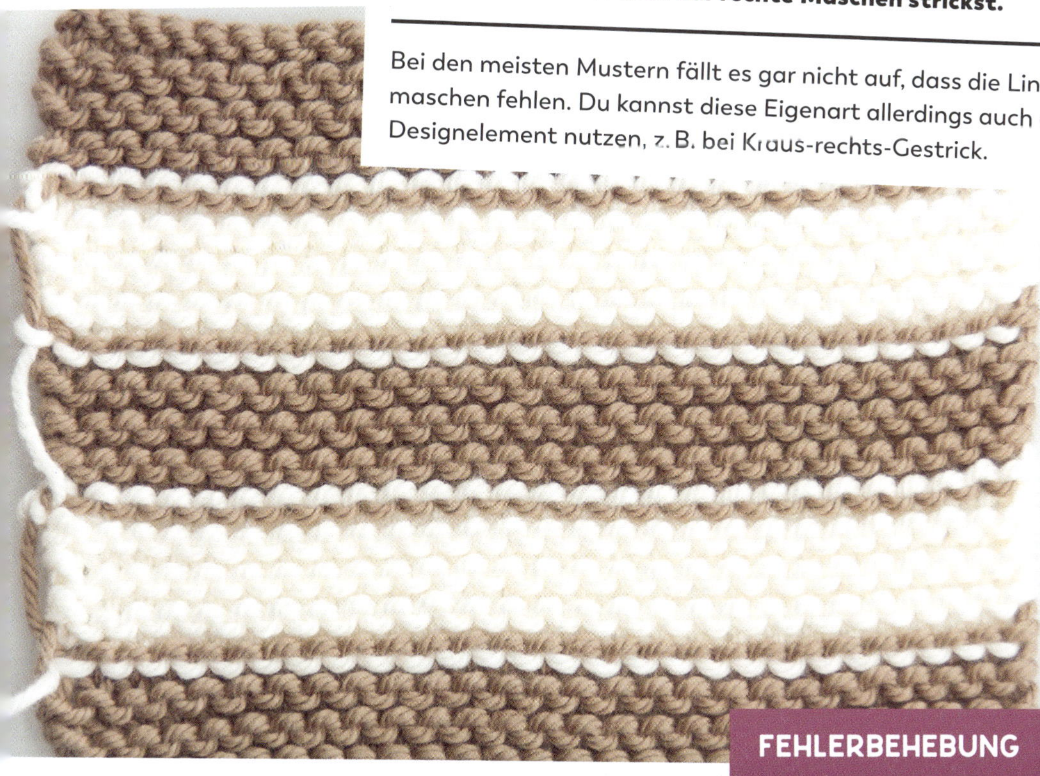

181 DAZUGEMOGELT

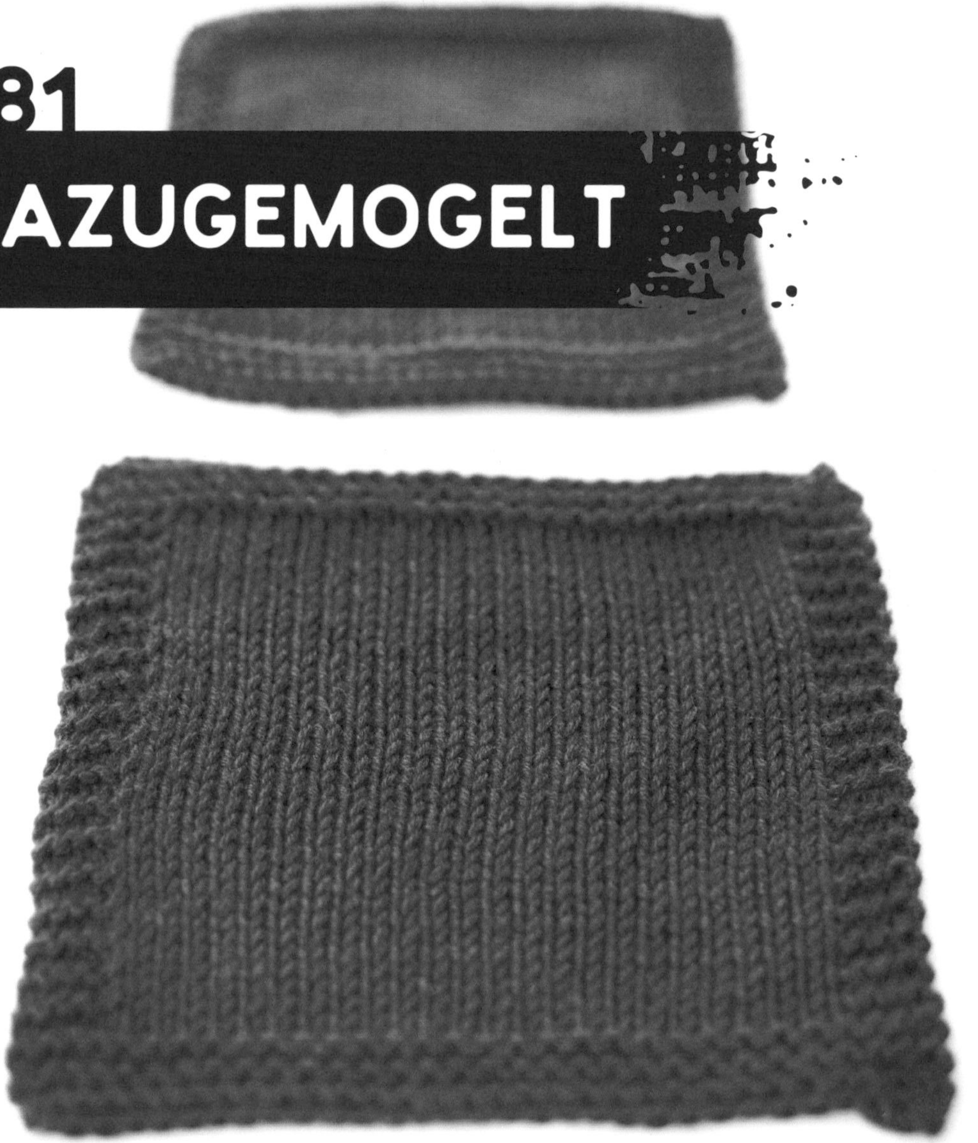

Ist dein Strickstück etwas zu kurz oder zu schmal geraten? Bis zu 5 cm mehr Länge oder Breite kannst du herausholen, indem du es in nassem Zustand kräftig in die entsprechende Richtung dehnst und dann auf einer nicht rutschigen Unterlage, wenn nötig mit Stecknadeln fixiert, trocknen lässt. Allerdings wird es beim Dehnen in die Breite kürzer, beim Dehnen in der Länge schmaler. Am besten funktioniert das bei unelastischen Garnen wie Baumwolle oder Seide. Je elastischer das Garn, umso schneller wird das Strickstück beim Tragen wieder seine ursprünglichen Maße annehmen.

182 KLAPPBÜNDCHEN

Dein Bündchen klappt immer hoch? Bündchen immer mit einer kleineren Nadelstärke (0,25 bis 0,5 mm) als das Hauptmuster stricken und schon in der letzten Reihe des Bündchens auf die größeren Nadeln wechseln – nicht in der ersten Reihe nach dem Bündchen!

Strickst du von oben nach unten, wechselst du erst in der zweiten Reihe des Bündchens auf kleinere Nadeln.

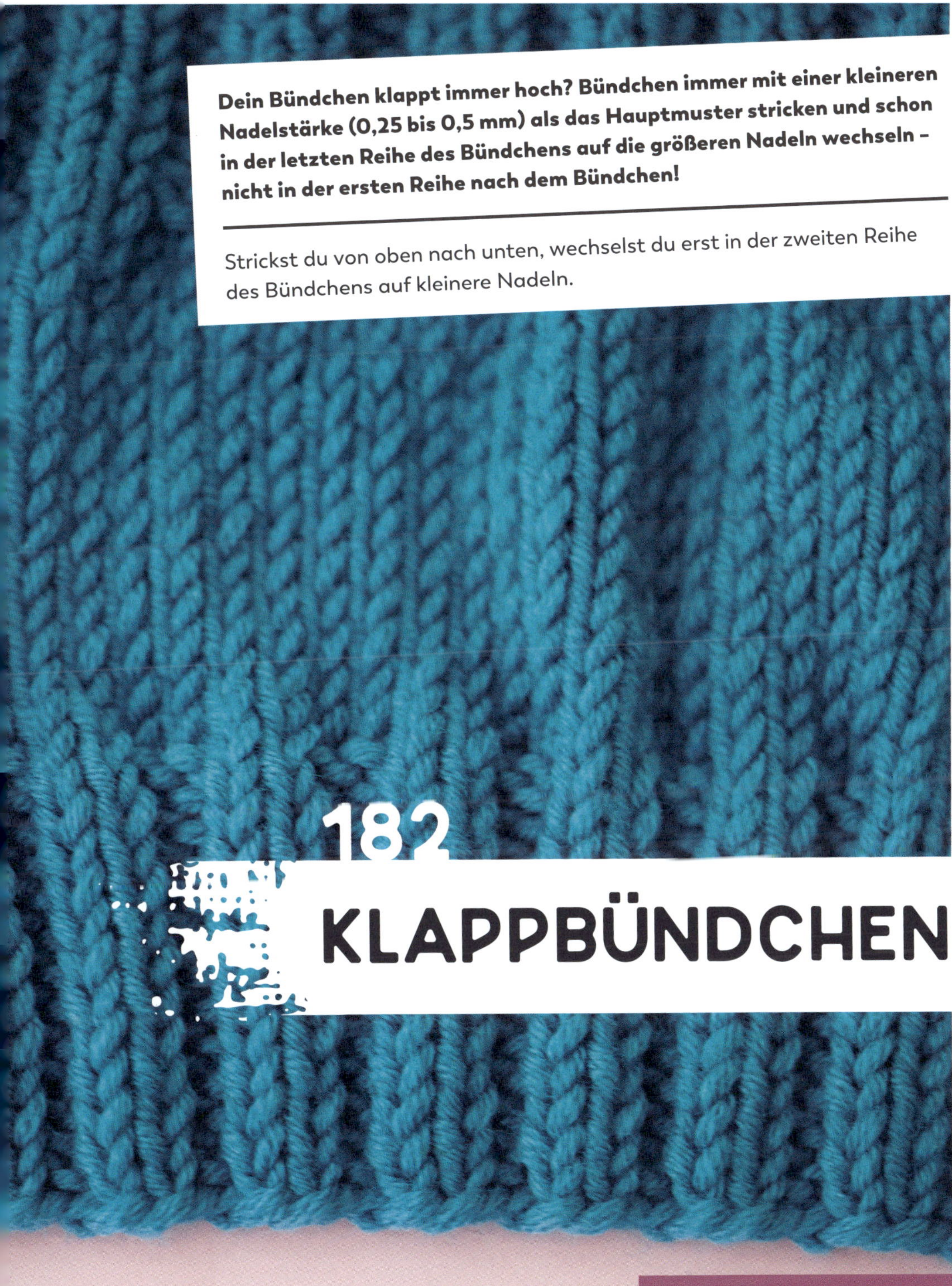

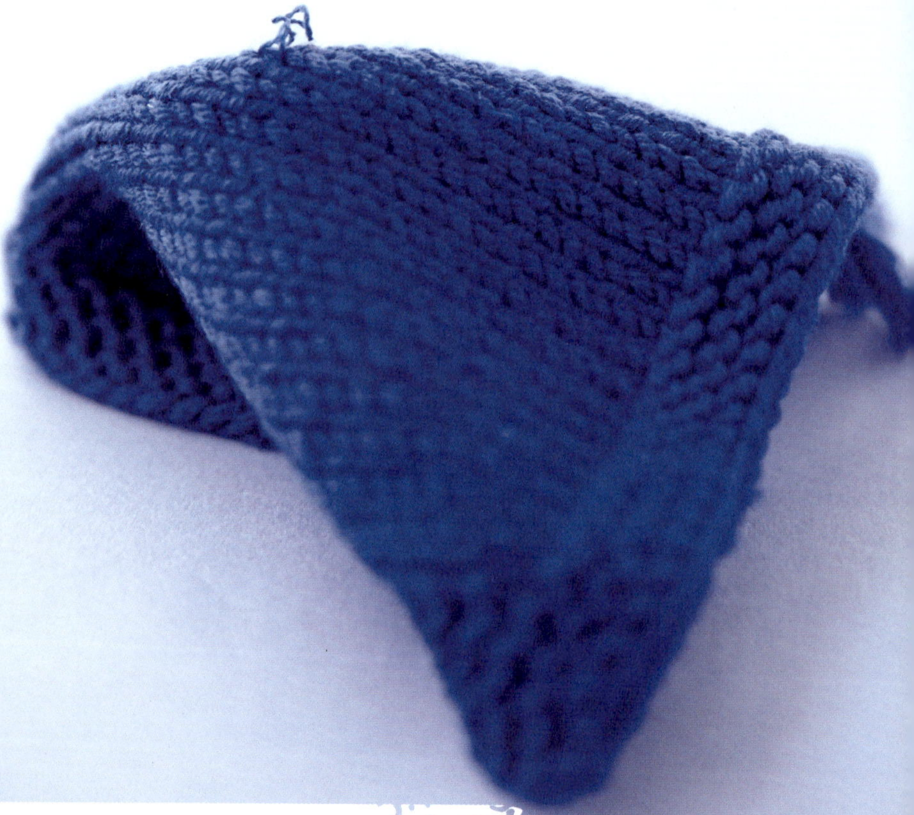

183 BÖSE KATZE

Hast du einen Ziehfaden in deinem fertigen Strickstück (viele Grüße and die Katze ... ;)? Dehne die Maschen um den Ziehfaden herum einige Male abwechselnd in die Höhe und die Breite.

Hilft das nichts, kannst du den Ziehfaden mit einer Häkelnadel auf die Innenseite ziehen und die Schlinge mit einem Garnrest sichern.

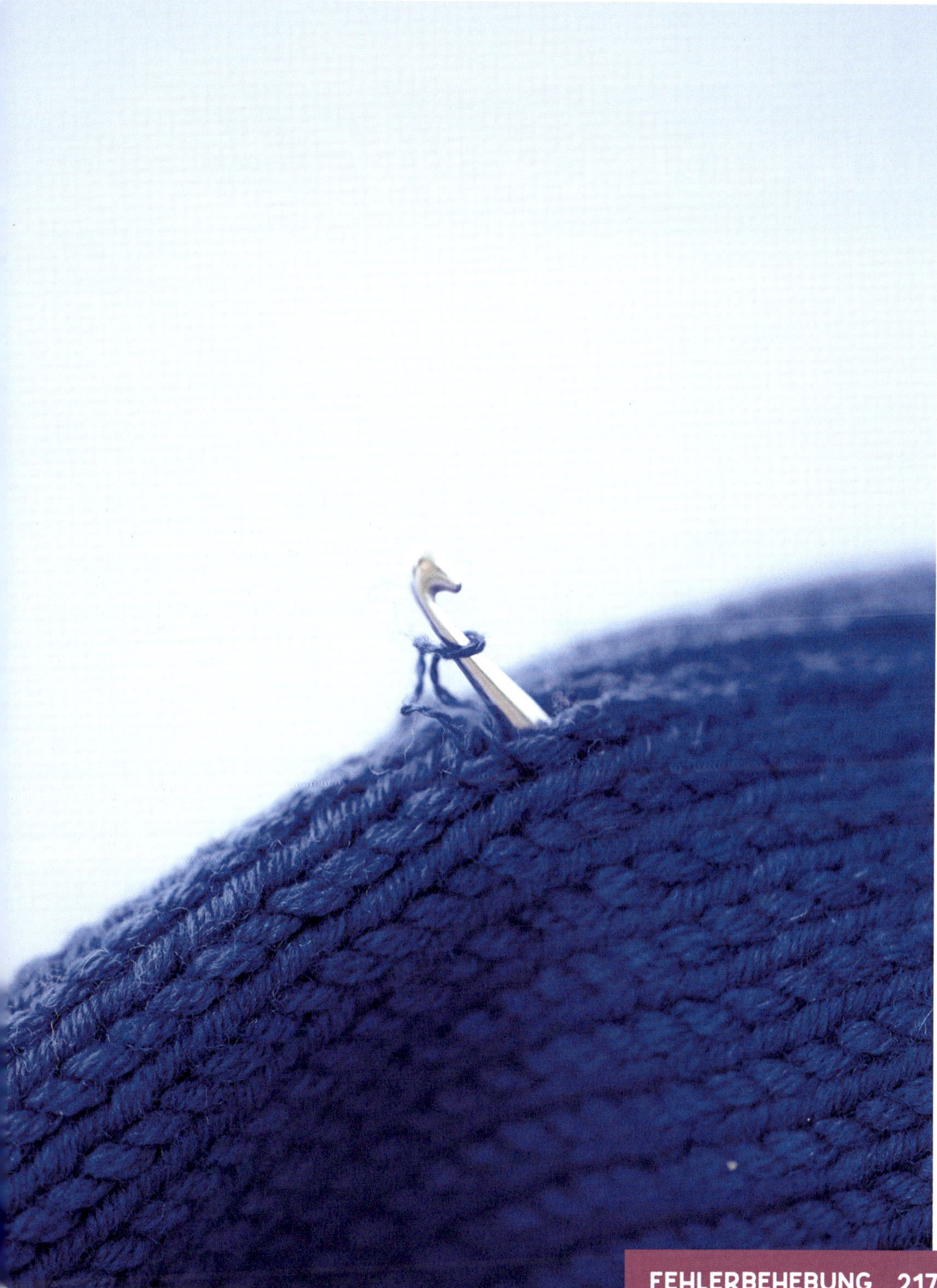

184 LÜCKENSCHLUSS

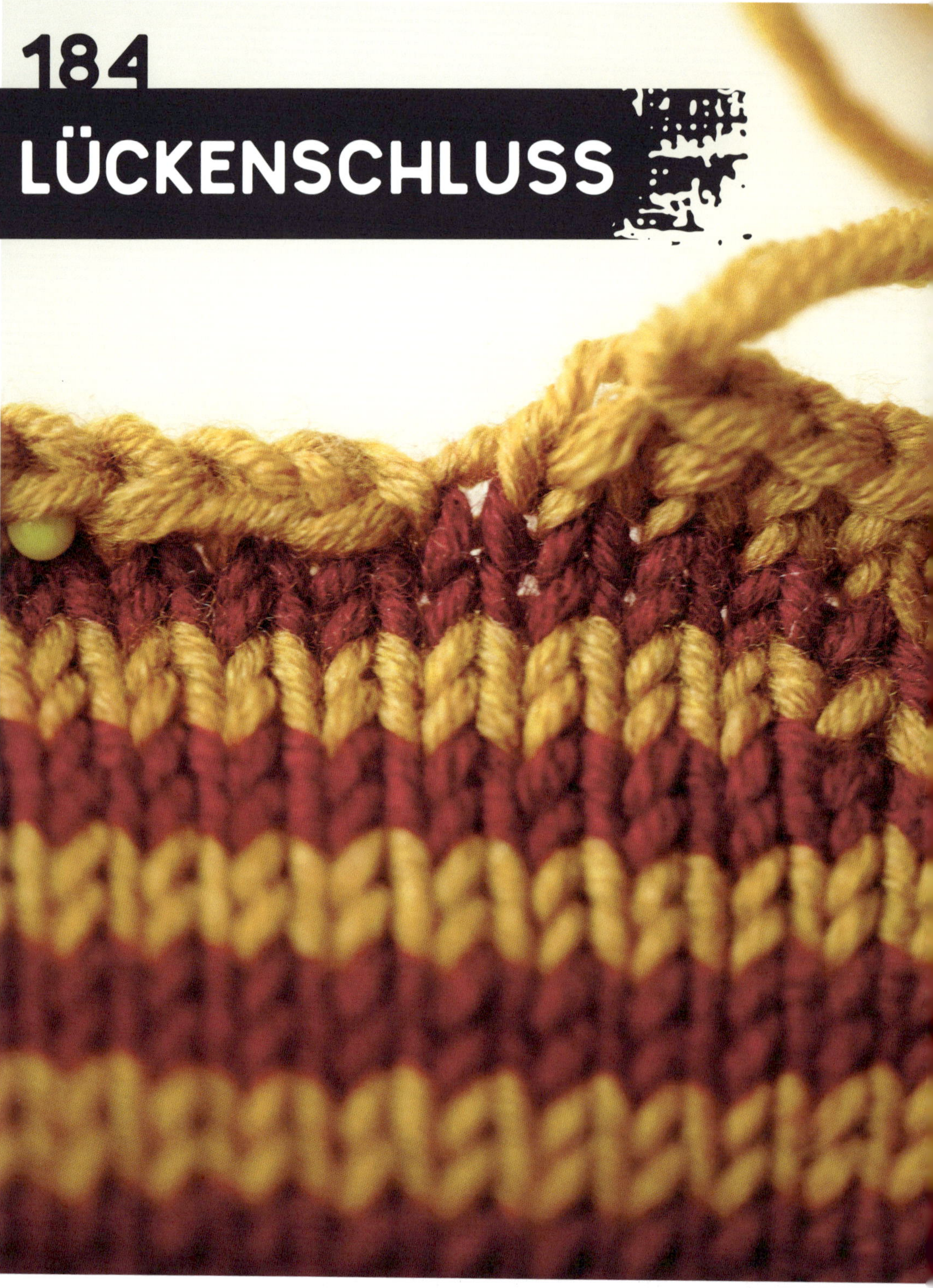

ʼenn du in Runden abkettest, ergibt ch zum Schluss eine unschöne Lücke. iese schließt du folgendermaßen:

Den Faden von vorne nach hinten unter der ersten abgeketteten Masche hindurchführen.

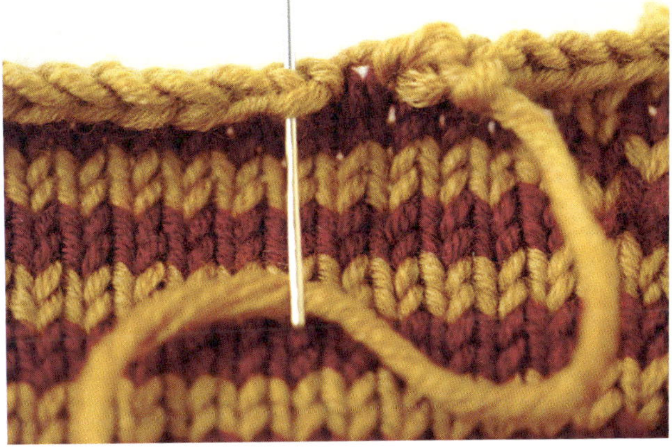

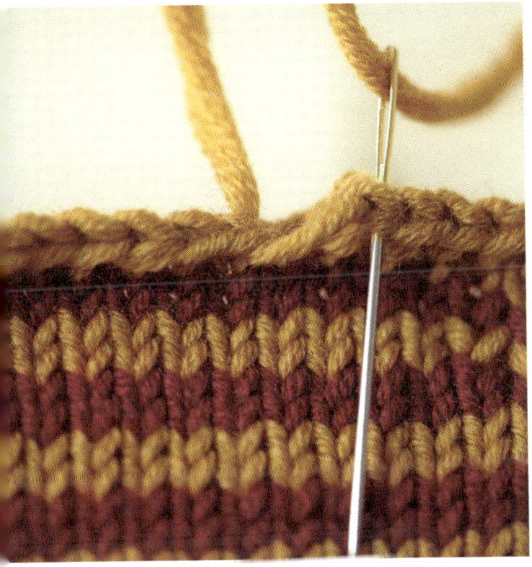

2 ... Den Faden von hinten nach vorne unter der letzten abgeketteten Masche hindurchführen.

3 ... Den Faden anziehen, bis die Lücke geschlossen ist.

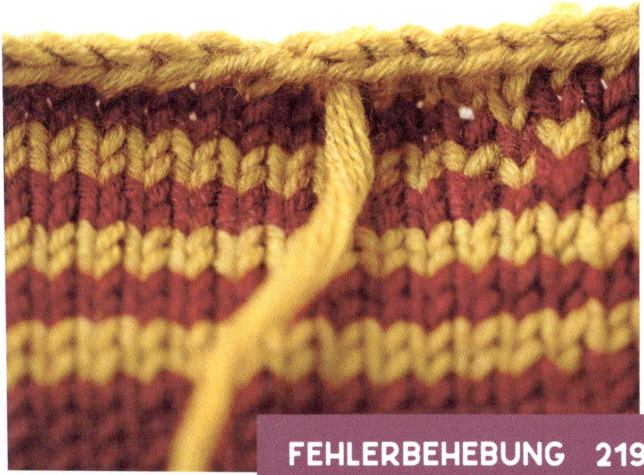

Wenn die letzte Masche einer Rechtsrippe oder eines Zopfes immer ein wenig vergrößert erscheint, muss der Faden bei dieser Masche statt wie üblich von vorne nach hinten, genau andersherum, nämlich von hinten nach vorne über die Nadel gelegt werden. In der Folgereihe wird in diese Masche dann wie zum Verschränktstricken eingestochen und normal abgestrickt.

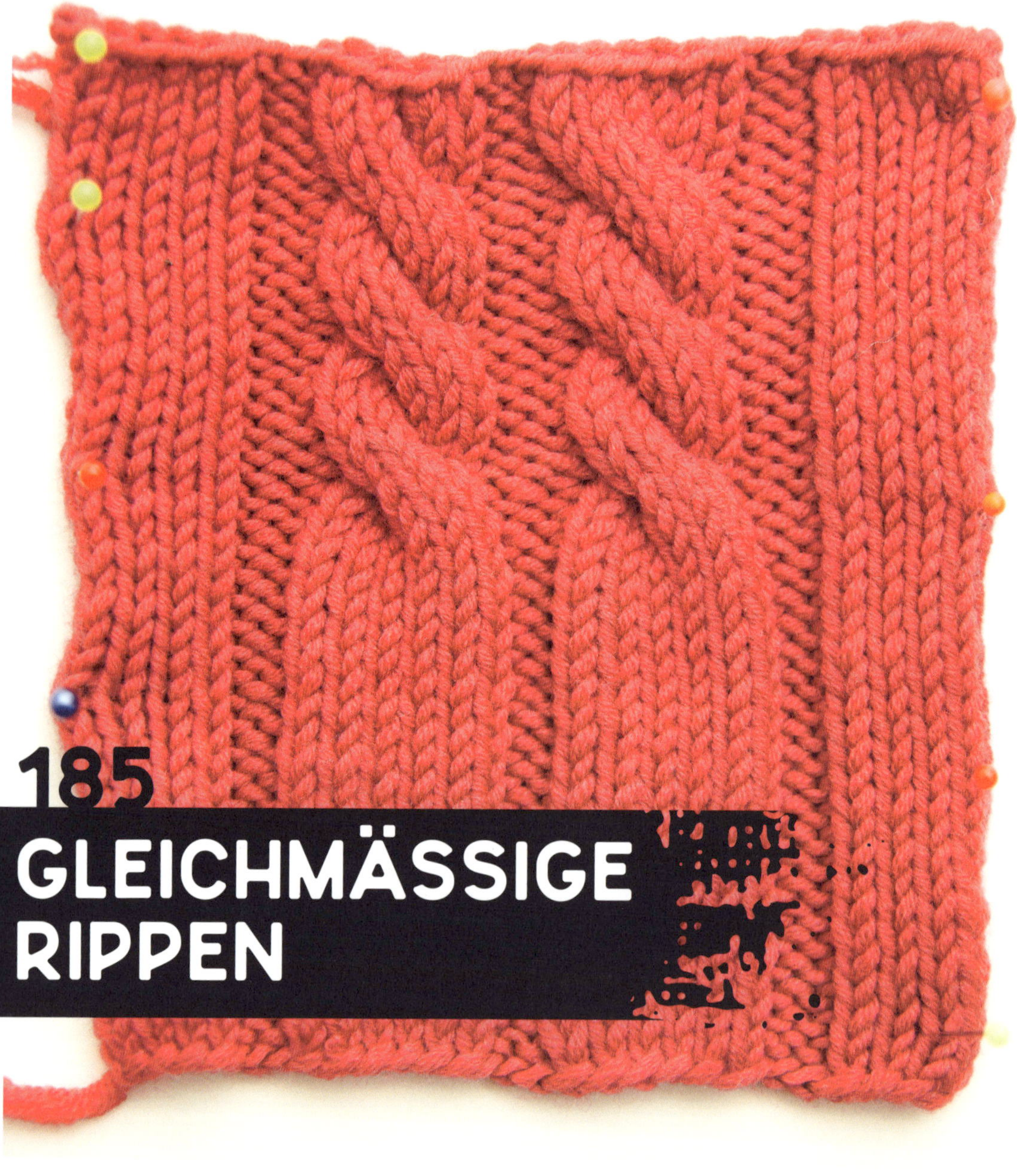

185 GLEICHMÄSSIGE RIPPEN

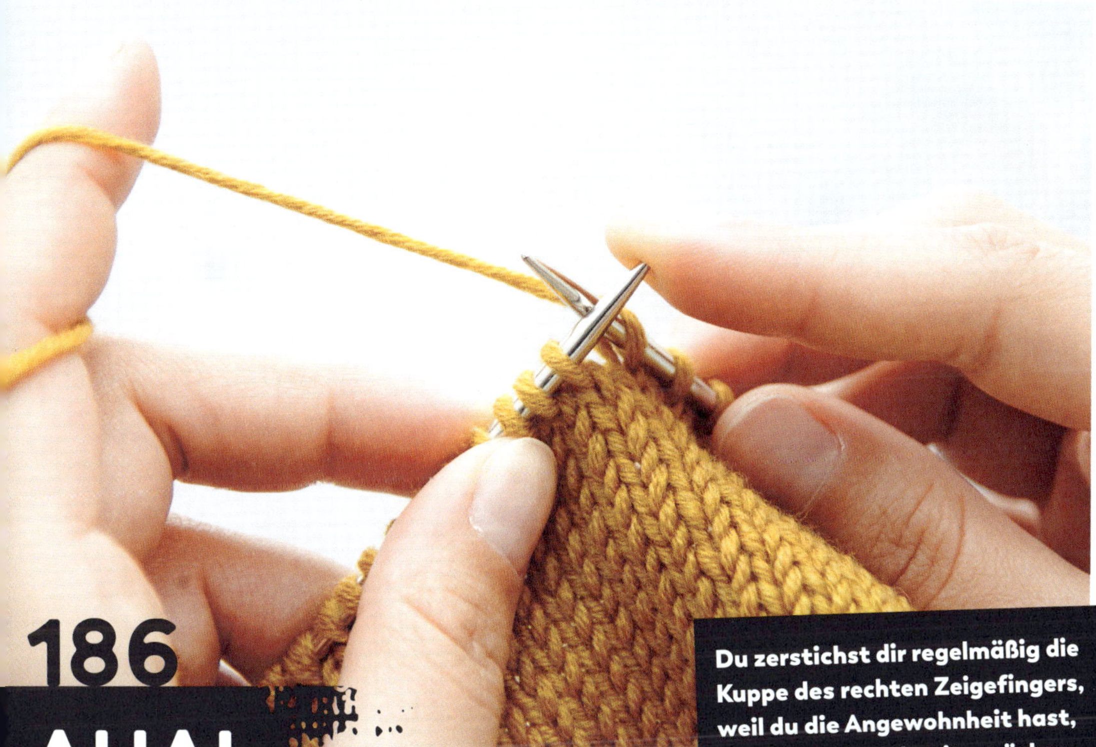

186
AUA!

Du zerstichst dir regelmäßig die Kuppe des rechten Zeigefingers, weil du die Angewohnheit hast, die linke Nadel damit zurückzuschieben? Benutze stattdessen die rechte Nadelspitze.

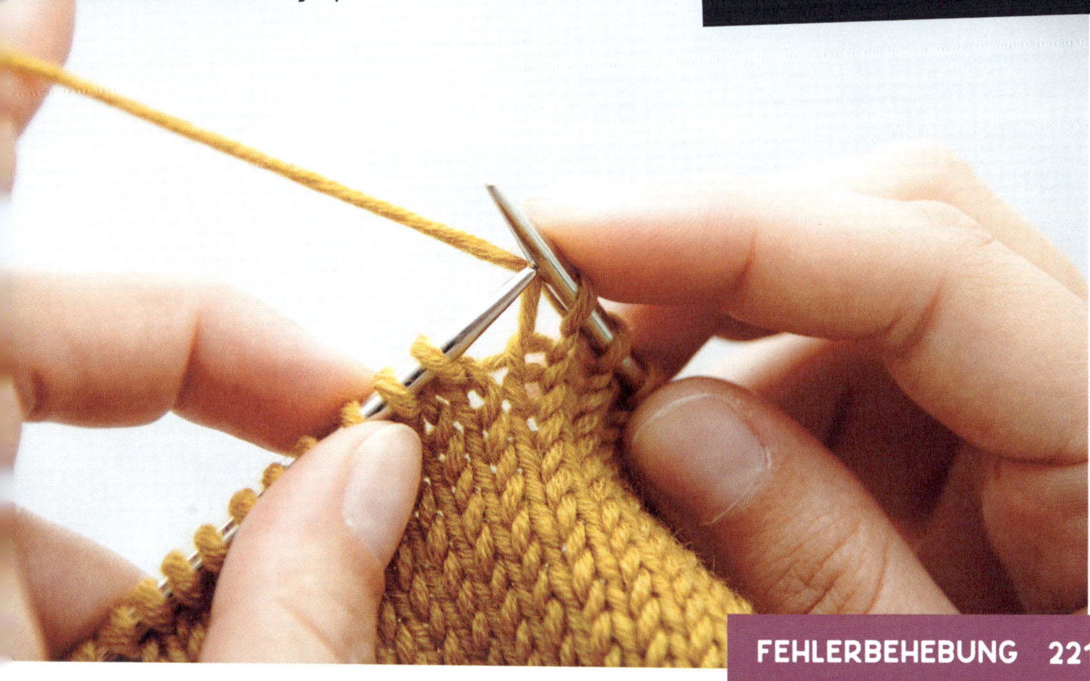

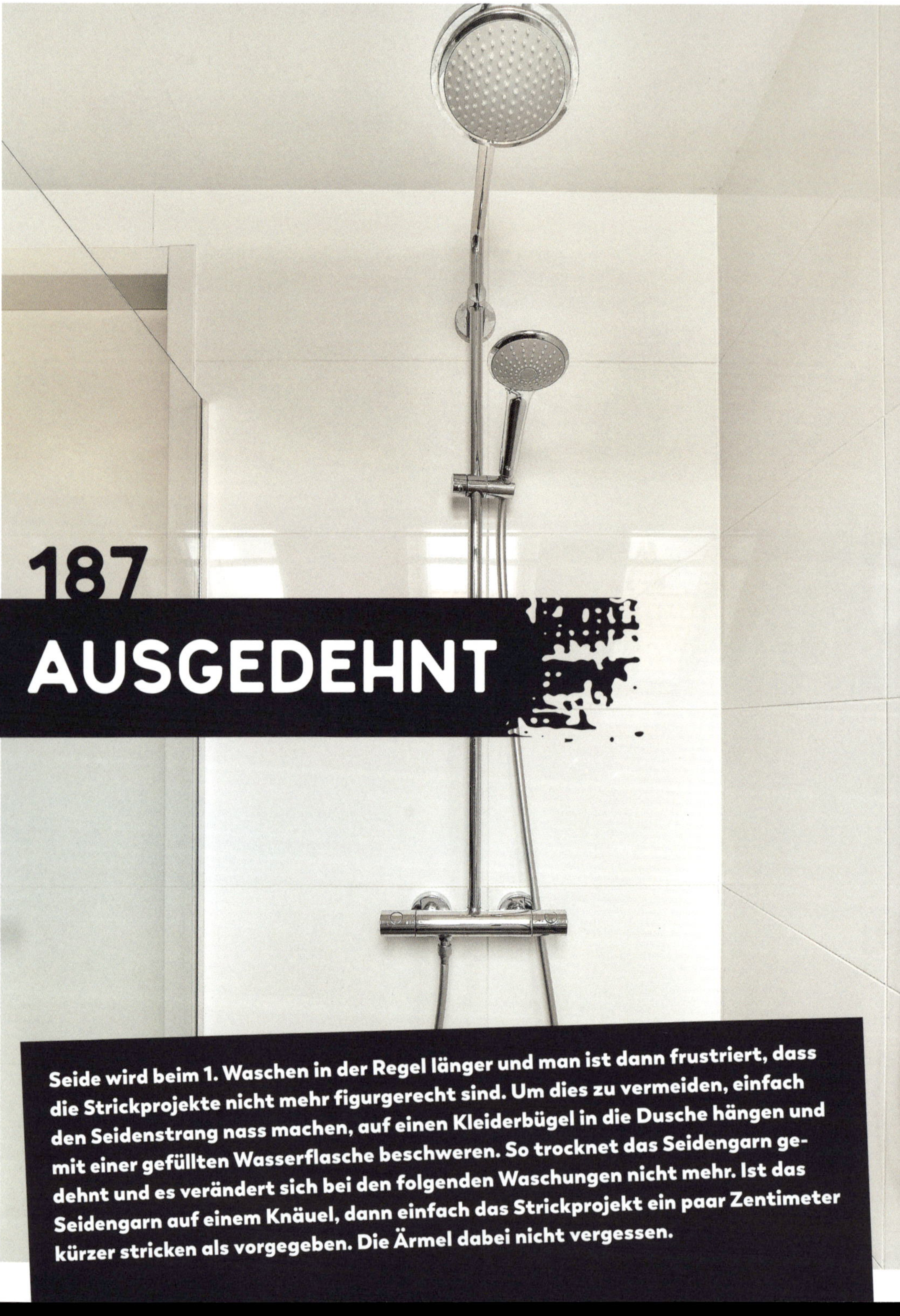

187

AUSGEDEHNT

Seide wird beim 1. Waschen in der Regel länger und man ist dann frustriert, dass die Strickprojekte nicht mehr figurgerecht sind. Um dies zu vermeiden, einfach den Seidenstrang nass machen, auf einen Kleiderbügel in die Dusche hängen und mit einer gefüllten Wasserflasche beschweren. So trocknet das Seidengarn gedehnt und es verändert sich bei den folgenden Waschungen nicht mehr. Ist das Seidengarn auf einem Knäuel, dann einfach das Strickprojekt ein paar Zentimeter kürzer stricken als vorgegeben. Die Ärmel dabei nicht vergessen.

Blendenmaschen ohne Loch schön aufzufassen ist oftmals nicht so einfach, vor allem dann, wenn es nicht immer so viele Maschen wie Reihen sind. Fasse einfach ganz viele Maschen auf und stricke in der ersten Reihe Maschen zusammen, bis die gewünschte Maschenzahl erreicht ist.

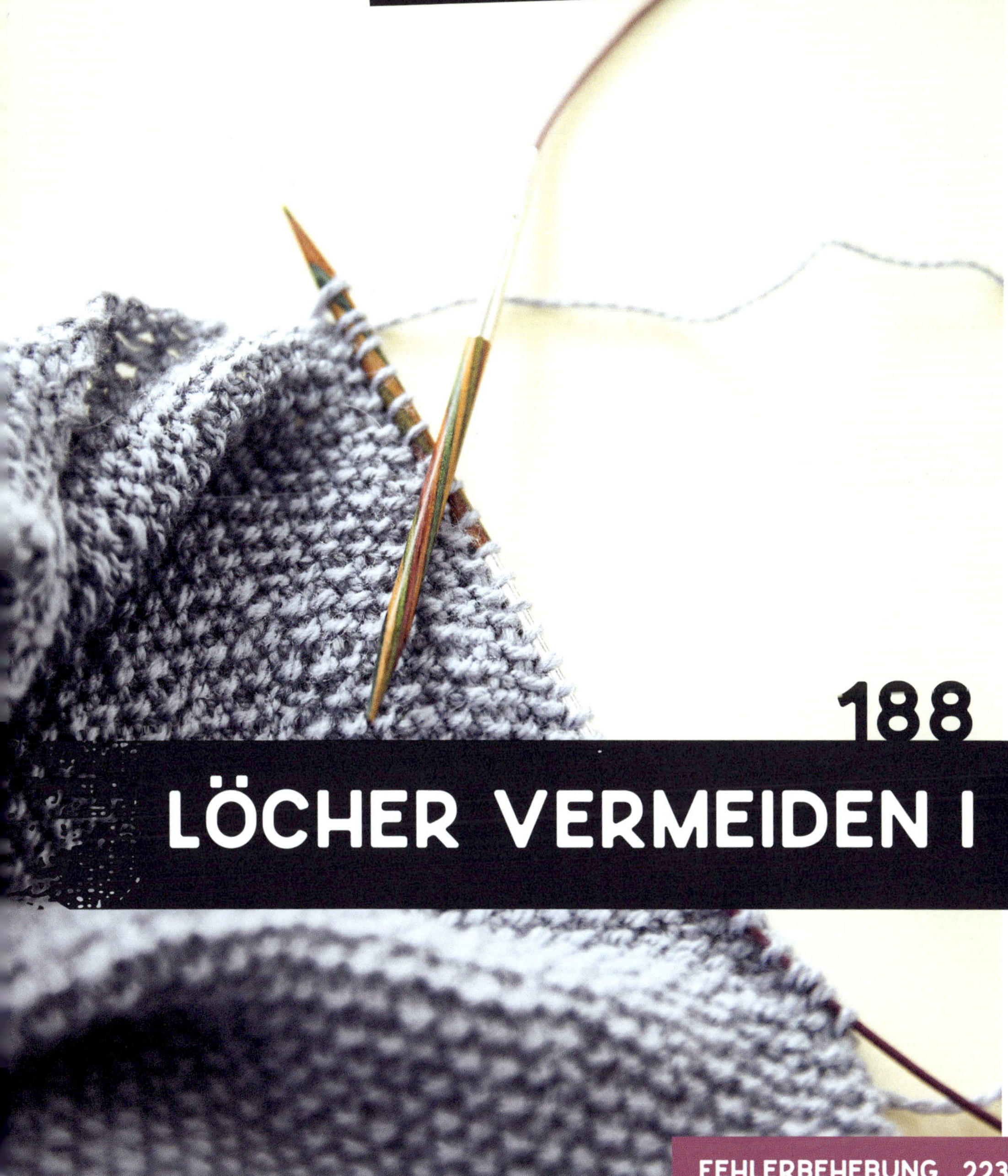

188

LÖCHER VERMEIDEN I

189

LÖCHER VERMEIDEN II

Wenn sich beim Auffassen der Blendenmaschen ein großes Loch nicht vermeiden lässt, ziehe einfach den Querfaden zwischen zwei Maschen groß, drehe ihn einmal um 180 Grad, hol den Faden und ziehe ihn durch den gedrehten Querfaden. So ist die Blendenmasche perfekt und ohne Loch.

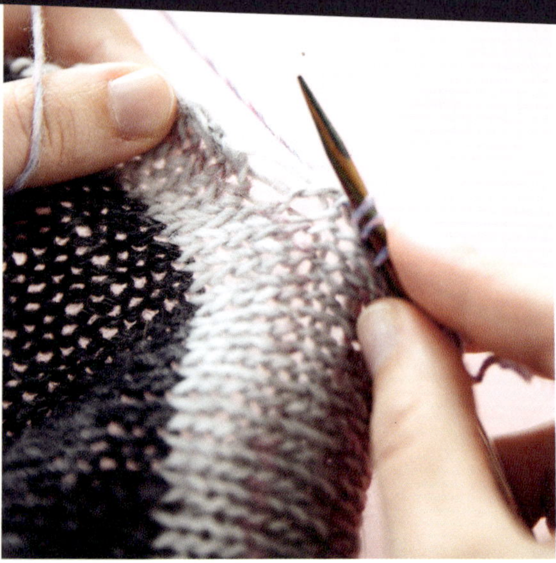

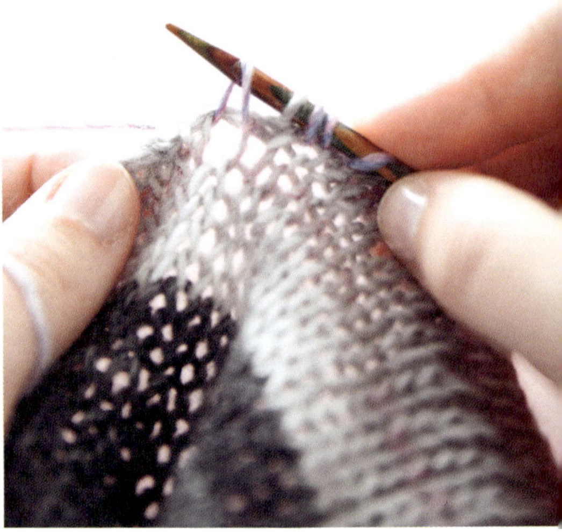

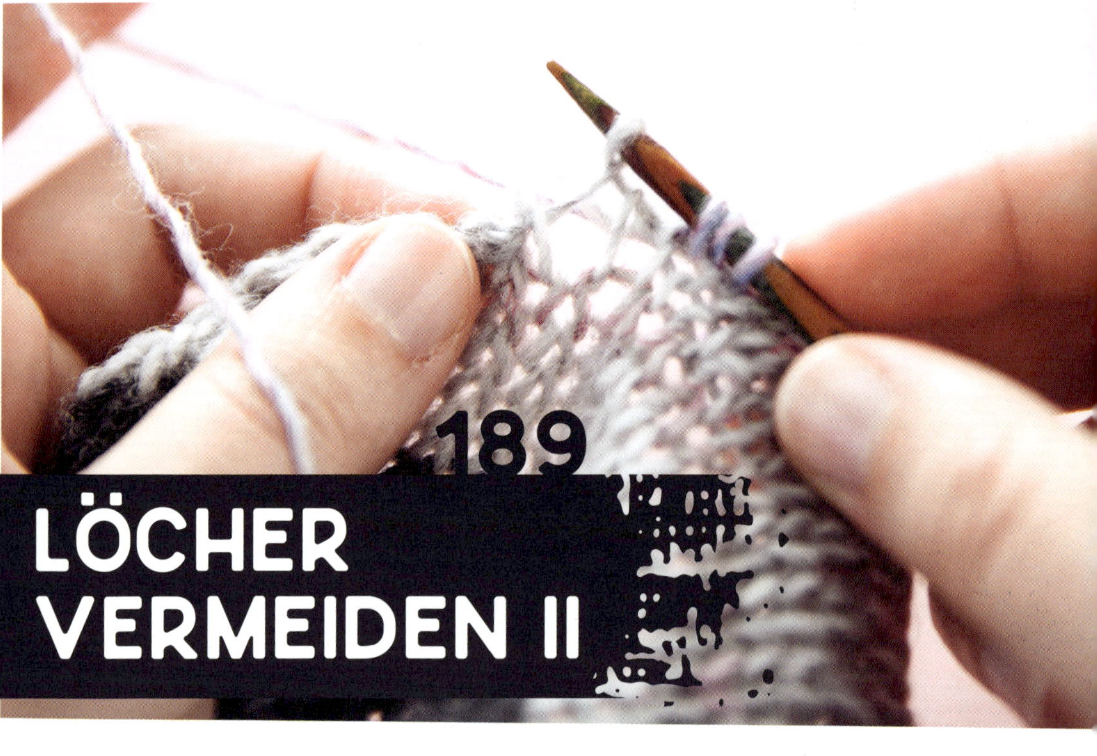

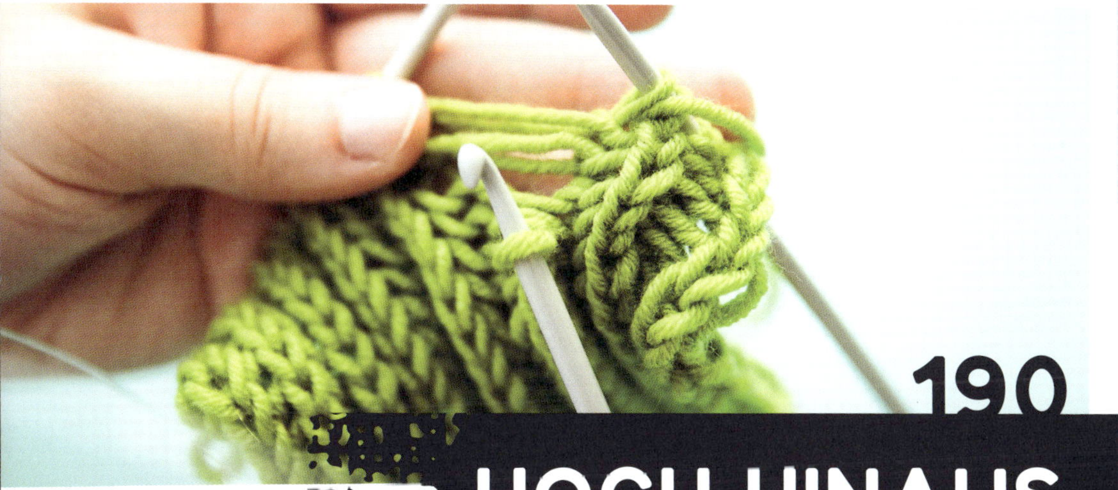

190

HOCH HINAUS

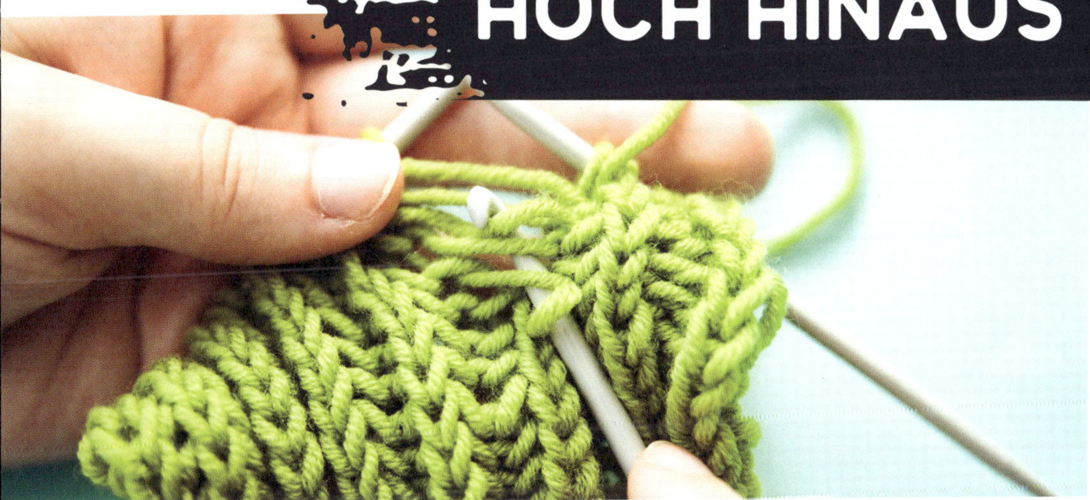

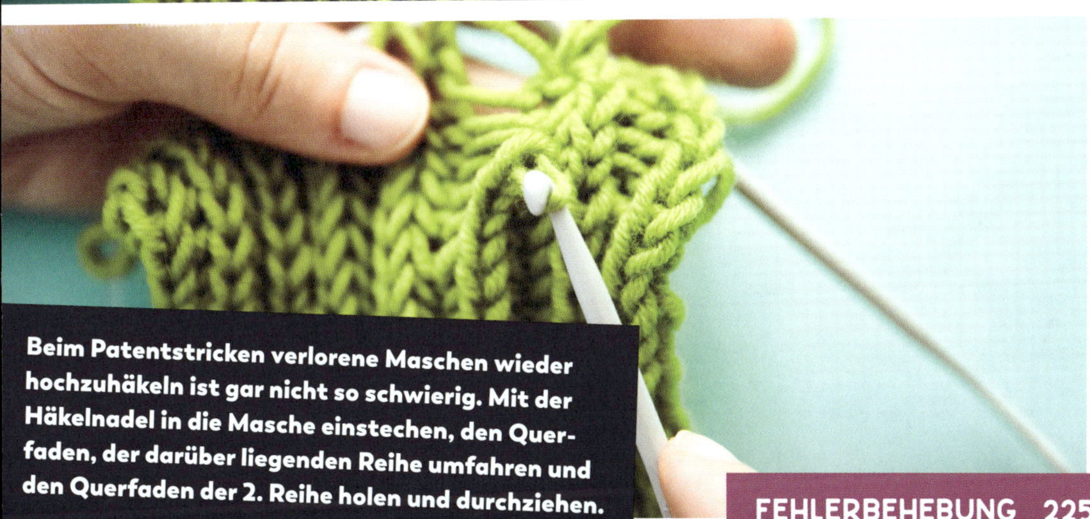

Beim Patentstricken verlorene Maschen wieder hochzuhäkeln ist gar nicht so schwierig. Mit der Häkelnadel in die Masche einstechen, den Querfaden, der darüber liegenden Reihe umfahren und den Querfaden der 2. Reihe holen und durchziehen.

Wenn zu fest gestrickt wird, passiert es gelegentlich, dass die Abkettkante zu fest ist. Da empfiehlt es sich, die letzte Reihe mit einer größeren Nadel zu stricken und abzuketten.

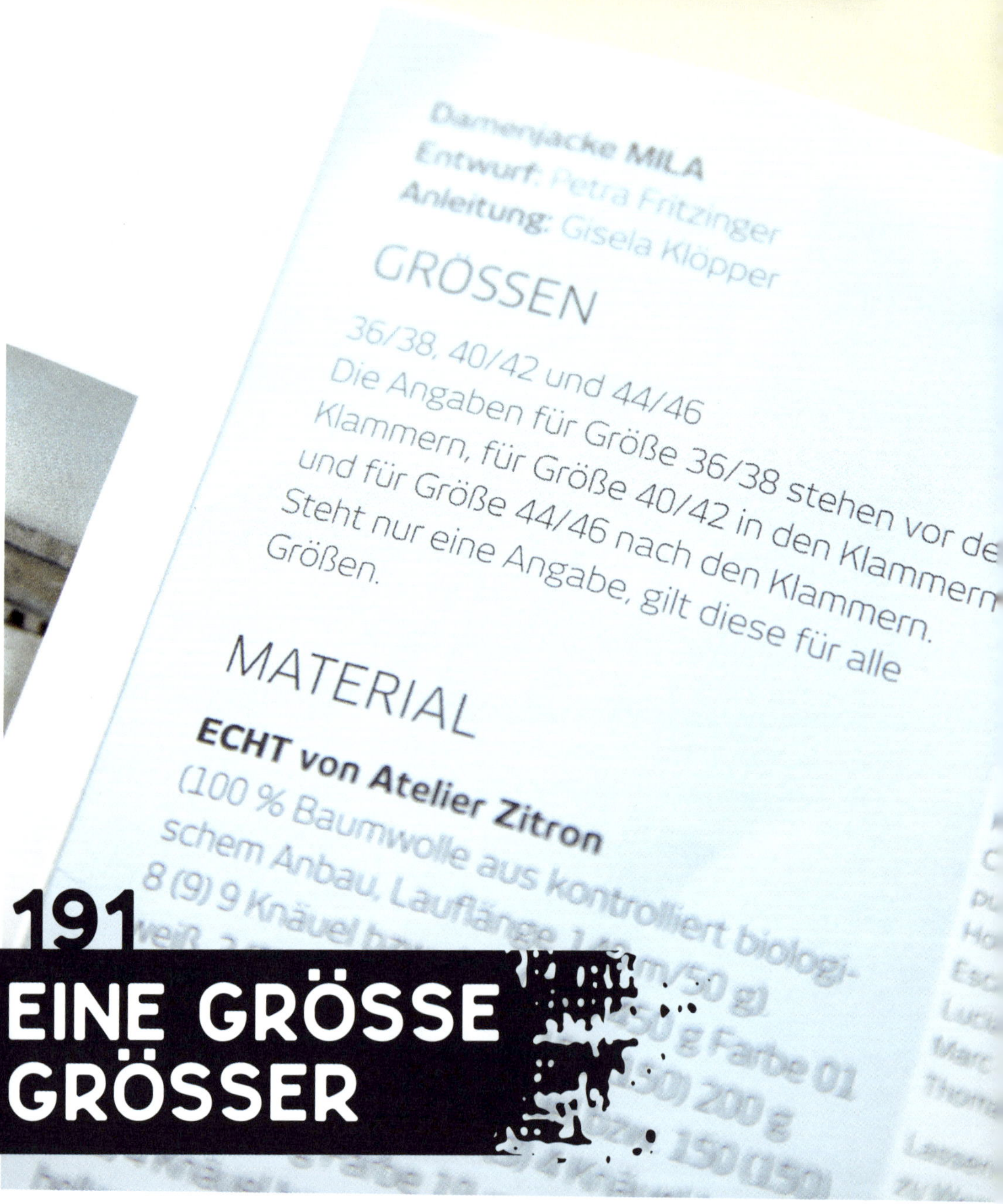
Damenjacke MILA
Entwurf: Petra Fritzinger
Anleitung: Gisela Klöpper

GRÖSSEN

36/38, 40/42 und 44/46
Die Angaben für Größe 36/38 stehen vor den Klammern, für Größe 40/42 in den Klammern und für Größe 44/46 nach den Klammern. Steht nur eine Angabe, gilt diese für alle Größen.

MATERIAL

ECHT von Atelier Zitron
(100 % Baumwolle aus kontrolliert biologischem Anbau, Lauflänge 14[…]m/50 g)

191 EINE GRÖSSE GRÖSSER

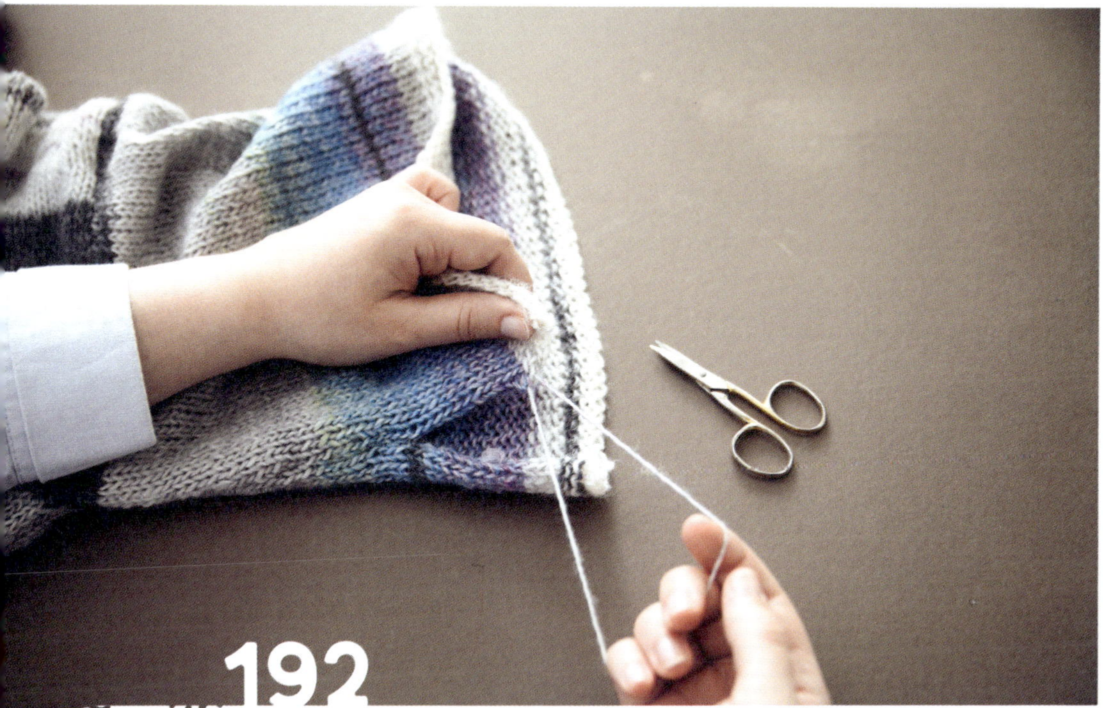

192 LÄNGENANPASSUNG

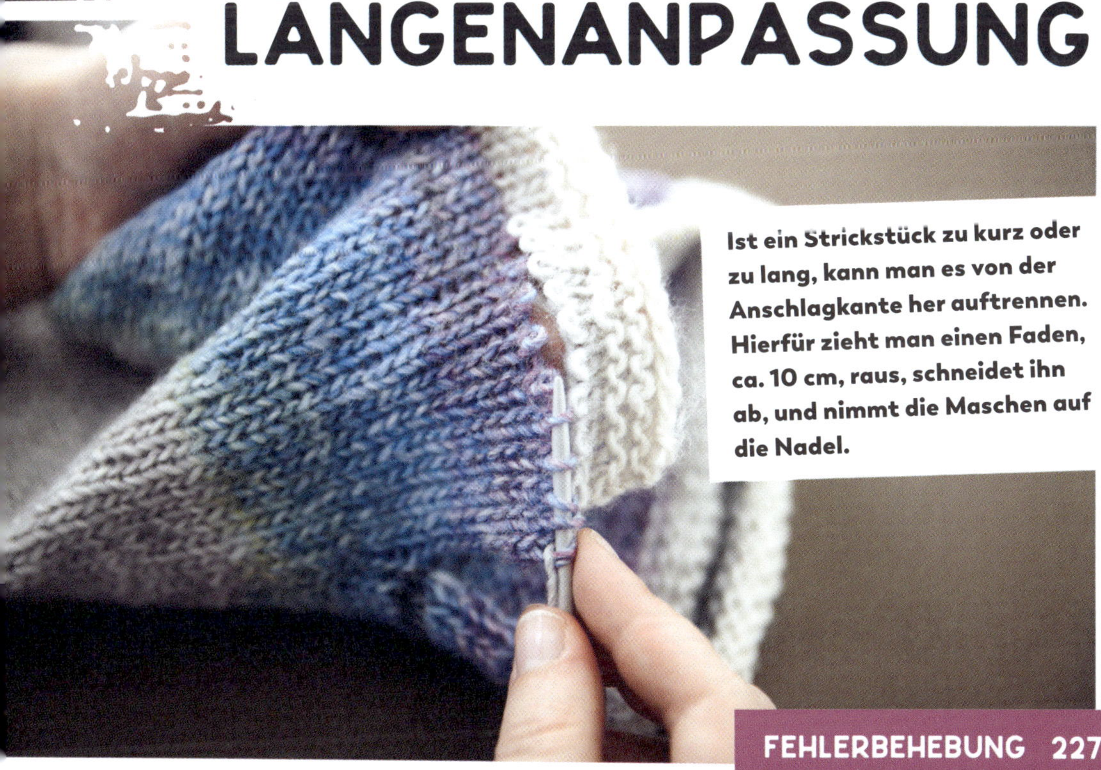

Ist ein Strickstück zu kurz oder zu lang, kann man es von der Anschlagkante her auftrennen. Hierfür zieht man einen Faden, ca. 10 cm, raus, schneidet ihn ab, und nimmt die Maschen auf die Nadel.

193

AUSGELEIERT I

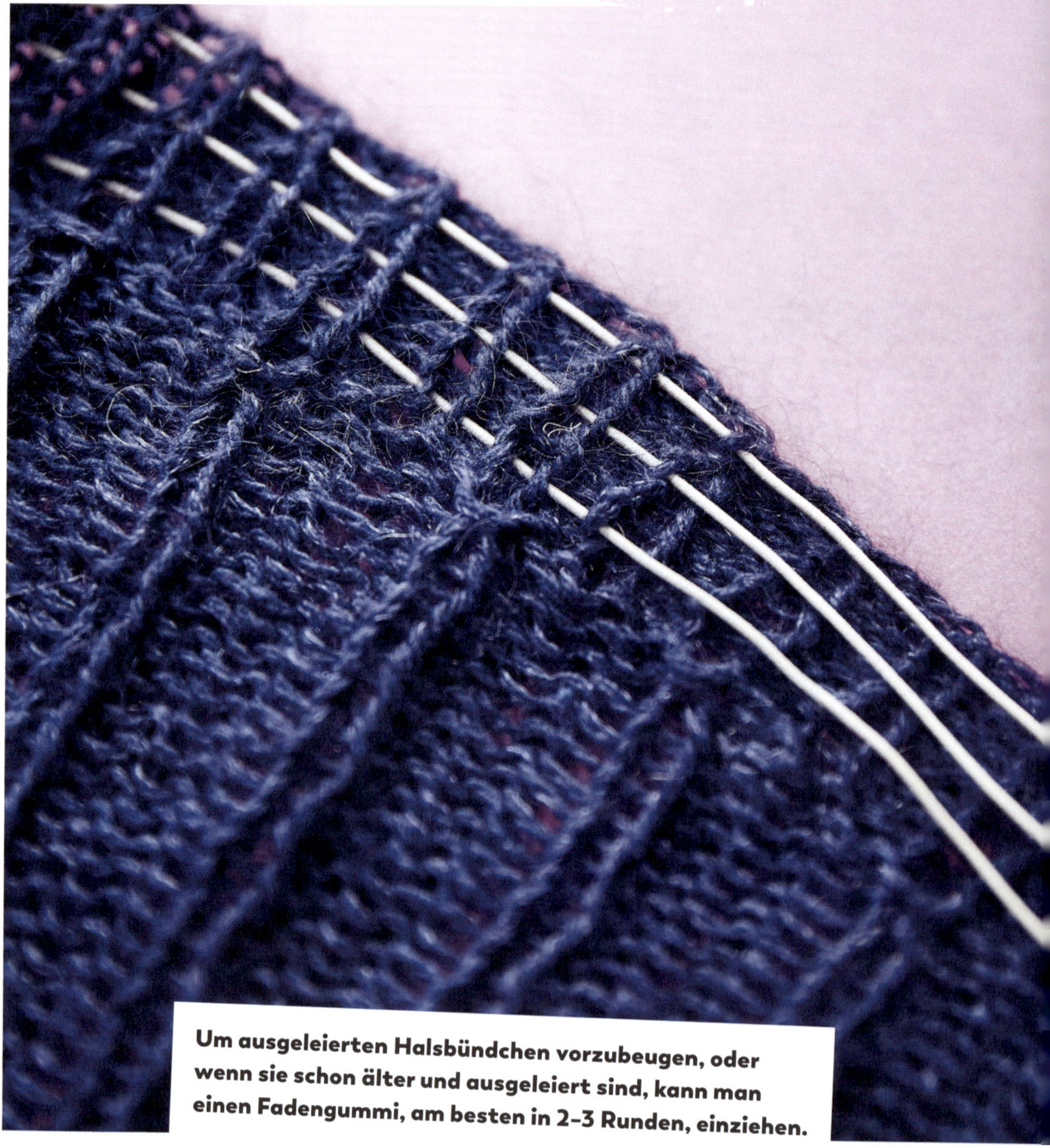

Um ausgeleierten Halsbündchen vorzubeugen, oder wenn sie schon älter und ausgeleiert sind, kann man einen Fadengummi, am besten in 2–3 Runden, einziehen.

Eine Alternative ist es, auf der Innenseite des Bündchens 2 Runden Kettmaschen mit dem Fadengummi anzubringen.

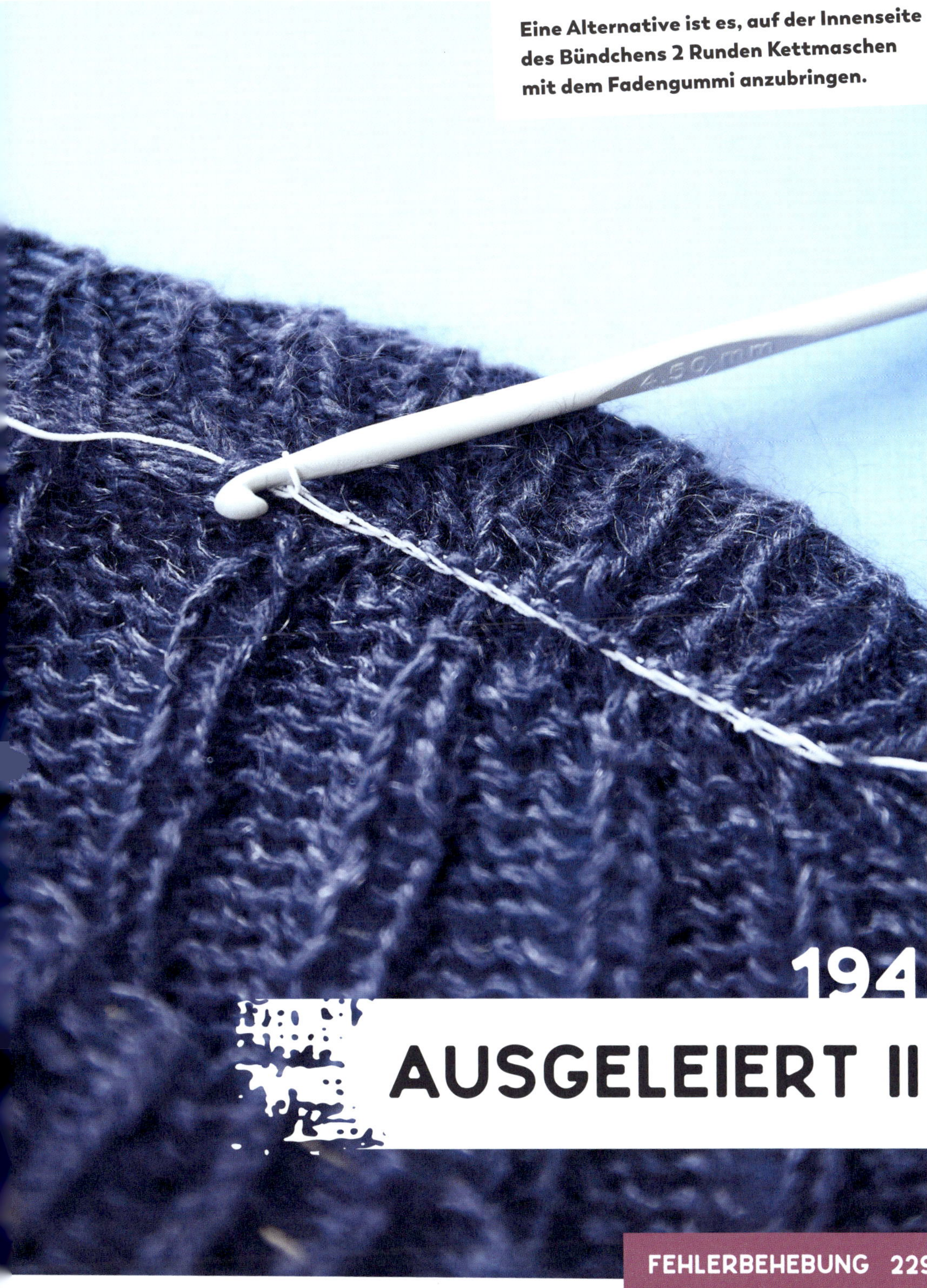

194 AUSGELEIERT II

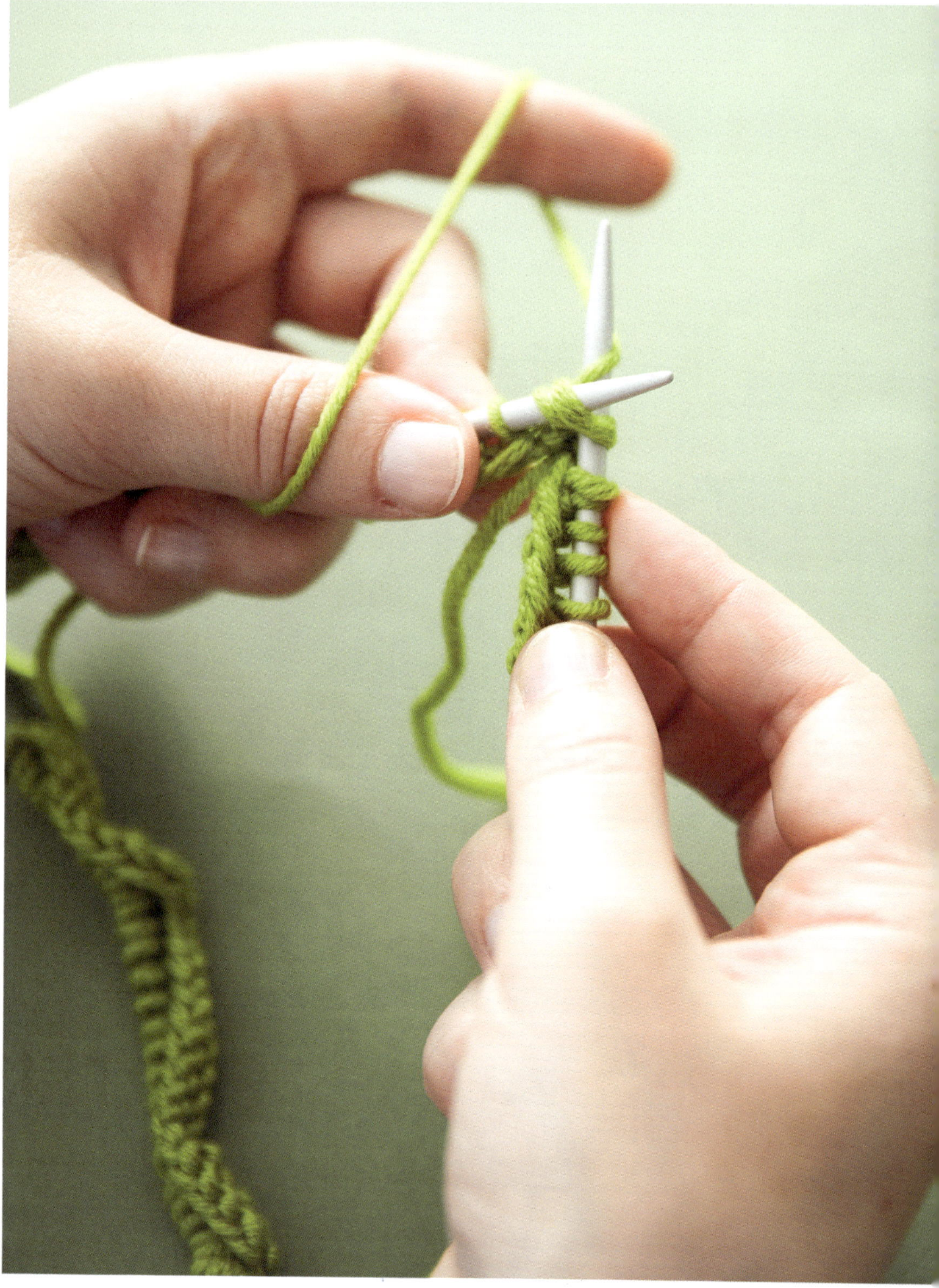

195

RUNDEN SCHLIESSEN

An der Anschlagskante beim Rundtricken kann eine Masche zusätzlich angeschlagen werden, welche dann am Ende der ersten Runde mit der ersten Masche zusammen gestrickt wird. So verschwindet die Kante.

Nach dem Abketten in Runden den Faden um die erste abgekettete Masche mit der Nähnadel ziehen und dann in die Mitte der letzten abgeketteten Masche durchstechen und vernähen.

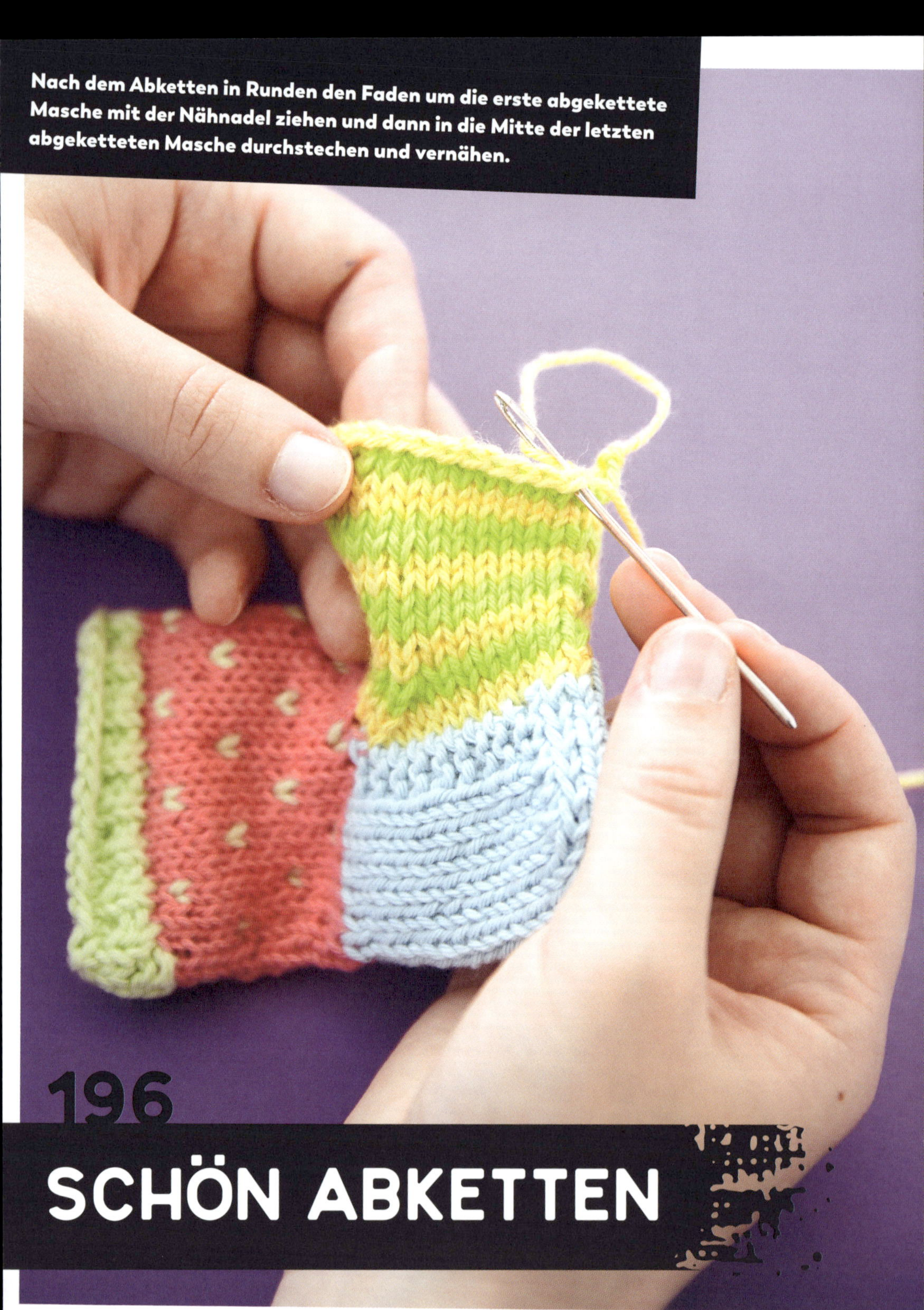

196 SCHÖN ABKETTEN

197

GRÖSSER MACHEN I

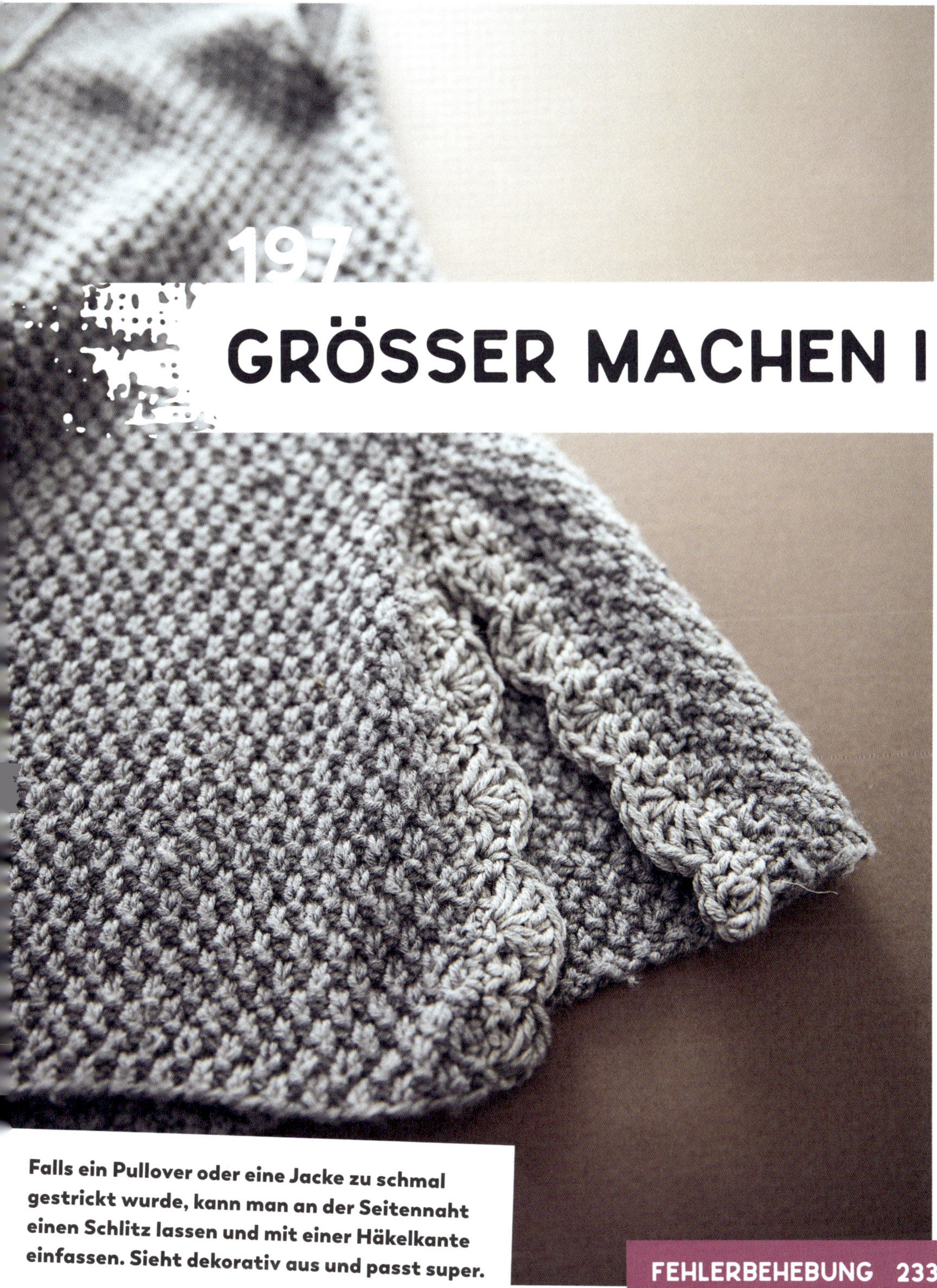

Falls ein Pullover oder eine Jacke zu schmal gestrickt wurde, kann man an der Seitennaht einen Schlitz lassen und mit einer Häkelkante einfassen. Sieht dekorativ aus und passt super.

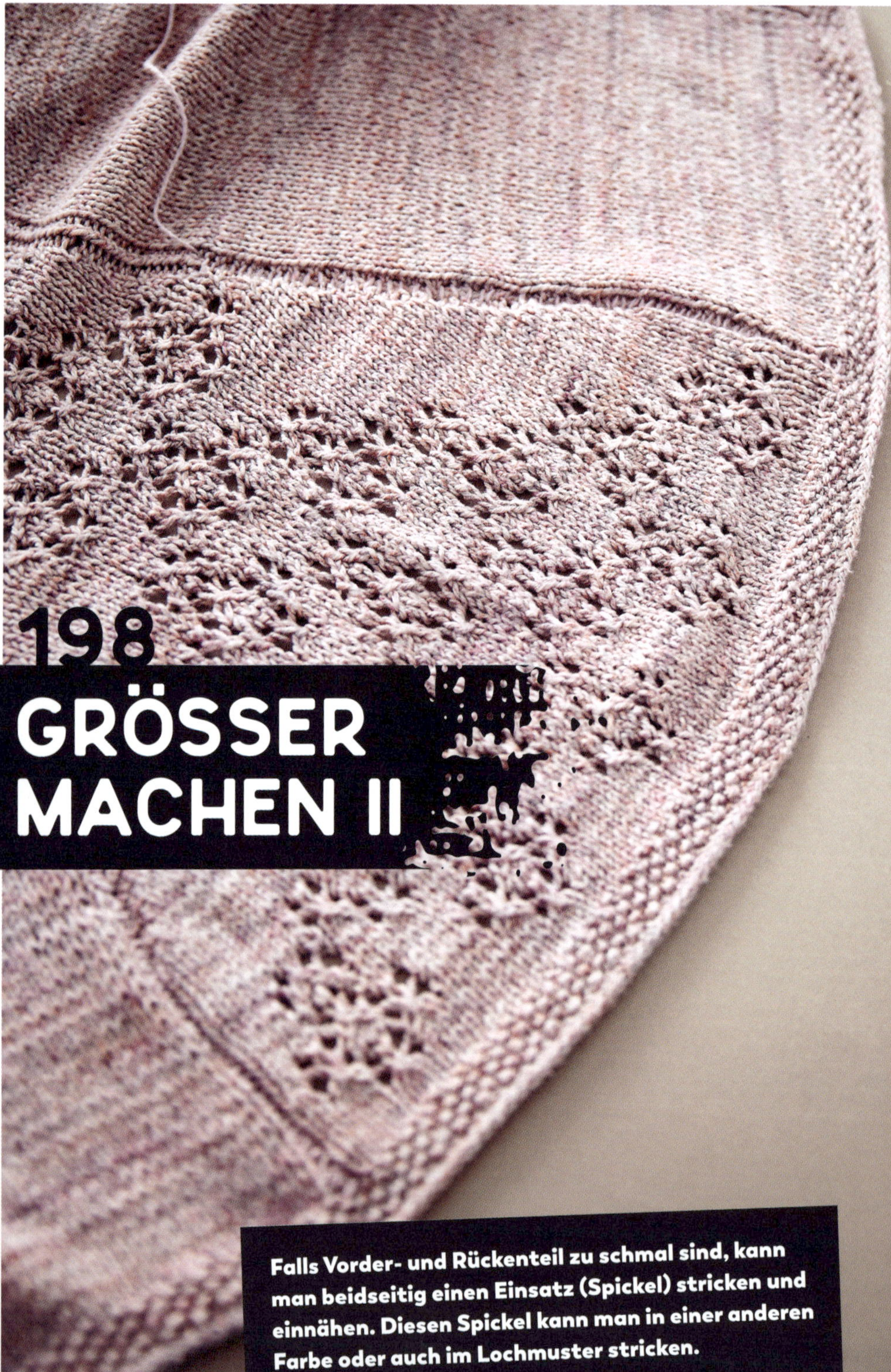

198

GRÖSSER MACHEN II

Falls Vorder- und Rückenteil zu schmal sind, kann man beidseitig einen Einsatz (Spickel) stricken und einnähen. Diesen Spickel kann man in einer anderen Farbe oder auch im Lochmuster stricken.

199

GRÖSSER MACHEN III

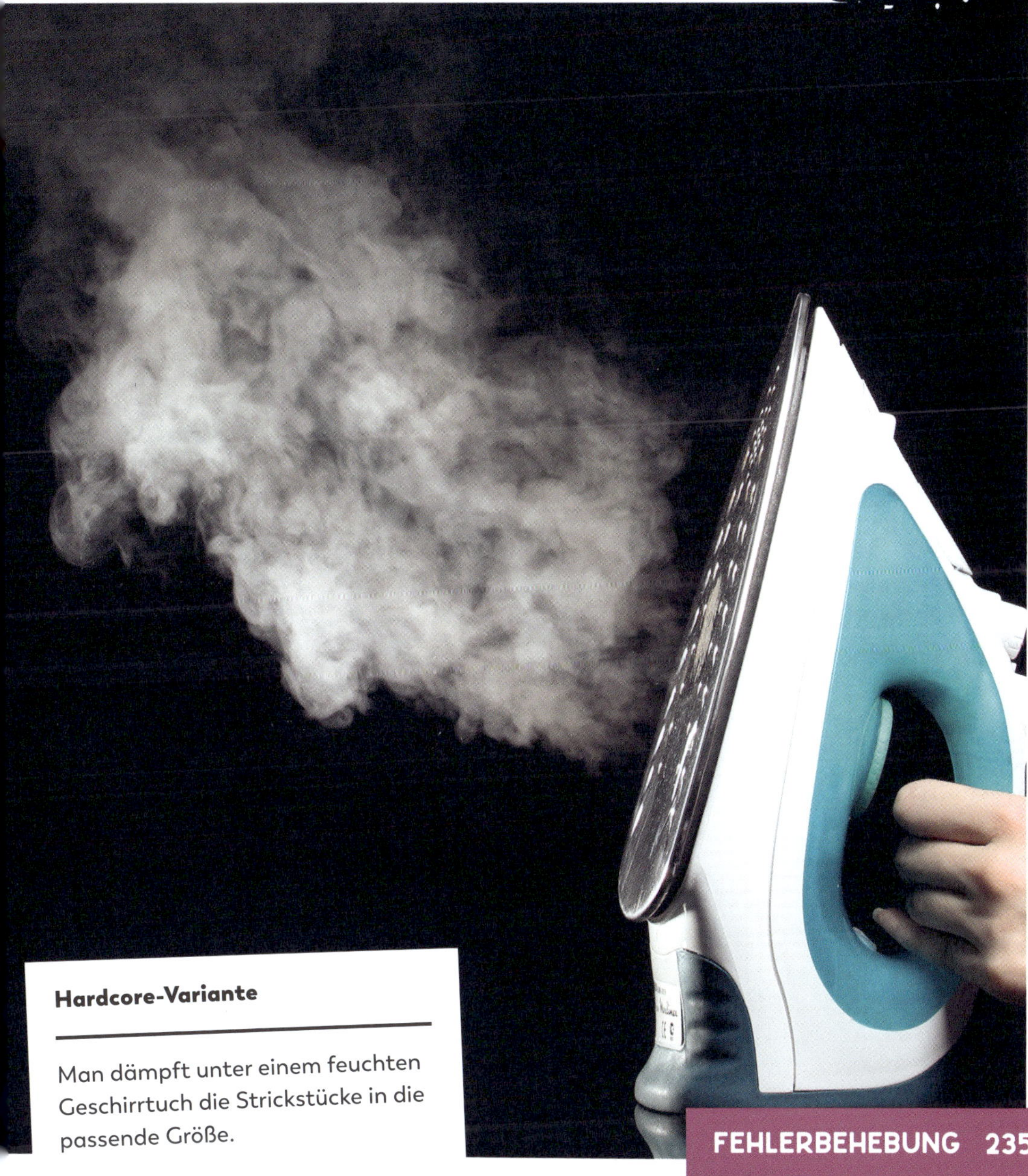

Hardcore-Variante

Man dämpft unter einem feuchten Geschirrtuch die Strickstücke in die passende Größe.

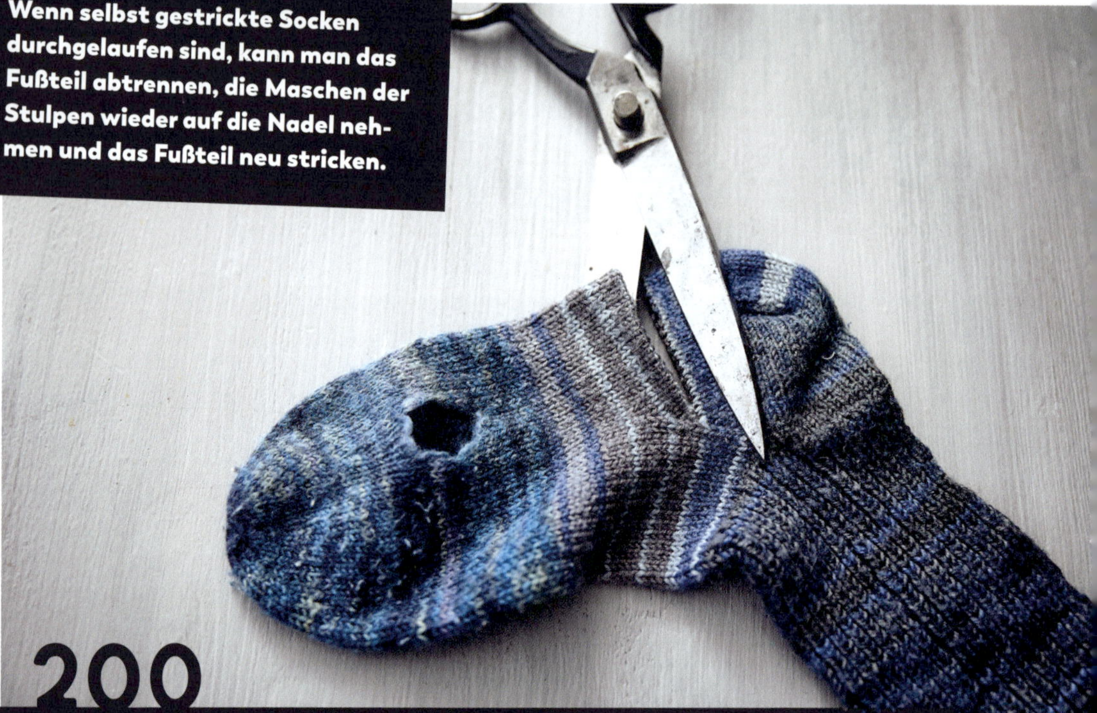

Wenn selbst gestrickte Socken durchgelaufen sind, kann man das Fußteil abtrennen, die Maschen der Stulpen wieder auf die Nadel nehmen und das Fußteil neu stricken.

200 DURCHGELAUFENE FERSEN

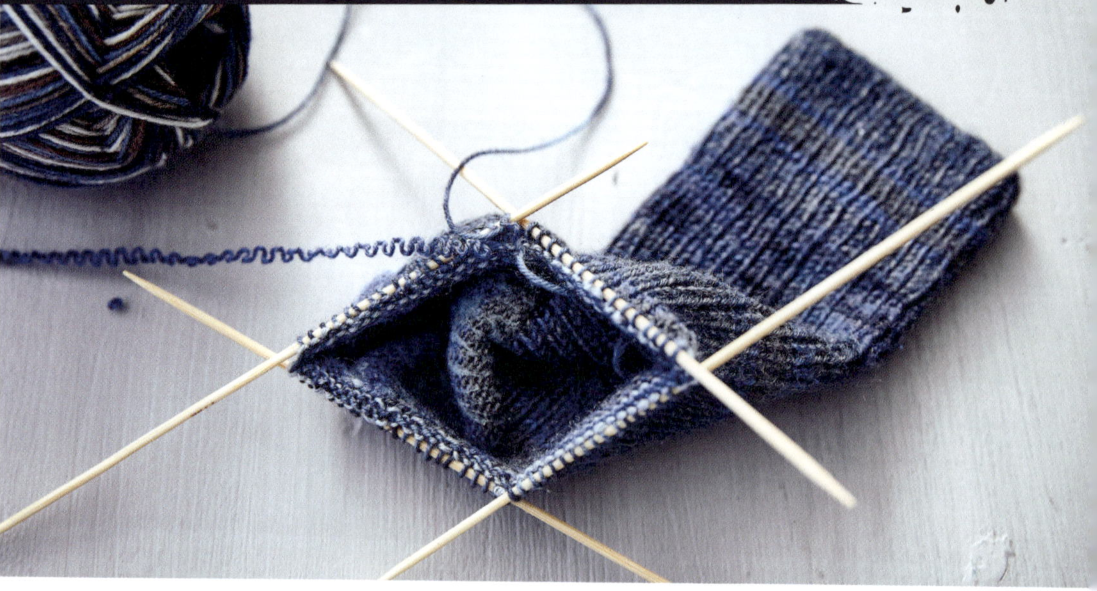

201

KINDERSOCKEN

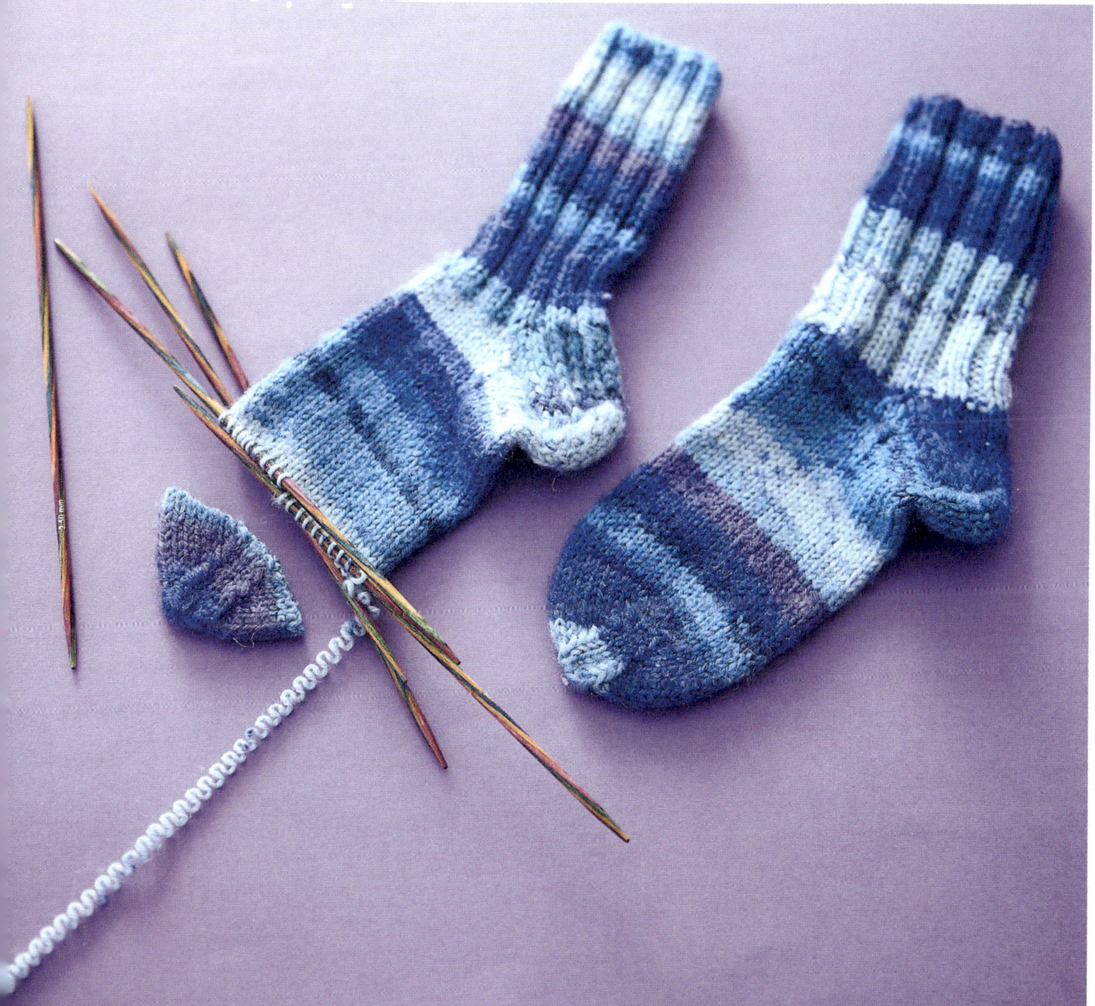

Sind Kindersocken zu klein geworden, einfach die Spitze abtrennen, Fußteil verlängern und eine neue Spitze stricken.

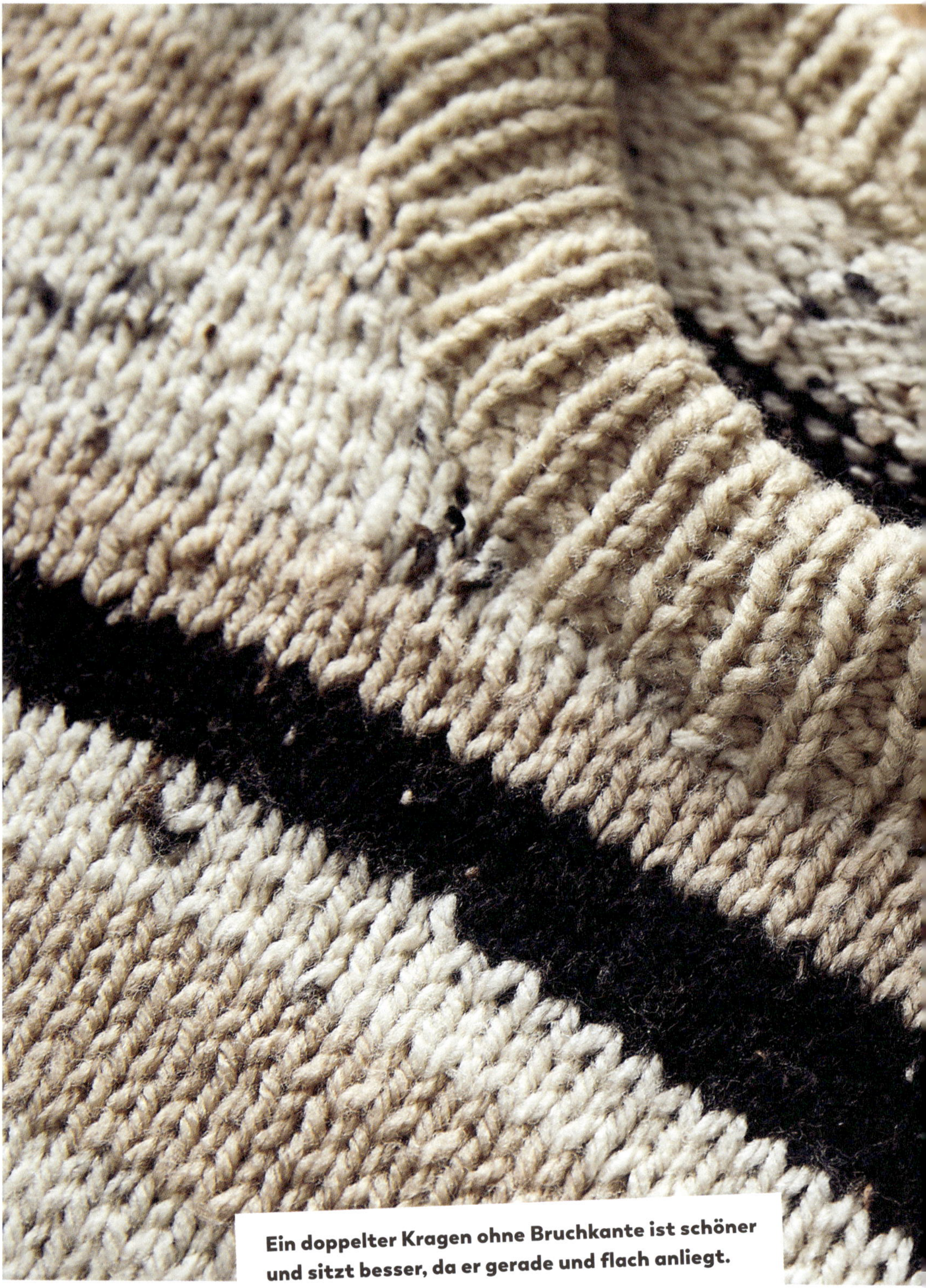

Ein doppelter Kragen ohne Bruchkante ist schöner und sitzt besser, da er gerade und flach anliegt.

Verschönern

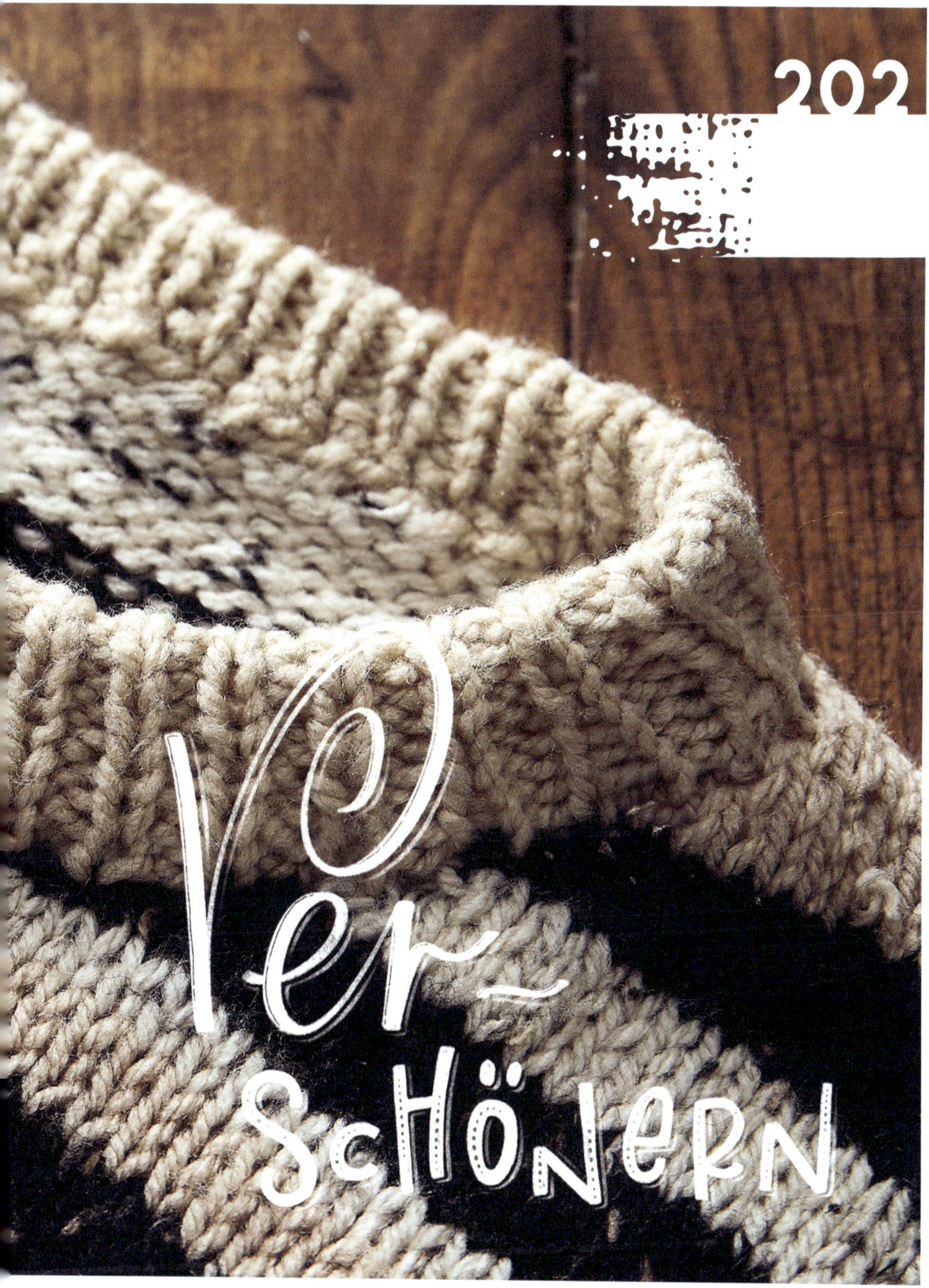

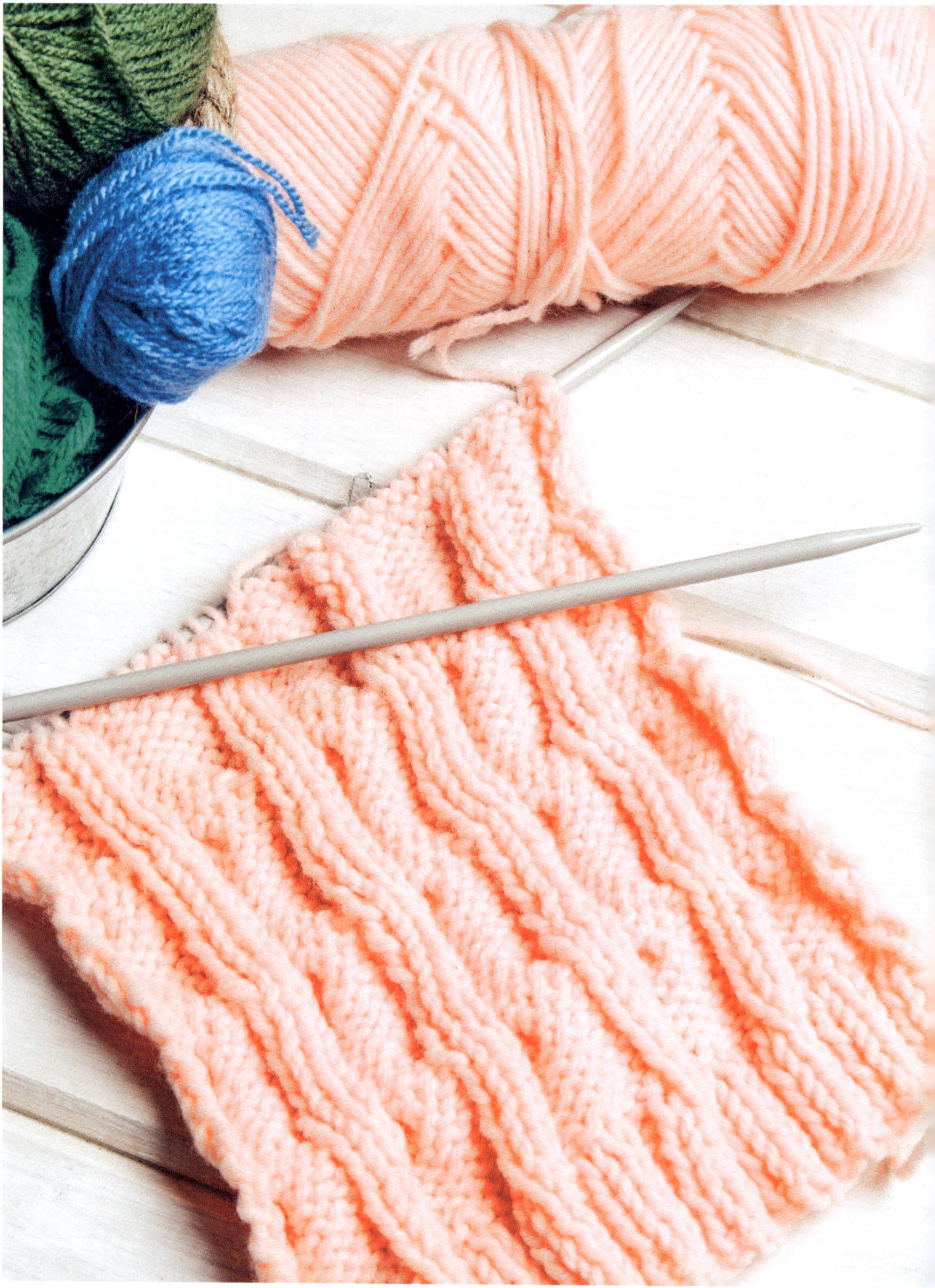

Du hast dein Strickprojekt abgeschlossen, aber irgendwie fehlt das gewisse Etwas? In diesem Kapitel geben wir dir zahlreiche Tipps und Tricks wie du deinem neuen Lieblingsteil den richtigen Pepp verleihen kannst. Schöne Abschlüsse, Stickereien oder kleine Details – diese Tipps geben deinen Strickprojekten den letzten Schliff.

203

KORDEL-ABSCHLUSS

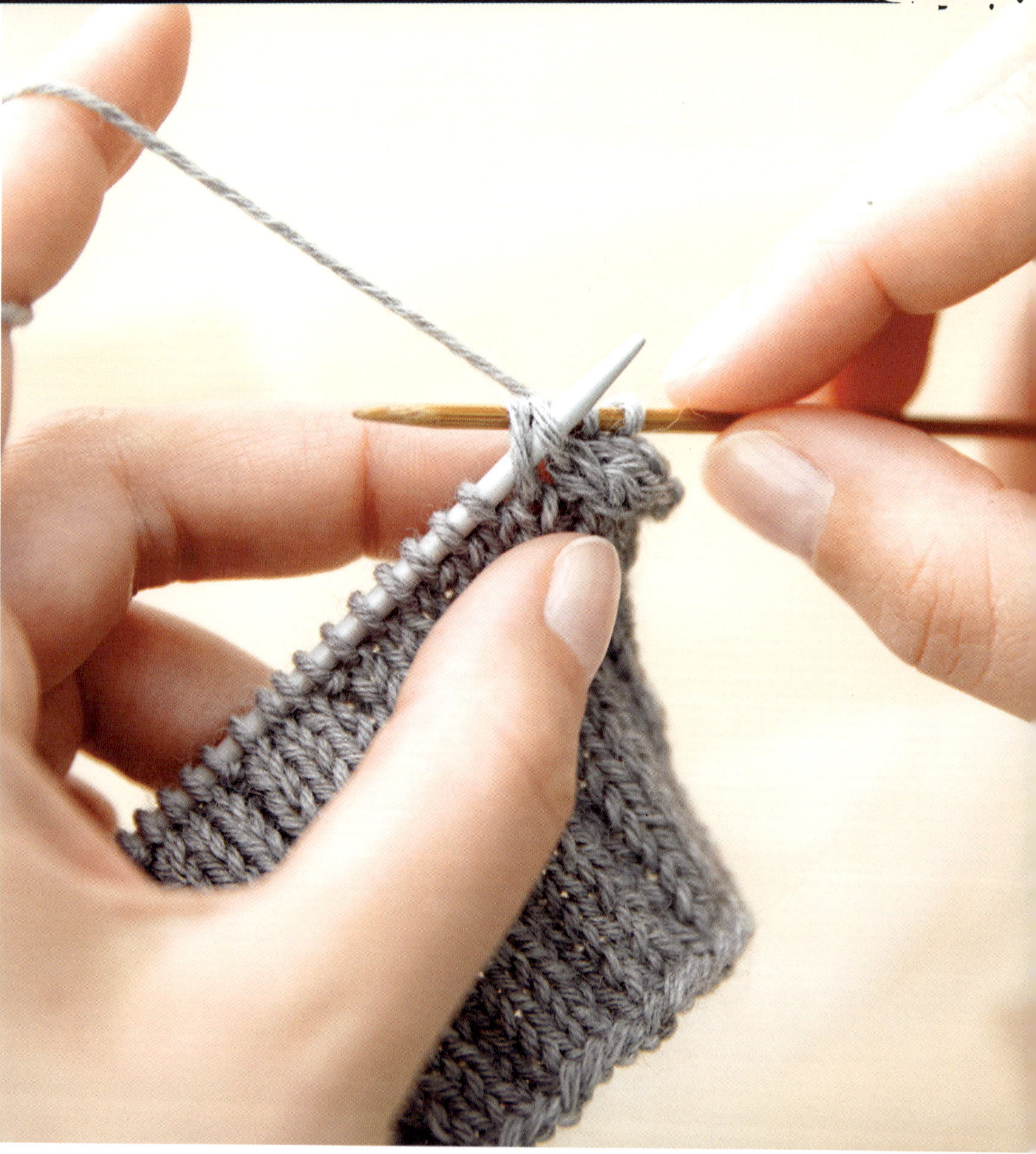

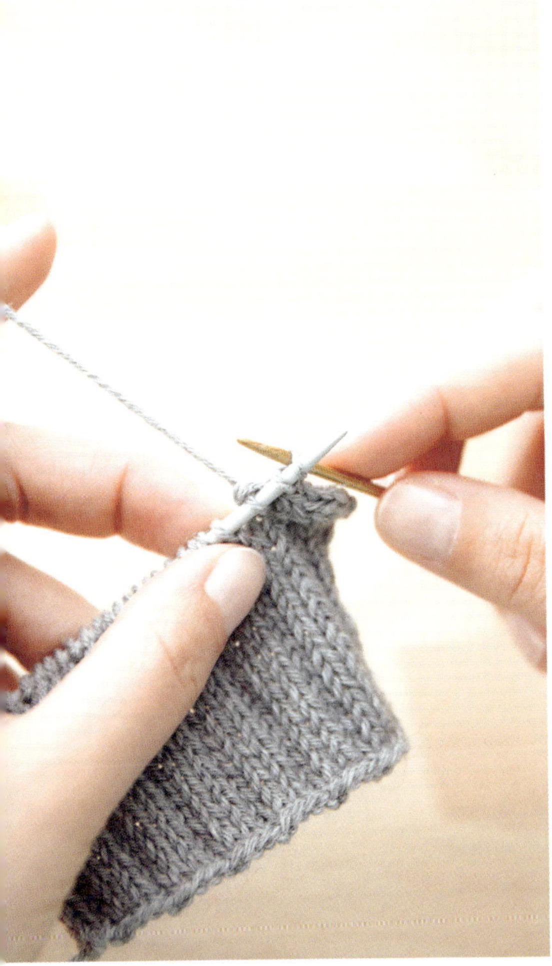

Einen sehr sauberen Abschluss für offene Kanten bekommst du mit dem Kordel- oder I-Cord-Abketten. Du brauchst hierfür eine Spielnadel, die eine halbe Nadelstärke kleiner ist als diejenigen, mit denen du gestrickt hast. Gearbeitet wird in einer Hinreihe.

---

1. **Stricke 2 Maschen, zusätzlich zu den Maschen der letzten Reihe auf der linken Nadel, neu auf.**

2. **Mit der zusätzlichen, dünneren Spielnadel: 2 Maschen rechts, SSK (siehe Seite 18).**

3. **Die 3 Maschen von der rechten Nadel wieder zurück auf die linke Nadel heben.**

4. **Die Schritte 2 und 3 wiederholen, bis nur noch 3 Maschen übrig sind. Diese Maschen rechts abketten.**

Der Spannfaden auf der Rückseite sollte möglichst straff sein, damit sich der Rand auch schön einrollt.

204

KORDELRAND

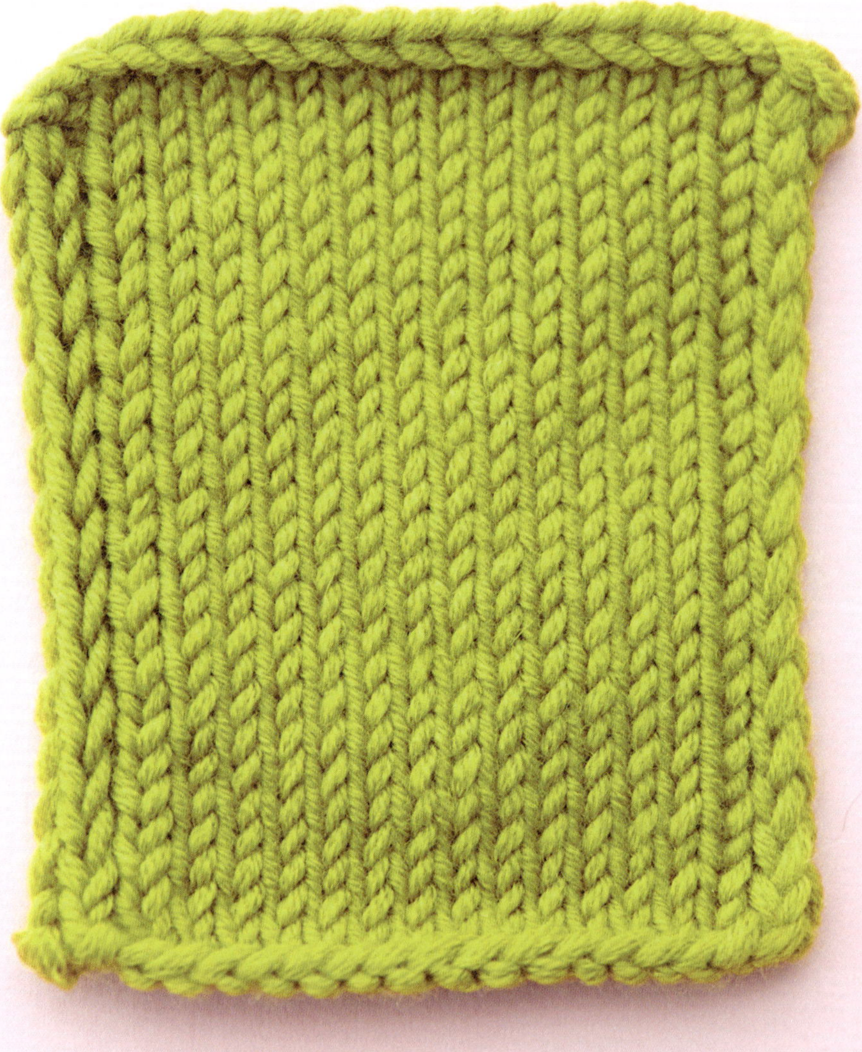

Ein hübscher Rand für Kanten, die später offen bleiben sollen, ist der Kordelrand (I-Cord-Rand)
Soll der I-Cord-Rand an der rechten Seite des Strickstücks sein, arbeitest du wie folgt:
Hinreihe – Reihenanfang: 2 Maschen nacheinander wie zum Rechtsstricken abheben (Faden hinter der Arbeit), 1 Masche links.
Rückreihe – Reihenende: 1 Masche rechts, 2 Maschen links.
Soll der I-Cord-Rand an der linken Seite des Strickstücks sein, strickst du:
Hinreihe – Reihenende: 1 Masche links, 2 Maschen rechts.
Rückreihe – Reihenanfang: 2 Maschen nacheinander wie zum Linksstricken abheben (Faden vor der Arbeit), 1 Masche rechts

---

Noch markanter wird der I-Cord Rand, wenn du drei oder sogar vier Maschen abhebst.

Üblicherweise werden Blenden mustergemäß abgekettet. Eine dekorative und sehr ordentliche Variante ist es, wenn man stattdessen alle Maschen in der Hinreihe rechts abkettet. Im Bild ist es bei der roten Blende zu sehen.

Bei Perlmusterblenden sieht es auch sehr hübsch aus, wenn man die letzte Rückreihe komplett links strickt und in der folgenden Hinreihe alle Maschen links abkettet. Im Bild Türkis und von der ebenso schönen Rückseite zu sehen.
Es geht auch ganz anders – mach doch mal einen Lochrand. Hierfür in der letzten Rückreihe durchgehend *1 Umschlag, 2 Maschen links zusammenstricken*. In der nächsten Reihe alle Maschen rechts abketten. Blaue Variante.

205 BLENDEN ABKETTEN

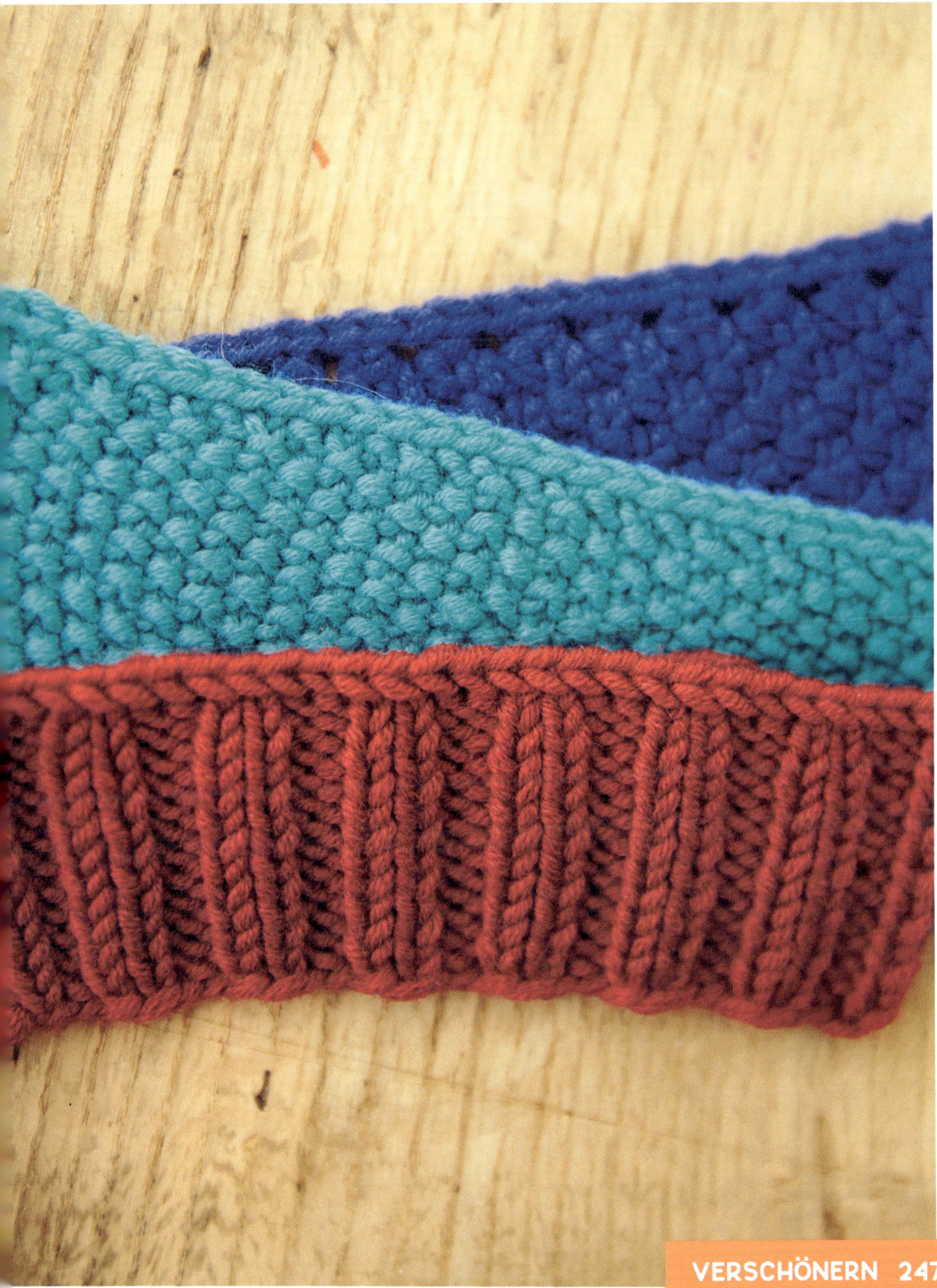

Sehr dekorativ sieht der Kreuzanschlag aus, wenn man ihn mit zwei Farben arbeitet. Hierfür hast du mehrere Möglichkeiten:

1. **Eine Farbe als Daumenfaden, eine Farbe als Zeigefingerfaden – die angeschlagenen Maschen haben dann alle die Farbe des Zeigefinderfadens.**

206 BUNT IS BEAUTIFUL

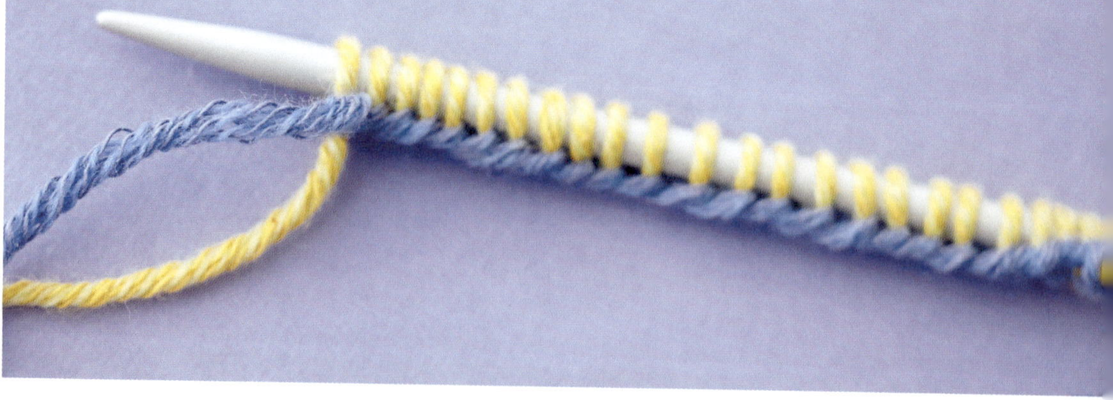

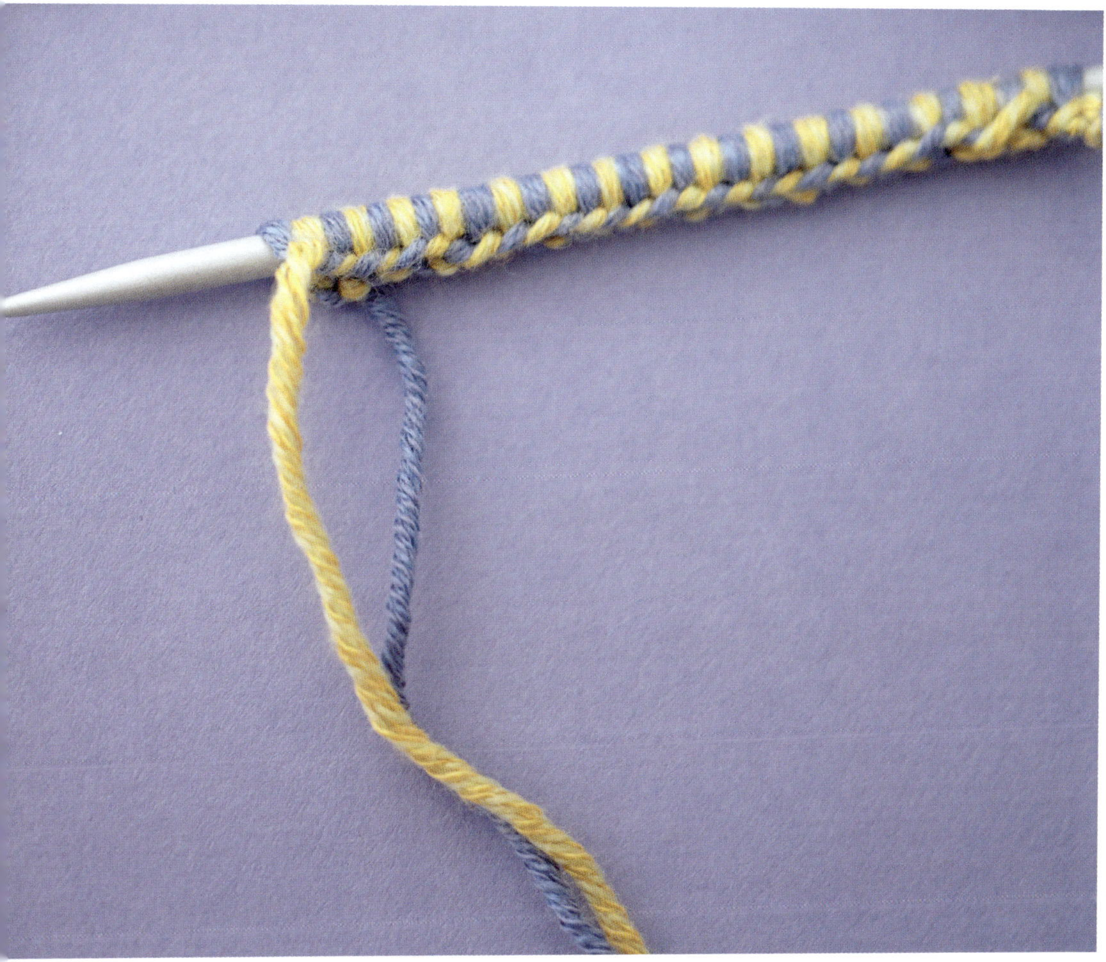

2 Wie 1., aber nach jeder Masche vertauschst du die Fäden gegen den Uhrzeigersinn – dann wechseln sich bei den angeschlagenen Maschen die Farben ab und es ergibt sich eine Kante, die nach dem Abstricken der ersten Reihe wie eine zweifarbige Kordel wirkt – sehr hübsch!

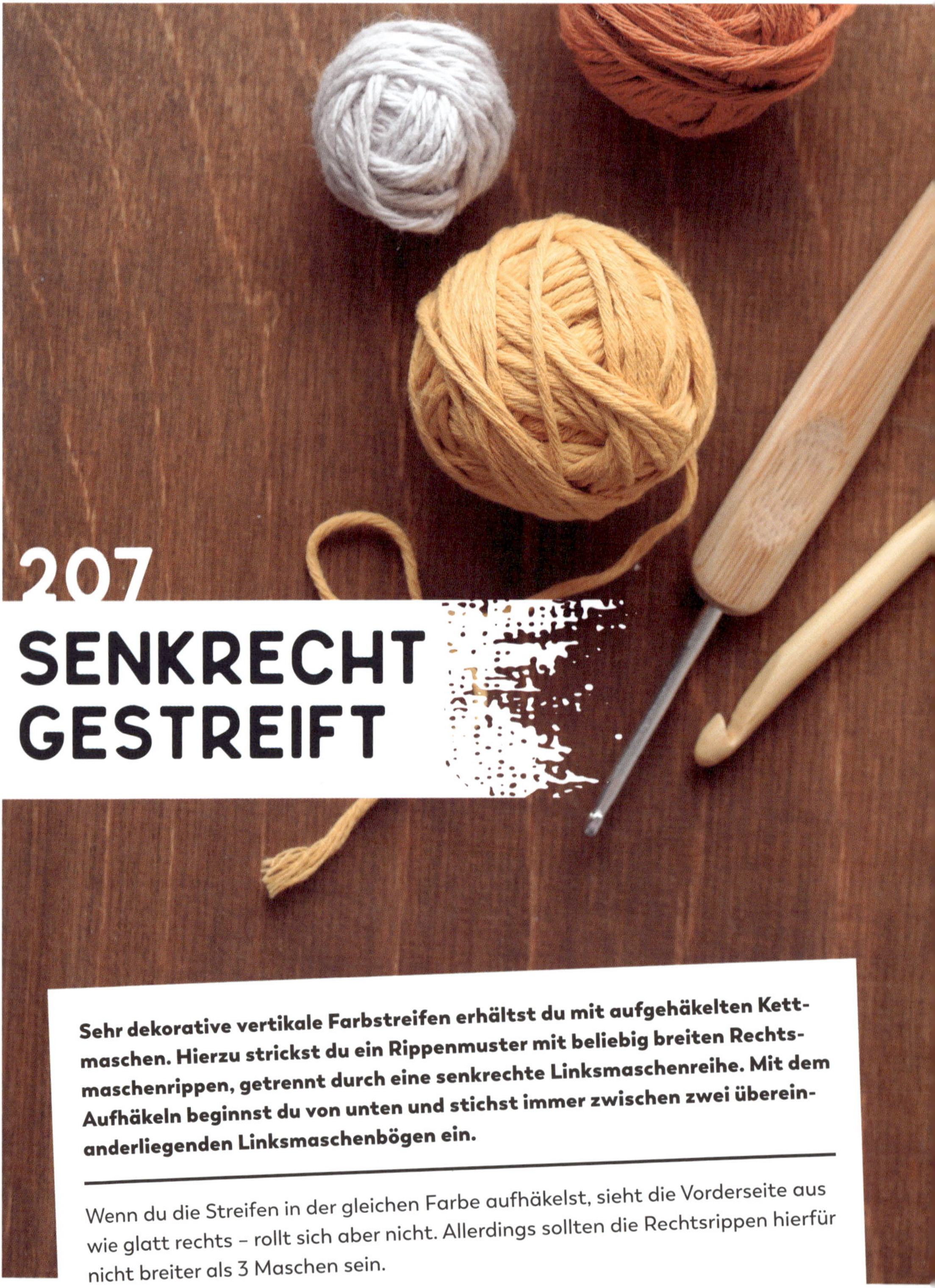

207 SENKRECHT GESTREIFT

Sehr dekorative vertikale Farbstreifen erhältst du mit aufgehäkelten Kettmaschen. Hierzu strickst du ein Rippenmuster mit beliebig breiten Rechtsmaschenrippen, getrennt durch eine senkrechte Linksmaschenreihe. Mit dem Aufhäkeln beginnst du von unten und stichst immer zwischen zwei übereinanderliegenden Linksmaschenbögen ein.

Wenn du die Streifen in der gleichen Farbe aufhäkelst, sieht die Vorderseite aus wie glatt rechts – rollt sich aber nicht. Allerdings sollten die Rechtsrippen hierfür nicht breiter als 3 Maschen sein.

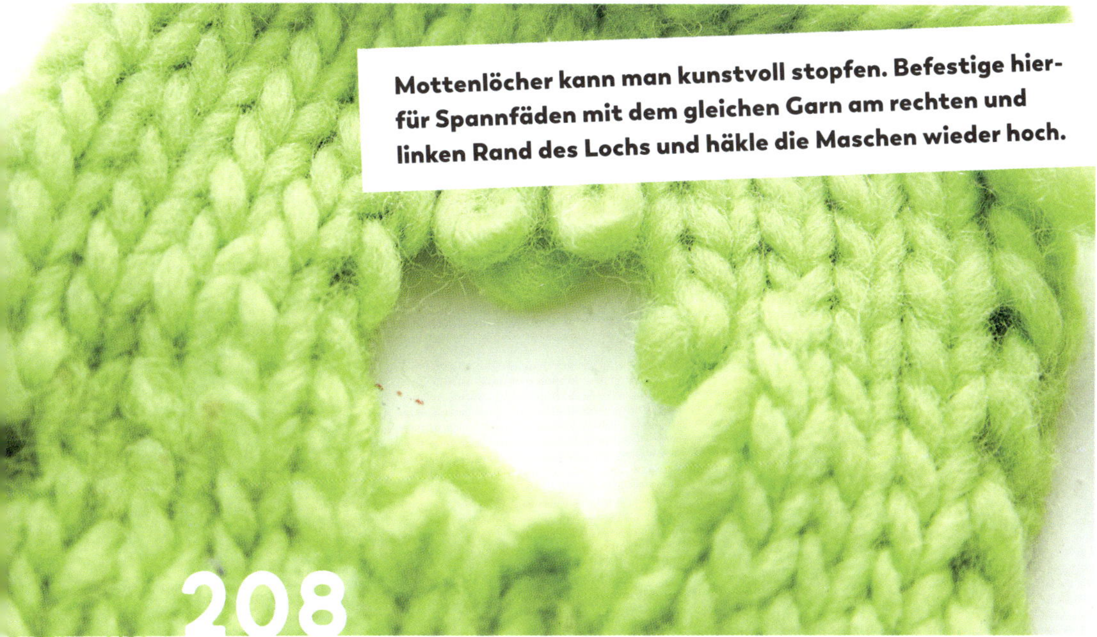

Mottenlöcher kann man kunstvoll stopfen. Befestige hierfür Spannfäden mit dem gleichen Garn am rechten und linken Rand des Lochs und häkle die Maschen wieder hoch.

208 MOTTENLÖCHER ADE!

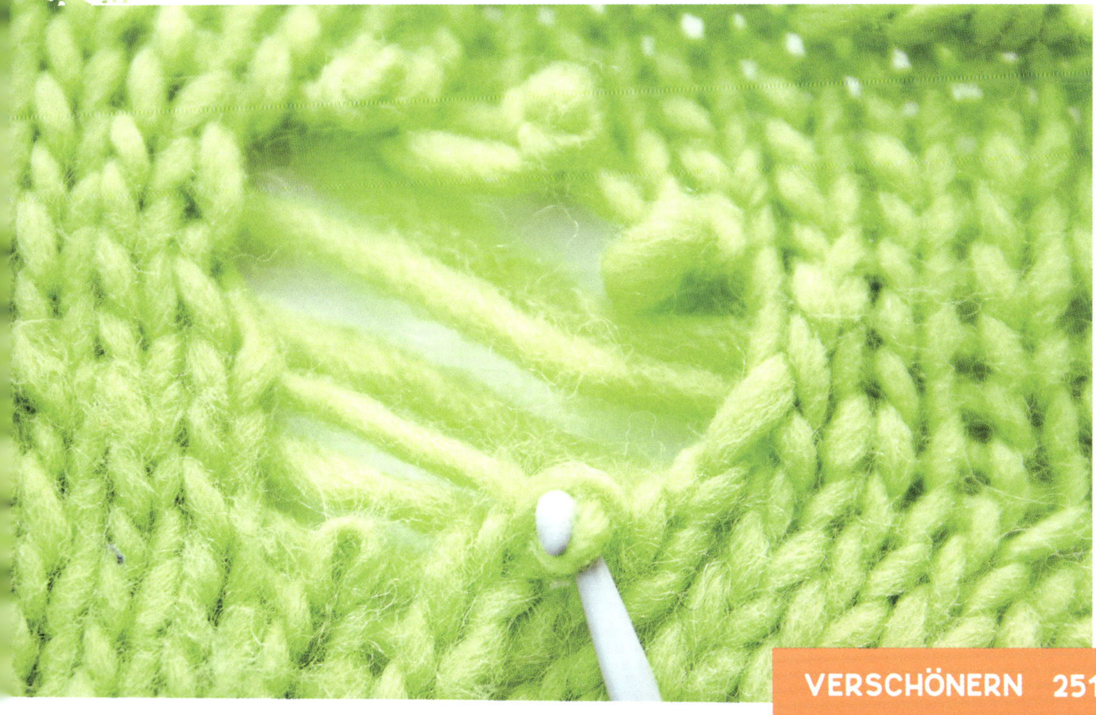

209

EINFACH ABER SCHÖN

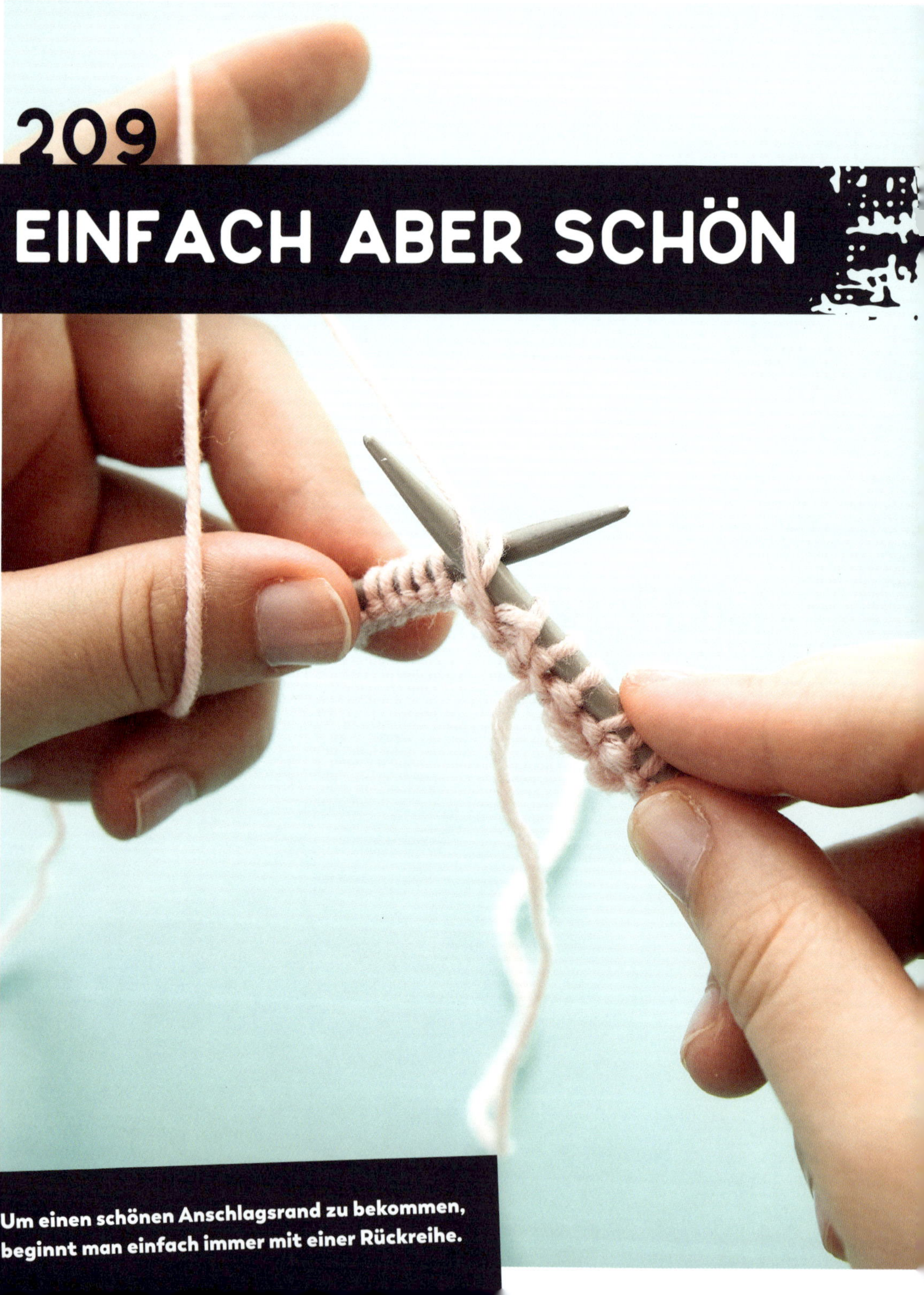

Um einen schönen Anschlagsrand zu bekommen, beginnt man einfach immer mit einer Rückreihe.

Um eine Schulternaht mit abgeketteten Maschen zu schließen, gehe folgendermaßen vor:

Beide Schulternähte aneinanderlegen. Beginne am unteren Strickstück, von unten aus der Mitte der rechten Masche rauszufahren, danach die passende rechte Masche des gegenüberliegenden Strickstücks umfahren und zurück in die rechte Masche. Diesen Stich fortlaufend wiederholen.

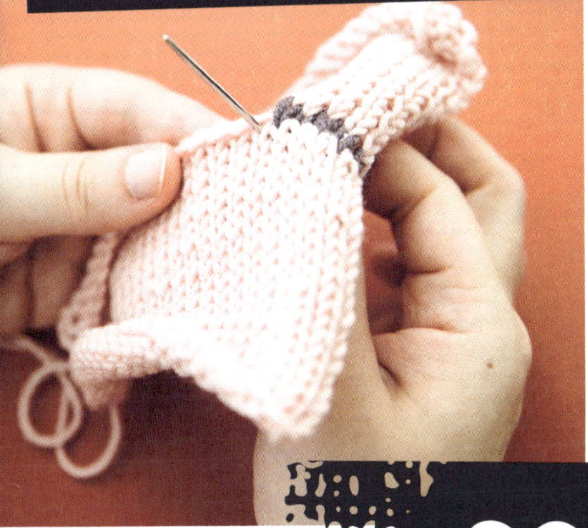

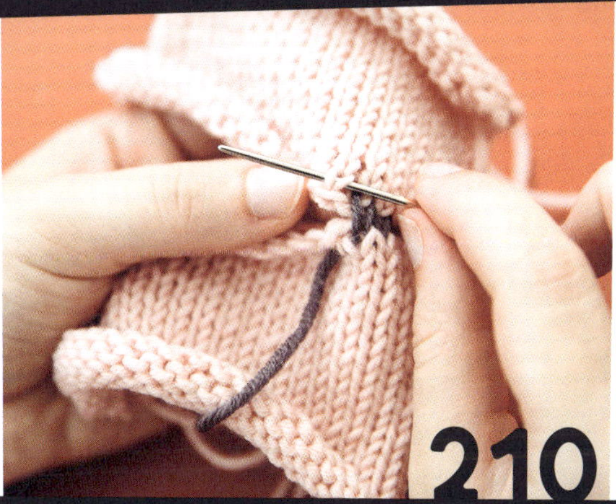

210 SCHULTERNAHT

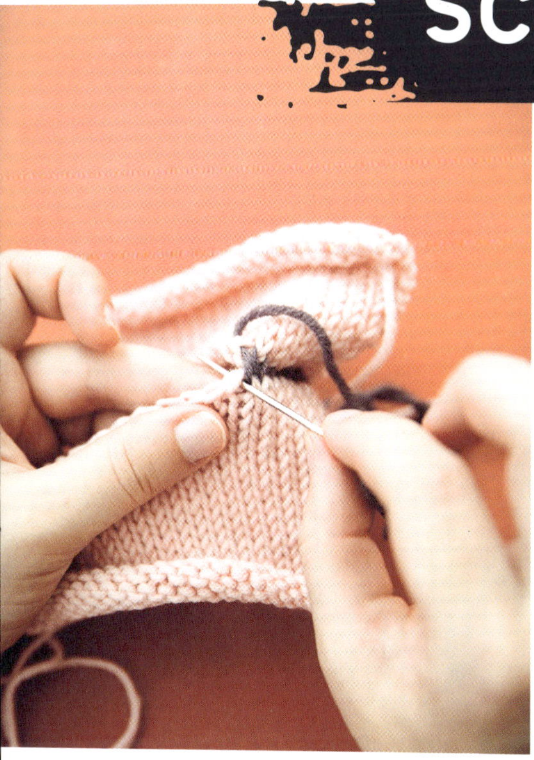

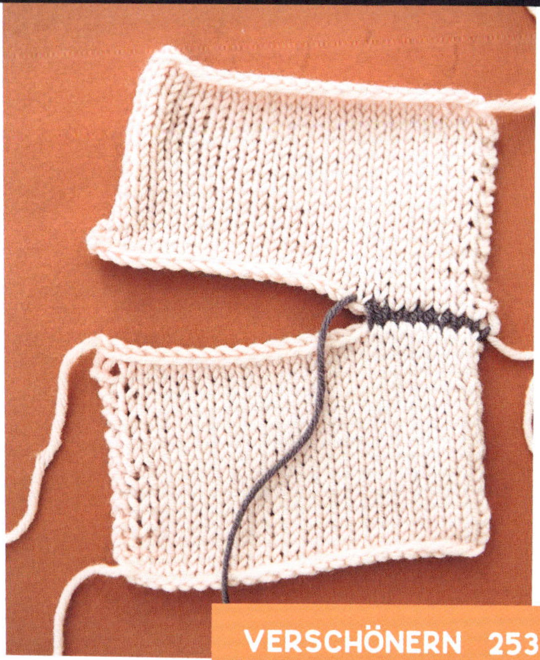

Um eine schöne Kante bei einem Schal zu erhalten, stricke folgendermaßen:

Hebe die erste Masche mit dem Faden auf der Nadel wie zum links stricken ab, ziehe den Faden fest nach hinten (Doppelmasche) und stricke am Reihenende die Doppelmasche zusammen.

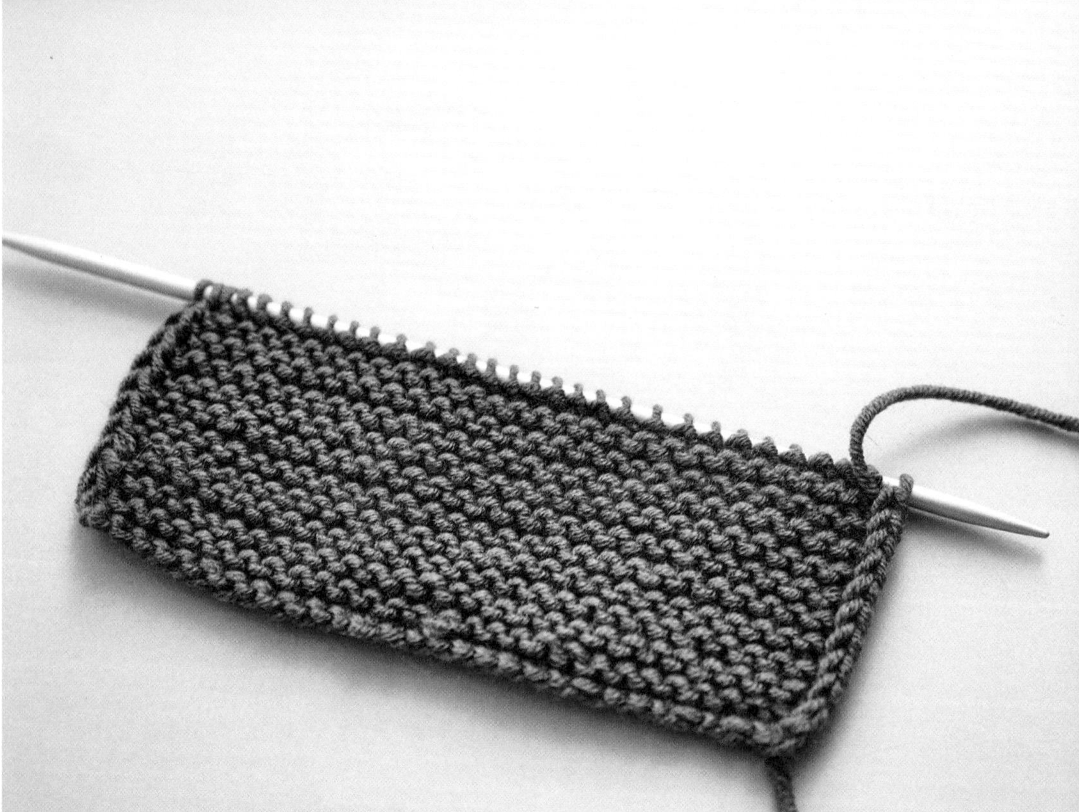

211

SCHÖNER SCHAL I

Knöpfe kann man mit dem gleichen Wollfaden annähen, indem man ihn vorher splittet.

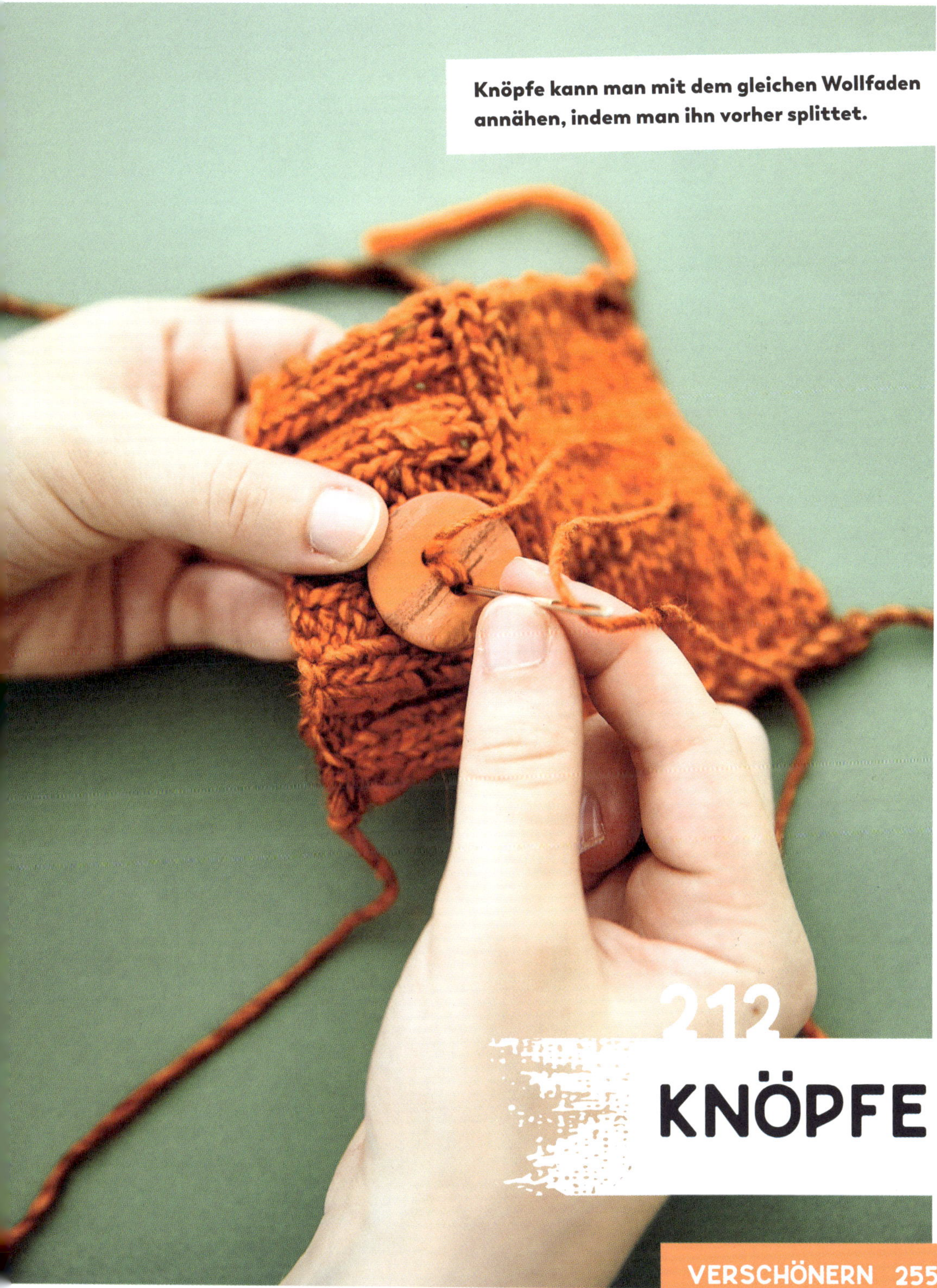

212

KNÖPFE

213

SCHÖN ABHÄKELN

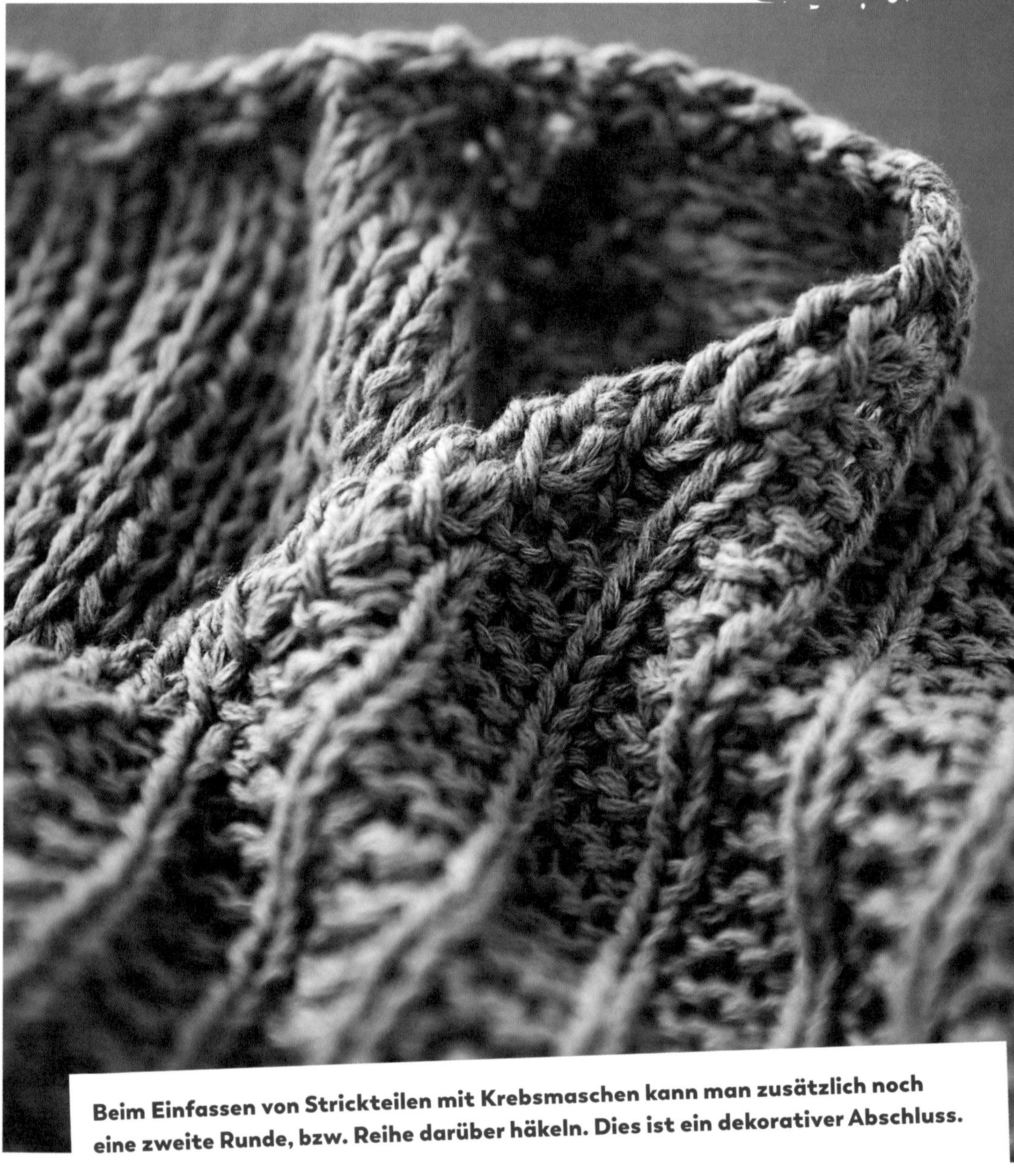

Beim Einfassen von Strickteilen mit Krebsmaschen kann man zusätzlich noch eine zweite Runde, bzw. Reihe darüber häkeln. Dies ist ein dekorativer Abschluss.

Wenn man eine kleine, andersfarbige Kante an den unteren Blenden eines Strickstücks haben möchte, kann man in einer Kontrastfarbe einen Luftmaschenanschlag häkeln und mit der Hauptfarbe aus dem Luftmaschenanschlag Maschen auffassen. Dabei aber nur durch ein Maschenglied stechen.

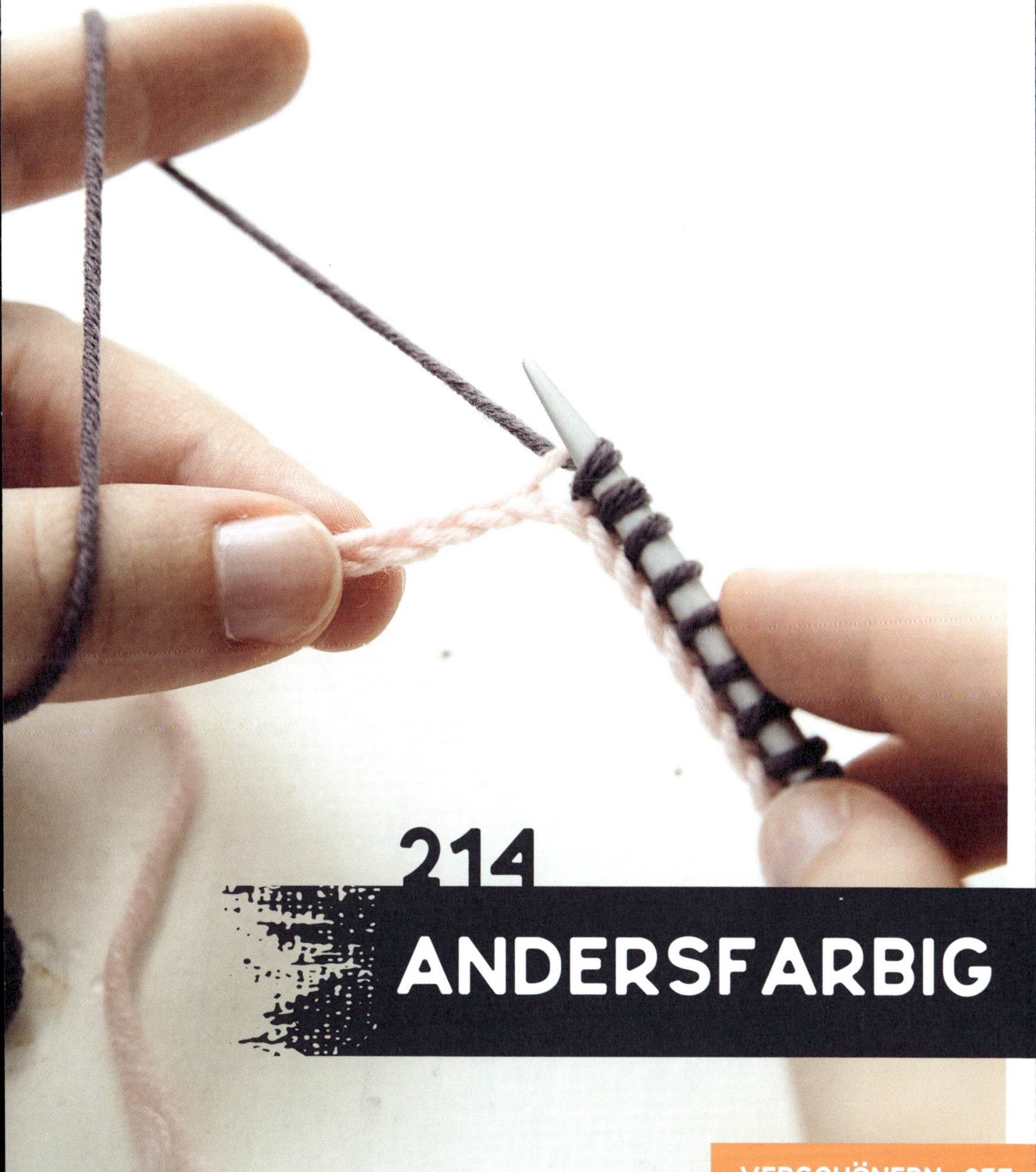

214 ANDERSFARBIG

215

FARBVERLÄUFE SELBST GESTALTEN

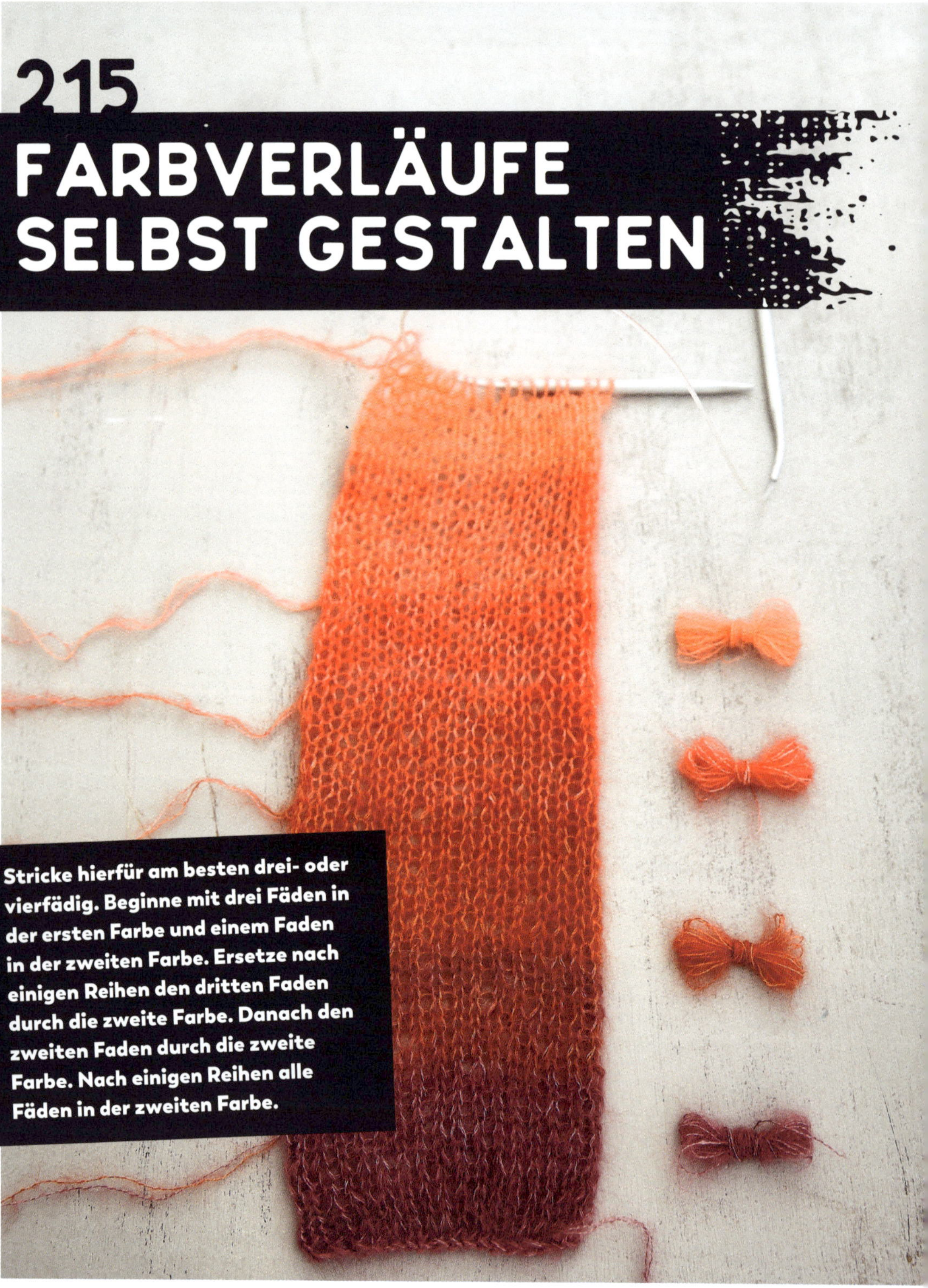

Stricke hierfür am besten drei- oder vierfädig. Beginne mit drei Fäden in der ersten Farbe und einem Faden in der zweiten Farbe. Ersetze nach einigen Reihen den dritten Faden durch die zweite Farbe. Danach den zweiten Faden durch die zweite Farbe. Nach einigen Reihen alle Fäden in der zweiten Farbe.

216

SCHÖNER SCHAL II

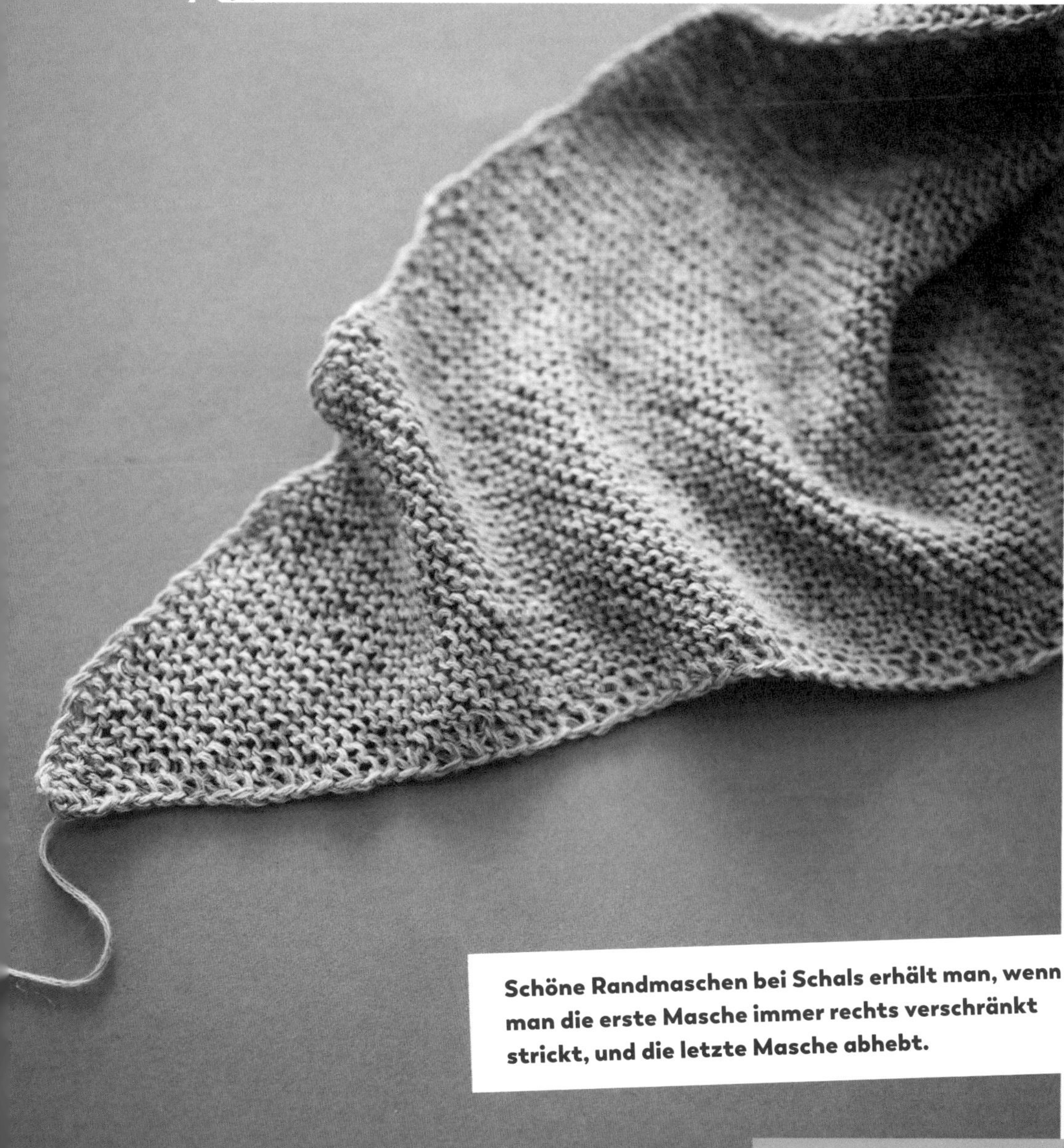

Schöne Randmaschen bei Schals erhält man, wenn man die erste Masche immer rechts verschränkt strickt, und die letzte Masche abhebt.

217
VIELEN DANK FÜR DIE BLUMEN!

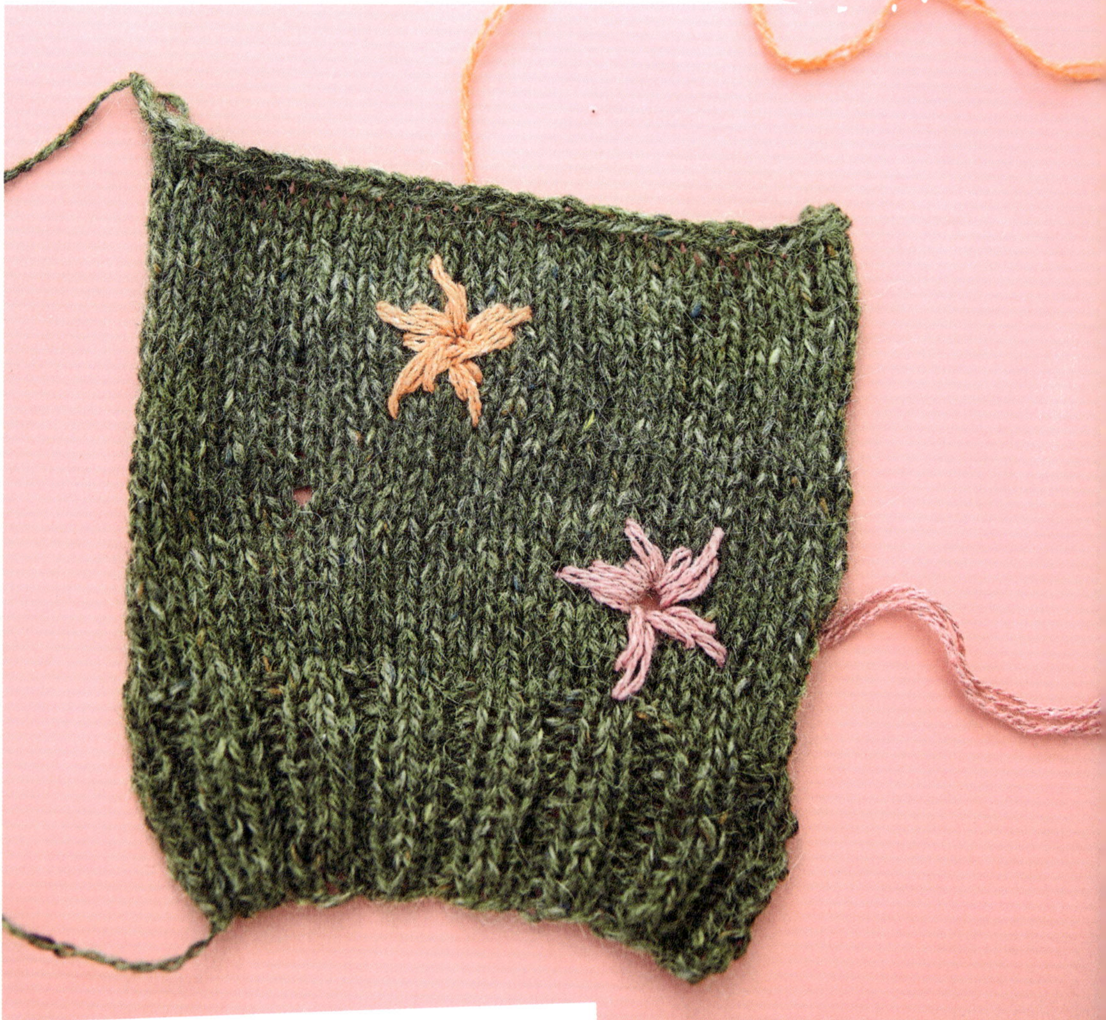

Falls im Strickprojekt mal eine Masche aus einem Querfaden zugenommen wurde, und ein Loch entstanden ist, kann man darauf ein Blümchen sticken. Der Fehler ist nicht mehr ersichtlich.

Wenn ein Pulli oder Jacke große Mottenlöcher hat, kann man einfach Blumen oder Motive häkeln und drauf nähen. So entsteht ein ganz neuer Style.

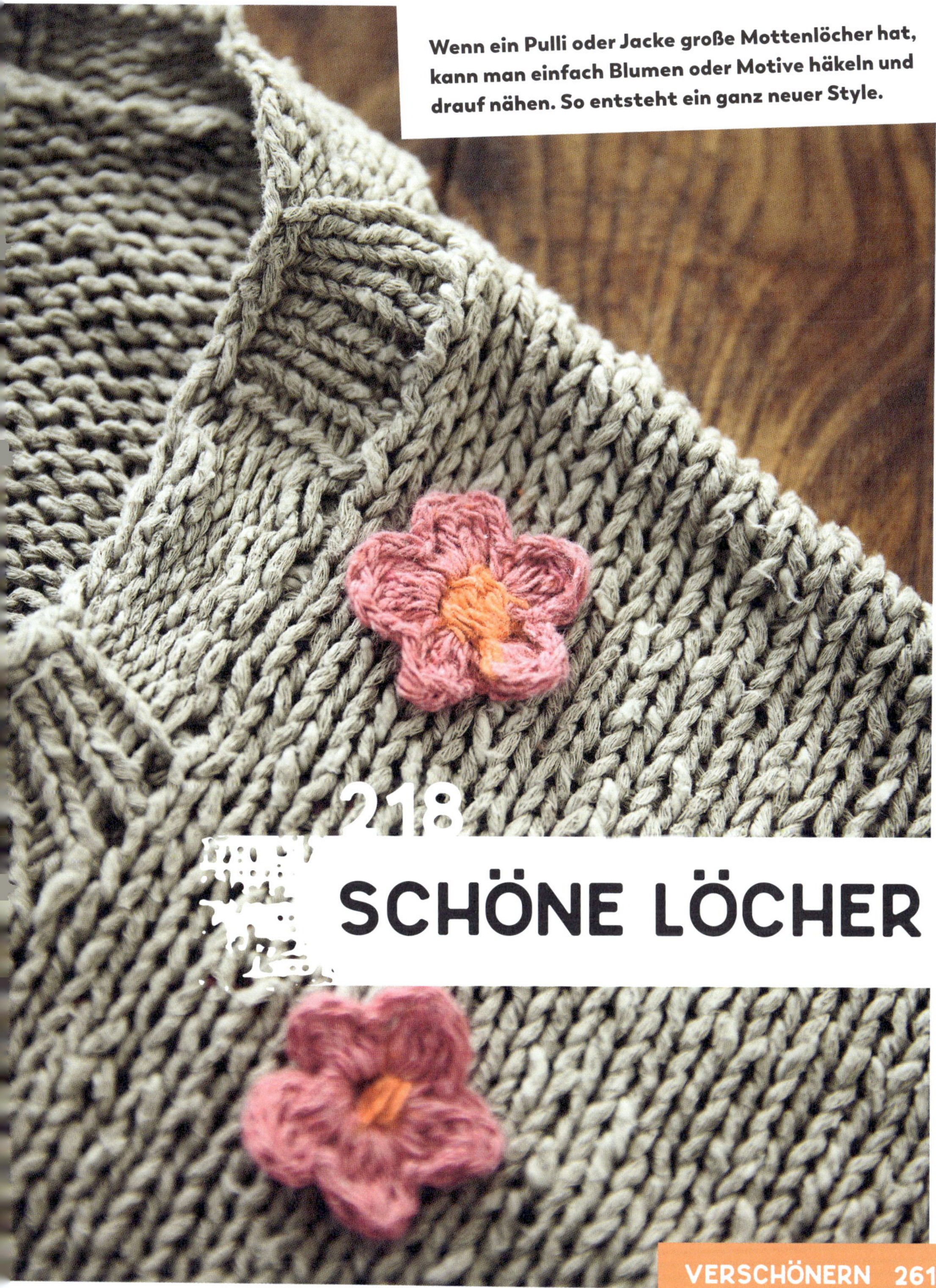

218 SCHÖNE LÖCHER

Pullis, die nicht mehr getragen werden, können als Kissenbezug wiederverwendet werden. Nähe hierzu einfach ein Viereck aus dem Pulli und stopfe es aus.

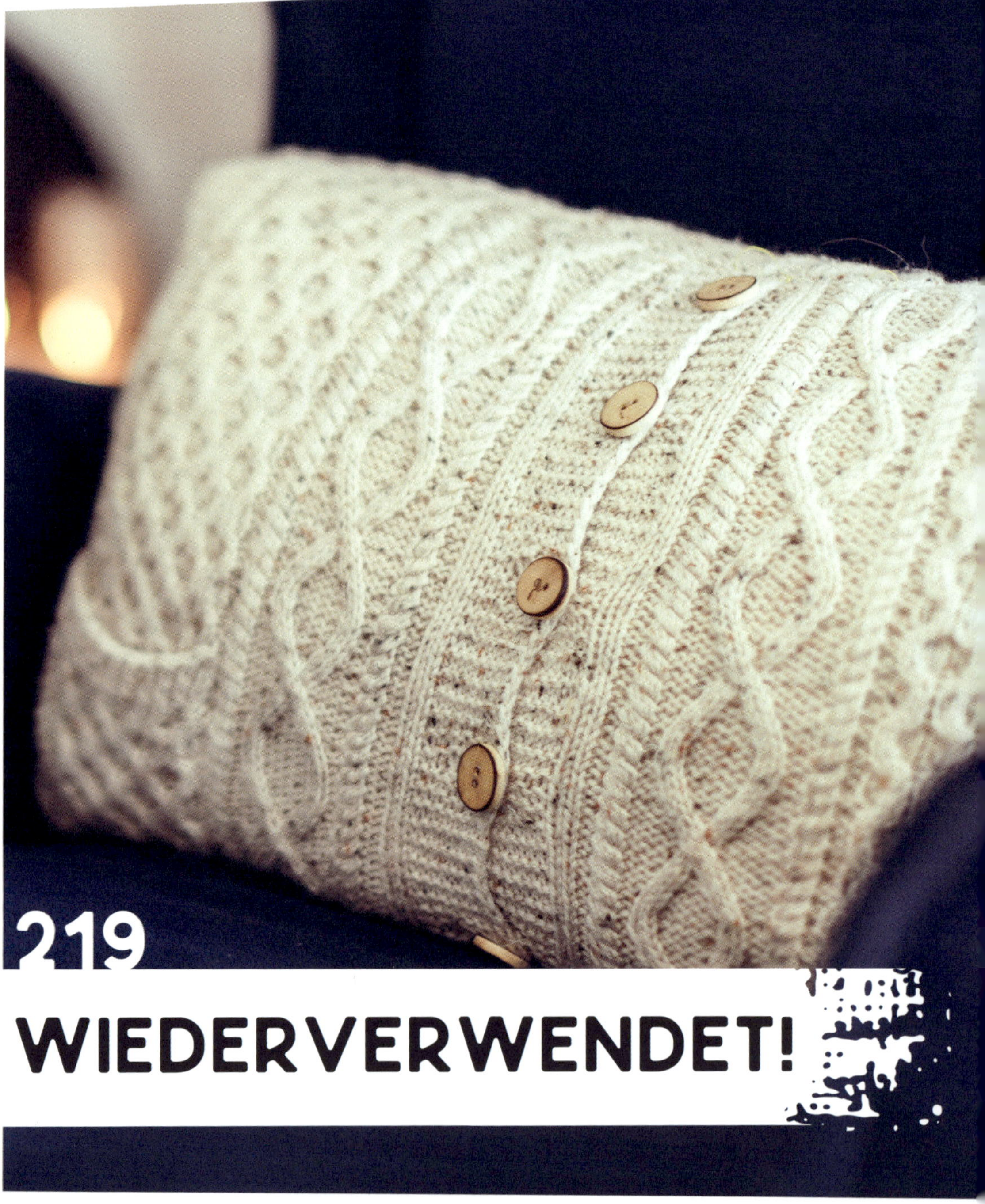

219

WIEDERVERWENDET!

220
NEUES DESIGN!

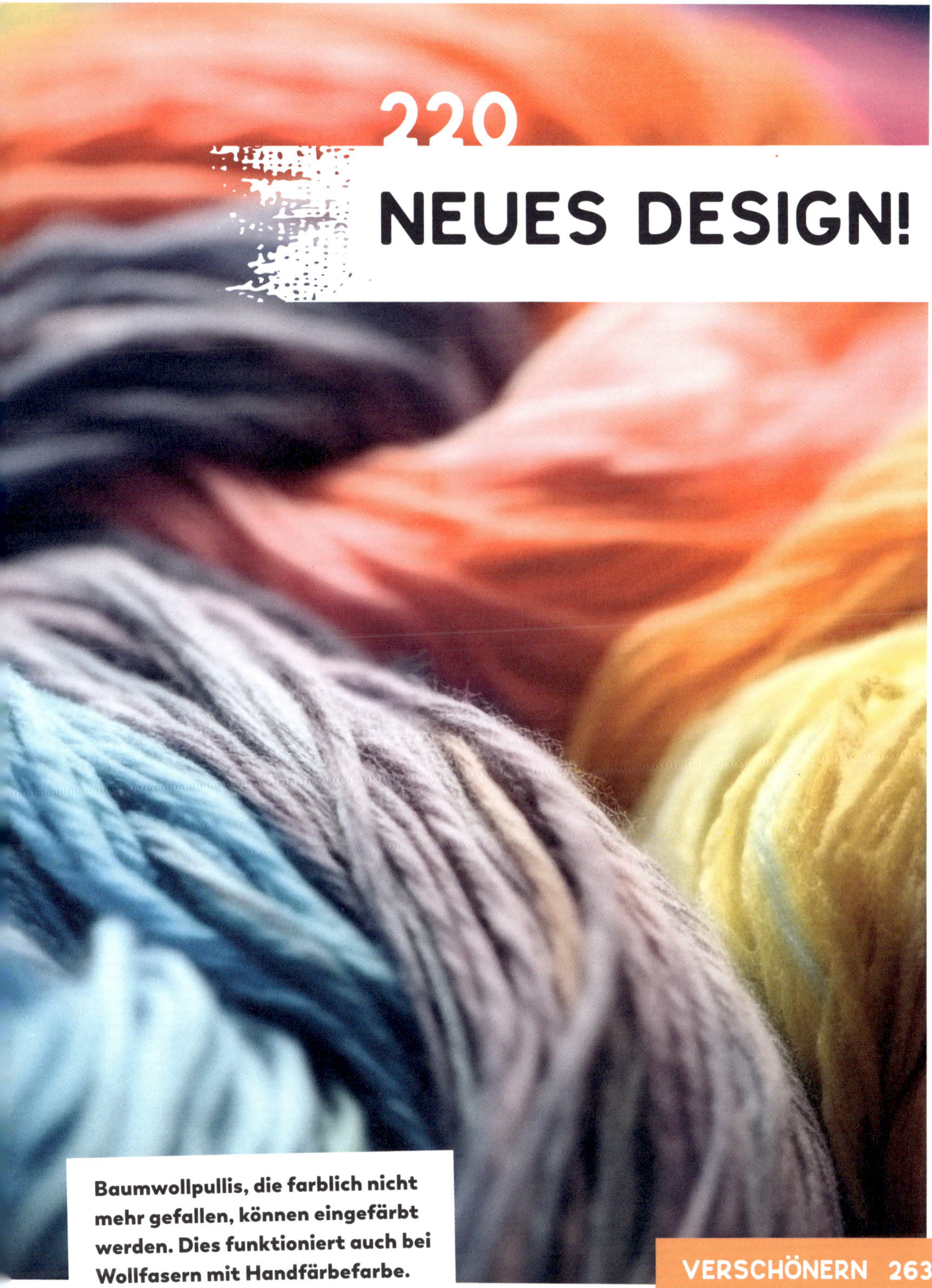

Baumwollpullis, die farblich nicht mehr gefallen, können eingefärbt werden. Dies funktioniert auch bei Wollfasern mit Handfärbefarbe.

221

SCHÖN EINFACH!

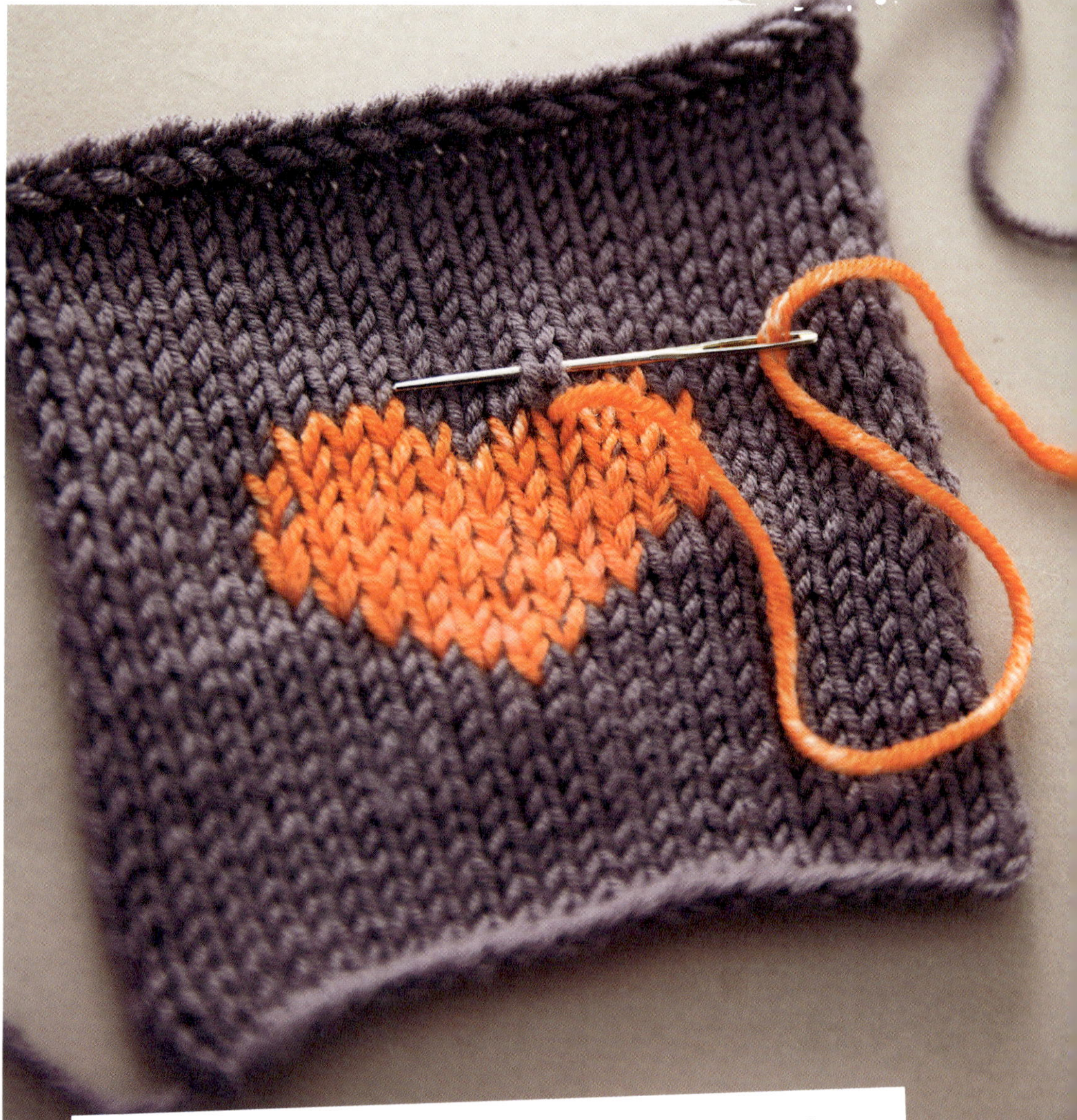

Glatt rechts gestrickte Pullover oder Jacken lassen sich mit Motiven, die im Maschenstich oder Kreuzstich aufgestickt werden, umdesignen.

Wenn Mohair besonders flauschig sein soll, kann man es mit einer Haarbürste bürsten.

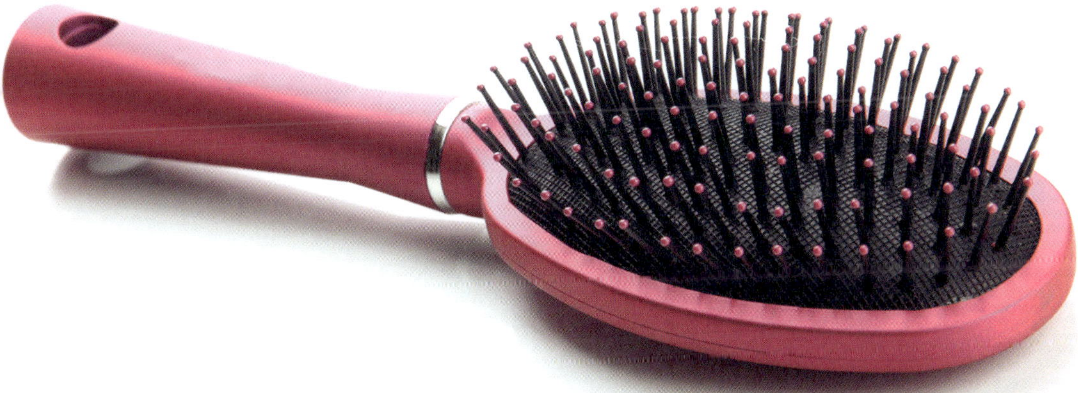

222
FLAUSCHIG

GARNLISTE

Meine Garnvorräte

Anzahl Knäuel	Farbe/Muster	Material	Lauflänge	Gramm

Meine Garnvorräte

Anzahl Knäuel	Farbe/Muster	Material	Lauflänge	Gramm

Meine Garnvorräte

Anzahl Knäuel	Farbe/Muster	Material	Lauflänge	Gramm

Meine Garnvorräte

Anzahl Knäuel	Farbe/Muster	Material	Lauflänge	Gramm

NADELN

Meine Nadeln

Nadelstärke	Rundstricknadel	Seillänge	Anzahl

Europa	**USA**	**UK**
2,00 mm	0	14
2,25 mm	1	13
2,50 mm	–	–
2,75 mm	2	12
3,00 mm	–	11
3,25 mm	3	10
3,50 mm	4	–
3,75 mm	5	9
4,00 mm	6	8

Europa	**USA**	**UK**
4,50 mm	6	8
5,00 mm	8	6
5,50 mm	9	5
6,00 mm	10	4
6,50 mm	10,5	3
7,00 mm	–	2
8,00 mm	11	0
9,00 mm	13	00
10,00 mm	15	000

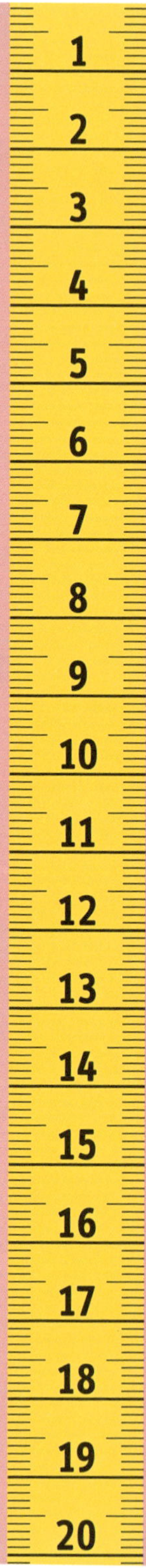

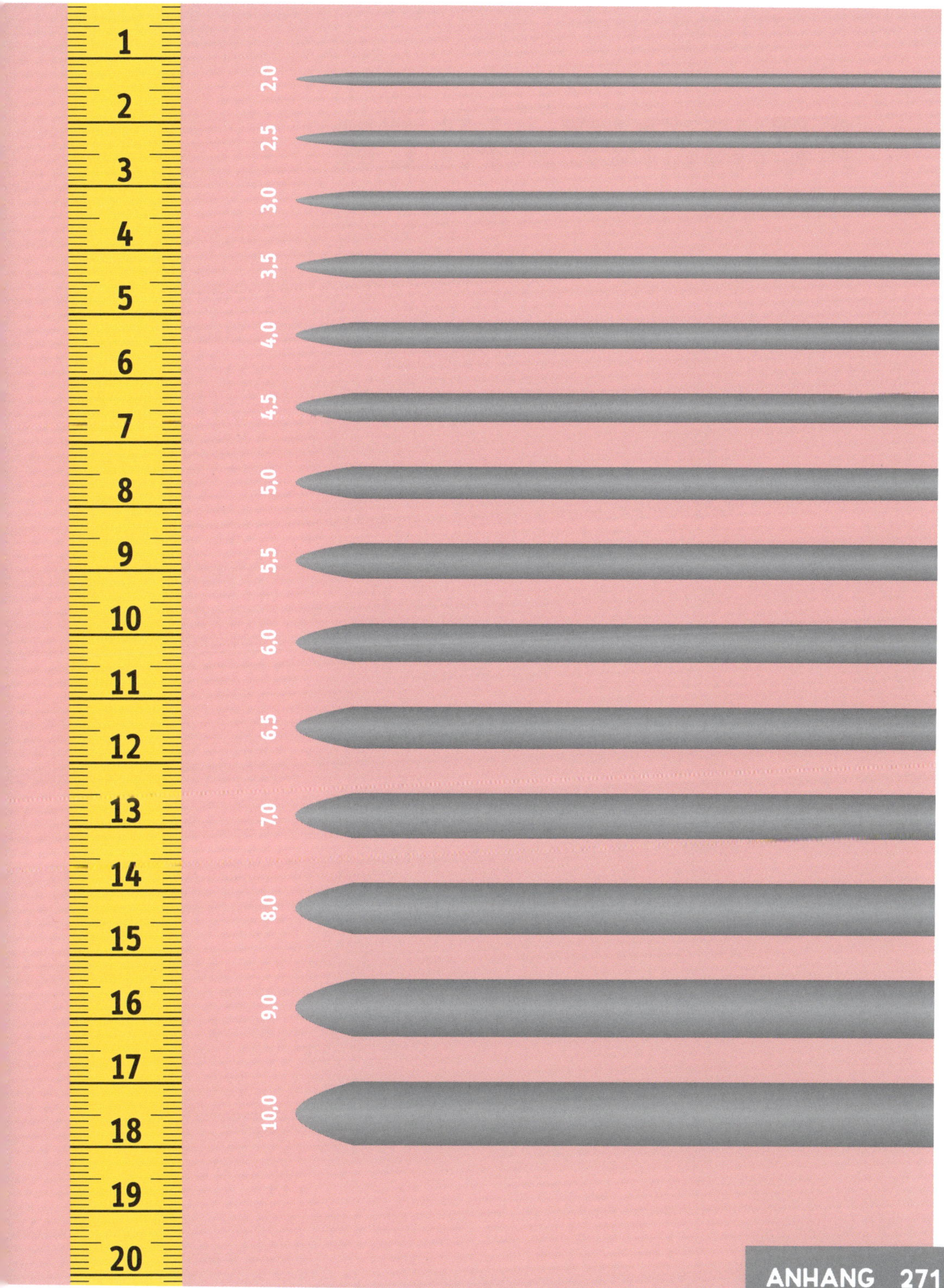
1
2
3
4
5
6
7
8
9
10
11
12
13
14
15
16
17
18
19
20
2,0
2,5
3,0
3,5
4,0
4,5
5,0
5,5
6,0
6,5
7,0
8,0
9,0
10,0

REIHENZÄHLER

900 800 700 600 500 400 300 200 100

90

80

70

60

Reihenzähler

50

40

30

20

1 2 3 4 5 6 7 8 9 10

GARNETIKETTEN

Material: ....

Farbe/Muster: ....

Lauflänge: ....

Gramm: ....

Nadelstärke: ....

Maschenprobe: ....

Material: ....

Farbe/Muster: ....

Lauflänge: ....

Gramm: ....

Nadelstärke: ....

Maschenprobe: ....

Material: ....

Farbe/Muster: ....

Lauflänge: ....

Gramm: ....

Nadelstärke: ....

Maschenprobe: ....

Material: ....

Farbe/Muster: ....

Lauflänge: ....

Gramm: ....

Nadelstärke: ....

Maschenprobe: ....

Material: ....

Farbe/Muster: ....

Lauflänge: ....

Gramm: ....

Nadelstärke: ....

Maschenprobe: ....

Material: ....

Farbe/Muster: ....

Lauflänge: ....

Gramm: ....

Nadelstärke: ....

Maschenprobe: ....

Material: ....

Farbe/Muster: ....

Lauflänge: ....

Gramm: ....

Nadelstärke: ....

Maschenprobe: ....

Material: ....

Farbe/Muster: ....

Lauflänge: ....

Gramm: ....

Nadelstärke: ....

Maschenprobe: ....

Material: ....

Farbe/Muster: ....

Lauflänge: ....

Gramm: ....

Nadelstärke: ....

Maschenprobe: ....

Material: ....

Farbe/Muster: ....

Lauflänge: ....

Gramm: ....

Nadelstärke: ....

Maschenprobe: ....

REGISTER

NOTIZEN

DIE AUTORINNEN

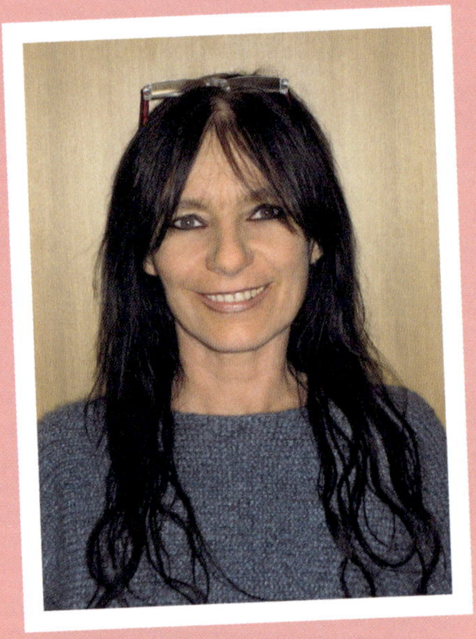

MANUELA SEITTER

ist eine innovative Strickdesignerin, Inhaberin der Kreativoase Rock'n Woll und Kopf der Ulmer Strickguerilla. Mit ihrer Begeisterungsfähigkeit animiert sie alle Generationen, mit Wolle und Nadeln kreativ zu arbeiten und dadurch tolle Unikate anzufertigen. So haben schon mehr als 1.000 Kinder und Jugendliche in ihren Kursen Stricken und Häkeln gelernt. Nebenbei ist sie als Designerin für Verlage und Garnfirmen tätig.

MARTINA HEES

Ich lebe und arbeite in Hamburg. Den Ausgleich zu meinem stressigen Berufsalltag als selbständige Steuerberaterin finde ich seit 30 Jahren in meiner Leidenschaft für das Stricken, das ich mir mit 19 anhand von Büchern selbst beigebracht habe. Seit einigen Jahren stricke ich fast ausschließlich nur noch eigene Entwürfe, in erster Linie Pullover und Jacken für mich, aber auch für meine Familie und meine Mitarbeiterinnen. Meine gemütliche Single-Wohnung über den Dächern der Hansestadt teile ich mir mit meinen beiden heißgeliebten Katern, meiner umfangreichen Strickbuchsammlung und 120 kg Wollvorrat. Wenn ich mal nicht stricke, lese ich sehr gerne oder lege Puzzles.

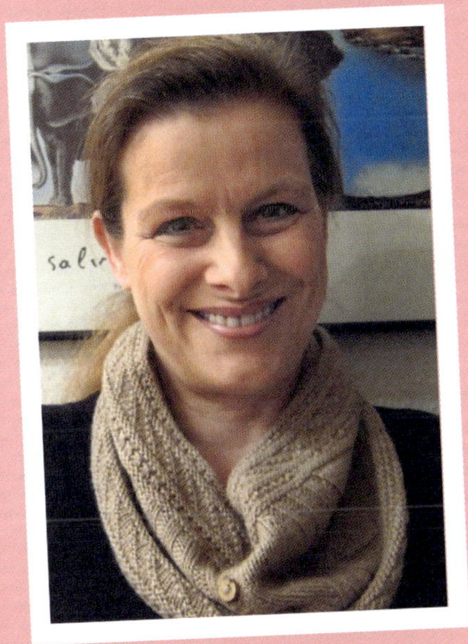

#TOPPPROJEKT

Die eigene Kreativität zeigen: TOPPprojekt mit anderen Kreativen teilen und Teil der Gemeinschaft werden.

DIY-begeistert und auf Instagram? Dann unbedingt mitmachen! Hier gibt's Tipps und Feedback zu den eigenen Projekten. Außerdem verlosen wir jeden Monat ein Überraschungspaket. Um am Gewinnspiel teilzunehmen, einfach ein Bild vom Kreativ-Projekt aus unseren Büchern mit #TOPPprojekt posten und unserem Account @frechverlag folgen. Mehr Infos auf TOPP-kreativ.de/TOPPprojekt

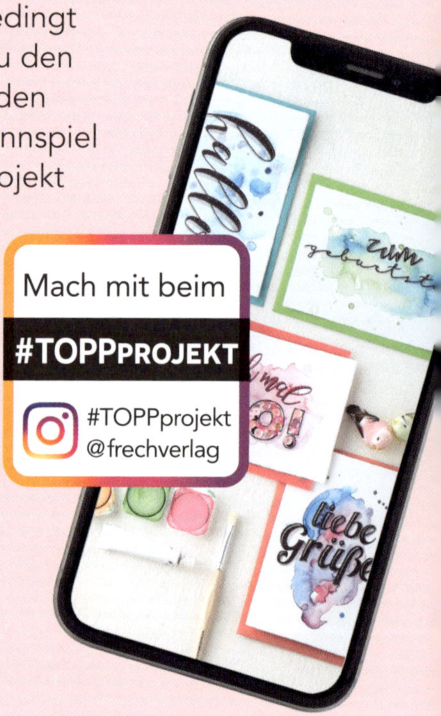

Website
Auf TOPP-kreativ.de kannst du ein riesiges Angebot von über 1.000 Kreativbüchern, Sets & mehr entdecken.

Newsletter
Gleich anmelden unter: TOPP-kreativ.de/newsletter und immer als Erstes von unseren Neuheiten und Sonderaktionen erfahren.

Instagram
@frechverlag

Pinterest
pinterest.com/frechverlag

Facebook
facebook.com/frechverlag

DigiBib
Hier findest du zusätzlich zu vielen unserer Bücher digitale Extras, wie Video-Tutorials, Plotter-Dateien, Vorlagen, Übungsblätter & vieles mehr. Einfach im Impressum deines TOPP-Buchs den Freischalte-Code nachschlagen und exklusive Inhalte freischalten. TOPP-kreativ.de/digibib

Youtube
youtube.com/frechverlag

Wer wir sind, wie wir arbeiten, was wir lieben ...

Auf Instagram, Facebook und Pinterest findest du mehr über uns und unsere Arbeit und wirst immer schnell und einfach mit den neuesten Infos versorgt.

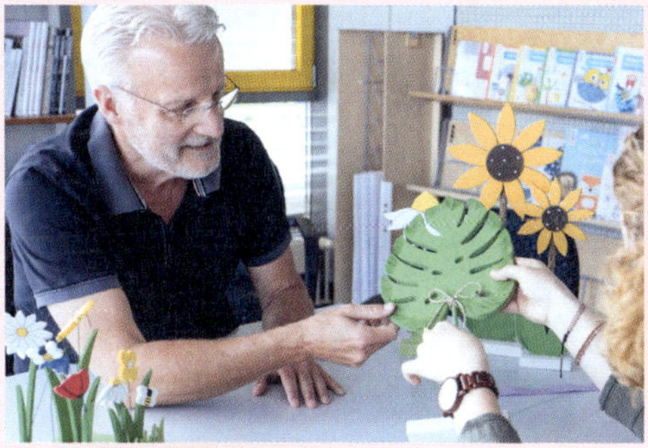

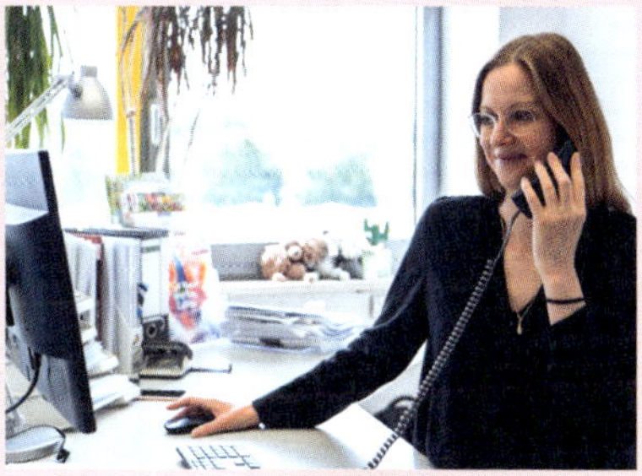

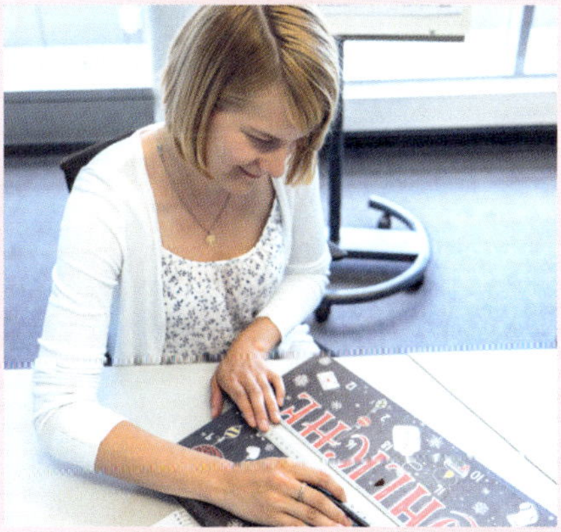

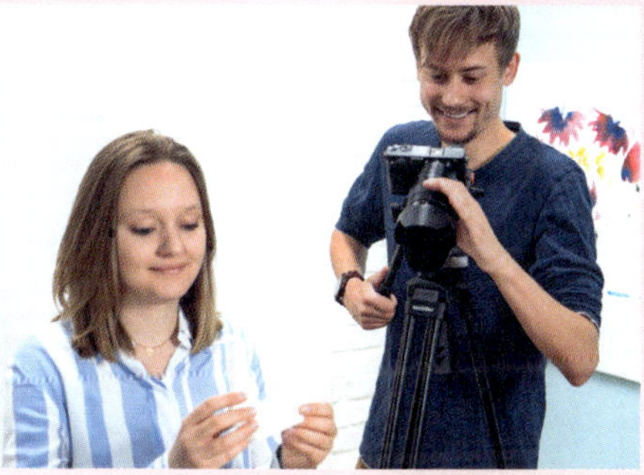

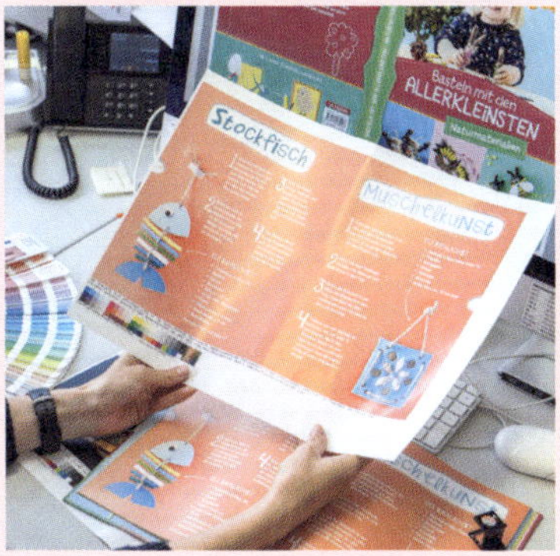

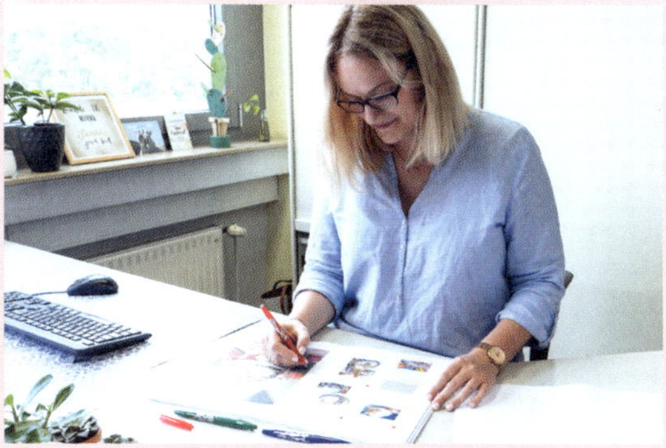

Alle News, alle Infos und alle Links findest du auf www.TOPP-kreativ.de

Buchtipps für Dich

Entdecke auch unsere anderen Bände mit vielen Lifehacks

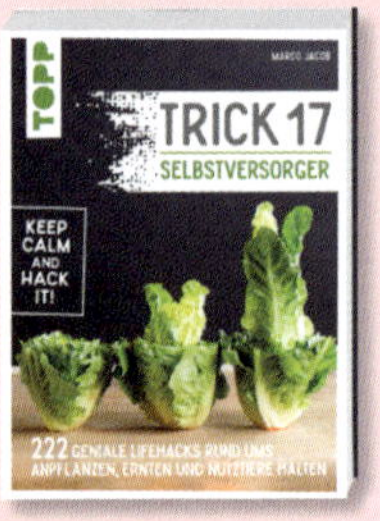

ISBN 978-3-7724-4522-4

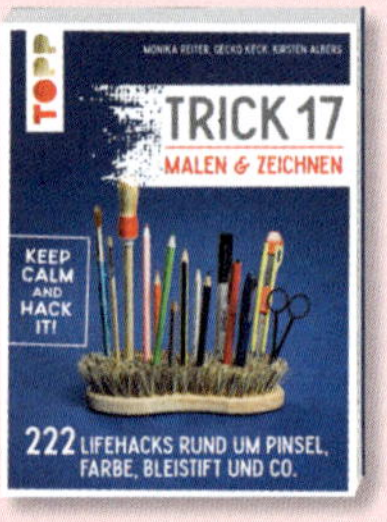

ISBN 978-3-7724-4707-5

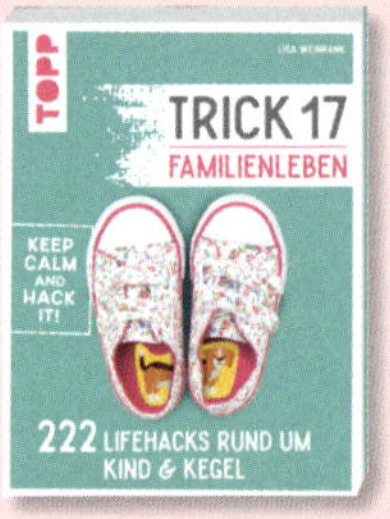

ISBN 978-3-7724-7186-5

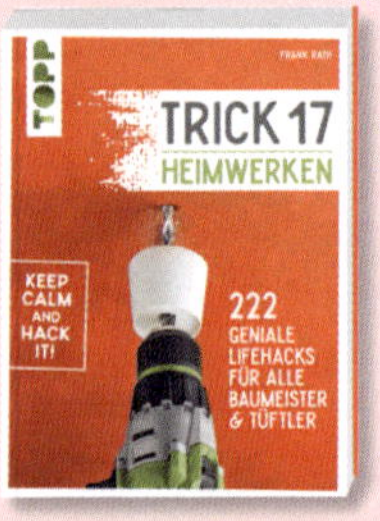

ISBN 978-3-7724-4547-7

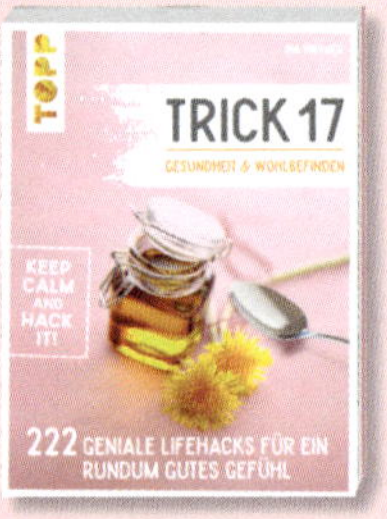

ISBN 978-3-7724-4495-1

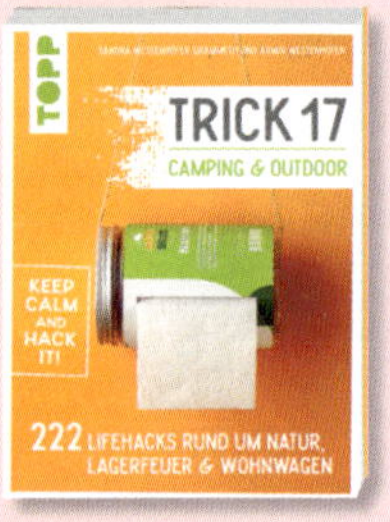

ISBN 978-3-7724-7196-4

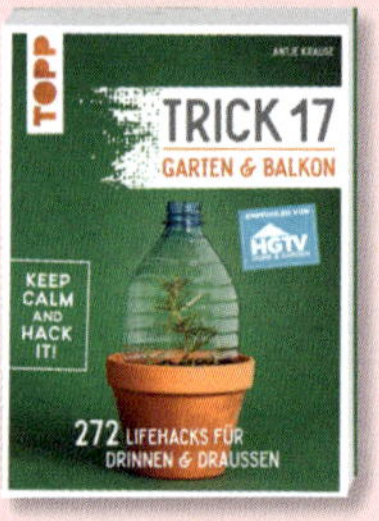

ISBN 978-3-7724-7181-0

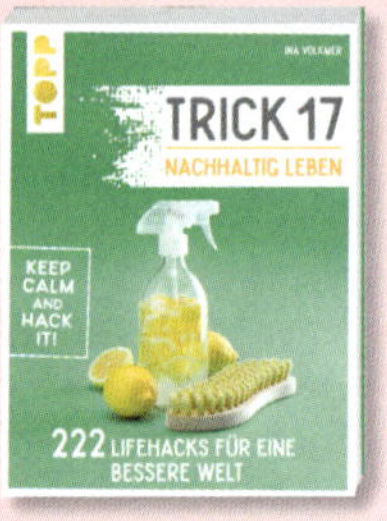

ISBN 978-3-7724-4976-5

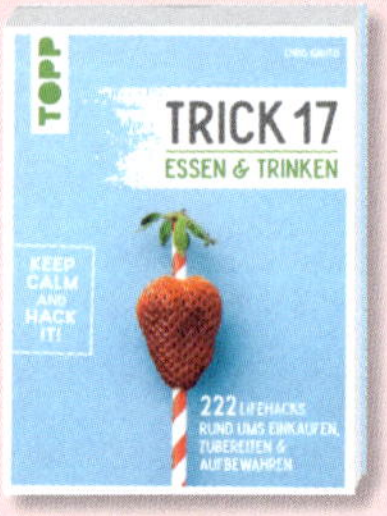

ISBN 978-3-7724-7155-1

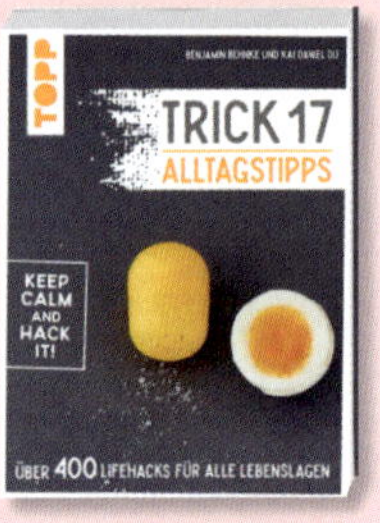

ISBN 978-3-7724-7009-7

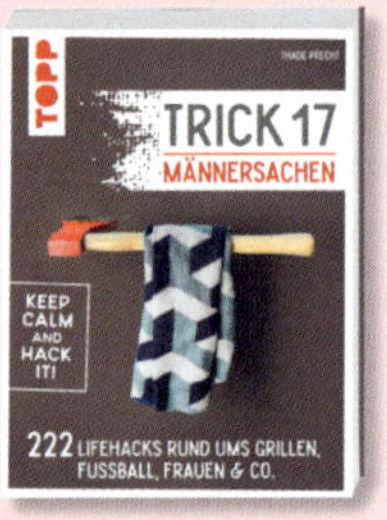

ISBN 978-3-7724-7596-2

Viele weitere Kreativ-Bücher findest du auf www.TOPP-kreativ.de

Buchtipps für Dich

Hier gibt es Lifehacks im Pockezz-Format

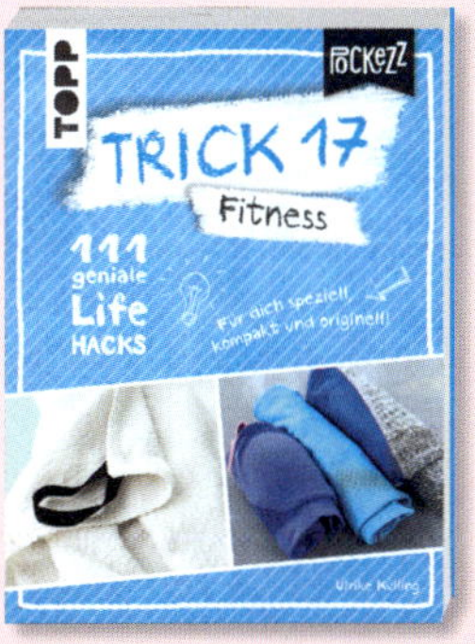

ISBN 978-3-7724-7146-9

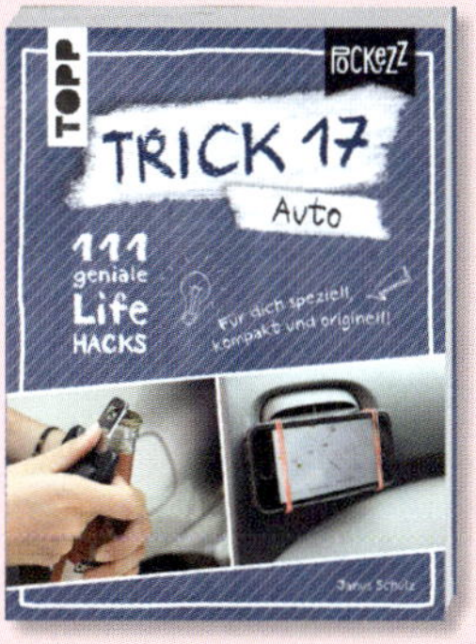

ISBN 978-3-7724-7144-5

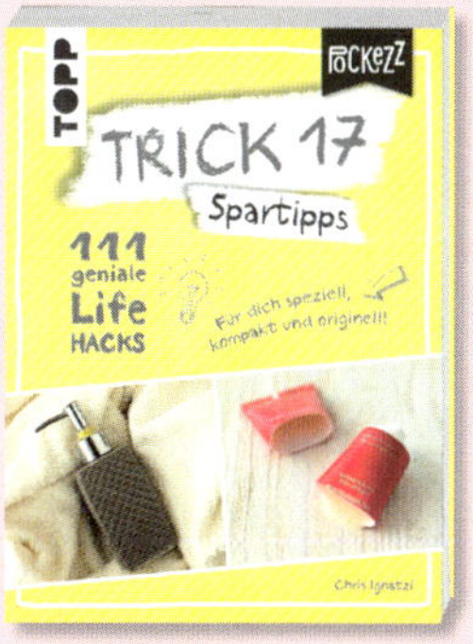

ISBN 978-3-7724-7147-6

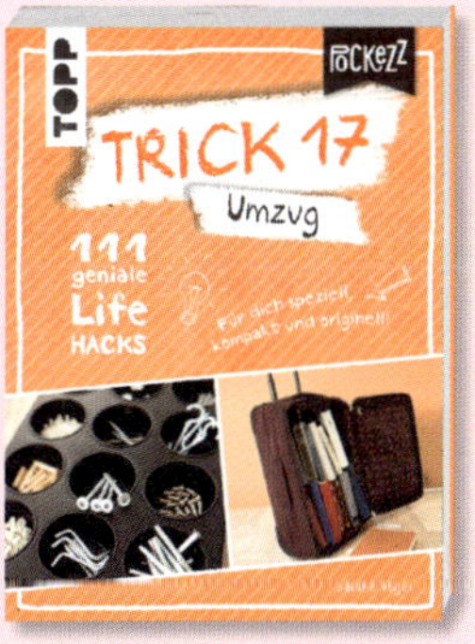

ISBN 978-3-7724-7145-2

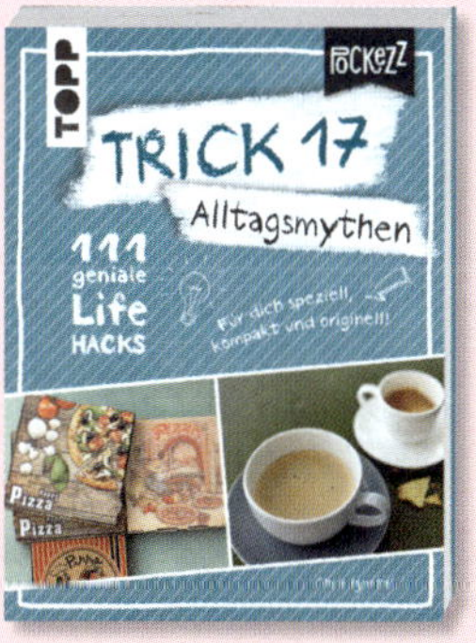

ISBN 978-3-7724-7926-7

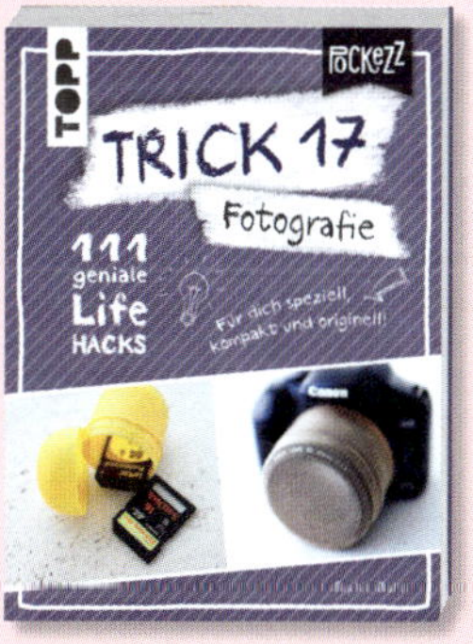

ISBN 978-3-7724-7924-3

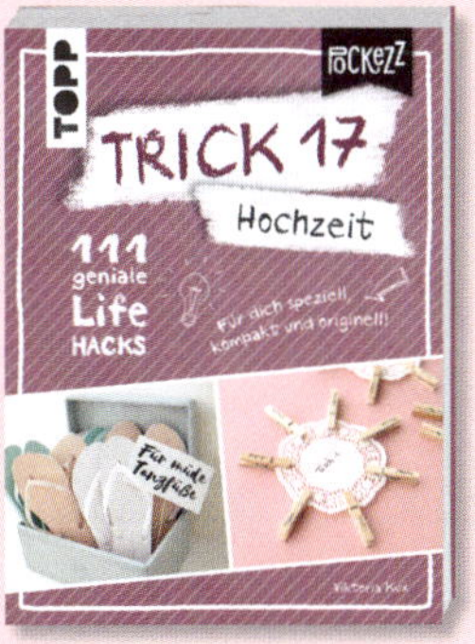

ISBN 978-3-7724-7921-2

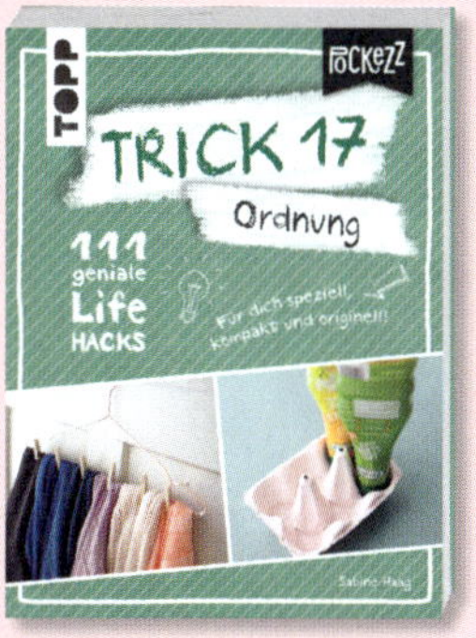

ISBN 978-3-7724-7923-6

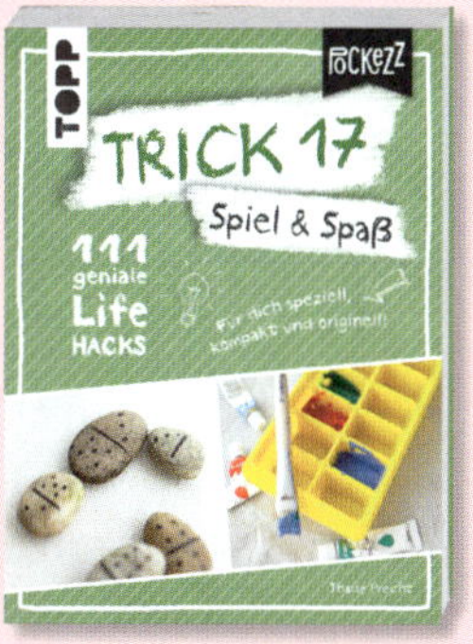

ISBN 978-3-7724-7925-0

IMPRESSUM

FOTOS: frechverlag GmbH, 70839 Gerlingen; lichtpunkt, Michael Ruder, Stuttgart
Freepik: Seiten 4, 8, 65, 71, 75, 77, 80, 100, 104, 110, 112, 113, 137, 144, 157, 158, 166, 167, 169, 170, 176, 184, 187, 188, 190, 191, 192, 193, 194, 196, 197, 202, 222, 235, 240, 250, 262, 263
Shutterstock: Seiten 54, 139, 141, 152, 153, 265

PRODUKTMANAGEMENT UND LEKTORAT: Jessica Cremer
COVER: Eva Hook
HERSTELLUNG: Petra Theilfarth
LAYOUT UND SATZ: Fotosatz H. Buck, Kumhausen
DRUCK UND BINDUNG: POLYGRAF PRINT spol. s r.o.

2. Auflage 2024

MIX
Papier | Fördert gute Waldnutzung
FSC® C023577
Penguin Random House Verlagsgruppe
FSC® N001967

ISBN 978-3-7358-7064-3 • Best.-Nr. 27064